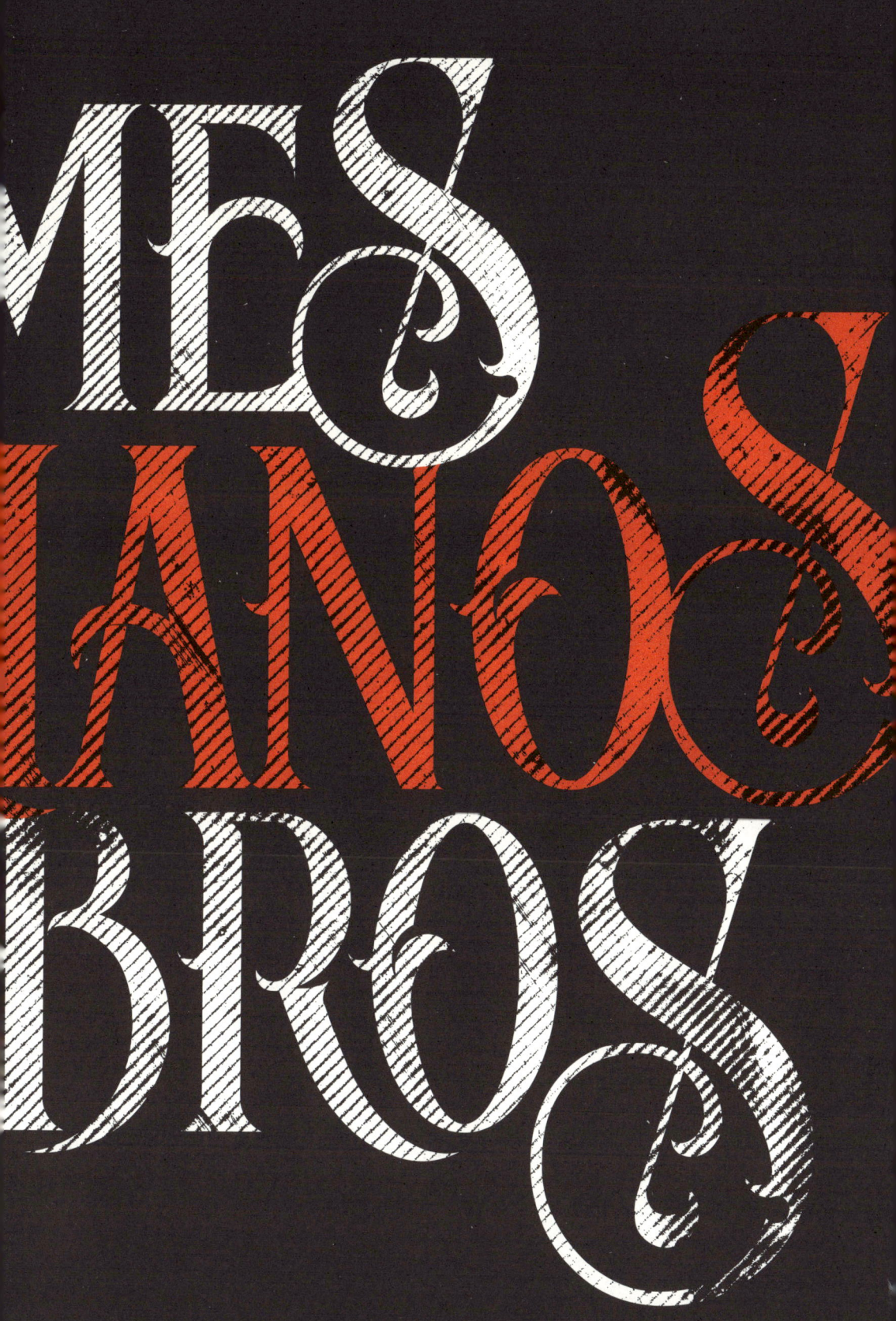

NEIL R.A. BELL
TREVOR BOND
KATE CLARKE
M.W. OLDRIDGE

DADOS INTERNACIONAIS DE
CATALOGAÇÃO NA PUBLICAÇÃO (CIP)
Jéssica de Oliveira Molinari - CRB-8/9852

Crimes vitorianos macabros / Kate Clarke... [et all];
tradução de Stefano Volp. – Rio de Janeiro: DarkSide
Books, 2021.
400 p. : il, color.

Bibliografia
ISBN 978-65-5598-105-6
Título original: The A-Z of Victorian Crime

1. Inglaterra – História – Séc XIX 2. Crimes e criminosos
– Grã-Bretanha I. Clarke, Kate II. Volp, Stefano

21-2627   CDD 941.081

Índices para catálogo sistemático:
1. Inglaterra – História – Séc XIX

CRIMES VITORIANOS MACABROS
THE A-Z OF VICTORIAN CRIME
Copyright © 2019 by © Neil R.A. Bell,
Trevor Bond, Kate Clarke and M.W. Oldridge
Tradução para a língua portuguesa
© Stefano Volp, 2021
Publicada em acordo com a Amberley Publishing.

"A maldade é a vingança do homem contra a sociedade, pelas restrições que ela impõe. As mais desagradáveis características do homem são geradas por esse ajustamento precário a uma civilização complicada. É o resultado do conflito entre nossos instintos e nossa cultura." Sigmund Freud em entrevista a George Viereck, em 1926 Trad. Paulo César Souza

Imagens: Macabra/DarkSide, ©The National Archives, Metropolitan Museum of Art, ©London UK Crime, ©Police News Archives ©Getty Image, ©Alamy, ©123RF, ©Shutterstock. ©London Picture Archive, Gustave Doré, ©istockphoto.
Esta colheita não seria possível sem Marcia Heloisa, Lielson Zeni, Bruno Dorigatti e Paulo Raviere.

Fazenda Macabra
Reverendo Menezes
Pastora Moritz
Coveiro Assis
Caseiro Moraes

Leitura Sagrada
Antonio Tibau
Isadora Torres
Talita Grass
Tinhoso & Ventura

Direção de Arte
Macabra
Retina78
Impressão
Ipsis Gráfica

Colaboradora
Irmã Martins
Coord. Diagramação
Irmão Sergio Chaves
A toda Família DarkSide

Todos os direitos desta edição reservados à
DarkSide® Entretenimento Ltda. • darksidebooks.com
Macabra™ Filmes Ltda. • macabra.tv

© 2021 MACABRA/ DARKSIDE

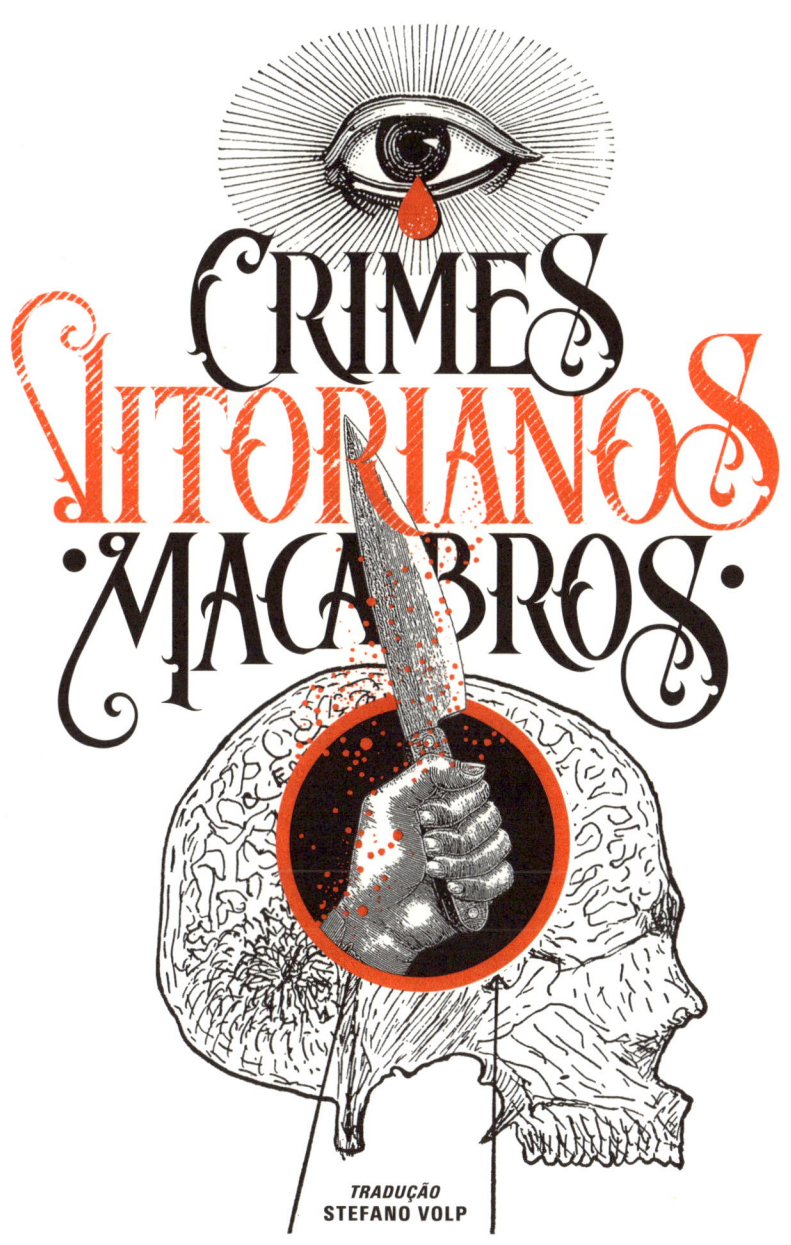

Sumário · Journal

CRIMES VITORIANOS MACABROS

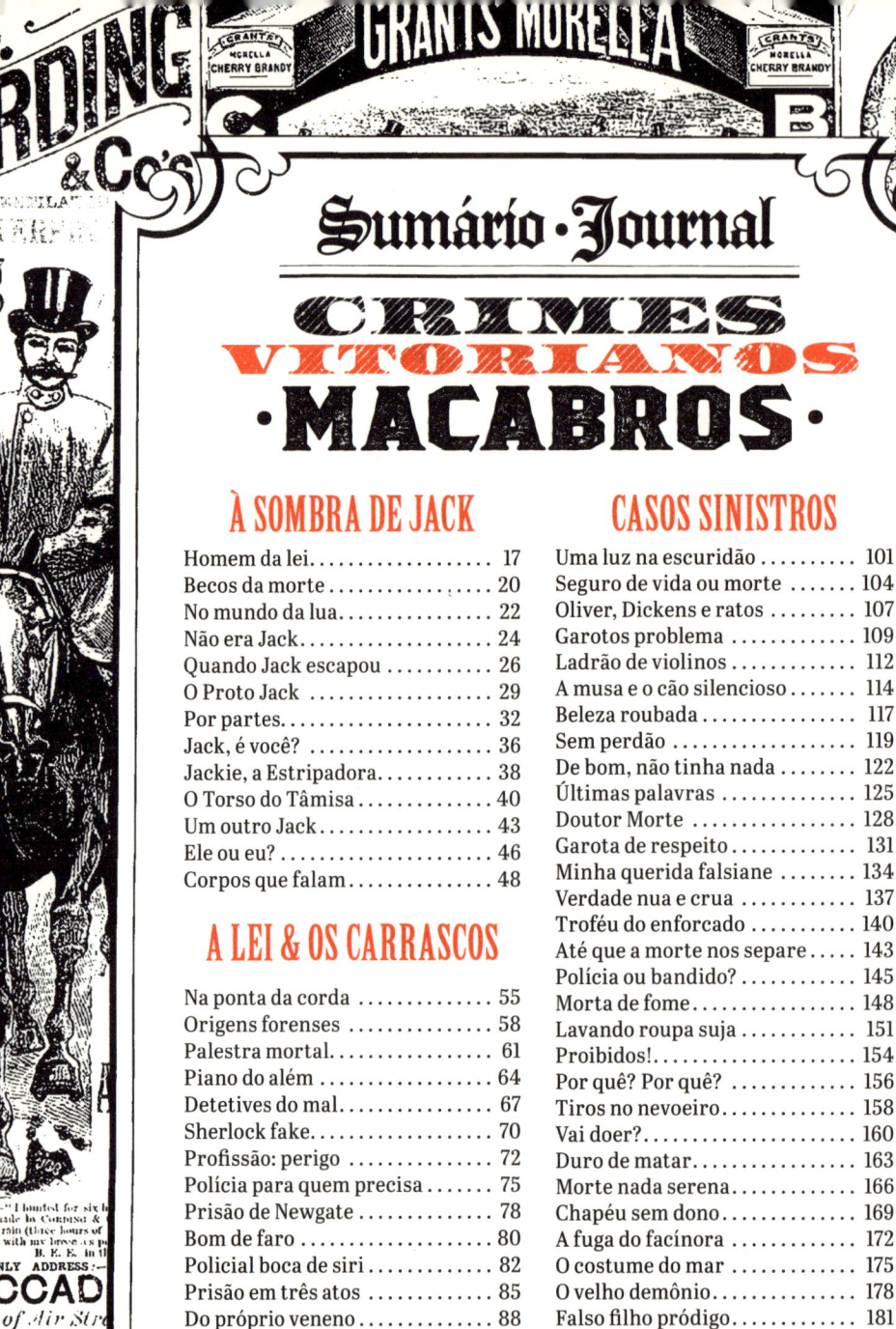

À SOMBRA DE JACK

Homem da lei 17
Becos da morte 20
No mundo da lua 22
Não era Jack 24
Quando Jack escapou 26
O Proto Jack 29
Por partes 32
Jack, é você? 36
Jackie, a Estripadora 38
O Torso do Tâmisa 40
Um outro Jack 43
Ele ou eu? 46
Corpos que falam 48

A LEI & OS CARRASCOS

Na ponta da corda 55
Origens forenses 58
Palestra mortal 61
Piano do além 64
Detetives do mal 67
Sherlock fake 70
Profissão: perigo 72
Polícia para quem precisa 75
Prisão de Newgate 78
Bom de faro 80
Policial boca de siri 82
Prisão em três atos 85
Do próprio veneno 88
Um fiasco de carrasco 90
Sapateiro cruel 92

CASOS SINISTROS

Uma luz na escuridão 101
Seguro de vida ou morte 104
Oliver, Dickens e ratos 107
Garotos problema 109
Ladrão de violinos 112
A musa e o cão silencioso 114
Beleza roubada 117
Sem perdão 119
De bom, não tinha nada 122
Últimas palavras 125
Doutor Morte 128
Garota de respeito 131
Minha querida falsiane 134
Verdade nua e crua 137
Troféu do enforcado 140
Até que a morte nos separe 143
Polícia ou bandido? 145
Morta de fome 148
Lavando roupa suja 151
Proibidos! 154
Por quê? Por quê? 156
Tiros no nevoeiro 158
Vai doer? 160
Duro de matar 163
Morte nada serena 166
Chapéu sem dono 169
A fuga do facínora 172
O costume do mar 175
O velho demônio 178
Falso filho pródigo 181
A balada do cárcere 183
Artista da fome 186

Do luxo ao lixo.................. 188
Árvore X9...................... 191
Onde Judas perdeu............. 193
Cadê minha medalha?.......... 196
O show não pode parar......... 198
Escritor fantasma.............. 200

CASOS SEM SOLUÇÃO

A garota no trem............... 209
Gravado na retina.............. 212
Voluntário em perigo........... 215
Playboy inocentado............. 217
Pescaria de corpos.............. 219
Purê de cérebro................ 221

CRIMES INSANOS

Arkham é aqui................. 229
É louco ou não é?.............. 232
Pura loucura................... 235
Um marido infeliz.............. 238
Papel de doido................. 240
A arte do desastre.............. 242
O louco do dicionário........... 245

INFÂNCIA ROUBADA

Crianças em perigo............. 253
Baby farmers.................. 256
Abrigo do mal................. 259
A fome e o poço................ 262
Mamãe é de morte.............. 264
Chame o advogado............. 266
Gíria macabra.................. 269
Fábrica de anjos................ 272
Au revoir, meu bem........... 275
Ópio angelical................. 278
Má educação................... 280
Mondo cane................... 282
Postal baby.................... 285
Pobre abandono................ 288

LADY KILLER

Marido suicidado............... 295
Vade retro!.................... 299
Mosca morta.................. 302
A viúva precoce................ 305
Aos cuidados de................ 307
Imagens lunáticas............... 311
Doce amargo.................. 314
Confissão sagrada.............. 317
Cartas na manga............... 320
Lady Machette................. 323
Ela e a sacola.................. 326
Sugar baby.................... 329
É disso que o povo gosta........ 332
Corda curta.................... 335
Morte segura................... 338
Alma no inferno................ 341
Morte inocente................. 344
Sally Arsênico.................. 347
Pedido de demissão............. 350

TERRORISMO & CRIMES POLÍTICOS

Boom!........................ 357
Mirando na coroa............... 360
Cartas marcadas................ 364
Bomba, bomba, bomba!......... 367

PURO VENENO

Meu amigo arsênico............ 375
Cheiro ruim.................... 378
Assassina ou vítima?............ 381
O crime da uva................. 384
Doutor Veneno................. 387
Um outro veneno.............. 390
Querido papai tóxico............ 393

Crimes Vitorianos
· MACABROS ·

INTRODUÇÃO

Poucas coisas evocam tanto o período vitoriano quanto sua subcultura criminosa. Várias das grandes personalidades criminosas da época ainda estão vivas no imaginário coletivo, embora, entre elas, o destaque de Jack, o Estripador — julgado, ao menos, pelo número de palavras dedicadas a ele nas dezenas de livros que surgem todos os anos — não possa ser negligenciado. Talvez não seja tão irônico (e um pouco mais do que apenas coincidência) que, no caso de Jack, o Estripador, a "personalidade" por trás dos crimes permaneça em jogo; talvez ele nos pertença porque ainda podemos "criá-lo" de acordo com as nossas perspectivas; talvez as opções sejam mais limitadas em outros casos.

Ainda assim, conheço pessoas que vão abrir este livro e virar as páginas diretamente até Florence Maybrick ou Charles Peace, e esperamos que seu criminoso favorito da época — por falta de uma expressão melhor — esteja à espreita, em algum lugar por aqui.

Isso não quer dizer que este seja, ou sequer possa ser, um registro abrangente dos crimes vitorianos. No estilo dos melhores vitorianos abnegados, tivemos que impor certas limitações a nós mesmos, estabelecendo, por exemplo, uma demarcação muito literal do período vitoriano, que, para nosso objetivo, durou de 20 de junho de 1837 a 22 de janeiro de 1901 — as respectivas datas da ascensão da rainha Vitória ao trono e da sua morte. Os casos que aparecem neste livro ocorreram entre essas duas datas. Mesmo assim, reconhecemos que as continuidades sociais e culturais normalmente transcendem esses parâmetros um tanto arbitrários, e isso exige que tomemos certas decisões adicionais em casos limítrofes. Thomas Wainewright ficou de fora no início do período porque seus crimes ocorreram antes da ascensão de Vitória, embora seu julgamento tenha sido durante os primeiros dias de seu reinado; James Greenacre e Sarah Gale — talvez os maiores nomes do crime no início de 1837 — foram, da mesma forma, cortados da vanguarda; na outra extremidade, George Chapman e Samuel Herbert Dougal mataram durante a era vitoriana, mas foram condenados e executados sob o domínio de Eduardo VII. Reconhecemos a artificialidade dessas restrições, mas teria sido impossível prosseguir sem elas. A título pessoal, fiquei desapontado por omitir o Fantasma de Chilwell, cuja manifestação — um fenômeno vitoriano — teve o efeito de chamar a atenção muito tardiamente para um crime cometido durante o reinado de George IV.

Outros sacrifícios precisaram ser feitos. Então, forçamo-nos a permanecer do lado de fora dos tribunais civis quase que por inteiro, embora seja difícil escrever sobre o Requerente de Tichborne sem colocar um pezinho lá. O resultado dessa decisão foi a perda, de um lado, do Escândalo do Bacará Real e, de outro, da pobre Emily Lavinia Wilkinson, cuja lamentosa história ainda merece ser contada em algum lugar. Também limitamos nossa atenção, em termos gerais, aos casos britânicos, embora Frederick Bailey Deeming, Edith Carew e alguns outros nos levem para o exterior no curso de suas histórias. Lamentavelmente, Lizzie Borden, Ned Kelly e uma série ameaçadora de assassinos em série mexicanos tiveram que ser abandonados de acordo com essa regra.

O acaso também suavizou nossas intenções. Kate começou a escrever sobre Mary Ann Ansell, mas acabou redigindo sobre Bertha Peterson, cujo caso ocorreu quase na mesma época. A sra. Peterson emergiu de um emaranhado de reportagens de jornais que comentavam sobre os dois casos, e Kate, apropriadamente, gostou mais de Bertha, então ela entrou. Charles Dobell e William Gower também caíram de paraquedas nas mãos de Trevor. Ainda que usássemos certas regras, revelar a era vitoriana com múltiplos olhares fez com que permanecêssemos abertos à descoberta e à curiosidade. Com esse espírito, temos certeza que essas páginas trarão a vocês, assim como trouxe a nós, o espanto da novidade a partir dessa compilação de casos macabros repletos de emoção e assombro.

A leitura desta obra vai atingir em cheio os corações dos leitores que gostaram do Lady Killers: Assassinas em Série, *de Tori Telfer, com outras dessas histórias aterrorizantes e envolventes que tanto despertam nossa curiosidade até os dias de hoje.*

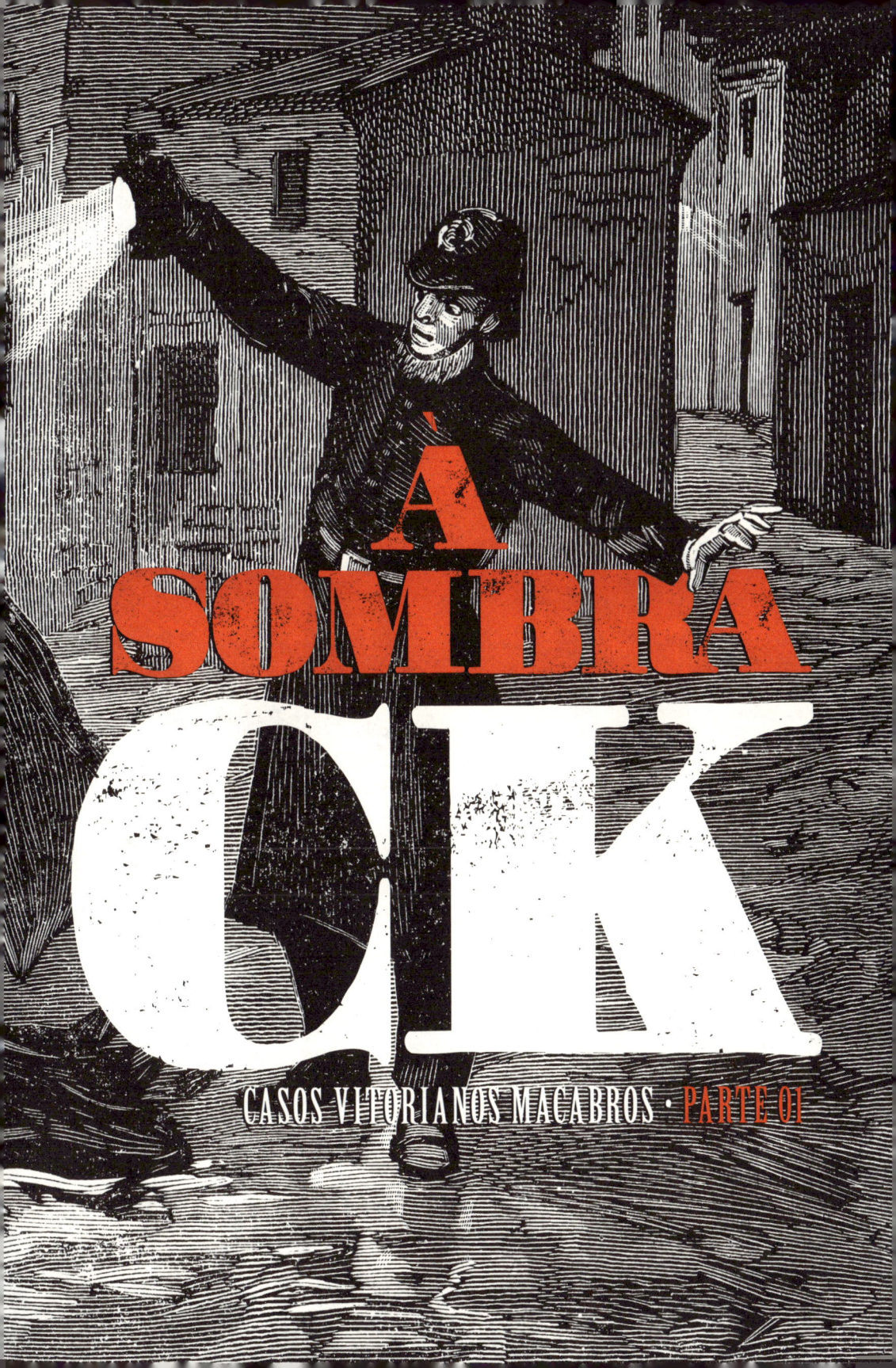

CRIMES VITORIANOS MACABROS · PARTE 01

É impossível falar dos crimes **macabros** da era vitoriana e não mencionar **Jack**, o Estripador. Talvez o serial killer mais **lendário** de todos os tempos, em especial pela **investigação** de seus atos nunca ter sido concluída. Muitos nomes da época giram em torno de Jack, como investigadores e possíveis **suspeitos**. De tempos em tempos, alguém propõe outra identidade para o **assassino**, mas a **verdade** é que o mistério continua habitando os becos sombrios de nossas **mentes**.

HOMEM DA LEI

1848—1924

A carreira policial do investigador chefe encarregado pelos assassinatos de Jack, o Estripador começou cedo. Com apenas dezenove anos, Donald Swanson, mandou uma carta de apresentação para a Scotland Yard, que na época fazia uma campanha de recrutamento para combater o terrorismo. Inteligente e pouco convencional, Swanson não era famoso por sua pontualidade. Mas ganharia reputação como um dos maiores investigadores do seu tempo.

DONALD SUTHERLAND SWANSON

NRAB

Em 13 de dezembro de 1867, uma bomba feniana colocada do lado de fora da Prisão de Clerkenwell explodiu, causando danos generalizados a pessoas e propriedades e matando várias pessoas no processo. Esse bombardeio, uma tentativa de libertar um ativista feniano detido, foi um dos muitos durante o período vitoriano e chamou a atenção para uma nova forma de dissidência política extrema: o terrorismo. O público temia a crueldade e a natureza indiscriminada do que foi, em sua essência, uma tentativa de assassinato em massa — assim como o chefe da Polícia Metropolitana na época, o comissário Richard Mayne. A resposta, Mayne pensou, seria reforçar a presença da polícia na metrópole, e assim uma campanha de recrutamento em massa foi definida e executada.

Em março de 1868, um jovem escocês que trabalhava como escriturário na área de Seething Lane, em Londres, viu um anúncio no *Daily Telegraph*. Em poucos dias, esse filho de um destilador de Thurso escreveu uma carta de "manifestação de interesse" para a Scotland Yard, concluindo: "Tenho dezenove anos de idade e não desejo um salário alto tanto quanto uma boa e moderada vaga". Era óbvio que este jovem tinha a capacidade de ver o quadro geral, algo que o futuro comissário Sir Charles Warren também reconheceu quando mais tarde o nomeou investigador-chefe encarregado da caça ao homem mais infame da era vitoriana, a perseguição de Jack, o Estripador. Afinal, Donald Swanson era, como seu contemporâneo John Sweeney afirmou uma vez, "um dos melhores oficiais da classe".

No entanto, o futuro de Swanson como um detetive de sucesso não estava claro no início. Ao ingressar na Polícia Metropolitana, ele se viu trabalhando e morando na Divisão A da King Street Station, em Whitehall e, com apenas seis meses em seu novo emprego, arranjou problemas quando se atrasou para a chamada noturna na seção residencial. Esta não seria a única ocasião em que Swanson quebraria as regras em seus primeiros anos como policial. Em abril de 1869, ele foi advertido por seus superiores por aceitar dinheiro de um prisioneiro, embora tenha devolvido o xelim ao homem no dia seguinte; no mês de fevereiro seguinte, um Swanson mais uma vez atrasado foi pego escalando as grades na King Street na tentativa de se esgueirar de volta para a seção residencial sem ser visto. Com certeza, essa não era uma boa maneira de começar a vida na polícia, mas o jovem Swanson mostrou traços promissores. Como muitos bons detetives, ele exibiu engenhosidade e disposição para trilhar a linha tênue entre a formalidade e a ousadia; ele era um homem com quem não se brincava.

Uma série de promoções no início da década de 1870 trouxe transferências para a Divisão Y (Highgate) e Divisão K (Bow), e agora a carreira de Swanson era marcada pela disciplina e pelo respeito. Em 1876, Swanson voltou para a Divisão A como detetive e, no ano seguinte, recebeu o primeiro de muitos elogios por seu trabalho em um caso de roubo. Enquanto trabalhava no caso, Swanson manteve contato próximo com o inspetor-chefe George Clarke, que mais tarde se veria envolvido no Julgamento dos Detetives.

O trabalho de Donald Swanson não era brincadeira — e ele não brincava em serviço.

Outro elogio, "pela energia e zelo demonstrado ao fazer inúmeras investigações no caso de Percy Lefroy Mapleton", fez Swanson receber 5 libras em 1881; este foi um dos muitos casos notáveis em que ele trabalhou durante sua carreira. Sua reputação de discrição e meticulosidade significava que ele sempre era chamado por seus superiores para lidar com casos delicados, como as recuperações das joias da condessa de Bective e uma pintura roubada de Gainsborough. No entanto, foi sua posição como "olhos e ouvidos" do comissário Warren durante a investigação de Jack, o Estripador que consolidou o lugar de Swanson na memória do público.

Em novembro de 1887, Swanson ascendeu ao posto de inspetor-chefe dentro do CID, Scotland Yard. Quase um ano depois, o assassino em série mais notório da história começou sua campanha desprezível. O público entrou em pânico, a Scotland Yard ficou perplexa. Para ajudar a polícia, Warren recorreu à capacidade de Swanson de examinar as minúcias do caso na esperança de que ele pudesse trazer estrutura para a investigação complexa. Sua missão era revisar cada relatório feito sobre o caso e, se necessário, agir de acordo com ele. Isso teve um grande impacto na rotina de trabalho de Swanson. "Eu precisava estar no escritório às 8h30", ele diria mais tarde sobre esse período. "Então tinha que ler todos os jornais que chegavam, o que me levava a trabalhar até às 23h, e às vezes 1h e 2h; depois, ia a Whitechapel para ver os policiais — em geral, voltando para casa entre 2h e 3h da madrugada." O profundo envolvimento de Swanson com o caso exigiu que as anotações manuscritas feitas em sua própria cópia da autobiografia de Sir Robert Anderson, *The Lighter Side of my Official Life* — famosa por nomear um suspeito pelos assassinatos como "Kosminski" —, fossem quase sempre consideradas como uma forma de substanciar a declaração ousada de Anderson de que Jack, o Estripador foi identificado por uma testemunha.

Donald Swanson se aposentou da polícia em julho de 1903, dedicando-se à paixão pela pesca durante as viagens de verão à sua Escócia natal. Em 25 de novembro de 1924, Swanson morreu na casa da família em New Malden e foi enterrado no cemitério de Kingston alguns dias depois. Seu neto, James, dando uma indicação das capacidades de Swanson na vida adulta, disse: "Não havia nada de antiquado nele — sua mente era como um florete".

Leitura adicional | WOOD, A. *Swanson: The Life and Times of a Victorian Detective*. Londres: Mango Books, 2020.

BECOS DA MORTE

DORSET STREET

MWO

Uma das ruas mais infames de Londres, a Dorset Street coleciona crimes tenebrosos em sua história, entre eles o último assassinato atribuído a Jack, o Estripador. Becos sombrios, pensões baratas, superlotação de quartos, remoção de indigentes, abuso de álcool e miséria generalizada contribuíram para a alta frequência de crimes no local.

As pegadas da Dorset Street, outrora conhecida como a "pior rua de Londres", agora se perdem diante dos padrões arquitetônicos espalhados pela cidade. Ela permanece famosa para a eternidade por sua associação com Jack, o Estripador, e em particular com sua vítima final (convencionalmente), Mary Jane Kelly.

Kelly foi assassinada em seu pequeno quarto em Millers Court, que não passava de um cortiço acessado por meio de um beco sombrio localizado entre os números 26 e 27 na Dorset Street (a rua era numerada de cima para baixo, em vez de ímpares e pares). Era impossível que houvesse um lugar mais esquecido, negligenciado ou desanimador, mais perto do coração dinâmico da metrópole. E ainda, talvez, as pensões comuns — moradias noturnas tristes para os despossuídos — que cresceram ao longo do eixo proibitivo da Dorset Street eram piores. Mary Jane Kelly estava com o aluguel do quarto em atraso; mas mesmo isso era um luxo. Em Crossingham's, mais adiante na estrada em direção à cidade, todas as noites os destituídos do East End pareciam se espremer em uma horrível lata de sardinha com sujeira e desordem por quatro centavos, ou eram deixados de fora para se virarem, caso quatro centavos estivessem além de suas condições. Aqui, Annie Chapman, descoberta roendo uma batata na cozinha nas primeiras horas de 8 de setembro de

1888, admitiu que não tinha como pagar. Mesmo assim, ela saiu com o otimismo intacto: "Não ocupe a cama; voltarei em breve". Ela nunca mais voltou e encontrou o Estripador na primeira luz do dia.

A criminalidade era o subproduto inevitável da pobreza e da pressão social. Em 1898, de volta a Millers Court — na verdade, no quarto acima daquele em que Mary Jane Kelly havia sido obliterada —, Kate Marshall assassinou sua irmã, Eliza Roberts, com uma faca que, em momentos mais calmos, ela usava na confecção de chicotes. A arma penetrou no peito de Eliza entre a primeira e a segunda costela, uma polegada à direita do esterno, e perfurou o pulmão. Bebidas alcoólicas tinham aberto o caminho para as discussões; o marido de Eliza, David, estava ocupando o mesmo quarto, assim como seu filho de três anos, cuja angústia e perplexidade foram expressas em reportagens de jornais: "Onde está a mamãe? A mamãe está vindo?".

Na verdade, todas as precondições para a tragédia já existiam no caso Marshall. Uso indevido de álcool, violência doméstica, padrões de moradia transitórios, superlotação, emprego instável, condenações anteriores, morte e remoção de crianças da família biológica, disfunção relacional: parece a lista de fatores que contribuem para uma moderna Revisão de Casos Graves. A Dorset Street devia estar cheia de casos que poderiam ter terminado de forma semelhante; mas que, talvez por milagre, não se sucederam.

Eis uma rua que eu não gostaria nem um pouco de visitar.

A Dorset Street manteve sua reputação sombria no século xx. Um dos primeiros assassinatos da era eduardiana — o de Mary Ann Austin — trouxe à tona as condições nas pensões, mas foi só em 1928 que os antigos edifícios começaram a ser demolidos e recriados. Mesmo assim, foi difícil, sobretudo, para a Millers Court abandonar seus hábitos. Kitty Roman foi assassinada lá em 1909, em um quarto com vista para o exterior norte do quarto de Mary Jane Kelly. E ainda em 1926, Joseph Carson apareceu em uma delegacia de polícia em Bow, confessando um assassinato em — como o *The Times* colocou de forma equivocada — "um tribunal na Gossett Street, Spitalfields, em frente a uma igreja". Quando o corpo de Jane Williams foi descoberto em seu quarto, percebeu-se que ela havia morrido de miocardite crônica e nefrite intersticial, e Carson, impróprio para o terrível panteão, seguiu para a obscuridade.

Leitura adicional | OLDRIDGE, M.W. *Murder and Crime: Whitechapel and District*. Stroud: The History Press, 2011.

NO MUNDO DA LUA

FORBES BENIGNUS & LYTTLETON STEWART FORBES WINSLOW

1810—1874 & 1844—1913

Na época em que psiquiatras se chamavam alienistas, o sobrenome Winslow se tornaria conhecido. Forbes Benignus, o pai, e Lyttleton, o filho, ficariam famosos cuidando de lunáticos, como eram chamados na época. Os dois contribuíam com frequência na análise de casos criminais, e Lyttleton chegou a estudar o caso de Jack, o Estripador.

TNB, MWO

Um psiquiatra pioneiro (ou alienista, na formulação da época), bem como um autor prolífico e um doutor honorário em Direito Civil, Forbes Benignus Winslow acabaria por encontrar sua reputação manchada pelo chamado "pânico lunático" de 1858 e 1859; na década de 1860, ele próprio ficou incapacitado por uma doença longa e misteriosa, que pode muito bem ter sido de natureza nervosa. Teria sido compreensível: duas "inquisições lunáticas" muito divulgadas, em 1858 e 1862, prejudicaram de maneira grave sua posição e seus negócios.

Anteriormente, no entanto, Winslow era tido em alta consideração. Desde pelo menos 1843, quando contribuiu para a defesa de Daniel M'Naghten, ele se preocupava com a situação dos "lunáticos" que enfrentavam acusações criminais, e uma conversão ao cristianismo evangélico alguns anos depois apenas reforçou sua convicção contra a execução em tais casos. Isso não o tornou popular. Em 1855, ele publicou *The Case of Luigi Buranelli, Medico-legally Considered*, que continua sendo uma das melhores fontes de informação sobre uma das execuções mais controversas da era vitoriana.

O filho de Winslow, Lyttleton Stewart Forbes Winslow, também se tornaria um notável alienista, e seu nome aparece sempre de forma favorável em muitos dos casos mais famosos

do final do período vitoriano — os assassinatos de Jack, o Estripador, em cuja investigação ele tentou, sem sucesso, inserir-se, e os julgamentos de Amelia Dyer, Percy Lefroy Mapleton e Florence Maybrick entre eles. Seu comportamento no caso de Mary Pearcey, em particular, é um estudo de oportunismo, e o leitor médio dos jornais aos quais Winslow escreveu expressando sua crença fervorosa na insanidade da mulher condenada talvez se surpreenda ao saber que ele nunca a viu ou examinou. Uma carta em particular, publicada no *Standard* em 12 de dezembro de 1890, foi recortada para os arquivos do Ministério do Interior e, em seguida, devidamente anotada e esquecida por funcionários públicos cujo conhecimento dos fatos do caso — como se poderia esperar — claramente excedeu o do fanfarrão Winslow. Ele foi há pouco tempo ressuscitado como tema de uma palestra no Royal College of Psychiatrists, e apresentado como um homem de sincera compaixão que estava tentando fazer o melhor por pessoas em circunstâncias perigosas; mas outras interpretações, simultaneamente mais cínicas e mais evidentes, estão disponíveis.

Leitura adicional | WISE, S. *Inconvenient People*. Londres: Vintage Books, 2013.

NÃO ERA JACK

FREDERICK BAILEY DEEMING

1853—1892

Há quem aposte que ele seria o terrível serial killer de Whitechapel. A verdade é que Frederick Bailey Deeming não precisa da autoria dos crimes do Estripador para ser considerado um assassino cruel e calculista, que matou quatro filhos e duas esposas (se a polícia não agisse a tempo, seriam três).

MWO

Deeming permanece na consciência dos historiadores do crime, enquanto outros assassinos com credenciais semelhantes ficaram em segundo plano. Isso se deve ao fato das frequentes sugestões de que ele pudesse ter sido Jack, o Estripador.

Em 1891, no auge do verão, Deeming chegou a Rainhill, em Merseyside, cheio de vaidade e fanfarronice, esperando abandonar quaisquer vestígios de sua extensa história de fraude e bigamia. Ele tentou realizar isso adotando o nome de Albert Oliver Williams e criando uma história na qual, no decorrer de uma extensa carreira militar, destacou-se em vários cenários e ambientes distantes (ora lutando contra assassinos árabes, ora vencendo tigres que comem pessoas). A súbita aparição na aldeia de sua esposa, Marie, e seus quatro filhos, que ele já havia abandonado, corria o risco de dissipar a fantasia; além disso, ameaçava o noivado de Deeming com a confiável Emily Mather — "a garota de preto, silenciosa, subjugada", como coloca Edgar Wallace. A srta. Mather era potencialmente a herdeira da papelaria de sua mãe; Deeming sempre mantinha sua família fora de vista em uma propriedade alugada chamada Dinham Villa, e os apresentava como sendo sua irmã, sobrinho e sobrinhas sempre que eram questionados por comerciantes locais.

Na noite de 2 de agosto de 1891, depois de passar os dias anteriores cavando um buraco no chão da cozinha com a desculpa de melhorar a propriedade por sua própria iniciativa e esforços,

Deeming cortou a garganta de sua esposa e aniquilou os filhos. Ele escondeu os corpos com cuidado sob camadas de cimento e chamou um profissional para fazer o acabamento do piso de acordo com o padrão. Então, para o deleite ingênuo de Emily Mather, ele anunciou que eles fariam uma viagem ao exterior. Em setembro, ele se casou com ela em Prescot. No início de novembro, eles navegaram para o hemisfério sul em um navio alemão.

Porém, quando o navio chegou ao porto de Melbourne, o brilho do casamento havia desaparecido. Emily estava deprimida, e Deeming reservava sua afeição para um canário que mantinha em uma gaiola de latão. Outro nome foi exigido — desta vez, Drewin foi a denominação escolhida — e outro imóvel suburbano foi alugado. Pouco antes do Natal (ou talvez no próprio dia de Natal), Deeming despachou Emily da maneira com que agora se acostumara, cortando sua garganta e colocando-a sob as pedras da lareira de sua casinha em Windsor, nos arredores de Melbourne. Kate Rounsvelle, que Deeming conheceu no navio de Melbourne a Sydney depois de desistir da casa onde o corpo de Emily foi enterrado, teve a sorte de não ter o mesmo fim; a prisão dele chegou antes, tendo sido avisada quando a polícia realizou buscas em Windsor por conta de um cheiro horrível. A esta altura, Deeming tinha se nomeado para a nobreza e atendia pelo nome de "barão Swanston".

 **Decididamente, não era a viagem de descanso que a pobre Emily esperava.**

A notícia da descoberta do corpo de Emily Mather chegou à Inglaterra, assim como a confirmação da identidade de Deeming como Albert Oliver Williams — encontrada em alguns papéis pessoais que ele não havia queimado por completo; uma escavação em Rainhill revelou a horrível verdade de seus meses lá. Deeming foi para a morte no cadafalso na Prisão Melbourne na manhã de 23 de maio de 1892.

As pessoas passaram muito tempo acreditando que Deeming estivera na África do Sul, ou preso de alguma outra forma, na época dos assassinatos do Estripador. Pesquisas recentes, no entanto, sugerem com *muita* cautela que ele pode de fato ter estado em liberdade na Inglaterra em 1888 e, como sua história subsequente demonstra, ele era um homem capaz de aprovar a brutalidade. Piores candidatos ao título foram sugeridos, mas ainda assim Deeming parece ter sido um trapaceiro de confiança, envolvendo-se e relacionando-se com mulheres vulneráveis como se esse aspecto de seu comportamento não pudesse ser controlado, mas recorrendo ao homicídio apenas quando perdia a paciência com elas e não podia mais tolerar o fardo econômico que elas (e seus dependentes) impunham sobre ele. Isso não o torna um homem bom, o que ele não era mesmo; mas pode sugerir que ele não compartilhava dos instintos brutais de Jack, o Estripador.

QUANDO JACK ESCAPOU

FREDERICK GEORGE ABBERLINE

1843—1929

Teve uma carreira brilhante na polícia. Entre muitos casos importantes, ajudou a prender os terroristas que dinamitaram a Torre de Londres em 1885. Mas Frederick George Abberline ficou famoso mesmo por não desvendar a identidade do Estripador.

NRAB

De vez em quando, um detetive da vida real se torna tão conhecido que apenas o sobrenome já evoca imagens do período em que trabalhou. O nome de Leonard "Nipper" Read (o nêmesis dos irmãos Kray) evoca homens fortes vestidos com ternos de alfaiataria em meio à guerra de gangues mafiosas londrinas na década de 1960. Já o inspetor-chefe Walter Dew criou o padrão do elegante detetive da era eduardiana, ao aproveitar o potencial da tecnologia moderna a fim de capturar seu homem, o dr. Crippen. As ruas iluminadas a gás no período vitoriano não deixam dúvidas quanto ao detetive que foi o inspetor-chefe Frederick George Abberline, ex-aprendiz de relojoeiro de Blandford, em Dorset, e perseguidor de Jack, o Estripador.

Abberline, nascido em 8 de janeiro de 1843, era o caçula de quatro filhos sobreviventes. Seu pai, Edward, um humilde seleiro, ascendeu a ponto de assumir uma variedade de funções de responsabilidade dentro da comunidade, de oficial do xerife à balconista de mercado, além de vários pequenos cargos governamentais locais. No entanto, sua influência sobre o filho mais novo seria breve, precisamente seis anos, já que Edward faleceu em 1849, deixando sua esposa Hannah, uma lojista, sozinha para criar os filhos.

Nada se sabe sobre a educação de Abberline, mas parece ter sido suficiente em seu preparo para aprender manufatura (interrompido por um período 35 dias na Milícia Dorset). No entanto, foi seu próximo passo na carreira que realmente o definiu, já que, no final de 1862, Frederick decidiu viajar até Londres para ingressar como policial na Polícia Metropolitana. Depois de "se formar" com o número 43.519 apenas um dia antes de seu vigésimo aniversário, seu primeiro posto como policial foi na Divisão N de Islington. Dois anos de serviço impecável o tornaram elegível para o exame de sargento, no qual ele foi devidamente aprovado; isso provocou uma transferência para outra divisão e, em agosto de 1865, Abberline se tornou o mais novo sargento na Divisão Y de Highgate. Seguiram-se então oito anos de farda e trabalho árduo, com um destacamento em 1867, quando Abberline, vestido à paisana, auxiliou nas investigações sobre as atividades fenianas. O ano de 1867 também viu Abberline se casar com Martha Mackness, uma união que infelizmente foi interrompida no ano seguinte, quando ela faleceu devido à tuberculose.

A restrição ao uso de roupas civis deu a Abberline o gosto pelo trabalho de detetive e, após sua promoção a inspetor em 1873, ele foi logo transferido para a divisão mais notória da área metropolitana: a Divisão H, em Whitechapel. Assim começou uma associação de catorze anos com o East End de Londres, cujos ecos perduram até

hoje. Um trabalho mais estelar fez Frederick subir ao posto de inspetor local da Divisão H do Departamento de Investigação Criminal, em 1879. Lá, Abberline investigou os criminosos de Whitechapel. No entanto, foi sua experiência com os fenianos que, sem dúvida, ajudou-o na investigação de dois notórios ativistas fenianos, James Cunningham e Harry Burton, que tiveram sucesso ao explodir parte da Torre de Londres, sob a jurisdição da Divisão H. A aparição de Abberline em Old Bailey, em 1885, no que seria conhecido como o "Julgamento dos Dynamitards", apontou-o como objeto de ameaças de morte, mas parece que os homens mais antigos da Scotland Yard também começavam a notá-lo, o corpulento nativo de Dorset com fala mansa e que mais se parecia com um dos jovens detetives da Divisão H, o já mencionado Dew, "um gerente de banco ou advogado", do que com o pesadelo dos criminosos do East End.

Abberline foi instruído a comparecer à delegacia na King Street, Whitehall, em 26 de julho de 1887, para ser transferido para a prestigiosa Divisão A, mas em poucos meses mudou-se de novo, desta vez para a própria Scotland Yard, como inspetor de primeira classe. O ano era 1888, durante o qual uma série de assassinatos ocorridos em Whitechapel se inscreveu indelevelmente na psique sombria de uma nação e de seu povo.

Não prendeu o Jack e ficou famoso. Imagina se tivesse prendido...

Os assassinatos de Jack, o Estripador causaram pânico generalizado em toda a região do East End, propagando uma comoção mundial como nenhum outro crime anterior. A resposta da Scotland Yard foi devolver Abberline à sua antiga zona de conforto devido à percepção de que o conhecimento local seria um componente essencial na investigação. Infelizmente, Abberline não foi capaz de rastrear o esquivo assassino. No entanto, seu envolvimento à frente das operações terrestres garantiu a eterna associação de seu nome a este caso.

Com exceção do caso do Estripador, o Escândalo da Cleveland Street, de 1889, foi provavelmente a investigação mais conhecida de Abberline. Ele liderou a investigação sobre os segredos de um bordel homossexual, cuja maior parte da clientela vinha dos escalões mais elevados da sociedade: durante esse período, é claro, a homossexualidade era um crime.

Abberline aposentou-se da Polícia Metropolitana em 1892 e tornou-se um investigador privado até 1898, quando se mudou para a Agência Europeia de Pinkerton. Em 1901, ele e sua segunda esposa, Emma, retiraram-se para a aposentadoria completa em Bournemouth, onde, em 10 de dezembro de 1929, Abberline faleceu — um dos mais famosos e temidos detetives de seu tempo.

O PROTO JACK

HENRY WAINWRIGHT

MWO

1838—1875

Não, ele não era Jack. Mas Henry Wainwright também esquartejou sua vítima no mesmo distrito que traria a infâmia do Estripador anos mais tarde. Henry estava cansado das cobranças de sua amante, Harriet Lane. O romance acabou com ela morta, enterrada debaixo das tábuas do piso de madeira de um armazém. O crime perfeito? Nem de longe. Um ano depois, as coisas começaram a feder e, desesperado, Henry tentou se desfazer da ex, retalhando seu corpo em pedaços.

Até que o epíteto fosse usurpado por Jack, o Estripador, Henry Wainwright era tido como o assassino de Whitechapel, conhecido por um homicídio tão estratégico que levou exatamente um ano até ser descoberto. Nesse meio tempo, ele guardou sua vítima sob as tábuas do piso de seu armazém e se apoiou na própria sorte.

Wainwright era o herdeiro de uma empresa de fabricação de escovas em Whitechapel, mas, embora seu pai (também chamado Henry) tivesse sido diligente na indústria e alcançado considerável prosperidade, Henry Júnior não tinha cabeça semelhante para os negócios. Em vez disso, seus pensamentos foram ocupados pelo charme incompleto de Harriet Lane. Encantado por suas mãos delicadas, e não totalmente desanimado pelo dente cariado que se tornava visível quando ela sorria, ele escreveu-lhe cartas melosas e elevou a si mesmo e a ela ao status de paródia da realeza com a adoção de pseudônimos bobos: ele se tornou o sr. Percy King, e ela era a sra. King. Tudo isso foi necessário porque Wainwright tinha uma esposa, Elizabeth, e vários filhos, vivendo aparentemente bem na luxuosa Tredegar Square, em Bow.

Aos poucos, esse delicado arranjo começou a se desfazer. Em 1874, a sra. King — propriamente srta. Lane — começou a se cansar de seu estilo de vida clandestino; depois de dois filhos

ilegítimos, e sem nenhum sinal de Percy — Henry — preparando-se para colocar seu relacionamento em bases mais firmes, sua insatisfação começou a encontrar sua voz amarga. Houve discussões, e Wainwright deve ter percebido que, se seu caso fosse revelado, ele enfrentaria a ruína social. Isso era sobretudo preocupante, já que por alguns meses sua situação financeira também havia sido embaraçosamente perigosa. A falência parecia estar próxima, e um blefe confiante — a moeda de negociação típica de Wainwright —não deteria seus credores. Por outro lado, porém, Alice Day pareceu admirar tais efeitos. Ela, uma dançarina de balé na esperança de receber melhor posição no cenário teatral de Whitechapel, há pouco tempo encontrara a afeição de Wainwright, vítima da inexplicável atração sexual. Qualquer que fosse a maneira como se olhasse a situação, ele teria que abrir mão de algo.

No início de setembro de 1874, Wainwright parou de financiar o modesto arrendamento de Harriet Lane em Sidney Square e, no décimo primeiro dia do mês, após o fim da relação com seu amante distraído, ela foi confrontá-lo em seu armazém na Whitechapel Road, 215. Lá, ele atirou nela, enrolou uma corda em volta do corpo e a arrastou para uma cova improvisada cavada sob as tábuas do piso nos fundos do local. No corpo derramou meio quilo de cloreto de cal (que encomendara no dia anterior). Ele recolocou as tábuas e deu início a um boato improvável, dizendo que Harriet tinha ido para a Europa com um homem chamado, de maneira bastante surpreendente, Edward Frieake. O verdadeiro

Frieake, um leiloeiro que trabalhava em Aldgate e um conhecido de longa data de Wainwright, ficou surpreso com isso, mas telegramas de portos marítimos, pelo visto escritos por Harriet, pareciam indicar que a história era verdadeira.

Em setembro de 1875, a ainda notável ausência de Harriet deixava Wainwright outra vez sob pressão. Sua ex-amante não tinha desaparecido tão completamente como ele gostaria: seu cheiro desagradável subia e pairava no ar nos fundos de seu armazém. Pior ainda, o próprio armazém logo seria vendido em um acordo de falência; nada era mais provável do que o fato de que os novos proprietários levantariam as tábuas do assoalho para descobrir a fonte do mau cheiro. De mãos atadas por essas circunstâncias, Wainwright esperou até o anoitecer de 10 de setembro de 1875 e então desenterrou Harriet, cortou-a em vários pedaços e embalou-a em pacotes envoltos em tecido. No dia seguinte, ele planejou transportar os pacotes para um endereço abandonado em Southwark e, para esse fim, contou com a ajuda inocente de Alfred Stokes. Quando chegou a hora, e com os pacotes continuando a feder, Stokes aproveitou a única ausência momentânea de Wainwright e disfarçadamente examinou a carga desagradável. Aquela mão cortada no pulso o convenceu de que tudo aquilo estava errado.

A captura de Wainwright está entre as maiores da história do crime vitoriano: uma confusão romanceada e cinematográfica com partes desmembradas do corpo; a carroçaria alugada por Wainwright chacoalhando pela London Bridge, a fumaça saindo livremente de seu grande charuto; a srta. Alice Day, sentada com ele dentro da carruagem, lendo um jornal e com obediência abstendo-se de conversar com seu amante implacável, que disse que queria pensar; Stokes, uma vítima anteriormente leal da implosão financeira de Wainwright, disparou pelo trânsito e riu dos policiais da Leadenhall Street, a quem implorou para intervir. Apenas quando a carruagem chegou a Borough foi que Stokes conseguiu persuadir um policial a levá-lo a sério. Pedaços de Harriet Lane caíram das embalagens, e Wainwright foi preso. O mesmo aconteceu com a pobre Alice Day, embora ela tenha sido libertada mais tarde.

Wainwright foi julgado no Tribunal Criminal Central e enforcado em Newgate, quatro dias antes do Natal de 1875. O remorso não era seu ponto forte e, pouco antes de sua queda final, ele rosnou para os dignitários e jornalistas reunidos: "Vieram ver um homem morrer, não foi, seus malditos?". O verdadeiro autor dos telegramas do porto marítimo — o irmão de Henry, Thomas, disfarçado de Harriet a pedido de Henry — recebeu sete anos de servidão penal como crime acessório após o assassinato, e teve sorte de não sofrer algo muito pior.

Leitura adicional | IRVING, H.B. (org.). *Trial of the Wainwrights*. Edimburgo: William Hodge and Company, 1920.
OLDRIDGE, M.W. *Murder and Crime: Whitechapel and District*. Stroud: The History Press, 2011.

POR PARTES

JACK, O ESTRIPADOR

1888—1891

O mais famoso assassino da era vitoriana, talvez o mais famoso de todos os tempos. E mesmo assim, sua identidade continua um mistério até hoje. O que você sabe sobre o serial killer que matou e mutilou ao menos cinco mulheres no final da década de 1880?

NRAB

A Agência Central de Notícias, uma distribuidora de notícias com sede no distrito de imprensa de Londres, foi responsável por lidar com o sensacionalismo. O jornalismo de tabloide estava apenas começando a dar seus primeiros passos, com uma nova publicação, a *Star*, na liderança. Durante o final do verão e início do outono de 1888, este jornal noticiava uma série de assassinatos nos bairros degradados do East End, Whitechapel e Spitalfields, onde algumas mulheres foram brutalmente assassinadas. Essa notícia angustiante foi logo lançada pelos repórteres do *Star*, que, com sua corrente anti-establishment, buscaram transformar as vítimas em mártires políticos e apontar um dedo acusador para Whitehall, alimentando seus leitores com uma mistura de relatos chocantes dos assassinatos e opiniões políticas fervorosas. Os jornalistas não tiveram falta do que escrever a respeito dos últimos acontecimentos; entretanto, o primeiro teve que ser buscado em outro lugar, na Agência Central de Notícias.

Em 27 de setembro de 1888, uma carta recebida pela Agência Central de Notícias foi parar na mesa de um de seus repórteres, Tom Bulling. Bulling notou a carta, mas a descartou como uma piada; só quando surgiram notícias de mais dois

assassinatos — ocorridos no espaço de uma hora e separados por apenas uma curta distância — que Bulling prestou mais atenção. "Caro chefe", começou, em um rabisco garranchado com tinta vermelha:

Dizem que a polícia me pegou, mas ainda não vão me consertar. Acho graça quando se dizem tão espertos e acham que estão no caminho certo. Aquela piada sobre o Avental de Couro me fez rir um bocado. Estou atrás de prostitutas e só vou parar de estripar se for de fato preso. O último trabalho foi ótimo. A senhorita nem teve tempo de gritar. Como podem me pegar agora? Amo meu trabalho e quero recomeçar. Em breve vai receber mais uma lembrancinha. Guardei algo vermelho, do meu último trabalho, em uma garrafa de cerveja para escrever, mas ficou grosso como cola e não pude usar. Espero que tinta vermelha sirva, ha ha. No próximo trabalho, vou cortar as orelhas da senhorita e mandar para os policiais apenas para alegrá-los. Guarde esta carta enquanto eu trabalho um pouco mais. Depois, pode divulgar. Minha faca é tão boa e afiada que quero começar a trabalhar imediatamente, se tiver chances. Boa sorte.

Na assinatura da carta nasceu uma lenda duvidosa. Apenas dizia: "Atenciosamente, Jack, o Estripador".

Os assassinatos de Jack começaram, de acordo com os arquivos oficiais da polícia sobre os crimes, em abril de 1888, quando uma prostituta chamada Emma Smith morreu no Hospital Whitechapel de Londres. Quando sozinha, ela foi atacada por uma gangue de jovens não muito longe de seus aposentos e fez os últimos metros de sua viagem para casa em agonia. Ela foi levada às pressas para um hospital, mas infelizmente sucumbiu aos ferimentos horas depois. Não se sabe por que Smith foi incluída nos arquivos da polícia, já que seus ferimentos não correspondiam aos de nenhuma das vítimas subsequentes.

No início de agosto de 1888, Martha Tabram foi cruelmente esfaqueada até a morte bem nos edifícios George Yard, não muito longe de onde Smith foi atacada alguns meses antes. Como em qualquer investigação vitoriana de assassinato, a polícia começou a buscar pistas forenses no local: pegadas, irregularidades no chão, qualquer arma descartada: não encontraram nada. Esse assassinato, apesar das características alarmantes, foi apenas um dos muitos crimes cometidos na área patrulhada pela sobrecarregada Divisão H da Polícia Metropolitana (Whitechapel). Após o assassinato e mutilação de Mary Ann Nichols no final de agosto, na vizinha Divisão J (Bethnal Green), a hierarquia policial da Scotland Yard começou a tomar nota.

Será que a polícia não pensou em parar tudo e ir por partes nessa investigação?

Eles enviaram o ex-chefe do CID da Divisão H, inspetor Frederick Abberline, para ajudar os detetives locais em suas investigações. Assim que Abberline se juntou à sua antiga equipe, surgiram notícias de mais uma vítima mutilada. Annie Chapman foi encontrada assassinada no quintal de uma casa na Hanbury Street, Spitalfields. Esse assassinato, ocorrido apenas uma semana após o assassinato de Nichols, chamou a atenção da imprensa, que se concentrou na polícia e em suas ações, bem como nas comunidades envolvidas (que, a essa altura, haviam montado comitês de vigilância em uma tentativa de ajudar os policiais locais). A Scotland Yard respondeu mais uma vez, apresentando um de seus melhores detetives, o inspetor-chefe Donald Swanson, para coordenar a investigação e atuar como o elo entre o CID local e a própria Yard.

Embora a imprensa achasse impossível, 30 de setembro de 1888 trouxe um espetáculo ainda maior, pois duas mulheres foram encontradas assassinadas em uma única noite. A imigrante sueca Elisabeth Stride foi encontrada na entrada de um pequeno quintal na Berner Street, perto da Commercial Road de Whitechapel.

Ao contrário de Nichols e Chapman, Stride não havia sido mutilada, e a opinião comum era de que seu assassino havia sido interrompido. Por outro lado, talvez o assassino estivesse apenas variando sua rotina, já que o segundo assassinato naquela noite — o de Catherine Eddowes, na praça Mitre da cidade — sugeria que o Monstro de Whitechapel havia saído de sua área habitual.

O assassinato de Eddowes significou que outra força policial de Londres, a Polícia da Cidade de Londres, envolveu-se na caça ao assassino agora chamado de Jack, o Estripador e, embora extensas investigações fossem realizadas em toda a área, nenhum outro assassinato ocorreu em outubro de 1888. Conforme novembro chegou, a vida em Whitechapel e seus arredores parecia ter se acalmado um pouco. Era uma falsa impressão. Em um pequeno quarto alugado na notória Dorset Street, a poucos passos de distância da Christ Church Spitalfields, os restos mortais selvagemente mutilados de uma jovem prostituta irlandesa chamada Mary Jane Kelly foram encontrados por um funcionário de seu senhorio. A data era 9 de novembro, o dia do show do Lord Mayor, e os reforços da polícia para esse evento, sob responsabilidade da Delegacia da Commercial Street, agora se encontravam correndo para uma terrível cena de assassinato. A vítima foi descrita pelo inspetor Walter Beck, um dos primeiros policiais no local, como tendo sido "simplesmente cortada em pedaços".

Outros assassinatos ocorreram nos anos seguintes. Alice McKenzie foi encontrada por um policial em Castle Alley em julho de 1889; bem como a jovem Frances Coles em 1891, mas agora em um arco ferroviário sujo conhecido como Swallow Gardens. No entanto, nenhuma das duas exibia as ferozes mutilações de vítimas anteriores. Da mesma maneira silenciosa que os assassinatos começaram, eles terminaram, criando muitos mitos e lendas alimentadas pelas memórias e opiniões de ex-autoridades policiais, como Abberline, Robert Anderson, Melville Macnaghten e (em particular) Swanson.

E, na década de 1890, enquanto as investigações foram encerradas devido à falta de progresso e recursos, vale lembrar que o caso, como todos os casos de assassinato não resolvidos, permanece aberto até hoje.

Leitura adicional | BEGG, P.; BENNETT, J. *Jack the Ripper:* CSI *Whitechapel*. Londres: Andre Deutsch, 2012.
EVANS, S.P.; RUMBELOW, D. *Jack the Ripper: Scotland Yard Investigates*. Stroud: Sutton, 2006.
SUGDEN, P. *The Complete History of Jack the Ripper*. Londres: Robinson, 1994.
BEGG, P.; FIDO, M.; SKINNER, K. *The Complete Jack the Ripper A to Z*. Londres: John Blake Publishing, 2010.
EVANS, S.P.; SKINNER, K. *The Ultimate Jack the Ripper Sourcebook*. Londres: Robinson, 2000.
Ripperologist (periódico bimestral); edições anteriores e assinaturas disponíveis em: www.ripperologist.biz (Acesso em 24.06.2021).

JACK, É VOCÊ?

JAMES KELLY

MWO

1860—1929

James Kelly é um dos muitos candidatos póstumos à identidade secreta de Jack, o Estripador. Em 1823, ele matou sua esposa, Sarah, três semanas após o casamento. Foi preso e condenado à morte, mas considerado insano. Escapou do manicômio em 1888, o ano das mortes de Whitechapel. Fugiu do país e, 39 anos depois, se entregou voluntariamente, com medo de morrer sozinho.

James Kelly foi um assassino cujo crime, em outras circunstâncias, poderia ter sido esquecido num piscar de olhos. Duas sequelas curiosas — uma na década de 1920 e outra nos anos 1980 — serviram para restaurá-lo à consciência dos verdadeiros historiadores do crime.

O assassinato original se deu após uma breve relação. Kelly, nascido em Liverpool, tinha sintomas sifilíticos aos 23 anos de idade (que ele atribuiu a uma doença industrial, contraída no trabalho: "a coceira do estofador", conforme disse), casou-se com Sarah Ann Brider, de 21 anos na igreja de St. Luke, em Islington, Londres, em 4 de junho de 1883. Em três semanas, Sarah estava morta.

O casal desafortunado se conheceu quando Kelly começou a se hospedar na residência dos pais de Sarah, uma casa de dupla fachada em Cottage Lane, fora da City Road, em 1882. É difícil ter certeza se o casamento — que se seguiu no espaço de cerca de um ano — foi de fato por amor: há sugestões de que Sarah havia contraído sífilis; ela também pode ter ficado grávida e James estava de posse de certa parafernália (talvez) associada à prática de abortos. Além disso, ele começava a sentir muito ciúme, acreditando que sua esposa havia recorrido à prostituição, e seu equilíbrio estava indo embora. Em 18 de junho, ele pegou uma faca durante uma discussão e foi, por muito pouco, impedido de ferir a si mesmo ou outra pessoa. Quando começou a sentir remorso, ele enxergou as coisas com mais clareza.

"Estou louco", disse ele.

"Acho que sim", disse a sogra.

Em 22 de junho, entretanto, as mesmas ansiedades ressurgiram. Sarah chegou tarde em casa; surgiu uma discussão; James a chamou de prostituta, negou o que disse, buscou o perdão dela. "Nunca poderei perdoá-lo", disse ela, e ele enfiou a lâmina de uma faca em seu pescoço, cinco centímetros abaixo de sua orelha esquerda, de modo que "quase dividiu a medula espinhal", como disse o cirurgião domiciliar do Hospital St. Bartholomew. Sarah morreu na noite de 24 de junho, quando seu agressor foi levado, sem resistência, à custódia da polícia.

Em seu julgamento, em 1º de agosto, Kelly contestou a acusação de assassinato, mas as provas estavam todas contra ele, que foi condenado e sentenciado à morte. Contendo suas apostas, ele também se certificou de lançar as bases de um apelo, enfatizando seu desarranjo mental, inclusive em várias cartas excêntricas escritas de sua cela, nas quais ameaçava vagamente a mãe de sua falecida esposa enquanto se referia a si mesmo como seu "infeliz e misericordioso genro". O ministro do Interior, persuadido no caso de comutação, o despachou para Broadmoor.

Em janeiro de 1888, Kelly escapou, farto da vida na instituição. Ele havia produzido uma chave com um pedaço de metal encontrado na horta da cozinha, desaparecendo pelas portas trancadas e áreas externas antes de escalar o muro externo. As autoridades, alarmadas com essa reviravolta nos acontecimentos, fizeram um péssimo trabalho para recapturá-lo e, nos anos seguintes, Kelly viajaria para a França e para os Estados Unidos, e de volta para a Grã-Bretanha, sem maiores problemas. Só em 1927 foi devolvido ao asilo, porque chegara à entrada principal pedindo readmissão. Mesmo assim, não acreditaram nele e mantiveram-no na delegacia de polícia de Wokingham até que uma ordem final chegasse do Ministério do Interior.

Kelly "temia a ideia de morrer sozinho" e, nas atuais circunstâncias, a vida em Broadmoor era preferível à solidão eterna. Desde 1988, e com a publicação de um livreto adequadamente excêntrico sob o título de *Jimmy Kelly's Year of Ripper Murders*, ele tem desfrutado do duvidoso prazer da companhia de centenas de outras pessoas — aristocratas e indigentes — no indesejável local do além-mundo reservado para aqueles que poderiam — *poderiam* — ser Jack, o Estripador. Sua candidatura, explorada de forma mais abrangente em um livro subsequente de James Tully, tem melhores credenciais do que aquelas de alguns outros candidatos, mas poucos estão dispostos a nomear Kelly para o título ainda vago.

Leitura adicional | TULLY, J. *The Secret of Prisoner 1167*. Londres: Robinson, 1998.

JACKIE, A ESTRIPADORA

MARY ELEANOR PEARCEY

MWO

1866—1890

Até onde se sabe, Mary Eleanor Pearcey matou duas pessoas, a esposa e a filha de seu amante. A frieza de seus atos fez com que o autor William Stewart a comparasse com o Estripador de Whitechapel. Quem disse que Jack não poderia ser uma mulher? Apesar de não haver qualquer evidência, ainda há quem especule essa teoria nos dias de hoje.

Em 1939, o caso de Mary Pearcey se emaranhou com o de Jack, o Estripador. Ela, mais do que qualquer outra mulher de sua geração, para o autor William Stewart, parecia igualar a brutalidade do Estripador. Ela foi considerada um exemplo metropolitano de violência feminina, um estudo psicológico sobre paixão trágica, e Stewart a invocou para demonstrar que — talvez — o assassino de Whitechapel fosse uma mulher. Essa, pelo menos, era sua estranha tese.

Estudos recentes sobre o crime de Mary contam uma história com mais nuances. Em 1890, ela morava na Priory Street, entre Camden Road e Kentish Town Road, longe do cenário da selvageria de dois anos antes. Mary havia se apaixonado por um jovem chamado Frank Hogg; Frank retribuiu o afeto dela, apesar de ter em casa uma esposa (Phoebe) e uma bebê (batizada em homenagem à mãe, mas apelidada de Tiggie). A própria história romântica de Mary era, no mínimo, difícil de se explicar — ela havia sido "por anos uma mulher entregue à imoralidade", como o *The Times* ressaltou —, e costumava manter às escondidas uma série de relacionamentos não convencionais e quase sempre insatisfatórios, mas com Frank parecia ser algo diferente.

Em outubro de 1890, entretanto, a pressão acumulada começou a se manifestar. Phoebe desconfiava muito de Frank e Mary; Mary sentia dores de cabeça que persistiam por vários dias. Em 24 de outubro, Mary pediu que um menino da vizinhança entregasse um bilhete convidando Phoebe para tomar chá; por algum motivo, Phoebe aceitou e chegou à Priory Street empurrando Tiggie em um carrinho de bebê. Atacada de supetão, Phoebe teve a nuca esmagada com um atiçador de lareira e a garganta cortada. Mary colocou o corpo de Phoebe no carrinho — tudo indica que em cima do bebê — e saiu em direção ao arco da ferrovia no final da rua, perambulando pelas ruas mal-iluminadas do noroeste de Londres.

Mais tarde, concluiu-se que Tiggie morrera por sufocamento; seu corpo foi encontrado dois dias depois, atrás de uma cerca viva na Finchley Road. Já os restos mortais de Phoebe foram descobertos horas após sua morte, abandonados sem muita tentativa de escondê-los em Crossfield Road. Mary logo foi presa e, em 3 de dezembro de 1890, condenada por homicídio e sentenciada à morte. James Berry executou-a em 23 de dezembro.

No tribunal, não foram apresentadas testemunhas de defesa. Mary se declarou inocente, e seu advogado, Arthur Hutton, sequer tentou aliviar a barra de sua cliente. Ela foi julgada como uma pessoa sã e condenada como tal. Somente após a condenação surgiram dúvidas a respeito de sua saúde mental. A infância de Mary foi marcada, dizia-se, por um desenvolvimento físico incompleto e lesões na cabeça, e isso ecoou por sua vida adulta na forma de espasmos ferozes de epilepsia, durante alguns dos quais seria tomada por compulsões violentas. Além disso, ela havia tentado suicídio várias vezes, por enforcamento, envenenamento (duas vezes) e afogamento. Tudo indica que ela tinha visões, agarrando-se de forma obstinada a uma história infundada sobre um casamento precoce com um anônimo rico em um local a que tudo indica inexistente em Piccadilly. Mas, apesar de tudo — e mesmo após avaliações rigorosas, conduzidas pelos principais especialistas da época —, ela era legalmente sã e responsável por seu comportamento. Ler a papelada detalhada que sobrevive nos arquivos é uma experiência perturbadora — nenhuma injustiça foi cometida, mas ainda resta a desagradável sensação de que Mary permaneceu de alguma forma incompreendida.

Teria Mary Pearcey assombrado as ruas de Whitechapel?

Mary ainda não desapareceu por completo das especulações mais absurdas da ripperologia popular. Em 2012, J.E. Bennett publicou por conta própria um pequeno livro, *The Ripper... And Me*, escrito como uma espécie de livro de memórias no qual Mary surge como a assassina de Whitechapel. Esta ficcionalização do argumento original de Stewart — em que Mary guardava algumas semelhanças com o assassino de Whitechapel, mas não era necessariamente a assassina — mostra que seu fantasma ainda não teve permissão para descansar.

Leitura adicional | HOPTON, S.B. *Woman at the Devil's Door*. Londres: Mango Books, 2018.

O TORSO DO TÂMISA

QUEBRA-CABEÇAS (SEM CABEÇAS)

TNB

1887—1889

Em pouco mais de dois anos, foram encontrados no rio Tâmisa pedaços de quatro corpos de mulheres: torsos, coxas, braços, pernas, pés, ombros... e nenhuma cabeça. A polícia nunca solucionou os casos, e das quatro vítimas, apenas uma, Elizabeth Jackson, foi identificada. Comparações inevitáveis com os crimes de Jack, o Estripador começaram a surgir. Mas tudo indica que se tratava de um segundo serial killer.

Em 1887, recuperar partes de corpos do rio Tâmisa não era nenhuma novidade. Uma escalada de tais incidentes, no entanto, foi ver quatro casos em pouco mais de dois anos, e deu origem a especulações de que Jack, o Estripador não foi o único assassino em série perseguindo as ruas de Londres durante o final da década de 1880.

A história começa na cidade de Rainham, em Essex. Lá, em 11 de maio de 1887, a parte inferior sem pernas do torso de uma mulher, envolta em uma lona, foi vista flutuando no rio perto da área industrial conhecida como Rainham Ferry. Quase um mês depois, em 5 de junho, uma coxa, também embalada, foi descoberta rio acima nas London's Temple Stairs. A parte superior do tronco ressurgiu no mesmo dia nas bordas do Battersea Park.

Em 30 de junho, um menino descobriu um braço no Regent's Canal em St. Pancras; por fim, no dia seguinte, duas pernas foram entregues à polícia, tudo indica que também arrastadas pelo canal. Presumivelmente, faltava a uma dessas pernas a parte da coxa mencionada, pois os médicos investigadores decidiram com segurança que todas as peças recuperadas pertenciam ao mesmo corpo — uma coleção que agora estava completa, exceto pela cabeça.

No entanto, a mulher nunca foi identificada e pouco se pôde averiguar sobre as circunstâncias de sua morte, apenas que o desmembramento havia sido realizado por mãos experientes. Incapaz de identificar uma causa específica de morte, o inquérito apenas registrou um veredicto aberto.

A próxima descoberta ocorreu na sede da Polícia Metropolitana, que deveria ser um dos locais mais seguros da capital. Durante a construção de seus novos escritórios na New Scotland Yard, o local foi protegido por painéis e portões (e ao que parece, nenhum vigia). E, no entanto, em 2 de outubro de 1888, um novo torso foi encontrado nas fundações, e correspondia a um braço encontrado três semanas antes no rio em Pimlico (mas, no entanto, não com outro braço encontrado logo depois daquele em Lambeth, deixando uma lacuna macabra na investigação).

Segundo os operários, o torso fora colocado nas fundações em algum momento durante um fim de semana; no entanto, a extensão da coloração encontrada na parede contra a qual ele havia sido apoiado parecia apontar para longe dessa conclusão. A mesma coisa aconteceria com a descoberta posterior de uma perna e um pé no mesmo local; um elemento humorístico foi introduzido no processo quando estes foram encontrados não por um oficial da lei, mas por um pequeno cachorro pertencente a um membro do público que havia oferecido ajuda.

Mais uma vez, um inquérito não conseguiu chegar a um veredicto de assassinato. É difícil adivinhar se a polícia teria ficado frustrada ou aliviada com isso, ou talvez apenas envergonhada com todo o caso.

Oito meses se passaram até que, em 4 de junho de 1889, a parte inferior de outro torso feminino fosse retirada do rio em Southwark. Nos dois dias seguintes, foram encontradas uma perna, em Chelsea, e um fígado, na margem oposta em Nine Elms.

A parte superior do corpo foi encontrada nas proximidades de Battersea Park em 7 de junho, mas o Tâmisa ainda não havia acabado de revelar seus segredos. Em 10 de junho, as peças existentes foram unidas por um pescoço e ombros, partes de ambas as pernas e pés, partes dos braços, partes das mãos, nádegas, pélvis e — finalmente — uma coxa direita. O último deles foi descoberto não no rio, mas no jardim de Sir Percy Shelley. Parecia que alguém na rua tinha jogado a parte lá. Não passou despercebido que Sir Percy era filho da autora de *Frankenstein*, Mary Shelley.

O aspecto mais perturbador deste caso, no entanto, é que a vítima estava grávida no momento de sua morte — seu útero e uma parte da placenta estavam entre os pedaços de corpo recuperados. O feto estava desaparecido e, embora um feto tenha sido descoberto mais tarde, em um pote de conservas flutuando no rio, a opinião médica de que os dois incidentes não estavam relacionados prevaleceu. Um mistério angustiante permanece dentro de outro mistério.

Pelas roupas, e por uma notável cicatriz, a vítima foi identificada como Elizabeth Jackson; seu marido, John Faircloth, foi interrogado, mas acabou eliminado das investigações da polícia. Rumores de que avistaram um suspeito, que era trabalhador do canal, deram em nada. Elizabeth Jackson tinha uma identidade, mas seu assassino permaneceria foragido.

Finalmente, por volta das 5h25 de 10 de setembro de 1889, o policial William Pennett estava passando pela Pinchin Street, Whitechapel, quando avistou "algo que parecia ser um pacote" debaixo de uma arcada. O pacote revelou ser um torso sem cabeça e sem sangue. Só podemos imaginar a surpresa de três homens encontrados dormindo nas arcadas adjacentes, ao serem acordados e questionados sobre os restos em decomposição por perto. Alguém admitiria no futuro inquérito que "não estava exatamente sóbrio" no momento. Isso pode ter sido uma bênção.

No inquérito, foi determinado que a vítima era uma mulher "corpulenta" de trinta a quarenta anos de idade. Outros ferimentos também foram observados — cortes nos braços, talvez devido ao posicionamento do corpo durante seu desmembramento, e uma incisão de 38 centímetros no abdome. Estima-se que a morte tenha ocorrido pelo menos 24 horas antes da descoberta.

Ao contrário dos três casos anteriores, nenhuma outra parte do último corpo foi localizada — e, portanto, não há ligação demonstrável com o Tâmisa. No entanto, oficiais da polícia, incluindo Sir Melville Macnaghten, sentiram-se compelidos a oferecer suas opiniões sobre como o assunto pode ter se misturado à série maior: Macnaghten observou que o crime parecia "muito semelhante" aos casos Rainham e Whitehall.

> **De fato, é bem mais fácil desmontar do que montar. Sempre falta uma parte!**

Alguns teóricos, desde então, postularam que Jack, o Estripador e o Assassino do Torso do Tâmisa eram a mesma pessoa. Essa questão foi, de fato, explorada na época. No final do inquérito sobre os restos mortais da Pinchin Street, perguntou-se ao dr. George Bagster Phillips — o cirurgião policial da divisão de Whitechapel — se ele achava que o torso exibia alguma mutilação reveladora, associando-o estilisticamente à aniquilação de Mary Jane Kelly, dez meses antes. Sua resposta foi negativa.

Seja qual for a verdade, parece que a carreira do assassino do torso no Tâmisa, se é que ele existiu mesmo, e quem quer que ele possa (ou não) ter sido, terminou naquela noite de setembro em Whitechapel.

Leitura adicional | TROW M.J. *The Thames Torso Murders*. Barnsley: Wharncliffe, 2011.

UM OUTRO JACK

SIR MELVILLE LESLIE MACNAGHTEN

NRAB

1853—1921

Filho de um ex-presidente da Companhia das Índias Orientais, Melville Macnaghten foi nomeado chefe assistente da polícia inglesa, mesmo sem experiência, graças ao "seu dom para comandar homens" na Índia. Tornou-se conhecido por um memorando em que listava possíveis suspeitos pelos crimes de Jack, o Estripador. Foi condecorado cavaleiro em 1907.

Bengala sempre foi uma região comercial movimentada da Índia. Sua localização principal, com rotas para a África, Extremo Oriente e Europa, estabeleceu-a como uma área de interesse principal para os britânicos coloniais, que também eram atraídos por *commodities*, incluindo algodão, seda, corante índigo, sal, salitre, chá e ópio. A Companhia das Índias Orientais logo estabeleceu o domínio dentro da área, cuidando do comércio, implementando uma administração civil e, graças ao seu próprio exército privado, exercendo sua influência militar. Uma das empresas estabelecidas em Bengala — uma plantação de chá, para ser exato — pertencia ao ex-presidente da própria Companhia das Índias Orientais, Elliot Macnaghten. Ocupado trabalhando como juiz de paz na Suprema Corte de Calcutá e no Conselho da Índia, Macnaghten deixou a administração cotidiana da plantação para seu filho de vinte anos, Melville, em 1873.

Surtos esporádicos de violência na Índia foram sempre comuns durante o domínio britânico. Em 1881, essa violência chegou às portas de Melville Macnaghten. Durante um protesto contra o imposto sobre a terra, Macnaghten foi agredido de forma tão grave pelos trabalhadores locais que "perdeu os sentidos". Foi durante a investigação desse crime que Macnaghten entrou em contato com um homem que não apenas moldou sua carreira posterior, mas também se tornou um amigo muito próximo: James Monro.

Naquela época, Monro era o inspetor-geral da Polícia de Bengala e havia trabalhado em estreita colaboração com Macnaghten, tentando manter a ordem na região em torno da plantaçãoda família. Em 1887, ele retornou à Grã-Bretanha como comissário assistente encarregado do Departamento de Investigação Criminal da Polícia Metropolitana. Quando seu superior, o comissário Warren, precisava de um chefe de polícia em 1888, Monro apresentou seu amigo Macnaghten como candidato, afirmando que havia visto "seu jeito de administrar homens" na Índia e ficado "impressionado com aquilo". No entanto, o fato de Macnaghten não ter experiência policial ou militar reforçou a crença preexistente de Warren de que ele não era o homem certo para o trabalho, e por isso rejeitou a sugestão de Monro. A relação entre Warren e Monro nunca foi cordial, e esse confronto, um dos vários entre os dois, foi a gota d'água para Monro, que renunciou. No entanto, no final de 1888, Monro estava de volta à Scotland Yard, desta vez substituindo Warren como comissário; no ano seguinte, nomeou Melville Macnaghten como seu chefe assistente de polícia para o CID. Macnaghten era, para usar uma frase moderna, um "policial ativo", preferindo comparecer às cenas do crime a ficar sentado em seu escritório esperando ser informado. Em 1890, ele substituiu o muito popular Adolphus Williamson como chefe de polícia do CID (o veterano Williamson havia falecido).

Não demorou muito para que o inquisitivo Macnaghten se envolvesse em um caso no qual, no início, não havia tido nenhuma colaboração; tornou-se, por fim, o caso com o qual ele é mais comumente associado. Em 1894, o jornal *The Sun* publicou um artigo nomeando Thomas Cutbush como Jack, o Estripador. Macnaghten, para refutar a alegação, compilou um documento que listava os detalhes dos assassinatos de Jack, o Estripador e, de forma mais sensacionalista, nomeou três homens com maior probabilidade do que Cutbush de terem sido o assassino: Druitt, Kosminski e Ostrog. O documento, conhecido como Memorando Macnaghten, teve rascunhos diferentes, com pequenas variações em cada um; no entanto, o argumento principal permaneceu o mesmo em suas várias versões. Alguns pesquisadores questionam as conclusões de Macnaghten, pois, corretamente, eles apontam que ele se juntou à Polícia Metropolitana depois que o caso atingiu o auge; outros apontam, mais uma vez de forma correta, que sua posição sênior permitiu a Macnaghten ver os arquivos do caso, que eram, naquele estágio, completos — ou pelo menos mais completos do que são hoje. Onde quer que esteja a verdade, Macnaghten sem dúvida forneceu uma visão sobre a lista de suspeitos contemporâneos: um dos suspeitos que ele identifica em seu memorando — Kosminski — pelo visto também foi citado por escrito por seu colega, Donald Swanson.

Outro caso infame com o qual Macnaghten se envolveu foi o de Mary Pearcey, que, em 1890, assassinou sua rival e o filho: ele afirmou que "nunca tinha visto uma mulher com um físico mais forte". Ele também trabalhou em vários casos pós-vitorianos notáveis — o do dr. Crippen, por exemplo, e o assassinato do sr. e da sra. Farrow, em Deptford. Cada um deles, à sua maneira, foi um marco forense: no último caso, Macnaghten havia estabelecido as bases, contribuindo para o comitê que trouxe as impressões digitais para o arsenal da polícia.

Macnaghten foi nomeado cavaleiro em 1907 e aposentou-se da polícia em 1913, com sua saúde se deteriorando. Em 1914, ele publicou suas memórias, *Days of my Years*; curiosamente, é sugerido que, a essa altura, ele já havia aparecido em livros de outras pessoas, sendo citado em *Dorcas Dene, Detective*, de G.R. Sims, como "sr. Johnson" em 1897, e no romance de Marie Belloc Lowndes, *The Lodger* (um conto inspirado pelo caso Jack, o Estripador) sob o nome de "Sir John Burney".

Em 12 de maio de 1921, Melville Macnaghten faleceu nas mansões da rainha Anne, em Westminster. O grande cronista da polícia, H.L. Adam, o descreveu como alguém "um tanto reservado, preferindo ouvir com astúcia o que você tem a dizer do que ele mesmo falar".

ELE OU EU?

SIR WILLIAM WITHEY GULL

1816—1890

Médico da família real, Sir William salvou o futuro rei Eduardo VII da morte, mas só se tornaria famoso um século depois, ao fazer parte de teorias conspiratórias que o colocaram ora como cúmplice, ora como o autor dos crimes de Jack, o Estripador. Hoje, são poucos os que ainda acreditam nessa possibilidade.

MWO

Em outros universos não longe deste, ninguém ouviu falar de Sir William Withey Gull. Isso não quer dizer que ele não fosse um homem importante em sua época. Nomeado como médico comum da rainha Vitória em 1887, ele foi querido pela monarca durante muito tempo, por ter salvado seu filho — mais tarde Eduardo VII — da febre tifoide em 1871. Mas havia vários médicos para atender a majestade, e as consultas ocorriam simultaneamente. Quem se lembra de Sir Henry Marsh e Sir David Davies?

Durante sua vida, as interações de Gull com o mundo do crime foram raras. Em 1876, foi chamado para atender o advogado em ascensão Charles Bravo, mas este engoliu uma dose de antimônio tão grande que não poderia esperar sobreviver, independentemente do estilo do médico escolhido; Gull foi incapaz de evitar a morte da vítima. Cuidar das questões médicas dos ricos era preferível a envolver-se com a brutalidade comum da era vitoriana: o caso Bravo aconteceu na misteriosa zona limiar onde o assassinato e a alta sociedade se encontravam — em Balham.

A carreira criminosa de Gull só floresceu após sua morte. Na década de 1970, quando tudo parecia possível, foi decidido que Jack, o Estripador havia sido o príncipe Albert Victor, o herdeiro presumido do trono britânico. Nas primeiras versões dessa história, Gull era inocente, mas participou de um acobertamento, certificando o príncipe rebelde e condenando-o a um asilo (do qual ele escapou para matar novamente — é esse tipo de história). As reviravoltas posteriores embaralharam o elenco: a faca foi arrancada das mãos do príncipe Albert Victor e colocada na mão de Gull. Além disso, outros personagens apareceram, juntando-se à conspiração: o pintor Walter Sickert; um cocheiro chamado John Netley; e os maçons, que apresentavam entre eles várias figuras importantes do mundo da política e da aplicação da lei. Logo se objetou que a saúde de Gull estava em declínio terminal em 1888 — o ano dos assassinatos do Estripador —, tornando-o um candidato improvável para embarcar em uma vigorosa onda de crimes como aqueles.

Embora houvesse pouco a confirmar essas suposições, Gull permanece no imaginário popular como a personificação dos supostos abusos e sigilos do *establishment* vitoriano. Ele foi esquecido em grande parte da ripperologia séria, mas continua registrando vítimas na ficção do Estripador — e além. Em 2013, Alison Rattle publicou *The Quietness*, um romance para adolescentes com referências ao caso da *baby farmer* Margaret Waters. Nele, ela retratou a família de classe alta emocionalmente insensível da jovem Ellen, cujo pai, "o eminente anatomista dr. William Walter Swift", conhece as pessoas "de dentro para fora".

Leitura adicional | RATTLE, A. *The Quietness*. Londres: Hot Key Books, 2013.

CORPOS QUE FALAM

THOMAS BOND

MWO

1841—1901

O médico-legista se tornou famoso mais de oitenta anos após sua morte, quando seus relatórios sobre as vítimas de Jack, o Estripador foram redescobertos. Enxergar seu trabalho como um perfil psicológico do criminoso pode ser um exagero. Mas sua importância na resolução de muitos crimes continua incontestável.

Em algum lugar nos bastidores de vários casos citados neste livro, aparece o personagem do dr. Thomas Bond, que foi, entre outras nomeações profissionais, cirurgião policial da Divisão A (Westminster) da Polícia Metropolitana de 1867 até sua morte, por suicídio, em 1901. Ele examinou o corpo desordenado de Harriet Lane, vítima de Henry Wainwright; testemunhou em Old Bailey a respeito da morte de Harriet Staunton, e em Maidstone a respeito da morte de Frederick Isaac Gold; estudou os restos mortais de Julia Thomas, e então descobriu que sua assassina, Kate Webster, que lutou contra a própria execução, inventou uma falsa gravidez. Seu exame da anatomia em Percy John não revelou a causa da morte, embora uma análise química posterior tenha descoberto o segredo venenoso nos órgãos de John; ele examinou meticulosamente o corpo de Phoebe Hogg, a vítima adulta de Mary Pearcey, e verificou as mãos de Pearcey (e, de fato, sua cozinha) em busca de evidências para fundamentar suas observações. Ele prestou depoimento no julgamento de Louise Masset, mencionando que havia dado "atenção especial" aos meios pelos quais os médicos podiam determinar a hora da morte dos corpos que foram vítimas de crime ou acidente. Isso, disse ele, não era "parte da ação de um praticante comum"; suas oportunidades tinham sido diferentes, fora do normal, e ele tinha visto "centenas de cadáveres" ao longo do caminho. Dezoito meses depois, após pular de uma janela do terceiro andar, Bond bateu as botas, para consternação de seu amigo e legista, John Troutbeck, que o descreveu como "um dos homens mais conhecidos em Westminster, notado por sua coragem e determinação".

Só no final da década de 1980, no entanto, Bond foi arrebatado pelas constelações e, apenas então, figurou quase exclusivamente nos peculiares mapas dos ripperologistas. Em outubro de 1888, ele foi contratado para revisar a papelada da autópsia das primeiras quatro vítimas de Jack, o Estripador, e o assassinato de Mary Jane Kelly, em novembro, deu a Bond a chance de ver os restos mortais de uma vítima do Estripador. Seu relatório, arquivado no dia seguinte ao assassinato de Kelly, sobreviveu em (pelo menos) duas peças: uma seção, até então desconhecida pelos historiadores, foi enviada de forma anônima à Scotland Yard em 1987 (tinha, sem dúvida, sido embrulhada décadas antes), o que parece ter reacendido o interesse na única outra seção conhecida, nunca retirada dos arquivos da polícia e publicamente disponível em transcrição desde 1970. O final de 1980, é claro, foi um tempo feliz para o criador de perfis do crime, e versões famosas (e com frequência infalíveis) dessa figura já cultuada começaram a aparecer na mídia popular. Em outras partes da sociedade, as interpretações programáticas e deterministas do comportamento humano começaram a vacilar, mas os assassinos em série, alguns dos quais eram tão conscientes de sua imagem na mídia quanto seus perseguidores, acharam o jogo justo. O trabalho do FBI em Quantico havia começado a impor uma forma de lógica bastante científica à natureza aparentemente esquizoide dos homicídios em série e, nessa atmosfera, Thomas Bond emergiu como um antepassado improvável da disciplina de criação de perfis.

Devemos ser cautelosos com essa atribuição, no entanto. Embora fosse verdade dizer que o relatório de Bond escapou dos limites usuais da discrição médico-legal (postulando, por exemplo, que o Estripador era "um homem de força física e de grande frieza e ousadia", "quieto", "inofensivo" e "vestido de forma respeitável"), muitas de suas deduções foram expressas em linguagem muito cuidadosa, bem abaixo dos limites das evidências e de utilidade prática limitada para a polícia da época, cujas investigações não seguiram nenhuma direção particular devido às suas observações. Havia uma distinção qualitativa a ser feita entre os insights de Bond e os do FBI e, ironicamente, isso consistia nos métodos *quantitativos* do mais recente. O banco de dados VICAP do FBI surgiu a partir de amostragem estatística, e esperava-se que seu crescente conjunto de dados levasse a uma imagem cada vez mais detalhada dos comportamentos de infratores em série, seus indicadores formativos e sua expressão em tempo real pelos indivíduos mais perturbados dos Estados Unidos modernos. Abstrair a base quantitativa dessa atividade é mudar por completo seu caráter; assim, o que quer que Thomas Bond estivesse fazendo, não era elaborar um perfil criminal.

A LEI
CARR

E OS ASCOS

CASOS VITORIANOS MACABROS — PARTE 02

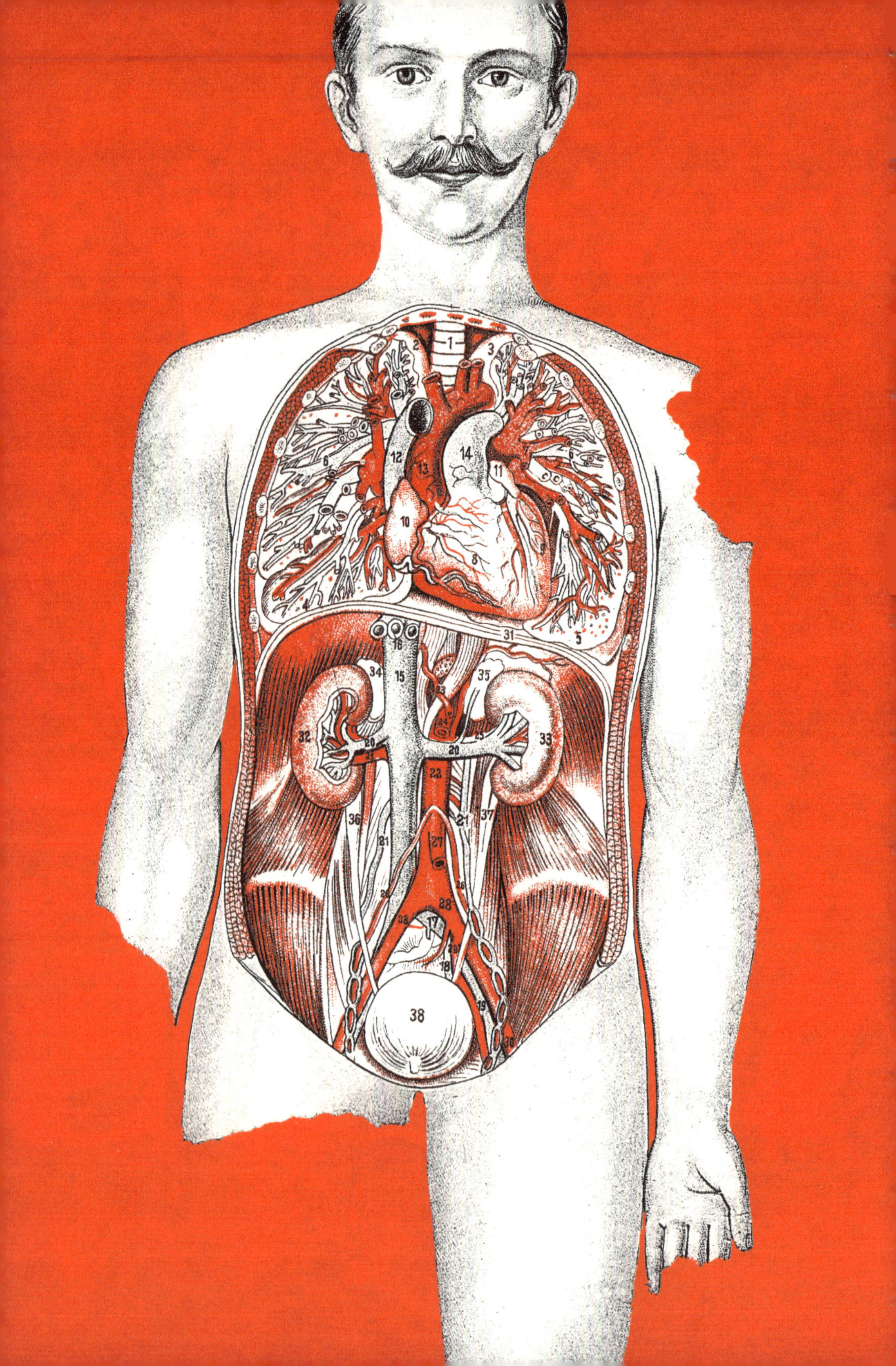

1
2
3
6
12
13
14
11
10
8
5
31
16
15
34
35
32
33
20
22
21
36
37
27
28
17
18
19
38

CRIMES VITORIANOS MACABROS · PARTE 02

Em uma época na qual a **investigação** forense ainda engatinhava, a **ciência** (ou até pseudociência) e a **psicologia** deram aos **detetives** um novo status na sociedade, a ponto de influenciar mesmo a literatura de **Conan Doyle**. Visto que boa parte dos crimes eram punidos com a morte, os **carrascos** também ganharam fama, muitos por **execuções**, talvez, desastradas. Confira a seguir homens da lei, casos notórios e instituições penais e **psiquiátricas**.

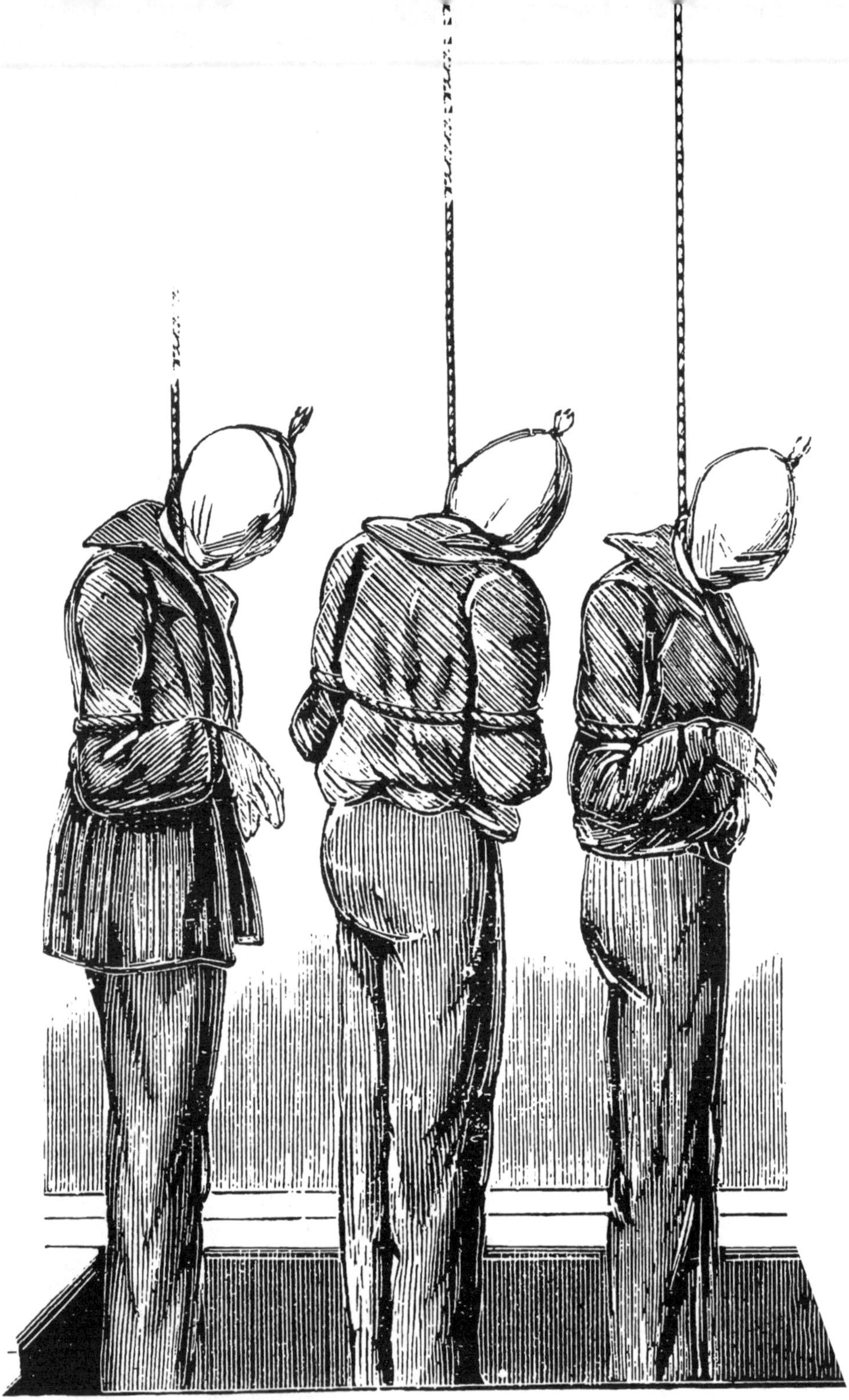

NA PONTA DA CORDA

EXECUÇÃO

TNB

∞

Embora o número de condenações à morte tenha diminuído em comparação a períodos anteriores, as execuções continuaram uma prática comum na era vitoriana. Os enforcamentos costumavam atrair um grande público. Se é para matar alguma coisa, que seja sua curiosidade sobre essa prática brutal que, na época, era confundida com justiça.

Às 3h do dia 6 de julho de 1840, um homem foi acordado. Ele pretendia dormir por cinco horas, mas seus planos foram frustrados por uma sucessão de interrupções. Seus próprios pensamentos também não ajudaram. No momento em que foi acordado, ele estimou que havia dormido por apenas trinta minutos. Depois de uma decepcionante refeição com café e uma porção de frango "extraordinariamente duro", mais uma vez, pela manhã, ele entrou em uma carruagem com seus companheiros. Eles atravessaram a cidade de Londres, passando por vários policiais. O homem imaginou que aqueles policiais olhavam para seus companheiros, cientes do propósito de sua jornada. Por fim, o grupo parou na Prisão de Newgate. Eles tinham ido assistir a morte de um homem.

Newgate tinha escolhido Tyburn como o principal local de execuções públicas de Londres em 1783. Em outras partes do país, as execuções também costumavam ser realizadas fora das principais prisões. Antes disso, o infame "Código Sangrento" tinha visto um número impressionante de crimes puníveis com a morte, mas com o reinado da rainha Vitória esse número foi bastante reduzido. Os números oficiais mostram a extensão dessa redução: entre 1820 e 1830, 797 criminosos foram executados na Inglaterra, a uma média de cerca de oitenta por ano, enquanto entre 1837 e 1840, apenas 62 execuções foram realizadas, uma média de menos de vinte por ano. Em Londres, onde, em 1820, 43 homens e mulheres foram condenados à morte, apenas cinco tiveram esse destino durante os primeiros três anos do reinado de Vitória — o homem que morreria naquela manhã de julho, François Courvoisier, estava entre eles.

Talvez essa escassez relativa tenha contribuído para o interesse do público em tais eventos. Era evidente que as execuções públicas na era vitoriana eram uma forma de promover um espetáculo popular. No entanto, mesmo para os padrões da época, a morte de Courvoisier foi excepcionalmente bem assistida — as estimativas convergem em torno de 40 mil pessoas presentes (equivalendo a média de duas em cada dez pessoas que viviam em Londres na época). Todos os setores da sociedade estavam representados, incluindo o jornalista e futuro romancista William Thackeray, aquele da noite sem dormir e do desjejum pouco apetitoso. Seu amigo Charles Dickens também estava presente.

Courvoisier foi condenado pelo assassinato de seu patrão, Lord Russell. Como de costume, na véspera de sua morte marcada, ele compareceu a um serviço religioso na capela da prisão, um evento sombrio durante o qual estaria na presença de seu próprio caixão. Também estaria presente Edward Oxford, aguardando seu julgamento adiado por uma tentativa de assassinato da rainha Vitória.

Mais tarde, Courvoisier foi instruído a dormir nu durante sua última noite na Terra — um incômodo e uma indignidade para o ex-criado, que planejou tirar sua vida durante a noite usando um fragmento de madeira escondido dentro de suas roupas. O trapaceio de prisioneiros no período de execução era uma preocupação particular desde 1828, quando um falsificador condenado, o capitão Charles Montgomery, conseguiu engolir 42 gramas de cianeto de hidrogênio poucas horas antes de sua morte programada.

O enforcamento pode ter perdido o impacto visual de alguns métodos anteriores de execução, mas as lembranças do passado permaneceram — a forca de Newgate seria erguida a uma distância visível de Smithfield, o local em que, no período Tudor, pessoas eram queimadas vivas; para chegar à porta, o condenado, homem ou mulher, também daria uma caminhada final pelo antigo pátio de Newgate.

Normalmente, o prisioneiro teria as mãos atadas na frente do corpo. A partir de 1856, pós-Bousfield, suas pernas também seriam mantidas no lugar. Eles seriam conduzidos à forca por um lance de escada, com o incentivo do carrasco, quando necessário. Depois de algumas palavras curtas, um capuz branco seria colocado sobre a cabeça, um sinal claro de que o processo estava prestes a se acelerar.

Muitos relatos contemporâneos falam de convulsões contínuas por algum tempo depois que o prisioneiro atingia o fim da corda, mas na realidade estes eram apenas movimentos espasmódicos que ocorriam após o início da inconsciência. A morte poderia ocorrer por diversas causas — fraturas estruturais nas vias aéreas, luxações entre as vértebras cervicais, laceração da coluna vertebral, insuficiência cardíaca resultante da compressão das artérias carótidas —, raramente ocorreria apenas por estrangulamento. A morte clínica, confirmada pela ausência de batimento cardíaco, ocorria após a interrupção da respiração, que poderia levar até 25 minutos para acontecer. Os condenados costumavam urinar e defecar durante o processo, e os homens às vezes experimentavam priapismo e ejaculação.

Vários experimentos foram realizados em um esforço para entender os efeitos médicos do enforcamento — em 1887, o oficial médico de Newgate registrou em papel carbono as pulsações de três homens enforcados. Um de seus objetos de estudo foi Israel Lipski. Em todos os três casos, ele registrou que a morte clínica foi alcançada dentro de doze a catorze minutos e meio.

Em 1872, o avanço mais significativo na ciência do enforcamento foi feito pelo ex-sapateiro William Marwood, de 54 anos, que idealizou a "queda longa", que usava uma fórmula baseada na altura, peso e constituição do prisioneiro para calcular o comprimento ideal da corda. Antes disso, quedas estimadas faziam com que a carne do rosto dos prisioneiros fosse, às vezes, expurgada, ou levavam a decapitações completas. Embora a carreira de Marwood como carrasco tenha sido relativamente breve, variações em seu trabalho permanecem em uso até hoje em muitos países.

Um uso da fórmula de Marwood ocorreu na cidade de Lewes em 29 de novembro de 1881. Um jornalista falou de Marwood como um "homem diminuto", confundido a princípio com um cavalariço carregando equipamento de equitação — de fato, ele descobriu, este era o próprio carrasco, aproximando-se da forca carregando as tiras de couro usadas para amarrar a vítima. Tendo se identificado, Marwood passou a mostrar ao escritor seu equipamento com um claro senso de orgulho. Perto dali, uma sepultura já havia sido cavada. A própria forca estava localizada em um pequeno prédio — desde 1868, cenas como as registradas na morte de Courvoisier não existiam mais, já que todas as execuções britânicas eram mantidas em privado.

O homem que ocupou a cova foi Percy Lefroy Mapleton, condenado por assassinato cinco meses antes. O escritor concluiu que "a morte real foi tão misericordiosa quanto poderia ser", mas permaneceu preocupado que Mapleton tivesse sofrido angústia mental nos momentos anteriores. Mapleton foi enterrado em sua cova previamente cavada, mas não até que um júri de homens locais fosse convocado para confirmar a causa de sua morte.

Leitura adicional | GROVIER, K. *The Gaol: The Story of Newgate — London's Most Notorious Prison*. Londres: John Murray, 2009.
THACKERAY, W.M. "On Going to See a Man Hanged". In: *Fraser's Magazine*, 1840.
WEBB, S. *Execution: A History of Capital Punishment in Britain*. Stroud: The History Press, 2011.

ORIGENS FORENSES
CSI GRÃ-BRETANHA

NRAB

∞

O avanço de metodologias de investigação criminal no século XIX ajudou a solucionar casos com maior precisão na era vitoriana. A identificação por impressões digitais, os registros de criminosos recorrentes pela Scotland Yard e as técnicas desenvolvidas por Alphonse Bertillon se destacam entre as muitas inovações da época. Os testes de DNA e a trilha sonora do The Who, é claro, ainda levariam mais de um século para surgirem.

Na raiz da palavra "forense" está "fórum" — o cenário para audiências jurídicas oratórias na Roma antiga. Para ouvidos modernos, no entanto, a palavra invariavelmente evoca uma imagem científica de jalecos de laboratório e macacões brancos, da delicada coleta de evidências, em vez de puro debate.

Às vezes, presume-se que o uso de evidências forenses foi um desenvolvimento original durante a era vitoriana, mas na realidade muitos passos importantes foram dados nessa direção durante os séculos anteriores. Ainda assim, apesar da aquisição de uma certa quantidade de conhecimento médico-legal, não havia como reunir as informações pessoais dos criminosos em um registro para fácil referência. Foi reconhecido que muitos crimes foram cometidos por criminosos reincidentes, e essa consciência provocou a criação do Registro de Criminosos Habituais. Criado pela Polícia Metropolitana de Londres e recebido pela Scotland Yard, o registro foi iniciado na sequência da Lei dos Criminosos Habituais de 1869 — nos termos sob os quais qualquer pessoa condenada por um crime e não sentenciada à servidão penal era submetida à supervisão policial por sete anos a fim de garantir que ela tivesse uma vida honesta — e a Lei de Prevenção do Crime de 1871, que decretou que todas as pessoas condenadas por um crime na Grã-Bretanha deveriam ter seus dados registrados. Consequentemente, a Scotland Yard começou a observar as alturas, pesos, idades e descrições dos criminosos; anos depois, as fotografias também contribuíram para os registros. A identificação de criminosos reincidentes ficou bem mais fácil: eles agora poderiam ser rastreados usando o cartaz de *procurado* e, às vezes, em sua ausência, eram identificados por testemunhas.

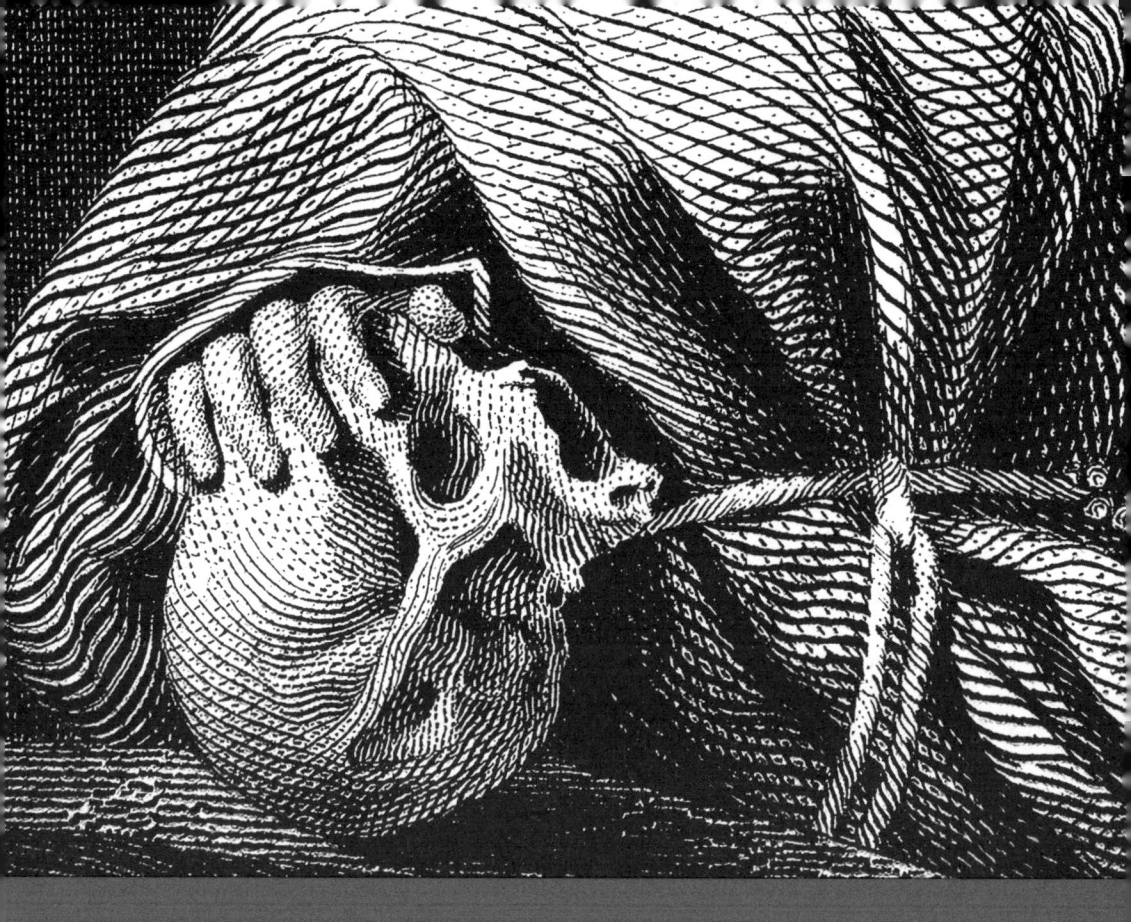

Foi um francês, Alphonse Bertillon, no início da década de 1880, que deu um passo adiante nesse avanço. Ele criou o primeiro sistema científico do mundo a ser usado pela polícia, com a intenção de identificar os criminosos pelas evidências físicas deixadas na cena do crime. Bertillon era copista da Prefeitura Policial de Paris e filho de um estatístico, por isso parecia natural que ele começasse a manter registros antropométricos dos criminosos, escolhendo os alojados na Prisão de La Santé como ponto de partida. Altura, peso, comprimento do passo, tamanho do pé, tamanho da cabeça, coloração dos olhos, coloração do cabelo, marcas corporais e outros detalhes foram documentados; fotografias eram tiradas de forma rotineira; e o registro foi arquivado por Bertillon na prefeitura. Nas cenas de crime subsequentes, qualquer evidência que se enquadrasse nas categorias relevantes era observada por policiais, e depois os registros eram pesquisados para identificar o possível culpado ou culpados.

O sistema, conhecido como *Bertillonage*, foi tão bem-sucedido que outras forças policiais em todo o mundo também o adotaram e muitas vezes estabeleceram contato com a polícia parisiense, acompanhando as melhorias feitas nele. Bertillon também estudou os efeitos da balística na cena do crime, bem como os movimentos de um criminoso e sua vítima, e chegou a examinar documentos; além disso, ele avançou no uso da câmera como ferramenta para registrar evidências. Mas a introdução de outro sistema forense no final do período vitoriano logo substituiu o *Bertillonage*. A identificação por impressão digital seria o esteio forense do século seguinte.

As impressões digitais têm sido usadas como forma de identificação desde antes da época de Bertillon. Na Índia, na década de 1860, Sir William Herschel, que trabalhava para o Serviço Administrativo Indiano, introduziu um sistema de impressão digital em vez de assinar contratos — acreditava que, embora a assinatura de um indivíduo pudesse ser falsificada por terceiros (ou impossível de ser reproduzida no caso de signatários analfabetos), a impressão digital de cada pessoa era única. Na época, isso não estava provado, mas o campo se desenvolveu muito rápido. Em 1892, um oficial da polícia argentino-croata chamado Juan Vucetich conseguiu determinar um assassinato ao comparar com seu suspeito uma impressão de mão ensanguentada deixada na cena do crime; ele foi condenado. As autoridades argentinas logo adotaram as impressões digitais como meio oficial de identificação. Mais apoio chegou no mesmo ano, quando Sir Francis Galton publicou um livro afirmando que as impressões digitais eram "um critério de identidade incomparavelmente mais seguro do que qualquer outra característica corporal".

O futuro comissário da Polícia Metropolitana, Sir Edward Henry, também trabalhou em impressões digitais enquanto era inspetor geral da Polícia na Índia no início da década de 1890. Ele teve uma ligação estreita com Galton e produziu o Sistema de Classificação de Henry em 1897, que classificou as impressões digitais em três categorias: voltas, espirais e arcos. Isso tornou muito mais fácil identificar a impressão digital de um indivíduo, já que todas se enquadrariam em uma dessas três classificações. Em julho de 1901, apenas seis meses após o final do período coberto por este livro, a Scotland Yard adotou oficialmente o sistema de impressão digital. E, embora a descoberta das propriedades de identificação do DNA tenha refinado a identificação de criminosos a um alto nível de probabilidade, o sistema de impressão digital criado durante o final do período vitoriano é usado como uma ferramenta forense contra o crime até hoje.

Leitura adicional | MCDERMID, V. *Forensics: The Anatomy of Crime*. Londres: Profile Books, 2014.

PALESTRA MORTAL

JAMES BERRY

1852—1913

Ele aperfeiçoou a técnica de enforcamento para que o condenado morresse quase imediatamente, com o mínimo de dor. Nem sempre deu certo. Mesmo após abandonar a carreira, fez turnês pelo país fazendo palestras e lançou um livro de memórias best-seller na época.

KC

Pode-se supor que qualquer homem que ofereça seus serviços como um carrasco estatal deva ter em sua natureza uma tendência bruta e nutrir um desejo sádico de punir seus semelhantes de uma maneira aterrorizante e ignominiosa. Essa suposição pode ser endossada pela imagem que temos de James Berry, empregado como carrasco entre 1884 e 1892, período durante o qual executou 125 homens e cinco mulheres, pelos quais recebeu 10 libras por vez, mais despesas. No entanto, por trás da imagem física estava um homem com sentimento de compaixão ou sensibilidade, em desacordo com a carreira que escolhera. Ele gostava de apresentar tratados religiosos sentimentais para aqueles que estava prestes a enforcar, pedindo arrependimento em face da morte iminente. Também era um homem de família e gostava em especial de pombos e coelhos.

James Berry nasceu em Heckmondwike, Yorkshire, em 1852, um dos dezoito filhos de Daniel Berry, um grampeador de lã, e Mary Ann Kelly. Com pouco mais de um metro e meio de altura, ele era forte e tinha o rosto rosado. Seu rosto bigodudo exibia duas cicatrizes, uma causada na infância por um coice de cavalo, e a outra infligida mais tarde, enquanto prendia um bandido em Bradford. Depois de servir na polícia por oito anos, Berry trabalhou como um vendedor de calçados mal pago quando,

> **James Berry só queria dar corda para que os condenados se enforcassem.**

em 1884, candidatou-se e foi aceito para o cargo de carrasco. Ele tinha orgulho do cargo e, como ex-policial, viu seu papel como uma das conexões de uma "cadeia de retribuição legal", prestando um serviço essencial na manutenção da lei e da ordem. Tendo aprendido aspectos do procedimento com seu precursor, William Marwood, ele procurou garantir que a morte fosse o mais perto possível da instantaneidade. Ele aperfeiçoou uma *Tabela de Quedas*, correlacionando o peso do condenado com o comprimento pendente da corda, um cálculo que garantiria que fosse produzida força suficiente, no momento em que o corpo caísse, para quebrar o pescoço e evitar estrangulamento. Berry se orgulhava de seu trabalho e garantiu que o aparelho fosse rigorosamente testado com pesos falsos antes da execução. Ele foi citado como tendo dito que "Calcraft os enforcou; eu os executei". A maioria das execuções que ele realizou ocorreu sem incidentes, mas sua tentativa abortada de enforcar John "Babbacombe" Lee, em 1885, foi um fiasco angustiante tanto para Berry quanto para Lee (embora uma investigação subsequente tenha culpado o mecanismo defeituoso do alçapão em vez de qualquer erro por parte de Berry). No mesmo ano, Robert Goodale foi decapitado por Berry durante sua execução no Castelo de Norwich.

James Berry renunciou ao cargo em 1892 após um desentendimento com o dr. James Barr, oficial médico da Prisão de Kirkdale, sobre a duração da queda na execução de John Conway, em 1891. Conway quase foi decapitado, e o incidente gerou novo clamor público pela abolição da pena capital. Berry continuou sendo um homem perturbado, lutando com sua consciência, tendo, disse ele, enforcado alguns que ele sentia que haviam sido condenados por engano. Mesmo assim, ele viajou pelo país dando palestras sobre seu trabalho; com o tempo, porém, tornou-se cada vez mais religioso, professando questionar não apenas a moralidade do enforcamento, mas também sua eficácia como meio de dissuasão. Depois de sofrer um colapso nervoso em 1894, ele se tornou evangelista, pregando regularmente em um salão missionário em Bradford, enquanto trabalhava como vendedor e barman em meio período.

Em seu livro de memórias, *My Experiences as a Executioner*, publicado em 1892, ele defendeu a introdução de um tribunal de apelação para casos criminais, preferindo essa ideia aos emocionantes apelos de suspensão que então deveriam ser apresentados ao ministro do Interior. Em sua opinião, nomear três juízes para reavaliar um caso parecia um sistema muito mais justo, uma vez que aqueles que assinaram as petições muitas vezes não tinham um domínio completo da lei ou eram incapazes de compreender os fatores que fundamentavam um veredicto de culpado. Ele também considerou que o período de três semanas entre a condenação e a execução — para dar tempo tanto para uma confissão quanto para uma prorrogação — era muito longo e extremamente doloroso, tanto para os condenados quanto para os funcionários da prisão designados para atendê-los. Embora não fosse contra a pena de morte (pelo menos naquela época), ele defendeu que deveriam ser considerados vários graus de assassinato e uma sentença de morte reservada para os mais hediondos.

James Berry morreu em 1913 aos 61 anos.

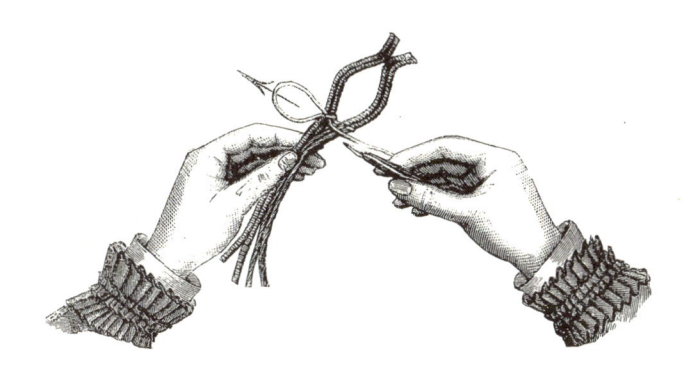

Leitura adicional | BERRY, J. *My Experiences as an Executioner*. Jonathan Goodman (org.). Londres: David & Charles, 1972.

PIANO DO ALÉM

JEROME CAMINADA

1844—1914

A incrível história de Jerome Caminada, um detetive que se fantasiava, se infiltrava e se escondia em lugares insólitos para resolver crimes. Um destemido homem da lei que preferia usar métodos alternativos de investigação.

NRAB

Em 15 de março de 1844, uma criança de ascendência ítalo-irlandesa nasceu na área pobre da classe trabalhadora de Deansgate, Manchester, uma área a qual a criança mais tarde descreveria como "um canteiro de iniquidade e vício social". Como policial na idade adulta, ele patrulhava as mesmas ruas miseráveis em que foi criado. Para policiais cuja força de caráter era falha, esse tipo de lealdade dividida, às vezes, causava complicações; mas o espírito de Jerome Caminada era forte.

A casa dos Caminada, durante a infância, ficava em frente ao local do St. Peter's Field, onde, em 1819, reformistas que se manifestavam contra a situação política da época foram atacados com sabres pela cavalaria — um incidente que ficou conhecido como o Massacre de Peterloo. Na época do nascimento de Jerome, a memória do massacre ainda estava viva, e a desconfiança do establishment era generalizada.

Em fevereiro de 1868, após um breve flerte com a engenharia, Caminada, não se deixando abater pelo sentimento popular prevalecente, tornou-se um policial na Polícia de Manchester. Em quatro anos, seus atributos como policial inovador (embora um pouco não convencional) fizeram-no se mudar para o Departamento de Detetives, onde, sua reputação foi consolidada. "Os cortiços da cidade não o aterrorizavam", relatou o *Manchester Courier*, e em 1888 seu registro mostrava que ele havia conseguido a prisão de 1.255 criminosos e o fechamento de cerca de quatrocentos bares. Seus confrontos com personagens suspeitos de nomes extravagantes como "Jimmy Good-Lodgings", "Shiny-Trousers Jack", "Oldham Johnny" e "Fat Martha" foram lendários e parecem pertencer às páginas de um romance de Charles Dickens em vez de um livro de notas de um policial de Manchester.

Caminada trabalhava em corridas de cavalos, onde se disfarçava na tentativa de se livrar dos criminosos que ficaram sabendo do notório "Detetive Jerome". Em uma ocasião, no Grand National, enquanto patrulhava a arquibancada principal disfarçado de operário, ele e seus colegas viram uma gangue de batedores de carteira afanar o relógio de bolso de um cavalheiro. Caminada e seus homens entraram, prenderam a gangue e a levaram para a delegacia de polícia próxima. Lá, Caminada esperou a chegada da vítima, pois era seu conhecido; e, vejam só, minutos depois, entrou o homem cujo relógio havia sido afanado, reclamando em voz alta sobre o roubo. O cavalheiro realmente deveria ter sido mais cauteloso, pois não era outro senão o chefe da Polícia de Manchester. Um sorridente Caminada deu um pulo, tirou o relógio roubado de seu bolso e o devolveu ao perplexo chefe de polícia. O motivo da confusão era que Caminada ainda estava disfarçado e, portanto, irreconhecível para seu superior, que logo indagou como ele, Caminada, havia obtido o relógio. A confusão se dissipou assim que o detetive explicou tudo, deixando o chefe da polícia aliviado, embora constrangido, agradecendo ao detetive e sua equipe pelo bom trabalho.

Em outra ocasião, enquanto investigava o roubo de partituras do Free Trade Hall durante a temporada de concertos, Caminada se escondeu dentro de uma caixa de piano após fazer furos nela para conseguir espiar. Lá ele esperou até que os músicos chegassem; então eles foram para o palco, deixando o maestro e um bibliotecário para trás. Logo, o maestro saiu, deixando o bibliotecário e, sem ele saber, um Caminada escondido. O detetive então observou o bibliotecário folhear as partituras antes de colocar algumas no bolso interno. Assim que Caminada percebeu isso, os músicos voltaram, apoiando seus instrumentos na própria caixa do piano em que ele estava escondido; então eles partiram para a noite, deixando um dos melhores detetives de Manchester preso lá dentro, onde permaneceu até que um funcionário chegasse para apagar as luzes. "Mude esses violinos de lugar!", gritou Caminada de dentro da caixa. O funcionário, acreditando que estava falando com alguém do além, olhou para os instrumentos assombrados. "Tire esses violinos da caixa do piano, cara, e me deixe sair!", gritou o detetive. "Eu não sou um fantasma, sou de carne e osso como você!" Bastante tímido, o homem se aproximou e fez o que lhe foi instruído, tremendo quando uma figura emergiu da caixa do piano. Caminada não conseguiu explicar a situação ao pobre sujeito, que se recusou a conversar com um fantasma e pelo visto nunca mais falou sobre o incidente.

Deve-se notar que Caminada não era um mero policial, e que ele mesclava casos mais simples com seu trabalho em crimes maiores e mais complexos. Sua denúncia de médicos charlatães como Charles Davies Henry, Arthur Chadwick e o ex-prefeito de Nottingham, o reverendo Edward J. Silverton, que lucrava em comunidades pobres e insalubres, destacou o forte senso de certo e errado do detetive Jerome e provou que ele nunca perdeu contato com suas raízes. Alguns de seus episódios mais famosos, como o caso do Birmingham Forger e do Manchester Cab Mystery, não pareceriam deslocados no mundo de Sherlock Holmes.

Após sua aposentadoria, em 1899, Caminada tornou-se detetive particular, agente imobiliário e, mais tarde, vereador. Ele morreu em 1914, em sua casa em Manchester, em consequência de diabetes, gripe e doenças cardíacas. A oração fúnebre, lida pelo juiz Edward Abbot Parry, descreveu Caminada como um "grande personagem... um homem de recursos, energia e iniciativa... o Garibaldi dos detetives".

Leitura adicional | BUCKLEY, A. *The Real Sherlock Holmes: The Hidden Story of Jerome Caminada*. Barnsley: Pen and Sword, 2014.
BRODY, D.; SAWKILL, C. *The Police! 150 Years of Policing in the Manchester Area*. Runcorn: Archive Publications, 1989.

DETETIVES DO MAL

JOHN GEORGE LITTLECHILD

NRAB

1847—1923

A história do detetive da Scotland Yard que ajudou a desvendar um caso de corrupção dentro da Polícia Metropolitana em 1877. John Littlechild seria promovido à liderança de um departamento que investigava crimes de separatistas irlandeses. Mais tarde, ajudou a promotoria no caso absurdo contra Oscar Wilde, e também daria palpites sobre a identidade de Jack, o Estripador.

Sou detetive da Scotland Yard. Na noite de 31 de dezembro, fui com outros dois oficiais vigiar o número 29 da Marquis Road, Islington. Por volta das 19h, vi quatro homens saindo do local. Conhecia apenas dois: um era William Kurr; o outro se chamava Stenning. Eles entraram na Essex Road; eu os segui por cerca de duzentos ou trezentos metros. Quando estava me aproximando, eles notaram que estavam sendo seguidos; apressaram o passo e dois deles viraram para a Canonbury Street, quando ouvi um dos homens (que segurava o braço de Kurr do lado esquerdo) dizer: "Agora, corra!". Kurr começou a correr. Comecei a segui-lo, mas fui interrompido por aquele que disse: "Agora, corra!". Depois de me libertar dele, persegui Kurr e o alcancei. Ele olhou ao redor. Disse-lhe que eu era policial e ia prendê-lo sob a acusação de fraudar madame de Goncourt. Antecipando sua reação, eu disse: "Não seja tolo, venha com calma". Ele respondeu: "Está bem". Então o levei para a estação em Islington, onde o revistei e encontrei 4 libras, 1 xelim e 1 centavo, algumas chaves, alguns artigos de joalheria, um revólver de seis câmaras carregado com uma bala e um canivete. Eu li o mandado para ele, e quando cheguei ao nome William Kurr, disse: "Esse é o seu nome, eu suponho". Ele disse: "Sim". Ele não respondeu à acusação.

Assim testemunhou o detetive John Littlechild, descrevendo o evento singular em 1877 que o catapultou para a consciência do público britânico — a prisão do trapaceiro William Kurr. O julgamento de Kurr em Old Bailey, ao lado de outros criminosos como Charles Bale, Frederick Kurr, Edwin Murray e o notório Harry Benson, foi um furacão cuja repercussão gradual expôs a corrupção dentro do Departamento de Detetives da Polícia Metropolitana, culminando no que viria a ser conhecido como o Julgamento dos Detetives. Embora Littlechild não soubesse disso na época, a mesma sequência de eventos o levaria à chefia de um dos departamentos mais secretos da própria Scotland Yard, o Special Branch.

Littlechild juntou-se à Polícia Metropolitana em 1867 e estabeleceu-se no Departamento de Detetives em 1871. A prisão de Kurr e a constatação — emergente da investigação e do julgamento subsequentes — de que membros proeminentes de seu próprio Departamento de Detetives estavam na folha de pagamento desse criminoso ajudou Littlechild a se estabelecer como um dos detetives de maior confiança na Scotland Yard. Seu trabalho diligente durante a reestruturação do desacreditado departamento em Departamento de Investigação Criminal (CID) fez com que ele fosse promovido a inspetor em 1878; outra promoção — inspetor-chefe, em 1882 — veio poucos meses antes de sua associação com outro grande caso da época, os assassinatos do Phoenix Park em Dublin.

Foi devido ao seu trabalho nesse último caso que Littlechild, em 1883, tornou-se um dos primeiros membros do departamento especializado criado para se concentrar em crimes ligados à busca da independência irlandesa: o Irish Branch. Embora tecnicamente chefiado pelo sobrecarregado inspetor-chefe do CID, Adolphus Williamson, Littlechild comandava o departamento com eficácia.

Devido à natureza de seu trabalho, o Irish Branch, também conhecido como Seção B, era um departamento secreto, mesmo dentro das paredes da Scotland Yard, com o acesso aos seus escritórios disponíveis apenas com permissão e informações compartilhadas apenas em situações de estrita necessidade.

Um departamento irmão do Irish Brand — o Special Branch, também conhecido como Seção D — foi formado logo depois. Este departamento começou a examinar todas as atividades políticas criminosas que ameaçassem minar o governo britânico ou colocar em risco a segurança de políticos, dignitários públicos e da população. Esse novo departamento evitou a necessidade de uma equipe de especialistas focada em um aspecto desse tipo de crime, e Littlechild e *todos* os seus homens foram transferidos para a Special Branch, com o Irish Branch sendo encerrado com discrição.

Littlechild permaneceu na Seção Especial pelos dez anos seguintes, renunciando, em 1893, a fim de se tornar um detetive particular. Ele foi contratado por promotores em 1895 para reunir evidências contra Oscar Wilde; finalizou os papéis do divórcio de Arthur Reginald Baker três dias antes de seu assassinato por Kitty Byron em 1902; trabalhou no caso de assassinato do arquiteto Stanford White nos Estados Unidos em 1906; e escreveu uma carta ao jornalista G.R. Sims em 1913, implicando um "dr. T." nos assassinatos de Jack, o Estripador em 1888. As suspeitas são de que essa era uma referência ao suspeito Francis Tumblety.

Littlechild, então, estabeleceu-se na cidade termal de Matlock, em Derbyshire, onde em 2 de janeiro de 1923 faleceu no Complexo de Hidroterapia de Smedley; ele está enterrado no terreno da família no cemitério de Putney Vale, em Londres.

SHERLOCK FAKE

JONATHAN WHICHER

MWO

1814—1881

Jonathan Whicher foi um dos mais notórios detetives de seu tempo. Seu método dedutivo teria inclusive inspirado um conto de Conan Doyle. Mas seu fiasco na investigação dos mistérios da Road Hill teria tido um efeito devastador em sua vida. Esse é, pelo menos, o retrato que a autora contemporânea Kate Summerscale faz do personagem real. Mas quem era Jonathan Whicher realmente?

Não há nada de novo sob o sol, como diz o ditado, e nossas preocupações se separam das preocupações dos vitorianos por muito menos do que se imagina. Continuidades são visíveis em todos os lugares: no caso de Charles Dobell e William Gower, as ansiedades da sociedade vitoriana sobre a influência corruptora da literatura criminal prefiguraram a nossa (embora quase sempre consideramos que filmes e videogames são mais perigosos do que livros tolos). Outros quadros familiares estão entrelaçados na vasta e emaranhada tapeçaria dos vitorianos: um pânico desnecessário e prejudicial sobre imunizações, alarme sobre os ingredientes dos alimentos, preocupação com as intenções insondáveis dos estrangeiros; e, quase ritualmente, uma queixa meio alegre sobre o trânsito e o clima.

Ocorre a mesma coisa com a fetichização dos detetives. Entre eles, Jonathan Whicher é atualmente o mais proeminente, embora tenham sido feitas tentativas para trazer outros até o mesmo nível. Whicher deve seu perfil contemporâneo ao retrato que Kate Summerscale fez dele em seu conhecido livro, *The Suspicions of Mr. Whicher*. Aqui, Whicher desvenda os mistérios da Road Hill, e suas deduções parecem um tipo de visão secular, correndo paralelamente às versões sobrenaturais e, então, começando a penetrar nos salões vitorianos. É fácil ser cínico a respeito das representações hiperbólicas dos funcionários assalariados do passado, mas o true crime, como um gênero que às vezes pode ser criticado por sua orientação moral conservadora, deve estar sobretudo consciente delas.

    Anos depois, o fracasso de Whicher no caso de Constance Kent o teria perturbado. Um não identificado mas "famoso detetive", fornecendo uma exemplo banal para um jornal escocês, relatou que "conhecia o inspetor Whicher" e se lembrava de "ouvir suas amargas reclamações a respeito da forma como foi tratado" na sequência do caso. Alguém poderia até se simpatizar, mas talvez a verdade seja mais complicada: o "célebre detetive" prossegue dizendo que Whicher "não viveu para ver o dia em que cada uma de suas 'teorias' [Road Hill] — como foram desdenhosamente descritas — se provaram precisas". Claro, Whicher, *de fato*, sobreviveu para saber o desfecho do caso; a memória do "célebre detetive" havia falhado, apesar da suposta intimidade com o assunto de seu artigo.

    Em outro lugar, a acolhida de Whicher não foi tão falha quanto falaciosa. Ele não caiu, até onde se sabe, no escapismo alcoólico em seus últimos dias; a versão dele que aparece na TV faz exatamente isso, mas apenas para os propósitos da trama, e porque, estruturalmente falando, suas disfunções (sobrepostas) conferem a ele uma espécie rarefeita de heroísmo, inacessível para os virtuosos de modo organizado. Temos certas expectativas de narrativa, mas é possível entender que essa estilização descuidada transforma o Whicher histórico em pouco mais que um clichê ficcional. Ainda assim, o bêbado sempre pode ser retirado de seu estupor, se necessário.

    Transformações semelhantes tendem a ocorrer com Frederick Abberline, cujos (imaginados) problemas de uso indevido de substâncias são agora uma característica rotineira de sua representação póstuma — às vezes, são associados com outras irregularidades psicológicas e comportamentais.

PROFISSÃO: PERIGO
MORTE A SERVIÇO DA NAÇÃO

Numa época tão marcada por crimes, ser membro da polícia não era uma tarefa tão segura assim. Vítimas de arrastões, tiroteios e emboscadas covardes, foram muitos os homens da lei que perderam a vida em serviço. Confira alguns dos exemplos mais famosos.

NRAB

Cento e setenta e dois policiais de Londres perderam a vida executando seus deveres ao longo do reinado da rainha Vitória, incluindo o policial Ernest Thompson, o jovem Bobby, que encontrou a suposta vítima de Jack, o Estripador, Frances Coles, e foi esfaqueado até a morte em uma briga em Whitechapel, e o sargento-detetive Charles Thain, baleado enquanto levava o criminoso Christian Sattler de volta à Grã-Bretanha. Enquanto muitos sucumbiram a acidentes fatais e infortúnios, um bom número foi morto de maneira criminosa.

Um dos primeiros policiais a morrer na era vitoriana foi William Aldridge que, na noite de 29 de setembro de 1839, compareceu a uma cena tumultuada do lado de fora do bar da Marinha, em Deptford. Dois beberrões, os irmãos William e John Pine, estavam se comportando de maneira turbulenta e, a pedido da senhoria, foram instruídos pelo policial George Stevens a deixar o bar. Enquanto Stevens escoltava os dois para fora, John Pine agrediu o policial que, em retaliação, sacou o cassetete e acertou Pine na cabeça antes de prendê-lo imediatamente. Uma multidão reunida viu as ações do policial Stevens, considerou-as injustificáveis e começou a cercar o policial com a intenção de libertar Pine. No entanto, o apoio do Stevens pelo policial William Aldridge logo chegou.

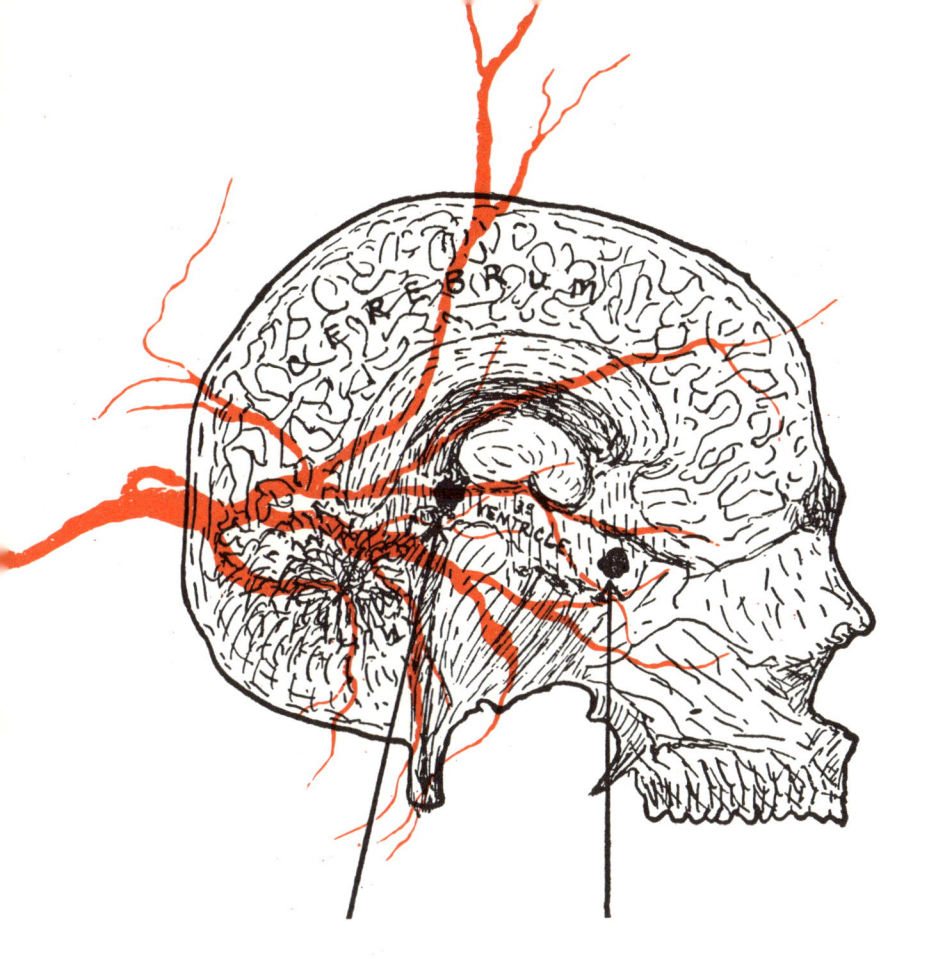

Enquanto os dois policiais lutavam com Pine, a multidão cresceu rapidamente. Dizia-se que os números chegaram a quase quinhentos quando, então, começaram a atirar pedras sobre os dois policiais que tentavam arrastar seu parceiro de volta para a estação. Mais dois policiais chegaram para ajudar, mas não conseguiram escapar do ataque. Temendo por suas vidas, os quatro policiais decidiram fugir; no entanto, enquanto corriam, uma grande pedra atingiu o policial Aldridge na cabeça, fraturando seu crânio. Ele morreu às 4h30 da manhã seguinte. Os irmãos Pine foram presos de novo, e seus julgamentos por assassinato aconteceram em Old Bailey, onde, junto de seus coacusados William Calvert e John Burke, foram condenados pela acusação menor de homicídio culposo. John Pine foi enviado para a Austrália onde ficou o restante da vida, e Calvert por quinze anos. Burke e William Pine passaram dois anos na prisão pela participação no ataque.

Um arrastão também tirou a vida do policial da Divisão H, James Carroll que, enquanto tentava fazer uma prisão em Shoreditch em 3 de outubro de 1841, perdeu seu cassetete para outra multidão que tentava ajudar um prisioneiro a obter sua liberdade. O cassetete foi, então, voltado contra o policial de 45 anos: ele sofreu uma surra brutal da qual nunca se recuperou.

Thomas Cooper fazia parte de uma espécie de criminosos em extinção — um salteador de estradas. Em 5 de maio de 1842, ele encontrou o policial da Divisão N, Timothy Daly, em Highbury. Daly logo reconheceu que o homem era procurado por assalto à mão armada e iniciou uma perseguição contra ele, mas enquanto fugia, Cooper sacou sua pistola e atirou no policial a sangue-frio. O ato resultou em sua execução do lado de fora da Prisão de Newgate no final daquele ano.

Talvez o assassinato mais notório de um policial durante o período vitoriano tenha ocorrido na noite de 29 de junho de 1846. Anteriormente baseado na Divisão H (Whitechapel), o policial George Clark, de vinte anos, foi transferido para Dagenham, nos confins Divisão K. Às 21h, Clark começou seu serviço de ronda ao longo de uma estrada rural remota na área de Eastbrookend, mas quando seu turno terminou, às 6h, não havia sinal do jovem policial. Quatro dias depois, seu corpo mutilado foi encontrado próximo a um milharal.

Ninguém foi condenado pelo assassinato de Clark, mas não faltam suspeitos. Por um lado, havia os colegas policiais que mentiram a respeito do paradeiro de seu sargento na noite em que Clark desapareceu (foi declarado que Clark e a esposa do sargento estavam tendo um caso); esse escandaloso perjúrio atraiu um holofote indesejado sobre a Polícia Metropolitana. Por outro lado, houve a confissão da esposa de um ladrão, que afirmou que Clark foi assassinado por seu marido e seus amigos após o policial os encontrar roubando milho de um celeiro localizado na região.

O assassinato de oficiais em serviço não foi apenas um fenômeno vitoriano inicial. Em 1882, a morte do policial George Cole mostrou que crimes dessa natureza tinham o poder de chocar mesmo nos anos posteriores; e o inspetor Thomas Simmons teve um destino igualmente angustiante em Rainham, em 1885. Esse tipo de ofensa não era o privilégio dos bairros industrializados do Sudeste. Indignações semelhantes ocorreram em todo o país, e as áreas rurais, nas quais a caça ilegal e o furto ao luar não eram incomuns, também eram provavelmente povoadas por homens armados. Em 1844, na intocada Suffolk, o policial James McFadden avistou um punhado de ladrões tirando milho de um celeiro (talvez em antecipação ao que se dizia ter ocorrido no caso de George Clark) e "rasteiou pelo solo até bem perto deles". Um membro da gangue, que McFadden, em seu depoimento agonizante, identificou como William Howell, disparou as balas de um rifle na coxa do policial. Howell foi enforcado no início de 1845, apesar dos protestos de mais de mil peticionários locais.

Esta é uma pequena amostra de policiais vitorianos que pagaram o preço final enquanto fardados, uma indicação das situações perigosas que poderiam, se o infortúnio permitisse, resultar em morte à serviço da nação.

POLÍCIA PARA QUEM PRECISA

O JULGAMENTO DOS DETETIVES

1877

Um escândalo de corrupção colocou em risco a reputação da Scotland Yard entre os britânicos. O Julgamento dos Detetives, como ficou conhecido na época, levou ao banco de réus membros graduados da corporação envolvidos num lucrativo esquema de fraude de apostas. A repercussão foi tamanha que o termo Detetive foi retirado do nome do departamento de investigação da Scotland Yard.

O pai do policiamento moderno, Sir Robert Peel, criou nove padrões sobre os quais a Polícia Metropolitana fundou seus procedimentos e sua reputação como servidores públicos. Conhecidos como Princípios Peelianos, eles foram criados para esclarecer as responsabilidades da polícia e tranquilizar o público temeroso de uma organização que eles percebiam como tendenciosa a favor dos poderes constituídos, em vez de em relação ao homem, mulher e criança comuns. O ponto dois dos Princípios Peelianos afirma — em paráfrase — que a capacidade da polícia de desempenhar suas funções depende da aprovação pública das ações policiais. Em 1877, essa aprovação pública estava diminuindo drasticamente, graças às ações daqueles que foram pagos para fazer cumprir a lei e que às vezes a infringiram.

A história começou no Angel Hotel, em Islington, em novembro de 1872, quando um falsificador e corretor ilegal de apostas condenado chamado William Kurr conheceu o detetive sargento da Scotland Yard John Meiklejohn. O par começou uma parceria instantânea, e quando Meiklejohn "aconselhou" Kurr sobre como manipular as leis de apostas de Londres, a união predestinada foi selada. Kurr também tinha um comparsa, Harry Benson, com quem aplicava golpes por abuso de confiança. Um golpe de 1876 envolveu a criação de um periódico de apostas chamado *The Sport and*

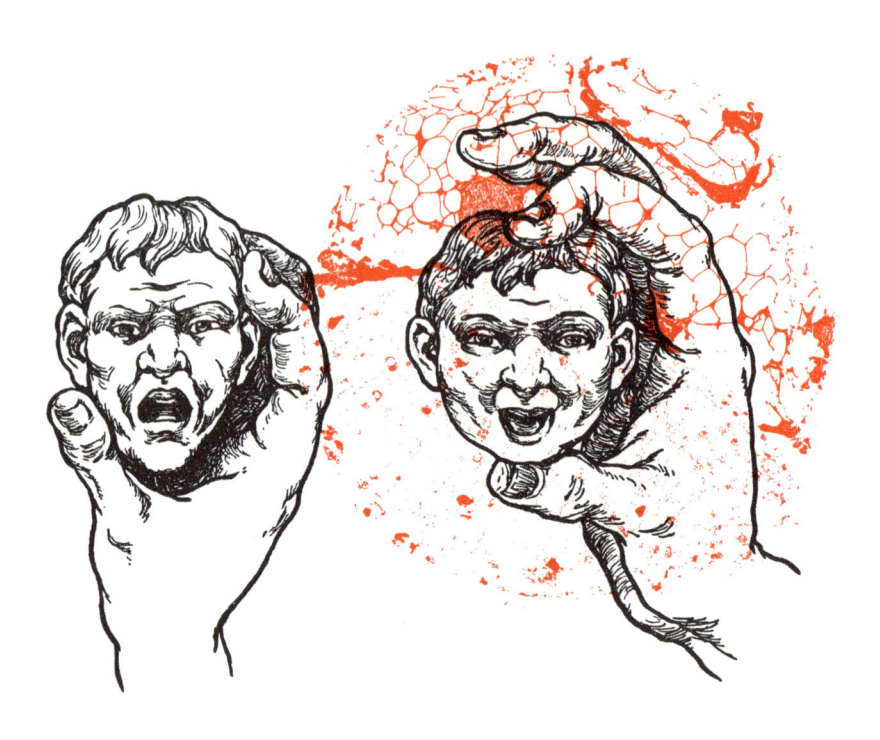

Racing Chronicle, que afirmava que o sr. Montgomery havia planejado um sistema de apostas tão bem-sucedido que as casas de apostas agora se recusavam a lhe dar chances. O sr. Montgomery, declarou o *Chronicle*, estava procurando terceiros para investir dinheiro no esquema; ele iria, por meio de pagamentos em cheque, reembolsá-los. O único problema era que o *The Sport and Racing Chronicle* era uma fachada, e o sr. Montgomery era fictício, assim como os reembolsos de cheques. A situação chegou ao auge quando o banqueiro de madame de Goncourt, a vítima, suspeitou de suas retiradas excessivas e relatou o assunto a seu advogado em Londres, que por sua vez entrou em contato com a Scotland Yard. A história acabara para Benson e Kurr; no entanto, essa foi apenas a ponta do iceberg.

Ao perceber que eram procurados, os dois vigaristas fugiram. A Scotland Yard enviou alguns de seus melhores homens para rastreá-los, incluindo um jovem sargento detetive chamado John Littlechild, mas, quando eles estavam prontos para atacar, a dupla fugitiva desapareceu. Por fim, Benson foi descoberto e preso; Kurr mais tarde foi pego em sua Escócia natal. Foi nessa fase que o caso atingiu os que trabalhavam no Departamento de Detetives. Kurr e Benson alegaram que haviam recebido ajuda durante a fuga, e a revelação prejudicou a Polícia Metropolitana de forma tão drástica que se pensou, na época, que ela nunca se recuperaria. A ajuda que Benson e Kurr receberam veio do próprio John Meiklejohn, da Scotland Yard.

Meiklejohn, que agora era um detetive inspetor, estava na folha de pagamento de Kurr desde aquela fatídica reunião no Angel Hotel, e fornecia detalhes da perseguição policial a Benson e Kurr. Além disso, um dos detetives enviados para caçá-los, o inspetor-chefe Nathan Druscovich, também estava na lista de Kurr. Os inspetores-chefes William Palmer e George Clarke foram igualmente implicados e todos foram presos por corrupção em setembro de 1877, junto do advogado de polícia Edward Froggatt.

O julgamento começou em Old Bailey em 26 de outubro de 1877 e foi o mais extenso que houve por lá. Benson e Kurr — os quais já haviam sido condenados por seus próprios crimes — apareceram como testemunhas contra os policiais, assim como outros, como o superintendente Adolphus Williamson, cuja assinatura foi forjada em telegramas e documentos por Meiklejohn e Druscovich. O veredicto foi emitido em 20 de novembro. Meiklejohn, Druscovich, Palmer e Froggatt foram todos considerados culpados; Clarke foi inocentado. Cada um dos condenados recebeu uma sentença de prisão de dois anos.

Após sua libertação, William Palmer tornou-se o gerente do bar Cock em Lambeth, morrendo de pneumonia em 8 de janeiro de 1888. Nathan Druscovich tornou-se detetive particular, conduzindo ironicamente investigações sobre alegações de suborno durante as eleições parlamentares de Oxford em 1880. Ele morreu de tuberculose em dezembro de 1881. John Meiklejohn morreu na sua residência, em South Hackney, em abril de 1912, após uma tentativa fracassada, em 1903, de iniciar uma ação por difamação contra o ex-inspetor de prisões major Arthur Griffiths, que o acusou de aceitar um suborno de 500 libras.

O Julgamento dos Detetives expôs algumas verdades incômodas à Scotland Yard, já que estava claro que a corrupção havia se infiltrado na organização. Em 1879, o ministro do Interior Richard Ashton-Cross pediu um relatório sobre a estrutura e as práticas da força de detetives parisiense, pensando ser um modelo possível a partir do qual a equipe de detetives do Met poderia ser reconstruída. A responsabilidade pela compilação do relatório recaiu sobre os ombros de um jovem advogado de Sussex, Charles Edward Howard Vincent; quando Howard Vincent completou sua avaliação, Ashton-Cross pediu-lhe para formar e chefiar a nova força de detetives. No entanto, o desdém do público pela palavra "detetive" ser que ela deveria ser omitida do título do novo departamento: e assim foi a criação do mundialmente famoso Departamento de Investigação Criminal (CID, na sigla inglesa).

Leitura adicional | PAYNE, C. *The Chieftain*. Stroud: The History Press, 2011.
DILNOT, G. (org.). *The Trial of the Detectives*. Londres: Geoffrey Bles, 1928.

PRISÃO DE NEWGATE

A AZKABAN DE CHARLES DICKENS

MWO

A prisão de Newgate, em Londres, resistiu por setecentos anos como um local ameaçador, até entrar em decadência e ser derrubada no início do século XX. Lá, os condenados à morte esperavam sua execução, e lá também seriam enterrados. O personagem Pip, protagonista do romance Grandes Esperanças, *de Charles Dickens, visita a prisão e sai abalado com o que viu lá dentro.*

Prisão de Newgate: o paradoxo mais importante de Londres. Apesar de sua presença indelével na paisagem imaginária do crime na Grã-Bretanha vitoriana, a Prisão de Newgate teve sua queda logo no início do século XX e começou a parecer anacrônica algum tempo antes.

A obra de Charles Dickens é, em parte, responsável pela permanência de Newgate como um símbolo de sua época. Muitos se lembrarão da cena retratada em *Grandes Esperanças*, em que Pip é dominado por sentimentos de contaminação após uma visita à prisão: "Eu bati a poeira da prisão em meus pés enquanto andava de um lado para outro, e sacudi minhas vestes, e exalei o ar de meus pulmões". Da mesma forma, a visão (anterior) de Fagin na cela, evocativamente realizada por Cruikshank, continua a assombrar. Muito espaço foi dedicado às discussões sobre a legalidade da sentença de Fagin — parece que ninguém poderia ser executado se fosse considerado culpado de ser cúmplice de homicídio —, mas, apesar desta instância de licença poética, o caso, de outra forma, guarda algumas semelhanças a um outro que está fora do escopo deste livro, ou seja, a acusação de James Greenacre pelo assassinato de Hannah Brown e Sarah Gale por ser cúmplice após o crime. Aqui, os suspeitos de um terrível assassinato foram julgados em Old Bailey, cumprindo seu período de prisão preventiva em Newgate: como Greenacre, Fagin saiu da prisão diante de uma multidão exultante; como Gale, entretanto, ele deveria ter sido mandado para a Austrália.

Situações desse tipo conflitavam com a realidade cada vez mais precária de Newgate. As novas instalações penais, tipificadas talvez pela elegante e temível Prisão de Strangeways, em Manchester, começaram a destacar até que ponto Newgate nunca havia superado suas origens medievais. As reformas destinadas a preservar sua utilidade apenas sugaram o capital dos cofres abarrotados — a demolição do interior da ala norte em 1856, por exemplo, foi realizada com o objetivo de instalar um pavilhão "bem arejado e ventilado", mas Newgate já estava em seu último meio século e olhando para o abismo. A Comissão Prisional recomendou seu fechamento em 1881; demorou para acontecer, mas em 1894 o assunto já nem era mais alvo de curiosidade: "Mesmo aqueles que se opunham ao desmantelamento de todos os edifícios que reivindicavam a antiguidade, a muito custo podem encontrar memórias de Newgate que sejam agradáveis o bastante para justificar a sua permanência". O fim era inevitável, e os suburbanos de Pentonville, Holloway e Brixton perceberam com pouca alegria que certos canalhas, que antes teriam desaparecido no labirinto secreto e atávico no coração da cidade, estariam agora se deleitando com a respeitável placidez da periferia.

> **Nem mesmo Dickens conseguiu ver grandes esperanças para quem estava preso lá.**

Ao longo dos séculos, Newgate foi anfitriã de muitos anti-heróis vitorianos. Incontáveis indivíduos comuns cujas vidas levaram a um lamentável beco sem saída misturaram-se de forma discreta com aqueles cujas ações os tornaram famosos: Henry Wainwright, François Courvoisier, William Palmer, Amelia Dyer. Durante a desativação, em 1900, notou-se que o cemitério da prisão — um atalho discreto para o Tribunal Criminal Central ao sul — seria perdido, e com ele o costume inquietante pelo qual um homem condenado à morte em Old Bailey andaria de volta à Newgate sobre o solo que em breve guardaria seu corpo. "As iniciais gravadas nas paredes", observou um jornal, "são de assassinos enterrados sob as pedras. No momento, elas exibem memoriais curtos e tristes de centenas e centenas de crimes que tornam sinistra a história mais sombria de nossa moderna Babilônia". Essas evocações do passado, dentro de alguns meses, não existiriam mais.

BOM DE FARO

RICHARD TANNER

NRAB

1831—1873

Detetive exemplar, Richard Tanner fez história com seu poder de dedução e busca incansável de pistas. Um de seus muitos casos bem-sucedidos foi a resolução do brutal assassinato da sra. Mary Emsley. Tanner conseguiu provar a culpa de um ex-policial que plantou pistas falsas para incriminar um empregado da vítima. Além do talento nas investigações, Tanner tinha fama de saber sempre em que cavalo apostar.

Até 1842, o controle policial dos detetives de Londres estava sob a alçada da delegacia da Bow Street, cuja equipe era mais conhecida como Bow Street Runners. No entanto, foi decidido que uma equipe de detetives, composta por um inspetor e seis sargentos, deveria ser criada e baseada na Scotland Yard. O Departamento de Detetives, como acabou sendo denominado, permaneceria na vanguarda da detecção do crimes em Londres por pouco mais de trinta anos, até que o escândalo que foi o Julgamento dos Detetives ocasionou uma reestruturação completa e o nascimento do mundialmente famoso Departamento de Investigação Criminal (CID). Em vez de recrutar novos detetives, a Polícia Metropolitana contratou os serviços dos Bow Street Runners — homens como Nicholas Pearce, Stephen Thornton e Jonathan Whicher — e, com o passar dos anos, o Departamento de Detetives se expandiu para incluir, entre outros, um jovem perspicaz chamado Richard Tanner.

Segundo todos os relatos, Tanner era um detetive ansioso. Um dos primeiros casos a se beneficiar de seu entusiasmo foi o assassinato de Stepney. Os fatos eram estes: a rica sra. Mary Emsley foi encontrada brutalmente assassinada em sua casa perto da Mile End Road, em 17 de agosto de 1860. Ela possuía várias propriedades alugadas. Sua renda era de cerca de 5 mil libras por ano, um valor substancial para o período. Ela contratou Walter Emm como seu cobrador de aluguel, e ele, alarmado depois de ligar para a casa da sra. Emsley por quatro dias seguidos sem resposta, contatou seu advogado. A dupla foi até a casa dela e encontrou a sra. Emsley morta e com graves ferimentos na cabeça. A polícia foi chamada. Quando inspecionaram a casa, descobriram que não havia sinais de entrada forçada — um sinal revelador de que a vítima conhecia seu assassino.

Um ex-policial metropolitano, James Mullins, havia trabalhado para a sra. Emsley como aplicador de gesso em muitas de suas propriedades. Ele havia sido demitido da polícia por furto e logo as suspeitas se voltaram contra ele. No entanto, nenhuma evidência foi encontrada contra Mullins, e a investigação continuou até que a oferta de uma recompensa de 300 libras, em troca de informações, chamou a atenção fatídica do assassino.

Ao ouvir a notícia de uma recompensa, Mullins apareceu na casa de Richard Tanner. Tanner o convidou a entrar, e Mullins o contou que tinha visto o cobrador de aluguel da sra. Emsley, Walter Emm, agindo de maneira suspeita, movendo pacotes em um galpão próximo à casa dela; Mullins suspeitou que eles continham itens roubados da casa da sra. Emsley. Na manhã seguinte, eles foram ao galpão, junto de Emm. Mullins foi solicitado a apontar o pacote que vira Emm mover; ele o fez sem hesitação. O pacote foi aberto e de fato continha itens como colheres, todos pertencentes à sra. Emsley. Emm negou qualquer conhecimento sobre isso. Ele não deveria ter se preocupado, pois Tanner, em parte, até já havia começado a suspeitar que o pacote, na verdade, havia sido plantado por Mullins um tempo antes.

Tanner então pediu a Mullins que apontasse onde ele estava parado quando viu o ato "suspeito" de Emm. Mullins afirmou que estava do outro lado da estrada. Tanner, olhando para a linha de visão do local indicado em direção ao galpão e, percebendo que não era direta, fez uma pergunta para a qual ele já tinha certeza da resposta: como Mullins conseguiu ver o que Emm estava fazendo lá dentro do galpão daquele ponto de vista? Mullins vacilou. Logo, outros itens pertencentes à sra. Emsley começaram a aparecer: um pequeno estojo que lhe pertencia tinha, por exemplo, sido comprado por um barman de uma mulher que ele conhecia como sra. Mullins logo após o assassinato. Uma colher semelhante às encontradas no pacote do galpão estava localizada na casa de Mullins, junto de uma fita que combinava com a fita enrolada em volta do pacote e um martelo de gesso capaz de causar os ferimentos fatais. Mullins foi condenado pelo assassinato da sra. Emsley e executado em 19 de novembro de 1860.

O faro de suspeitas de Tanner o levou ao seu caso mais famoso, o assassinato de Thomas Briggs, em 1864; ele conseguiu rastrear Franz Müller, de Hackney até Nova York. Popular, Tanner também tinha faro para uma boa aposta. Por causa de seu interesse em corridas de cavalos, era quase sempre designado para fazer apostas dos policiais em competições célebres como Oaks, Derby e St. Leger. No final da década de 1860, a saúde de Tanner havia piorado, levando-o a se aposentar em 1869. Mudou-se para Winchester, onde dirigia o White Swan Hotel. Morreu em 19 de outubro de 1873, aos 43 anos, deixando esposa e três filhos.

POLICIAL BOCA DE SIRI

SIR ROBERT ANDERSON

NRAB

1841—1918

Sir Robert Anderson jurava saber a identidade secreta de Jack, o Estripador. Ele foi chefe do Departamento de Investigação Criminal, ainda que na época em que as vítimas de Whitechapel começaram a aparecer estivesse de licença médica no exterior. Entretanto, teve acesso a todo o processo, e se sentia "tentado a revelar a identidade do assassino". Quem era Jack? Ele não contou.

Quando os impassíveis ingleses se assustam, abandonam toda moderação e bom senso. Se absurdos fossem artilharia, os falados e escritos a respeito desses assassinatos afundariam um navio de guerra. O assunto é desagradável e pede reserva... Passei o dia do meu retorno à cidade, e metade da noite seguinte, investigando mais uma vez todo o caso e no dia seguinte tive uma longa conversa sobre o assunto com o Secretário de Estado e o Comissário da Polícia. "Você será responsável por encontrar o assassino", foi como me saudou o sr. Matthews. Minha resposta foi recusar a responsabilidade. "Serei responsável, no entanto, por usar todos os meios legítimos para encontrá-lo."

Assim escreveu Sir Robert Anderson sobre o nêmesis de sua era particular de policiamento: o assassino conhecido como Jack, o Estripador.

Anderson nasceu em Dublin em 29 de maio de 1841, em uma família escocesa do Ulster, cujo patriarca, Matthew, era um advogado e ilustre ancião da Igreja Presbiteriana Irlandesa. Apesar do tom bastante religioso da família Anderson, o jovem Robert lutou com sua própria fé até o final da adolescência, quando se converteu ao cristianismo evangélico e depois dedicou o restante de sua vida espiritual à religião, sendo autor de vários livros sobre o assunto.

Uma educação particular levou Anderson até Boulogne-sur-Mer e Paris, e seu caminho poderia tê-lo guiado a uma direção bem diferente se ele tivesse se mantido como aprendiz de negócios em uma grande cervejaria em Dublin, onde a função de operador de caixa o preenchia com um sentimento de orgulho que, infelizmente, não poderia superar suas deficiências na contabilidade. Percebendo sua dificuldade, Anderson voltou a estudar no Trinity College após dezoito meses de problemas na cervejaria e, então, dedicou-se ao Direito. Nesse ponto, ele se destacou: foi chamado para a ordem dos advogados em 1863, recebeu o diploma de bacharel em Direito em 1875 e, nesse intervalo, tornou-se especialista na atividade terrorista feniana. Em 1868, ele foi nomeado como consultor oficial no assunto.

Ao longo da década de 1870, Anderson combinou seus deveres legais e governamentais, transitando entre o recém-formado Irish Bureau e a Scotland Yard a partir de 1883. Manobras políticas fizeram a carreira de Anderson estremecer um pouco, em meados da década de 1880, mas, em 31 de agosto de 1888, a rainha Vitória o nomeou para ser "durante a nossa vontade, um dos Comissários Assistentes da Polícia das Metropolitana", com responsabilidade pelo Departamento de Investigação Criminal, ou CID, na sigla em inglês. No mesmo dia, um assassinato ocorreu na área de Whitechapel, em Londres, o terceiro a ocorrer na região em questão de semanas. Anderson, seguindo o conselho de seu médico, prontamente tirou licença médica no exterior e se viu tentando gerenciar de forma remota a investigação sobre os assassinatos de Jack, o Estripador — talvez os crimes mais notórios que o país já tivesse visto.

Quando voltou, Anderson descobriu que, apesar dos esforços de seus homens, a investigação não havia chegado a uma conclusão satisfatória: o autor do crime não havia sido capturado. Essa continuaria sendo a resposta oficial por alguns anos após o fim dos crimes — e para além, ao que parece. No entanto, em seu livro de 1910, *The Lighter Side of my Official Life*, Anderson relatou que estava *tentado a revelar a identidade do assassino e de quem escreveu a carta supracitada [uma referência à infame carta "Caro chefe", supostamente escrita por Jack, o Estripador]. Mas nenhum benefício público resultaria disso, e as tradições de meu antigo departamento seriam prejudicadas. Acrescentarei apenas que a única pessoa que viu bem o assassino identificou sem hesitação o suspeito no instante em que o confrontou; mas ele se recusou a testemunhar.*

O grau em que essas afirmações enigmáticas podem ser comprovadas continua sendo um tema de fascínio para especialistas de Jack, o Estripador. Anderson era uma fonte confiável ou estaria se gabando? A seu favor estavam os privilégios de sua função de chefe do Departamento de Investigação Criminal, que lhe conferia autoridade para ver todas as informações levantadas a respeito do caso. Talvez a situação não cedesse às obrigações legais da polícia: um dos predecessores de Anderson, Sir Howard Vincent, resumiu as frustrações do trabalho de detetive quando afirmou que "muitas vezes é fácil descobrir o autor de um crime, mas ser capaz de provar a culpa legal do delinquente por meios legais é outra questão". Talvez de forma saudável, no entanto, o consenso sobre esse assunto continue sendo algo muito distante.

Após sua aposentadoria, em 1901, Anderson permaneceu sob os olhos do público. Em 1903, ele escreveu um artigo para o *T.P.'s Weekly*, intitulado *Sherlock Holmes, Detective, as seen by Scotland Yard*, no qual comparou o grande detetive fictício com seus colegas da vida real. Anderson concluiu, em relação ao épico conto de gato e rato de Holmes e Moriarty, "O problema final", que "as últimas impressões do leitor estão de acordo com as primeiras impressões do dr. Watson, de que Sherlock Holmes é insuportável, egoísta e cansativo" — a ironia dessas palavras não passaram batidas para alguns dos inimigos de Anderson.

Sir Robert Anderson morreu na Suíça, em 15 de novembro de 1918, vítima da pandemia de gripe espanhola. Ele era um homem que dividia, e ainda divide, opiniões. Para citar apenas uma delas — que exemplifica a importância de se conhecer a fonte —, o jornalista e ator de cinema Raymond Blathwayt, no semanário evangélico *Great Thoughts*, observou que "Sir Robert Anderson é um dos homens para quem o país tem uma grande dívida sem saber".

Leitura adicional | ANDERSON, SIR R. *The Lighter Side of my Official Life*. Londres: Hodder & Stoughton, 1910.
MOORE-ANDERSON, A.P. *Sir Robert Anderson and Lady Agnes Anderson*. Londres: Marshall, Morgan & Scott, 1919 e 1947.

PRISÃO EM TRÊS ATOS

THOMAS SIMMONS

MWO

1844—1885

Tudo começou com uma averiguação de rotina. O inspetor Thomas Simmons e o policial Alfred Marden reconheceram um criminoso acompanhado de outros dois comparsas. A tentativa de apreensão resultou na morte de Simmons e na fuga dos bandidos. No segundo ato, Marden conseguiu prender dois dos criminosos, mas o atirador conseguiu fugir. A conclusão só aconteceria muitos meses depois, quando Marden prendeu o assassino do inspetor após um roubo de joias.

Em sua época, o assassinato de Thomas Simmons foi notório — um caso complicado de "Morte a serviço da nação", caracterizado pela brutalidade e heroísmo, covardia e bravura, fuga impetuosa e perseguição diligente. Não faltava nada dos enredos mais conhecidos (ou desejados) pelos leitores vitorianos das colunas policiais.

O primeiro ato é talvez o mais fácil de resumir. Em 20 de janeiro de 1885, três homens foram vistos descendo de um trem na região pastoral de Rainham, Essex. Logo concluiu-se que eles não haviam deixado Londres apenas para se divertir, e dois oficiais locais, o inspetor Simmons e o policial Alfred Marden, resolveram detê-los. Quando a gangue notou os policiais vindo em sua direção em uma carroça puxada por cavalos, eles se separaram, com um deles — o único que já havia sido identificado — passando por uma cerca viva em terras agrícolas, e os outros dois correndo pela Romford Road. Simmons apressou seu cavalo, enquanto Marden, desmontando, agarrou o homem no campo.

"O que você está fazendo aqui, David Dredge?", disse Marden.

"Seu...", disse Dredge, um conhecido criminoso. "Vou estourar a... dos seus miolos com isso". (Na reconstituição, os jornais deixaram os palavrões para a imaginação do leitor.) Um revólver foi apontado para a cabeça de Marden; e então houve o som de um disparo.

e

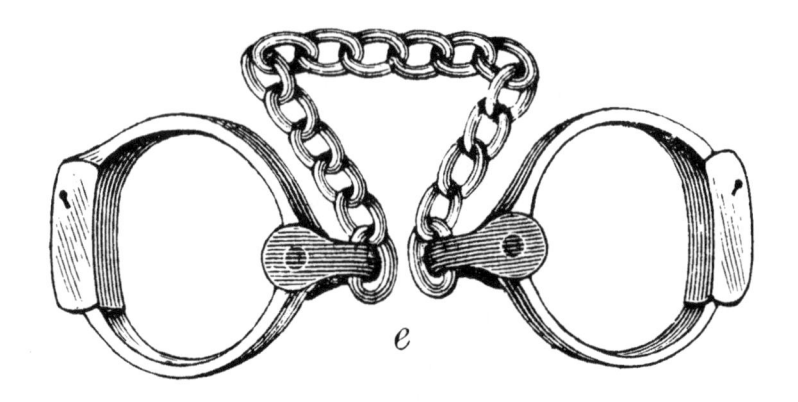

Marden, quase esquecendo a arma apontada para si, olhou em volta para ver de onde vinha o barulho e identificou a figura de Simmons, não mais sentado na carroça, de pé, mas cambaleando para trás na estrada. De frente para Simmons, o mais alto dos companheiros de Dredge estava de pé, braço estendido, segurando um revólver com uma nuvem de fumaça saindo do cano. "Venha, eles atiraram em mim!", gritou Simmons, e Marden foi até ele, amparando-o enquanto recuperava o equilíbrio, e então, pelo visto com o incentivo de Simmons, partiu pelos campos em perseguição da gangue, que fugia em disparada. Depois de uma perseguição perigosa, durante a qual os homens se esconderam atrás de um palheiro e desapareceram por um pequeno rio, Marden voltou para Simmons, que estava, contra todas as probabilidades, lutando para continuar a perseguição. "Acho que pra mim já era", disse Simmons. "Não me deixe." Ele agarrou-se à vida por quatro dias, mas morreu durante uma noite por conta do destrutivo caminho transversal que a bala percorreu em seu intestino grosso; o projétil em si foi descoberto incrustado na vértebra na base da coluna vertebral.

A partir de então, o próximo movimento do drama começaria: a caça aos assassinos. Ela ocorreu de forma fragmentada. Dredge conseguiu se esconder por duas semanas antes de ser localizado na Copperfield Road, leste de Londres, e levado para Essex pelo sargento detetive metropolitano William Rolfe, mas as identidades de seus colegas permaneceram frustrantemente misteriosas. Por fim, um deles — não o atirador — descobriu-se ser James Manson, de codinomes James Adams e James Lee, o mais recente de cujos sobrenomes alternativos haviam sido adotados para homenagear a popular história de trapaça de John "Babbacombe" Lee. Quase por acaso, Lee foi capturado na terça-feira, 10 de março, durante a tentativa de entregar um revólver a uma casa de penhores em Euston. Como Dredge, ele foi levado para Essex, mas o clima local, que estava agitado, inviabilizou o trâmite nos tribunais do condado, e os julgamentos por assassinato foram transferidos para Old Bailey, onde, em 27 de abril de 1885, Lee foi condenado e sentenciado à morte; Dredge foi considerado inocente, mas foi preso de novo sob a acusação anterior de ameaçar matar o policial Marden. Ele cumpriu doze meses (com trabalhos forçados) por esse delito e talvez tenha tido a sorte de se safar com tanta facilidade.

Mesmo assim, o assassinato de Thomas Simmons não foi reparado de forma adequada: o homem cujo dedo puxou o gatilho não foi localizado. A condenação de Lee (sua execução ocorreu em 18 de maio de 1885) fez com que o detetive pensasse que o atirador desaparecido era Jack Martin, um confrade de Lee das quadrilhas de roubo do norte de Londres. Mas Martin estava ausente das habituais esquinas da capital e, embora o notável Rolfe o tenha visto na Commercial Road em agosto, Martin ameaçou atirar nele, e Rolfe não pôde efetuar uma prisão.

> **Às vezes, a tragédia acontece logo no primeiro ato.**

O desfecho, como todos os melhores de seu gênero, tirou a ação de Londres e do Sudeste, e a transpôs para a mais sombria Cumberland. Em 28 de outubro de 1885, um roubo de joias ocorreu em Netherby, e a polícia bloqueou as estradas para impedir a fuga da gangue composta por quatro homens. Um — e com certeza não o menos distinto — da equipe, "Jimmy Armado" Smith, já havia optado por voltar a Londres quando os outros três — Jack Martin, Anthony Rudge e James Baker — caíram na armadilha da polícia, e a partir de então a história se desenrolou de uma forma que não parecia repetir os precedentes temerosos. O policial Joseph Byrnes foi o infeliz substituto para o papel antes desempenhado pelo inspetor Simmons, morrendo com um tiro que entrou pelo olho esquerdo e saiu atrás da orelha esquerda; mas, nesta ocasião, os ladrões foram presos, julgados e, por fim, enforcados por James Berry em 8 de fevereiro de 1886. Martin, teimoso, recusou-se a admitir sua participação no assassinato de Simmons, mas o consenso foi de que sua morte colocou um esperado fim do caso.

A coragem de Marden foi reconhecida por todos e, após se destacar ainda mais, ele passou a se tornar uma figura sênior na Polícia de Essex. A dinâmica psicológica que levou à sua queda nos primeiros anos do século XX pode nunca ser compreendida por completo.

Leitura adicional | RHODES, L.; ABNETT, K. *The Romford Outrage*. Barnsley: Pen and Sword, 2009.

DO PRÓPRIO VENENO

THOMAS STEVENSON

MWO

1838—1908

Thomas Stevenson foi um dos mais importantes cientistas da medicina legal vitoriana. Stevenson era figurinha fácil em julgamentos de envenenamentos, tão comuns na época. Conheça a seguir os detalhes do assassinato de Annie Holmes, um dos muitos casos em que a análise de Stevenson foi crucial para o veredicto do júri. Quem não gostava muito dele, é óbvio, eram os suspeitos.

Conhecido como o principal analista científico do final do período vitoriano, exercendo sua profissão no Ministério do Interior, Stevenson era um homem de Yorkshire que havia desenvolvido sua prática no Guy's Hospital, onde seguiu os passos de Alfred Swaine Taylor, autor de um erro químico potencialmente catastrófico no caso de Thomas Smethurst.

Stevenson fez muito para fortalecer a credibilidade da análise médica nos anos após sua nomeação em 1872 para o Ministério do Interior, comparecendo sempre a grandes julgamentos de envenenamento, vários dos quais podem ser lidos em outras partes deste livro. Adelaide Bartlett, Florence Maybrick, George Lamson e Thomas Neill Cream sofreram em maior ou menor grau com sua diligência e curiosidade, e o *British Medical Journal* o descreveu como "um terror saudável para o suposto envenenador".

Talvez o caso mais estranho de Stevenson tenha ocorrido em Huntingdon em 1898. Annie Holmes, uma viúva local de posses restritas, sucumbiu a uma dose de estricnina no início de janeiro; pelas circunstâncias, parecia que ela havia se imaginado grávida (diagnóstico bastante impreciso), pedindo a seu primo, Walter Horford, para providenciar algo que provocasse um aborto espontâneo. O pacote de pó que ela recebeu em troca foi fatal, e Horford (que Annie pensava ser o pai da criança, conforme se acreditava) foi preso. Embora a carta não assinada que acompanhou o pó fornecesse algumas palavras tranquilizadoras — "Tome um pouco de água. É bastante inofensivo. Sairá em um ou dois dias" —, a pobre Annie havia ingerido dez grãos de estricnina. Menos de um grão e meio, Stevenson testemunhou com segurança, "com certeza mataria um adulto", e ele alertou que muitas vezes ocorriam fatalidades com doses muito mais baixas, "de um quarto a meio grão".

Havia poucas dúvidas sobre o veredicto. Em 28 de dezembro de 1897, Horford adquiriu um verdadeiro tesouro para um envenenador na loja de um farmacêutico: noventa grãos de estricnina em pó, meio quilo de arsênico, uma onça fluida de ácido prússico e 1 xelim de ácido carbólico. Como ele era fazendeiro de profissão, a transação não levantou suspeitas. Após a morte de Annie, no entanto, nem todo o estoque de veneno de Horford pôde ser contabilizado. Houve também a sugestão tentadora, nunca totalmente confirmada, de que Horsford havia eliminado três outras pessoas ao longo dos anos, todos por meios semelhantes. Ele foi executado na Prisão de Cambridge em junho de 1898.

> **Thomas Stevenson era o veneno mais mortal da lei para os envenenadores.**

Para Stevenson, o caso permitiu-lhe romper com o padrão dos testemunhos, mas apenas até certo ponto. A história é difícil de confirmar, mas é dito que, em certo ponto durante o julgamento, "um dos advogados derrubou o pacote de estricnina. [...] Percebendo o perigo caso um único grão da estricnina não fosse recuperado, o juiz Hawkins ordenou que o dr. Stevenson deveria se ajoelhar e pegar cada átomo do pó antes de permitir que o julgamento fosse retomado". Stevenson, embora sempre um servo obediente da lei, tinha sessenta anos na época. Ele sobreviveu à experiência e continuaria a testemunhar nos julgamentos de assassinos eduardianos como George Chapman e Arthur Devereux antes de sua morte em 1908. Sua morte por fim confirmou a transferência da chama analítica do Guy's Hospital para o Queen Mary's Hospital, e o caminho foi aberto para a ascensão dos analistas célebres do início do século xx (mais notavelmente, Bernard Spilsbury).

UM FIASCO DE CARRASCO

WILLIAM CALCRAFT

MWO

1800—1879

Corpos que escorregavam da forca. Vítimas que demoravam tempo demais para morrer. Cordas que não esticavam e precisavam de uma mãozinha. Um dos mais "produtivos" carrascos da era vitoriana, William Calcraft ficou marcado na história pelos muitos deslizes cometidos durante uma carreira de mais de quatro décadas.

Por notáveis 45 anos, William Calcraft realizou execuções em todos os cantos do país. Mesmo quando sua carreira terminou, em 1874, após sua desativação, ele quis continuar.

O nome de Calcraft está associado aos de muitos indivíduos discutidos em outras partes deste livro. Ele era, por exemplo, o "homem alto e sério vestido de preto" de Thackeray no enforcamento de François Courvoisier, e deu fim a nomes como James Blomfield Rush e Franz Müller. Mas, como todos os algozes, ele é lembrado por seus erros. No caso de Calcraft, o fato de ele ter passado quase meio século na função significava que era capaz de acumulá-los em várias áreas diferentes de seu ofício.

Às vezes, havia falta de prática, ou puro azar. Edward Pritchard caminhou para a morte em 1865 perante uma enorme multidão em Glasgow, e muitos teriam permanecido para assistir o corpo, que gradualmente ficou imóvel na ponta da corda, sendo retirado e devolvido à prisão para o enterro. Calcraft, recuperando Pritchard do nível da plataforma, permitiu que a corda escorregasse por suas mãos, e o cadáver de Pritchard caiu no poço abaixo.

Cenas como essa eram infelizes e indesejáveis, mas poderiam ter acontecido com qualquer pessoa. Por outro lado, alguns dos erros aparentes de Calcraft testaram as expectativas profissionais de sua posição. Todo carrasco era obrigado a encarar, reconhecer e se comportar de acordo com seus desafios morais e éticos peculiares: nesta medida, a aparição de Calcraft na multidão do lado de fora de Old Bailey na conclusão do julgamento de William Palmer parecia ruim e possivelmente sanguinária. Às vezes — como, por exemplo, na execução da trágica Sarah Harriet Thomas —, ele admitia sentir "compaixão" e descreveu esta vítima em particular como "uma das garotas mais bonitas e inteligentes que conheci em qualquer sociedade". Uma vez que, por mais breve que eles tivessem se conhecido, Sarah estivesse exaltadíssima (uma condição dificilmente propícia para exibir a inteligência de alguém), esta opinião parece mascarar uma boa dose de culpa reprimida.

E havia William Bousfield e John Wiggins, lutaram em vão para se manterem vivos; e Philip Larkin, um terrorista feniano que ficou suspenso, imóvel na ponta da corda, sem morrer, até que Calcraft desceu ao poço e, ao que tudo indica, subiu nas costas de sua vítima para esticar a corda em seu pescoço. Incidentes como esses não eram fruto da simples falta de sorte e, com o passar do tempo, pareciam cada vez mais prováveis de ocorrer. O método de Calcraft — a chamada "queda curta" — normalmente deixava o prisioneiro asfixiado, e os sentimentos públicos sobre a execução estavam mudando. Um dos últimos assistentes de Calcraft, William Marwood, planejava levar a prática a novos níveis de sofisticação científica, e maior atenção estava sendo dada à questão de saber se o condenado sofreu antes da intervenção da morte. A "queda longa", projetada para comprometer a coluna vertebral e levar, em circunstâncias ideais, à insensibilidade instantânea, não estava distante. Quando os enforcamentos passaram para lugares fechados, em 1868, longe das paixões do público, isso não foi tão ruim para Calcraft, uma vez que suas apresentações não foram mais expostas à inspeção pública; ainda assim, suas vítimas suportaram os miseráveis minutos de tremor na ponta da corda. Marwood prometeu novos horizontes. A última nomeação de Calcraft, em uma manhã ensolarada de maio de 1874, foi para o enforcamento de James Godwin: o prisioneiro saiu desta vida e marcou o fim de sua era, em espasmos de respiração convulsiva, com as impotentes mãos levantadas à garganta.

> **Um carrasco incompetente é mesmo uma pena.**

Leitura adicional | ABBOTT, G. *William Calcraft: Executioner Extra-ordinaire!*. Kent: Eric Dobby Publishing, 2004.

SAPATEIRO CRUEL

WILLIAM MARWOOD

MWO

c. 1818—1883

William Marwood, um sapateiro inglês que se tornaria carrasco, inovou ao questionar o método de "queda curta", que matava por estrangulamento, para substituí-lo pela "queda longa", em que o condenado morria quase que instantaneamente. Tornou-se o principal carrasco de sua época. Há suspeitas de que morreu por envenenamento, após executar um separatista irlandês.

De todos os algozes que trabalharam durante o período vitoriano, William Marwood foi, talvez, uma das personalidades mais estáveis. Poucos como ele escaparam da profissão sem várias camadas de trauma emocional, mas Marwood, ao que parece, reteve muito de sua sanidade durante o período. James Berry, que seguia seus passos apressados, descreveu-o como um "homem quieto e modesto, gentil e quase benevolente em suas maneiras, que não tinha vergonha de sua vocação, embora fosse muito reticente em falar a respeito, exceto para aqueles que ele conhecia bem". Sem dúvida, essa política modesta ajudou muito a proteger Marwood do pior dos danos; mesmo assim, os relatos de sua morte indicavam que ela fora acelerada pela bebida.

A principal contribuição de Marwood para a base de conhecimento de sua disciplina veio quando ele percebeu que William Calcraft, o carrasco preferido do país por décadas, estava fazendo tudo errado. A "queda curta" de Calcraft induzia a morte por estrangulamento; mas Marwood, que "tinha lido muito sobre o assunto" das execuções judiciais, "incluindo o trabalho dos médicos na Irlanda", pensou que uma queda mais longa seria mais conveniente. Se as vértebras cervicais pudessem ser desalojadas, a insensibilidade e a morte aconteceriam mais ou menos de forma instantânea.

Sua nomeação em 1872 para enforcar William Horry, um uxoricida de Boston, no condado de Lincolnshire, deu a Marwood (ele mesmo, um nativo de Lincolnshire) a oportunidade de testar a mecânica que sustentava sua teoria. Tudo transcorreu sem problemas, e Horry foi enterrado na fortaleza do Castelo de Lincoln, tendo encontrado seu fim sem luta e com suas feições "plácidas" sem nenhuma "expressão particular". Os resultados dificilmente poderiam ter sido melhores, e Marwood manteve isso até sua morte, destituindo o antiquado Calcraft em 1874 e dando fim a muitos dos luminares do crime do final dos anos 1870 e início dos anos 1880. Os casos foram abundantes: Henry Wainwright, Kate Webster, Percy Lefroy Mapleton, George Henry Lamson e — não menos importante — o infame Charles Peace, todos despachados deste mundo na ponta da corda generosa de Marwood. O ano de 1875 trouxe um fato curioso, quando Marwood presidiu a execução pública de Joseph le Brun em St. Helier, Jersey. Os enforcamentos não eram mais públicos no restante do país desde 1868, mas, como disse à *Pall Mall Gazette*, a legislação que provocou essa mudança no procedimento "não fez menção às ilhas do Canal da Mancha, e as autoridades de Jersey acreditavam que eles não tinham o poder de fazer qualquer alteração no sistema de enforcamento público".

No início do verão de 1883, Marwood viajou a Dublin para executar os condenados pelos assassinatos de Phoenix Park, pelo visto, tomando a precaução de fazer a viagem vestido como um clérigo. Os separatistas irlandeses elevaram o condenado à condição de mártir, e Marwood — um sapateiro de profissão, mas, nesta questão em particular, o símbolo relutante da autoridade britânica — dificilmente poderia evitar a sensação de estar sob ameaça. Alguns relatos sugerem que ele continuou a receber cartas ameaçadoras mesmo depois de voltar para casa na Inglaterra. Então, conta a história, ele "passou uma noite de convívio com um grupo de irlandeses", adoeceu e, em 4 de setembro de 1883, morreu.

A verdade, pelo menos como foi descrita no inquérito sobre a morte de Marwood, era talvez mais prosaica. A viúva de Marwood disse que ele "nunca esteve bem" desde uma visita a Lincoln em 24 de agosto, mas negou que tivesse sido envenenado e "fez pouco caso do assunto". Pelo que ela sabia, ele não havia recebido nenhuma carta ameaçadora "desde aquela de um ano atrás" — muito antes de sua comissão em Phoenix Park. "Ele não tinha", disse ela, "medo ou expectativa de passar por situações de violência nas mãos dos irlandeses". O médico que o atendeu durante sua última quinzena e o cirurgião que fez a autópsia concordaram que Marwood morrera de pneumonia, e ele foi enterrado sem mais confusão no cemitério da igreja em Horncastle. Seu túmulo se tornou um local de peregrinação para aqueles de mentalidade macabra, e a lápide logo teve que ser removida, tendo sido desfigurada, uma lasca de cada vez, por caçadores de souvenirs.

Apesar disso, os equipamentos e objetos de sua breve e notável carreira foram revelados em Lincolnshire nos anos seguintes, com uma reportagem de imprensa de 1947 citando uma "caixa de relíquias" que tinha sido levada de Portland Arms em Lincoln para os Five Bells em Bassingham e depois perdida; e, em Horncastle, fotografias, cópias de cartas, um cachimbo de tabaco (no Ship Hotel) e "uma corda, que antes era propriedade do falecido sr. Charles Chicken, da Foundry Street", que diziam ter sido "usada por Marwood durante seis ou sete execuções, incluindo a de uma mulher". "Mas mesmo isso", continuou o jornal, "é colocado em dúvida por algumas pessoas por conta do tipo de nó, e Marwood é considerado o primeiro carrasco 'científico'".

Leitura adicional | CLARK, R. *Capital Punishment in Britain*. Hersham: Ian Allan, 2009.

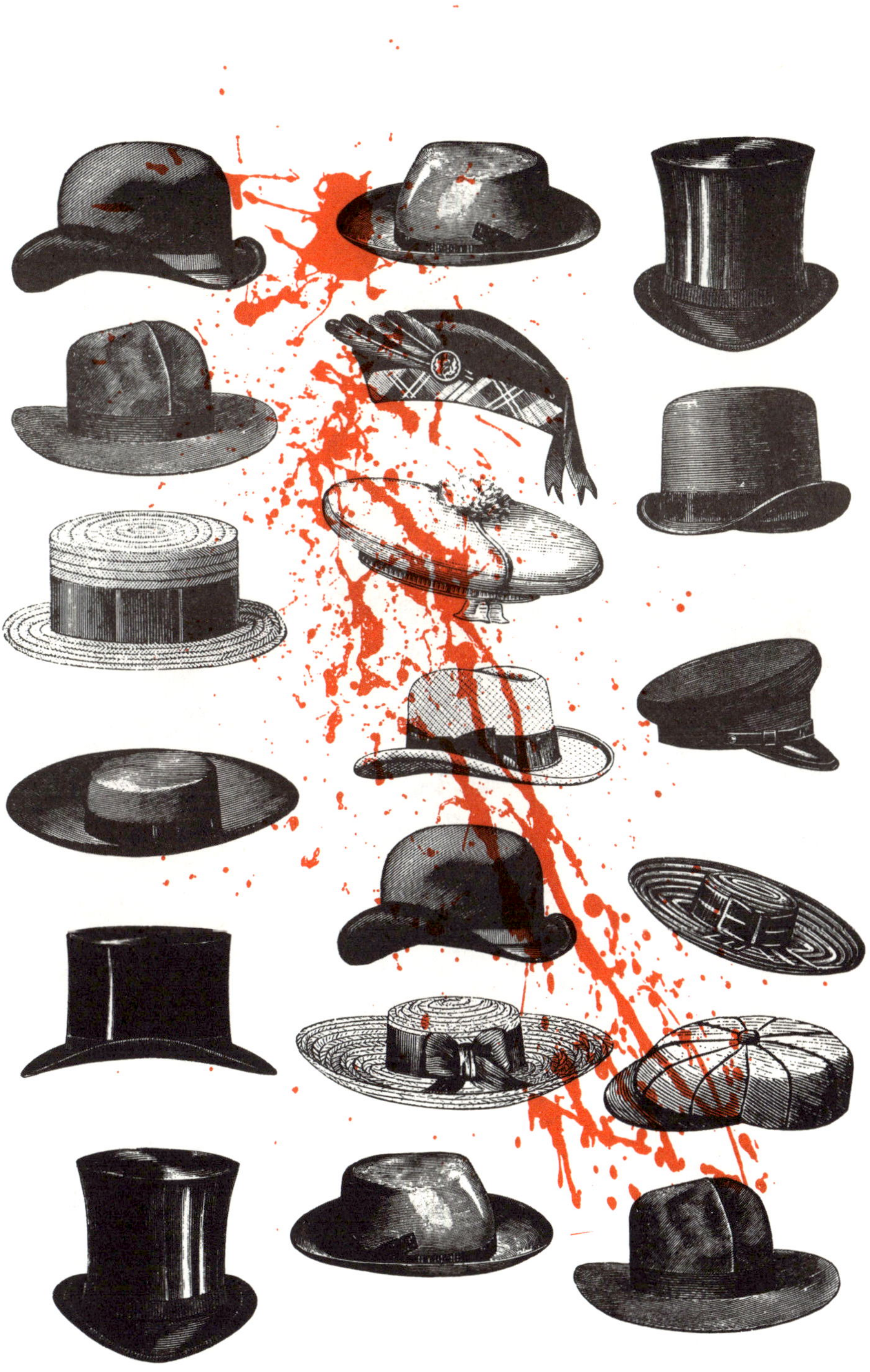

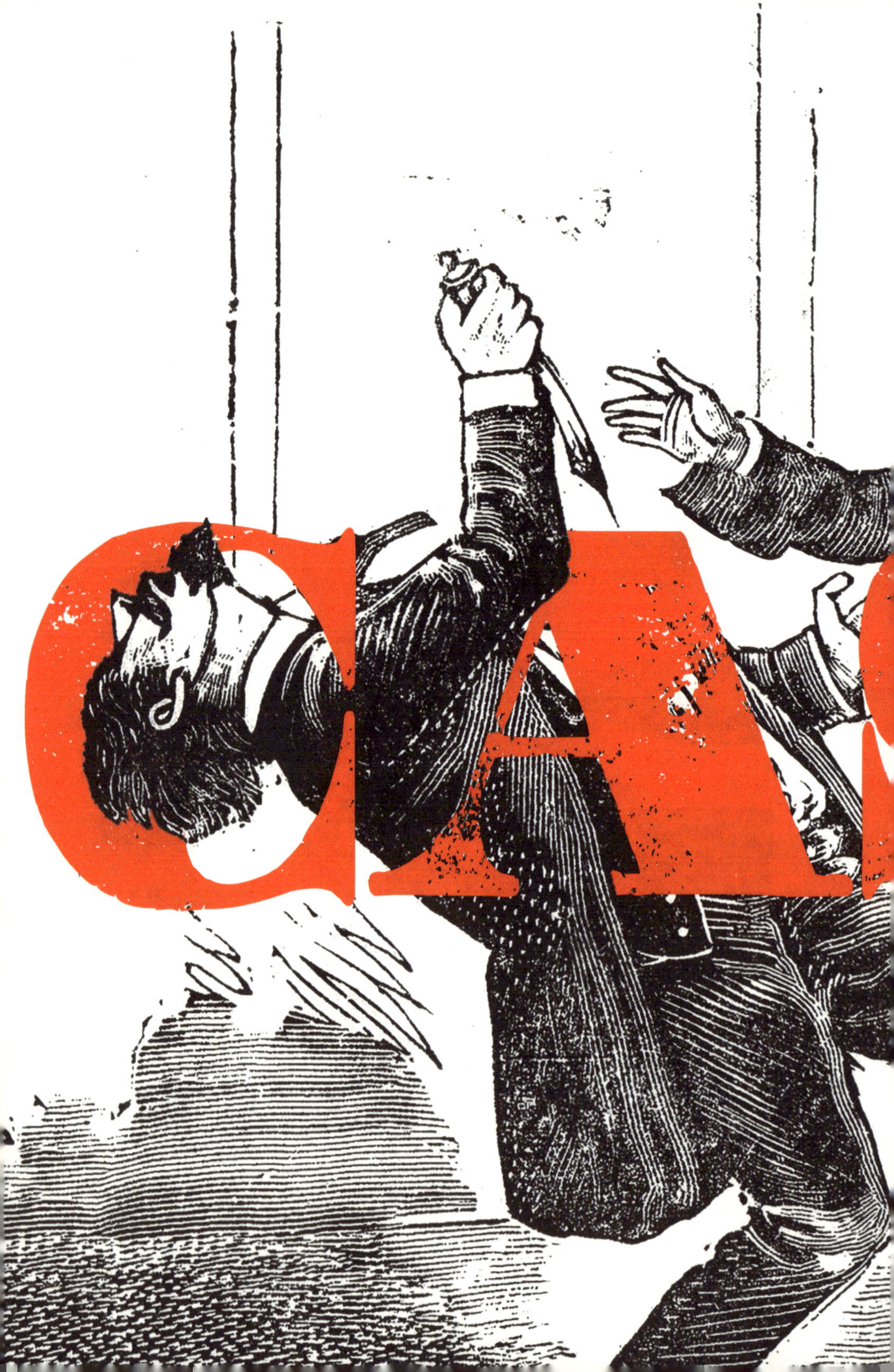
CA

SOS
SINISTROS
CASOS VITORIANOS MACABROS · PARTE 03

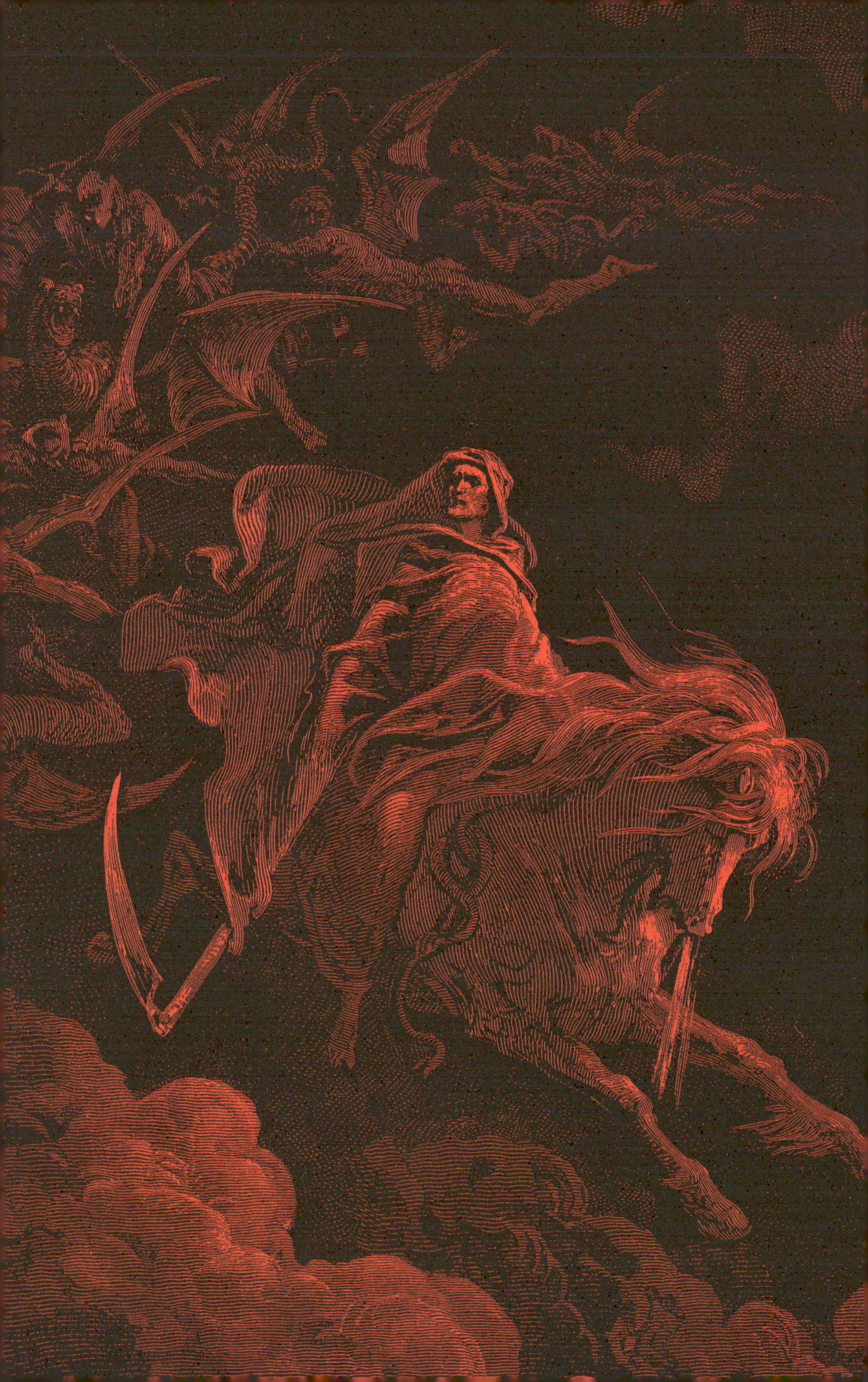

Crimes sortidos para todos os gostos. Uma lista de **casos** que entraram para a história: **canibalismo** entre náufragos, serial killers e ocorrências mais corriqueiras, como prostituição e gangues de batedores de carteira. O **feminicídio**, crime que não era tipificado dessa maneira, infelizmente já era muito comum. E a **homofobia** na época era praticada pelo próprio **Estado**, com leis absurdas que levaram muitos **à prisão**, entre eles, o genial Oscar Wilde. Veja e leia com seus próprios **olhos.**

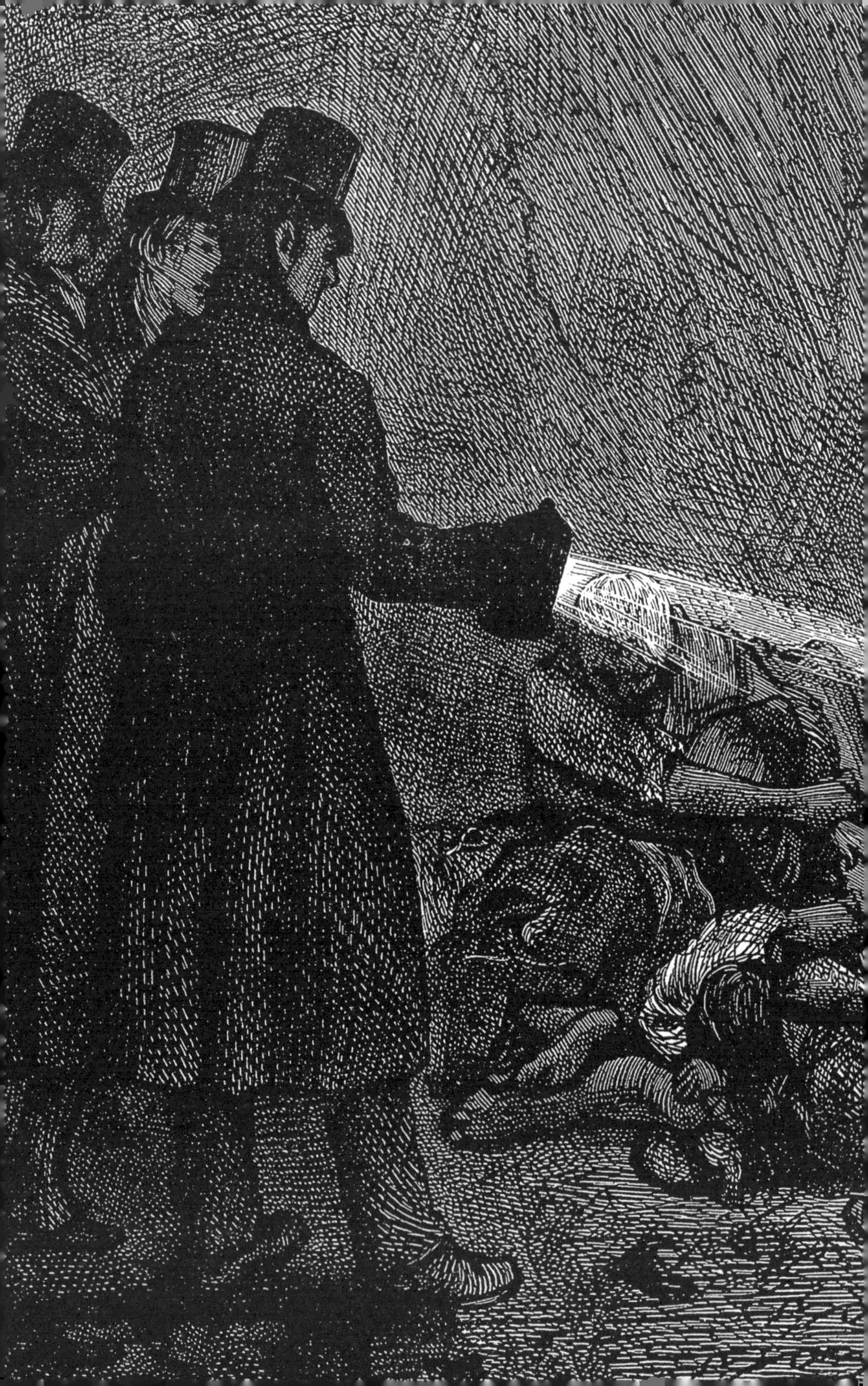

UMA LUZ NA ESCURIDÃO

ALBERT MILSOME & HENRY FOWLER

MWO

1863—1896 & 1865—1896

Henry e Albert invadiram a casa de um idoso para roubar dinheiro e acabaram matando a vítima. A polícia suspeitou logo dos dois, mas não havia provas que os ligassem ao crime. Será? Albert esqueceu no local do crime uma lanterna de brinquedo que pegara emprestada do seu cunhado. O rapaz reconheceu a lanterna e a brincadeira acabou para os dois malandros.

A dupla Albert Milsome e Henry Fowler é conhecida pela posteridade sombria como "Milsom e Fowler" — o *e* no final do sobrenome do primeiro meliante foi restaurado neste livro, uma vez que parece provável que reflita a grafia que o próprio Milsome considerava correta.

Como todas as melhores parcerias, essa também surgiu de um interesse comum, especificamente em roubos e outros crimes de variedade semelhante. Milsome foi levado pela primeira vez a Old Bailey, informando ser mais novo do que de fato era, talvez para obter a simpatia do júri, em 1879; o percurso de Fowler o tinha feito entrar e sair da custódia por anos e, no Natal de 1895, ele estava em liberdade condicional e procurando maneiras de levantar algum dinheiro. Tais laços eram poderosos, mas, fora isso, a dupla era diferente. Fowler era um "bruto insensível", mesmo nas palavras de seu advogado de defesa, e "robusto, musculoso [...], um verdadeiro Bill Sykes", nas palavras de um comentarista póstumo, enquanto Milsome era "pusilânime" com "olhinhos castanhos de furão".

Na noite de quinta-feira, 13 de fevereiro de 1896, Milsome e Fowler se encontraram, intencionalmente, no jardim dos fundos da tranquila propriedade de Muswell Hill, do idoso Henry Smith. Acreditava-se que Smith — rumores populares descreviam-no como avarento — tinha uma considerável soma de dinheiro guardada, e Milsome e Fowler decidiram roubá-la; à luz da lanterna de uma criança, eles desativaram o alarme mecânico contra roubo e entraram na casa de Smith por uma janela.

    O barulho acordou-o e, à luz de velas, ele desceu as escadas para ver o que estava acontecendo. Quando o jardineiro chegou para trabalhar de manhã cedo, o corpo de Smith jazia no chão da cozinha, frio, ferido, amarrado e amordaçado; no quarto, o cofre estava aberto e o dinheiro havia desaparecido. Não demorou muito para que os procedimentos iniciais da polícia revelassem os nomes de Milsome e Fowler, mas não foi uma tarefa fácil estabelecer os vínculos de evidências necessários para levá-los à prisão.

    Acontece que a lanterna de brinquedo provou ser a pista crucial — os assassinos a haviam deixado na pia de Smith, e a polícia a reteve, na esperança de que esclarecesse o mistério. No fim, deu certo: foi descoberto que o dono do objeto era o cunhado de quinze anos de Milsome, que sem hesitar reconheceu todas as personalizações que ele havia feito para melhorar seu desempenho e o desgaste que havia sofrido no decurso da sua utilização: "*esta* é a lanterna — *este* é o material com que fiz o pavio — *este* é o pedaço de porta-canetas que coloquei — *este* vidro verde está partido — foi aqui que usei a lixa". Faltava somente localizar Milsome e Fowler, mas eles não frequentavam mais os locais habituais: saíram de Londres rumo a Liverpool e, de acordo com as palavras da própria dupla, rumo a novos continentes.

Por alguma razão, o plano mudou e, com a Polícia Metropolitana na cola, eles percorreram o interior da Inglaterra e do País de Gales, por acaso se juntando a uma feira itinerante, na qual Fowler atuou como um homem forte e Milsome discretamente roubou o dinheiro dos apostadores na porta. Por fim, esse trabalho improvisado, que haviam obtido sob nomes falsos, os levou para Bath, onde, enfim, aguardaram apenas o tempo suficiente para que a polícia os alcançasse.

Milsome foi preso sem resistência, mas Fowler lutou com todas as forças por sua liberdade, até que por fim foi necessário que um policial usasse a coronha de um revólver para deixá-lo inconsciente. Mais uma vez, as diferenças essenciais dos conspiradores foram enfatizadas e, a partir desse momento, por meio de audiências no tribunal da polícia e um julgamento de três dias em Old Bailey, a aliança entre os dois foi rompida por completo. Milsome, desesperado para evitar as consequências de suas ações, fez uma declaração envolvendo apenas Fowler; Fowler, sabendo dessa traição e sentindo-se "indiferente ao valor de sua própria vida", disse a verdade sobre o que havia acontecido, relatando em detalhes a culpa de Milsome além da sua. Ele também admitiu que o produto do roubo havia sido decepcionante e que os boatos locais haviam exagerado o tamanho da riqueza de Henry Smith. A parte de Milsome — metade das receitas menos metade das despesas de Fowler — foi de "53 libras e alguns xelins". Com certeza era mais do que qualquer um dos dois jamais vira, pelo menos durante os negócios legítimos, mas dificilmente seria o suficiente para arriscar a execução.

Perto do final do julgamento, Fowler tentou estrangular Milsome no banco dos réus, e só foi impedido de fazê-lo por conta da intervenção de vários oficiais e policiais (em certo ponto, esse homem tremendamente forte deu bastante trabalho a nove deles). Ambos os réus foram considerados culpados e condenados ao enforcamento na Prisão de Newgate. Quando o dia chegou, a animosidade de Fowler em relação a Milsome deu lugar a uma tranquilidade geral (que não deve ser confundida com perdão). Mesmo assim, um terceiro prisioneiro condenado, William Seaman, estava sentado, por segurança, entre os dois rivais no cadafalso, por receio de outros incidentes. Uma quarta candidata que estava aguardando o seu momento em Newgate, Amelia Dyer, foi removida para a Prisão de Holloway enquanto ocorria a tripla execução, e então enforcada no dia seguinte.

Leitura adicional | ADAM, H.L. *Old Days at the Old Bailey*. Londres: Sampson Low, Marston & Co. Ltd., 1932.
ABINGER, E. *Forty Years at the Bar*. Londres: Hutchinson & Co., 1930.

SEGURO DE VIDA OU MORTE

JOHN ALFRED MONSON

MWO

1860—?

John Monson era um trapaceiro que tentava fraudar companhias de seguro, como quando incendiou uma mansão alugada. Achou que podia ganhar mais com o seguro de vida, e se colocou como beneficiário de seu pupilo, o jovem Cecil Hambrough. Coincidência ou não, o garoto sofreu um acidente de barco, do qual escapou. E no dia seguinte, um acidente de caça, dessa vez fatal. Livre das acusações, Monson processou o Museu Madame Tussaud por fazer uma máscara de cera dele.

John Alfred Monson, o alegado assassino de Cecil Hambrough, ganhou notoriedade em um caso popularizado como "O Mistério de Ardlamont". Monson parecia pensar que o sistema de Justiça escocês, no qual os legistas eram ignorados, seria mais fácil de derrotar do que sua contraparte inglesa.

Sua origem nos círculos mais altos da elite não impediu que Monson enfrentasse tempos difíceis. Em 1892, falido e com mulher e filhos a reboque, ele dependia da gentileza — e do descuido — de estranhos, combinando essas estratégias com uma rede cada vez mais complexa de fraudes. Em uma ocasião, ele incendiou uma mansão alugada, esperando com impaciência por um seguro inesperado que nunca chegou.

Quando ficou claro que os edifícios não tinham garantia de pagamento de suas apólices, Monson voltou sua atenção para os seres humanos. Em particular, ele conseguiu ser nomeado tutor de Hambrough, um jovem corpulento e talvez bastante confiável, não muito longe de sua maioridade, cujo pai tinha planos de enviá-lo para o Exército. Aos poucos, Monson planejou a partida de sua família e seu pupilo para Ardlamont House, na orla ocidental do continente escocês, e aqui os protagonistas chegaram em 1893, a tempo para a temporada de tiro. Em pouco tempo, Hambrough estava coberto por um seguro de vida generoso.

Um homem conhecido (apenas por pouco tempo) como sr. Scott entrou na história no início de agosto. Embora "Scott" afirmasse ser um técnico naval asmático, interessado em dar uma olhada nos motores com falha de ignição de um iate a vapor local, ele era conhecido na sociedade como Edward Sweeney, e na área profissional (como apostador), seu nome era Ted Davis. Na noite de quarta-feira, 9 de agosto, Monson e Hambrough partiram para o mar em um barco a remo emprestado, em cujo casco Scott havia introduzido, mais cedo, um tampão quebrado. O barco, em função disso, afundou; Monson — um bom nadador — salvou-se e deixou Hambrough para trás. O jovem lutou para chegar à costa (já que a embarcação não tinha ido muito longe antes de virar) e, pouco depois, sem qualquer recriminação, os aventureiros se secaram e retornaram.

A manhã de quinta-feira já surgiu pronta para iluminar o próximo atentado à vida de Hambrough. Desta vez, Monson, Scott e Hambrough saíram para atirar em coelhos — embora Scott estivesse desarmado — e, em pouco tempo, algo aconteceu. Um buraco foi aberto no crânio de Hambrough, atrás da orelha, e Monson e Scott o arrastaram para fora de uma vala na qual ele havia caído, apenas para descobrir que não havia mais sinal de vida. Scott, pelo visto sensível ao choque e à tristeza de seus anfitriões, deixou Ardlamont no mesmo dia, logo desaparecendo.

> **O seguro morreu de velho, de novo, de acidente, de tudo que é jeito.**

Aos poucos, a incapacidade de Monson de se ater a uma história coerente, combinada com sua ânsia de reivindicar o dinheiro do seguro de Hambrough, fez com que as suspeitas oficiais aumentassem. No começo, parecia concebível que os ferimentos fatais de Hambrough fossem autoinfligidos, mas logo ficou estabelecido que ele não havia sido baleado com sua própria arma — de calibre .20 — mas com a de Monson, de calibre .12. A vala em que ele supostamente havia caído estava coberta de vegetação, mas não havia marcas de que Hambrough tivesse deitado sobre a superfície, e o sangue que havia saído de seu ferimento acumulou-se na margem. Nenhuma queimadura foi encontrada ao redor do ferimento de Hambrough, o que sugere que o tiro foi disparado de uma distância fora do alcance da vítima; enquanto isso, três árvores que ficavam atrás da posição dele estavam todas marcadas por projéteis, bastante consistentes com o ângulo inferido do tiro fatal.

No julgamento de Monson em Edimburgo, partes das árvores acima mencionadas, transportadas para serem usadas como evidência, entre centenas de provas. Para a defesa, uma série de pontos foi levantada, desafiando a cena retratada pela acusação. Especialistas em armas de fogo testemunharam, conforme William Roughead resumiu, que "com uma arma, como com a Providência, nada é impossível". Talvez Hambrough tenha pego emprestado o revólver calibre .12 de Monson; talvez ele tenha escorregado e, percebendo que estava destinado a cair (desajeitadamente, quem sabe) na vala, tenha jogado a arma fora; talvez então ela tenha descarregado automaticamente; talvez tudo tenha sido um terrível acidente. Talvez Hambrough valesse mais para Monson vivo do que morto; em caso afirmativo, talvez não houvesse motivo financeiro envolvido. Sem dúvida, a presença de Scott no julgamento teria sido útil: ele devia ter muito a dizer sobre o que havia acontecido, mas como não foi localizado, sua versão dos acontecimentos não pôde ser apresentada. Após um processo de dez dias, o júri chegou a um veredicto de caso sem provas suficientes, em pouco mais de uma hora.

A consequência de tudo isso resultou em uma série de recursos aos tribunais. Todo mundo processou todo mundo; Monson recebeu uma indenização por danos quando Madame Tussaud exibiu sua efígie em cera. Ele enfim incendiou outro prédio e depois se envolveu em um esquema de extorsão, durante o qual ele e seus associados podem ter cometido um assassinato em Tânger, em Marrocos (a tentativa foi frustrada). Seus últimos anos são bastante obscuros, embora, devido à sua consciência tranquila, pareça justo dizer que eles podem muito bem ter sido tranquilos.

Leitura adicional | ROUGHEAD, W. "The Ardlamont Mystery" em *Classic Crimes*. Nova York: New York Review Books, 2000.

OLIVER, DICKENS E RATOS

BATEDORES DE CARTEIRA

NRAB

Comum até os dias de hoje, o roubo de carteiras permanece no imaginário como um crime tipicamente vitoriano, principalmente entre os leitores de Oliver Twist. Em geral, os batedores agiam em bando, em locais muito movimentados. Por exigir habilidade e não violência, os roubos aconteciam aos montes. Para se proteger, havia quem escondesse ratoeiras nos bolsos. O perigo era esquecer da armadilha.

As origens de Fagin — o mentor da (fictícia) gangue de batedores de carteira mais notória do período vitoriano — são mais ambíguas do que se pensava. A influência sobre Charles Dickens dos trabalhos criminosos altamente divulgados de Ikey Solomon, um receptor de bens roubados e batedor de carteiras cujos anos dourados ocorreram antes do reinado de Vitória, tem sido observada com regularidade; menos comumente reconhecida, mas ganhando terreno, está uma interpretação engenhosa, situando a fonte mais perto de casa. A mãe de Dickens tinha um cunhado cujo primo por casamento — Henry Worms — foi enviado para a Austrália em 1825 por receptação de bens roubados.

Solomon, ao que parece, era conhecido como um "explorador de crianças", obtendo butim com a ajuda de um pequeno exército de batedores de carteira juvenis. Esse exército de órfãos de rua e crianças cujos pais não conseguiam sustentá-los, era enorme e tinha vantagens que os adultos não tinham mais. Eles podiam ser ágeis e velozes, contorcer-se em pequenos espaços, desaparecer nas multidões; e muitas vezes, sem dúvida, eles estavam ansiosos para aprender. Dois anos antes de seu desterro, Henry

Worms havia sido absolvido de uma acusação semelhante em Old Bailey, e o autor da ação, o verdureiro Samuel Bye, cuja mercadoria roubada fora localizada no quintal de Worms, disse-lhe que ele "deveria buscar ser algo mais que um ladrão".

No entanto, o ato de roubar itens do corpo de uma pessoa sem que ela percebesse era uma versão refinada do furto comum, e um apelo contínuo para homens que não desejavam correr o risco de violência pessoal e mulheres que lutavam contra a disparidade salarial. Uma das criminosas mais bem-sucedidas da época, Mary Anne Duignan, conhecida como "Chicago May", era também conhecida na Grã-Bretanha, França e Estados Unidos como a Rainha dos Trapaceiros, com furtos de carteira sendo sua especialidade.

Muitas mulheres operavam sozinhas, às vezes juntando esse tipo de roubo com prostituição e despojando cavalheiros de seus livros de bolso, uma vez que eles próprios se despojavam de suas roupas. Outras aproveitariam a conformidade de seus alvos com as expectativas sociais específicas de gênero. Muitos cavalheiros desavisados ajudavam uma senhora que tinha acabado de "tropeçar" nas escadas do lado de fora da biblioteca local, mas, pouco tempo depois, acabavam descobrindo que seus relógios de bolso haviam desaparecido de forma misteriosa.

Ao contrário das mulheres, os homens batedores de carteira quase sempre operavam em gangues e em meio a multidões, e eventos como corridas de cavalos eram alvos específicos. A polícia costumava enviar homens uniformizados às pistas de corrida como um impedimento visual para batedores de carteira, e detetives apareciam disfarçados com a intenção de capturar os infratores em flagrante. O grande detetive de Manchester Jerome Caminada conta uma história maravilhosa de como, vestido de operário, conseguiu capturar uma gangue de batedores de carteira em uma corrida de cavalos; uma das vítimas era seu superior, o chefe da polícia.

> **Melhor mesmo era esquecer a carteira em casa.**

Para neutralizar essa ameaça social, o público passou a colocar alguns dispositivos perigosos em seus bolsos, sobretudo ratoeiras; isso poderia resultar em acidentes desagradáveis quando as pessoas esqueciam o que tinham no bolso. O fato de que um batedor de carteira muitas vezes trabalhava às cegas, com o alvo muitas vezes desconhecido, significava que esse tipo de roubo era imprevisível e, por isso, os batedores de carteira costumavam cometer vários crimes de uma só vez. E embora a frequência dessas ações tenha diminuído desde a era vitoriana (assim como as penas para os condenados), continua sendo uma ofensa constante nos dias de hoje, um vínculo indesejado com a era de Fagin e Ikey.

GAROTOS PROBLEMA

CHARLES DOBELL & WILLIAM GOWER

TNB

1871—1889 & 1870—1889

Dois adolescentes planejaram a morte do maquinista Bensley Lawrence, por motivo torpe. Os cúmplices, Charles e William, tiraram a sorte no cara e coroa para decidir quem puxaria o gatilho. Por dois meses, o caso parecia sem solução, mas uma carta anônima levou a polícia até os dois. O caso levantou a discussão sobre censura em publicações populares como os "penny dreadfuls", que serviriam de má influência para jovens.

Em 12 de novembro de 1888, o honorável membro do parlamento Louis Jennings levantou-se na Câmara dos Comuns e fez uma pergunta a seu colega conservador, o ministro do Interior, Henry Matthews. Será que o governo, Jennings questionou, estaria tomando medidas para lidar com a disseminação de publicações sensacionalistas — entre elas, as populares "penny dreadfuls" — que ele afirmou terem levado a um recente assassinato em Tunbridge Wells, junto de "tantos outros crimes"?

Hoje, a pergunta de Jennings é raramente (ou nunca) lembrada em tratados sobre literatura popular vitoriana. Na época, porém, foi considerada um ponto sério. Matthews garantiu a Jennings que o governo estava preparado para "tomar todas as medidas permitidas pela lei" a fim de resolver o problema.

O assassinato em Tunbridge Wells, ao qual Jennings se referiu, também caiu na obscuridade. Considerando que Jennings falara isso apenas três dias depois da descoberta do corpo de Mary Jane Kelly, o mais horrível dos assassinatos de Jack, o Estripador, talvez isso fosse esperado. No entanto, vale a pena contar a história.

Por volta das 21h45 do dia 20 de julho de 1888, uma figura apareceu na porta da residência localizada na Tunnel Road, 64, em Tunbridge Wells.

Na casa moravam Bensley Lawrence, sua esposa Maria e os três mais novos de seus seis filhos. Bensley era um maquinista na Baltic Saw Mills da cidade, e o interlocutor disse a ele que o gerente das fábricas queria encontrá-lo em uma taberna.

Contra o conselho de sua esposa, Lawrence vagou noite adentro. Pouco mais de uma hora depois, um tiro foi ouvido. Dois vizinhos dirigiram-se ao pátio de madeira das fábricas próximas, onde fizeram uma descoberta terrível. Lawrence estava ferido, com um único ferimento à bala na têmpora esquerda. Ele recusou um copo de água, mas afirmou querer contar à esposa o que havia acontecido. Ele foi levado de volta para sua casa, ainda vivo, e depois transportado para o hospital local. Ele entrou em coma logo depois e foi declarado morto na tarde seguinte.

Lawrence não conseguiu identificar seu agressor, e as testemunhas foram escassas. A única pista real parecia vir de dois jovens, Arthur Shoebridge e Frank Hemsley, que relataram ter visto duas pessoas paradas no depósito de madeira pouco antes das 21h40, até que um deles começou a se dirigir para a Tunnel Road.

A pista esfriou bem rápido, apesar de uma boa investigação policial e uma recompensa de 100 libras, oferecida pelos ex-empregadores de Lawrence; entretanto, as notícias do East End de Londres começaram a dominar a imaginação popular. Em 27 de setembro, no entanto, uma pista chegou na forma de uma carta entregue aos escritórios do *Tunbridge Wells Advertiser*.

Tudo começou com certa gentileza. "Prezado senhor, dois meses já se passaram, atrevo-me a pedir-lhe que tenha a amabilidade de me conceder um pequeno espaço em seu valioso jornal para alguns fatos a respeito da morte do falecido sr. Lawrence." No entanto, o tom logo se tornou mais próximo da literatura sensacionalista que logo ocuparia a mente de Louis Jennings. "Bang! E mais uma vez Tunbridge Wells foi surpreendido por outro mistério [sic] que provavelmente nunca será descoberto." A carta, que também mostrou uma curiosa preocupação com as minúcias do depoimento de Maria Lawrence no inquérito, foi assinada por "Outro Assassino de Whitechapel".

A polícia considerou a missiva uma farsa, mas o castelo de cartas estava caindo e, quinze dias depois, o autor da correspondência foi identificado. Dois adolescentes locais — William Gower, de 18 anos, e Charles Dobell, de 17 — adquiriram recentemente o hábito de comparecer às reuniões do Exército de Salvação e, em 11 de outubro, ambos "se aproximaram da mesa principal" ao final da missa para oferecerem suas almas a Deus. Gower, porém, nas palavras do capitão presidente, parecia ter algo em mente.

No dia seguinte, Gower visitou o capitão em casa e logo confessou que ele e Dobell haviam sido responsáveis pelo assassinato de Bensley Lawrence, além de uma série de incêndios criminosos recentes e pelo menos um assalto na cidade. Também se falava que eles haviam começado a planejar um segundo assassinato.

A dupla foi presa e, em dezembro, seguiu-se um rápido julgamento. Tanto Gower quanto Dobell se declararam inocentes, e a confissão franca de Gower, pelo visto, esquecida. A mãe e a irmã de Gower contribuíram com a defesa, alegando que ele estava em sua cama, em casa, às 22h. Dobell foi identificado como o réu por trás do tiro fatal: de acordo com o capitão, Gower havia dito que essa função era atribuída por meio do lançamento de uma moeda ou sorteio.

Dobell também se revelou o autor da carta anônima, bem como o interlocutor na porta da Tunnel Road, 64, ao continuar a reclamar da exatidão das provas que Maria Lawrence fornecera no inquérito. A arma do crime estava localizada na casa de Dobell, trancada em uma gaiola de coelho em um galpão.

Um motivo enfim foi encontrado para o que parecia um crime sem qualquer sentido. Gower, um colega de Lawrence na Baltic Saw Mills, ficou zangado com Lawrence pelas multas impostas por atrasos, que caíram sob a responsabilidade do maquinista. De alguma forma, ele convenceu Dobell — seu amigo inseparável desde as missas da escola dominical de infância — de que Lawrence era "contra os trabalhadores" e que precisavam ir em busca de vingança.

> **Podia dar cara, podia dar coroa, mas com certeza ia dar em morte.**

Mas por que Dobell concordaria em atirar em um homem contra quem ele não guardava rancor — na verdade, um homem que ele nem conhecia? Foi uma pergunta que o capitão também fez. A resposta, nas palavras de Gower, foi: "Ele é meu companheiro e é um amigo leal".

Apesar dos pedidos de misericórdia por conta de serem jovens, Gower e Dobell foram condenados à morte após uma deliberação do júri que durou vinte minutos. Uma petição subsequente para comutar suas sentenças falhou, embora tenha atraído mais de 2 mil assinaturas, bem como o apoio do capitão do Exército de Salvação mencionado anteriormente.

Às 8h de 2 de janeiro de 1889, Gower e Dobell foram, na expressão legal da época, "enforcados pelo pescoço até a morte" na Prisão de Maidstone. Seu carrasco foi James Berry — por fim, eles conheceram uma das figuras notórias das histórias populares de crimes da Grã-Bretanha no final do período vitoriano.

Ele não teria sabido à época, é claro, mas o próprio Dobell também entraria na história dos crimes reais como a última pessoa com menos de dezoito anos a ser executada no Reino Unido.

Leitura adicional | INGLETON, R. *Kent Murder and Mayhem*. Barnsley: Wharncliffe Books, 2008.
JOHNSON, W.H. *Kent Murder Casebook*. Newbury: Countryside Books, 1998.

LADRÃO DE VIOLINOS

CHARLES FREDERICK PEACE

MWO

1832—1879

Charles Peace foi um dos mais notórios bandidos da era vitoriana. Ladrão de casas, tinha um apreço especial por violinos — e pouco espaço para guardá-los. Matou um guarda em Manchester, mas outro homem levou a culpa por ele. Matou o marido de uma mulher por quem se apaixonou, fugiu pra Londres e mudou de identidade, mas não de hábitos. Atirou em um policial e finalmente foi preso. Terminou seus dias na forca, mas sua fama perdurou por um bom tempo.

Charley Peace foi um famoso e peculiar exemplo do mundo do crime vitoriano. Uma figura lasciva e, ao mesmo tempo, sujeito de lascívia popular, foi descrito, com certa razão, como "nosso herói cívico" por um jornal de Sheffield (observação feita em um local seguro, setenta anos após a execução de Peace na Prisão de Armley, no final da corda implacável de Marwood). Hoje à sombra de outros criminosos, teve seu simbolismo usurpado por Jack, o Estripador e sua história esquecida.

Daremos aqui um simples esboço. No fundo, Peace era um ladrão prolífico, mas inclinado a portar armas; embora seu sucesso fosse quase incomparável (tinha o hábito de privar as melhores casas de seus melhores ornamentos), tiroteios ocasionais o ajudaram a escapar de pepinos. No exemplo mais notório, Peace atirou e matou um policial chamado Cock em Whalley Range, perto de Manchester, em 1876. As autoridades localizaram um suspeito, mas o homem, William Habron, trabalhador irlandês com um histórico de rancor contra Cock, era inocente. Peace sentou-se na galeria pública no julgamento de Habron, observando enquanto a defesa do caso sucumbia às evidências circunstanciais. Habron foi condenado à morte, mas sua sentença depois foi comutada para prisão perpétua pelo ministro do Interior. Apenas três anos depois, o verdadeiro agressor admitiu sua culpa em uma confissão semianalfabeta: "Este homem é inocente. Eu cumpri meu dever e deixei o resto para você".

Exibições voyeurísticas desse tipo lançam um pouco de luz sobre o caráter incomum de Peace. Ele podia ser charmoso, afável, divertido, engenhoso, musical: sempre se sentia atraído pelas curvas de um violino, a ponto de, a certa altura, dizem, ter tantos instrumentos roubados em seu poder que ficou sem quarto em sua casa e foi compelido a pedir ao vizinho que cuidasse de alguns deles. Ele exibia uma paixão convencional pela religião. Tinha o talento para mudar sua aparência e afirmava que podia ir à Scotland Yard, espiar os cartazes de *procurado* que o descreviam e sair sem atrair a suspeita dos oficiais de serviço. Ele assumiu um papel metanarratológico pós-moderno em sua própria história, presente para sua própria satisfação ilimitada quando o mundo ao seu redor acreditava que ele estava ausente.

Aos poucos, os apetites obsessivos de Peace o alcançaram. Em Sheffield, ele ficou encantado com uma mulher casada, Katherine Dyson, e atirou no marido dela. Feito isso, fugiu para Londres, adotou o nome de Thompson e voltou a roubar. Certa noite, quando foi emboscado enquanto fugia de uma propriedade em Blackheath, ele atirou em um policial e teve a sorte de não o matar. Apreendido e detido sob o nome de John Ward, Peace foi condenado por tantas acusações quanto se poderia imaginar, mas nenhuma de suas ofensas no incidente de Blackheath foram crimes capitais. A prisão perpétua, portanto, acenou, e apenas quando sua identidade como o assassino de Dyson foi descoberta, ele foi transferido para seu julgamento em Yorkshire. No caminho, apesar de acompanhado no trem por dois policiais, Peace tentou escapar pulando pela janela do vagão. Ele havia induzido seus acompanhantes a virarem as costas enquanto evacuava em um saco de papel. Eles o recapturaram logo depois.

Vale a pena assistir The *Case of Charles Peace*, uma filme de 1949 baseado nesta história, — boas atuações, sotaques muito erráticos e uma visão moral um tanto confusa, em que a supremacia da justiça britânica é aparentemente feita para ser a lição, mas o único personagem interessante de verdade é, de forma bem contraditória, o próprio Peace. É difícil não sentir que, com a morte da triste Dyson, o Charley Peace interpretado por Michael Martin-Harvey fez um favor a Katherine interpretada por Chili Bouchier. Nem a morte pôs fim à capacidade multifacetada que Peace tinha de assumir formas novas e diferentes. Conta-se que, para um almoço literário sobre o tema do crime, a srta. Christine Foyle (da família dos livreiros) "pegou emprestado do Museu Madame Tussaud uma efígie de Charles Peace e colocou-a ao lado do orador principal. Foi um grande sucesso, exceto que uma mulher foi até o manequim e tentou apertar-lhe a mão com a impressão de que aquilo era um secretário de Estado escocês".

Leitura adicional | ALTICK, R.D. *Victorian Studies in Scarlet*. Nova York: W.W. Norton, 1970.

A MUSA E O CÃO SILENCIOSO

CHARLES JOHN HUFFAM DICKENS

TNB

1812—1870

O maior autor da era vitoriana teria se inspirado no assassinato de uma prostituta londrina para escrever a personagem Nancy, de seu romance Oliver Twist. *Existem semelhanças. A vítima real, Eliza Grimwood, também parece servir de base para um conto de Sherlock Holmes assinado por Arthur Conan Doyle.*

"De todas as más ações que, sob o manto da escuridão, foram cometidas nas entranhas de Londres quando a noite caía sobre si", escreveu o romancista Charles Dickens, em algum momento de 1838, "essa foi a pior".

O feito em questão foi o assassinato de Nancy, uma ladra experiente e provável prostituta, pelas mãos (ou melhor, por uma coronhada de pistola) de seu ex-amante, Bill Sikes. A má ação ocorre no capítulo 47 do segundo romance de Dickens, *Oliver Twist*, ou, para dar o título completo, *Oliver Twist; ou, The Parish Boy's Progress*. Dickens tinha bons motivos para ser solidário com a causa dos tais "meninos das paróquias". Embora nunca tenha sofrido a indignidade da vida dentro de um asilo paroquial, ele sem dúvida chegou perto.

Ex-funcionário da Marinha, o pai de Dickens foi preso por dívidas durante três meses em 1824, período no qual Charles, de doze anos, foi forçado a cuidar de si mesmo, de sua mãe e irmãos mais novos, também sendo enviado para morar com seu pai na Prisão de Marshalsea, em Southwark. Charles se hospedou primeiro em Camden e depois perto da própria prisão, e ganhava seu sustento trabalhando em uma fábrica de engraxate, cargo que ocupara no ano anterior, aos onze anos.

Hoje, Charles Dickens é lembrado quase no mundo inteiro como o maior romancista do período vitoriano, bem como um cronista surpreendente das questões sociais da época. O que Dickens raramente é considerado, entretanto, é um escritor de ficção policial.

É a morte de Nancy em *Oliver Twist* — um romance já repleto de descrições de roubo, sequestro e fraude — o que melhor ilustra o fascínio que os crimes reais exerciam sobre Dickens, que também era um apoiador entusiástico da polícia britânica. Na verdade, recentemente foi sugerido que a inspiração por trás da morte de Nancy veio de um assassinato real. Em 1838, embora engajado (de maneira frenética, segundo todos os relatos) na escrita de *Oliver Twist*, Dickens pode ter tido conhecimento de um assassinato sensacional que ocorreu a uma curta caminhada de seus aposentos de infância em Southwark.

Em 26 de maio de 1838, o corpo de uma mulher foi descoberto em seu quarto no primeiro andar de uma casa na Waterloo Road, Lambeth. A vítima, que usava o local como base para a prostituição e como moradia, foi esfaqueada várias vezes; a causa da morte seria dada como perda de sangue por um ferimento grave na garganta. Alguns relatos até sugeriram que seu assassino tentou decapitá-la.

A mulher foi identificada como Eliza Grimwood, e o homem que fez a descoberta, pelo menos no que dizia respeito a seu próprio relato, foi William Hubbard — seu cafetão, também descrito de várias maneiras como seu primo e amante.

Uma cronologia de eventos logo surgiu. Uma discussão foi ouvida no quarto de Grimwood durante as primeiras horas da manhã, seguida por passos apressados na escada adjacente. Alguns repórteres alegaram que foi Hubbard quem ouviu a confusão, enquanto outros afirmaram que era uma colega prostituta e seu cliente (os dois relatos não sendo necessariamente exclusivos).

A propósito, *Oliver Twist* não é o único paralelo entre a morte de Grimwood e a literatura vitoriana: durante a investigação, uma pista que foi considerada importante (e que contribuiu para a suspeita contra Hubbard) foi que seu cão, que parecia bastante "feroz", não latiu, sugerindo que quem quer que tivesse entrado em seu quarto não era um estranho. Arthur Conan Doyle empregaria esse mesmo dispositivo na história de Sherlock Holmes "A estrela de prata", publicada em 1892.

Apesar de uma investigação completa, o assassino de Eliza nunca foi identificado. Diz-se que Hubbard viajou para começar uma nova vida na América algum tempo depois. Outros suspeitos incluíam um cliente que Grimwood conheceu na noite antes de sua morte, descrito como tendo "aparência de um estrangeiro"; o motorista de táxi que havia conduzido a dupla de seu ponto de encontro para a Waterloo Road; e um cliente regular, conhecido pelo divertido pseudônimo de "Don Whiskerandoes", o aparente proprietário de um par de luvas vistosas que foram descobertas na cena do crime. Mais tarde, o escritor Barnard Gregory publicaria sua teoria de que o culpado havia sido o duque de Brunswick, uma afirmação que levou o próprio Gregory à prisão por difamação.

Sete meses depois que Grimwood foi enterrado em uma sepultura sem identificação, na mesma estrada onde ela deu seu último suspiro, a morte de Nancy foi publicada pela primeira vez. Esse continua a ser o mais próximo que ela teve de um memorial, embora os ecos dela ocorram vagamente nos trabalhos posteriores de Dickens. Ele imortalizaria um dos detetives que investigaram o assassinato de Grimwood — o inspetor Charles Field — em um artigo de 1850 para a *Household Words*, e Field é considerado o grande modelo para o inspetor Bucket em *A casa soturna*.

Charles Dickens morreu em 1870, aos 58 anos, deixando sua obra final, *O mistério de Edwin Drood*, seis partes antes da conclusão. O romance, que seria a primeira incursão verdadeira de Dickens na ficção policial, girava em torno do desaparecimento do homônimo Edwin, mas tornou-se, talvez, o maior romance policial vitoriano de todos, no qual até mesmo o leitor fica se perguntando que solução o próprio autor tinha em mente.

Leitura adicional | COLLINS, P. *Dickens and Crime*. Londres: Macmillan, 1962. GOWERS, R. *The Twisted Heart*. Edimburgo: Canongate Books, 2009.

BELEZA ROUBADA

CHARLOTTE DYMOND

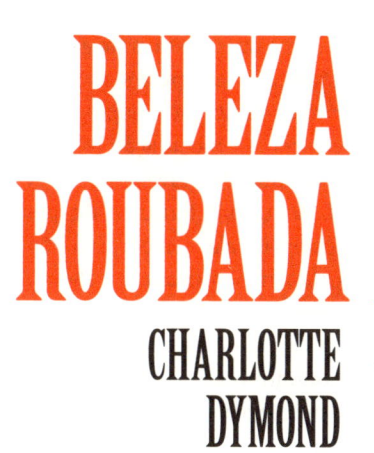

MWO

c. 1826—1844

Vítima de feminicídio, a adolescente Charlotte Dymond foi morta por um empregado que trabalhava na mesma fazenda que ela, na região da Cornualha. Matthew Weeks, o assassino, teria agido por ciúmes. Ele e Charlotte saíram para um passeio, mas apenas ele voltou. Suas desculpas sobre o paradeiro da moça não colaram, e ele acabaria enforcado. No local onde o corpo dela foi encontrado, existe até hoje um monumento em sua homenagem.

Vítima do principal ataque fatal da Cornualha, Charlotte Dymond tinha dezoito anos na época de sua morte — embora algumas fontes digam que tinha dezesseis — e trabalhava como empregada doméstica na Fazenda Penhale, aos pés de Bodmin Moor. Avaliações póstumas de seu cintilante perfil local talvez tenham exagerado no caso, mas geralmente sugere-se que ela era atraente, tinha plena consciência disso e sempre ficava satisfeita em receber a atenção de outras pessoas.

Matthew Weeks foi um dos que caíram no feitiço de Charlotte. Um empregado de fazenda de 22 anos de idade, com cicatrizes de varíola, manco e analfabeto, em geral, não combinava com romances competitivos, e era atormentado por inseguranças. Quando ele reagiu com ciúme e possessividade às provocantes histórias dela sobre grande apreciação masculina, soou como um mau presságio, mas dificilmente esmaeceu seu ardor. De sua parte, Charlotte parecia brincar com o coração de Matthew, irradiando intimidade em um dia e indiferença no outro.

Na tarde de domingo, 14 de abril de 1844, Matthew e Charlotte deixaram a casa da fazenda em direção à charneca, pelo visto apenas para dar um passeio, apesar do céu nublado e do tempo chuvoso. O humor de Matthew também havia piorado: ele teve uma discussão com um certo Thomas Prout, que nos últimos tempos (e de forma escancarada) resolvera virar a cabeça de Charlotte; e ele havia sido visto afiando uma navalha, embora seu queixo estivesse coberto por uma barba de pelo menos três semanas de crescimento.

Muito depois do anoitecer, Matthew voltou para a fazenda Penhale. Charlotte não. Ele passou os próximos dias se desviando das perguntas dos outros habitantes da fazenda, dizendo que Charlotte tinha ido trabalhar em Blisland, do outro lado da charneca. Percebeu-se também que sua camisa estava rasgada e com um botão faltando. Em 19 de abril, quando um porco estava para ser abatido, ele pediu para realizar a tarefa e fez um trabalho muito bagunçado, sujando suas roupas com sangue. Dois dias depois, em meio à crescente especulação local, ele deixou a fazenda, mancando na direção da casa de sua mãe em Larrick.

Embora fosse tarde demais, decidiram buscar por Charlotte, de quem não se ouviu mais falar. Nove dias após a última aparição dela, seu corpo foi encontrado no canal do rio Alan, com a garganta estraçalhada. Seguiram Matthew Weeks até a casa de sua irmã, em Plymouth, onde ele fez a volta pelo Tamar e seguiu caminho até Devon. Ele foi acusado de assassinato e levado de volta para Cornualha.

Seu julgamento, antes de Sir John Patteson, foi realizado em Bodmin em 2 de agosto de 1844. Em voz baixa, ele se declarou inocente no tribunal de teto alto — intrigando os observadores que não conseguiam decidir se seu comportamento era de um terror petrificante ou ausência de remorso. Aos poucos, as evidências contra ele, organizadas pelo cortês conselheiro da rainha Alexander Cockburn, fundiram-se em uma narrativa irrefutável. O caso para a defesa, instado com relutância por Frederick Slade (um advogado de pouca reputação comparativa), não começou até quase 19h e, como Matthew não tinha testemunhas de sua versão dos acontecimentos, durou uma hora. O juiz concluía o caso antes das 20h; o júri saiu pouco antes das 22h e voltou pouco mais de meia hora depois. Mateus foi considerado culpado e condenado à morte; ele foi enforcado na Prisão de Bodmin, em frente a uma multidão de 20 mil pessoas — quase cinco vezes a população da cidade — em 12 de agosto de 1844.

A curta vida e a morte solitária de Charlotte Dymond são homenageadas por um monumento de pedra, erguido em Roughtor, a poucos passos do curso do rio em que seu corpo foi descoberto. Como outros neste livro, ela sobrevive como um fantasma, "caminhando nos pântanos selvagens perto do riacho", de acordo com James Turner, cuja breve descrição do caso é escrita de maneira bastante doce, mas não muito confiável. A monografia de Pat Munn, publicada originalmente na década de 1970 e desde então reimpressa em memória do autor, permanece como relato definitivo, embora ela chegue a conclusões improváveis para qualquer pessoa.

Leitura adicional | MUNN, P. *The Charlotte Dymond Murder*. Bodmin: Bodmin Books Limited, 1978; Bodmin Town Museum, 2010.
TURNER, J. *Ghosts in the South West*. Newton Abbot: David & Charles, 1973.

SEM PERDÃO

CHRISTIAN SATTLER

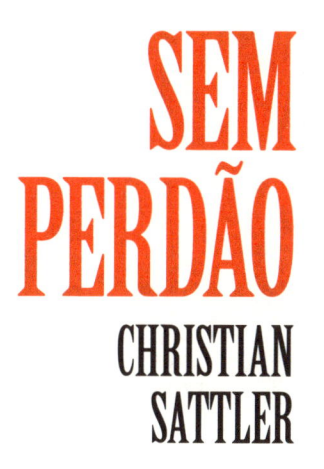

NRAB

c. 1821—1858

O francês Christian Sattler passou a vida cometendo pequenos crimes em toda a Europa. Foi preso na Inglaterra, mas não se redimiu. Pouco tempo após ser liberado, roubou um corretor da bolsa de Londres. As notas eram marcadas, e ele foi logo identificado. Fugiu para a Alemanha, mas foi interceptado pelo detetive inglês Charles Thain. Na viagem de navio de volta à Inglaterra, Sattler conseguiu atirar no detetive, mesmo estando algemado. Foi condenado à execução por roubo e assassinato.

Christian Sattler era um criminoso incorrigível. O francês teve uma breve carreira no Exército alemão, mas preferiu uma vida de fora da lei, cometendo crimes por toda a Europa continental e continuando sem interrupção após sua chegada à Inglaterra em meados da década de 1850. Foi enquanto ele estava na Prisão de Wisbech, sob prisão preventiva por pequeno furto, que Sattler deu atenção para suas aspirações assassinas, algum tempo antes de colocar suas ideias em prática.

Sattler foi considerado culpado de roubo e condenado à prisão em 29 de julho de 1857. O carcereiro — chefe de Wisbech, Benjamin Eason, aconselhou-o a "se esforçar para obter um meio de vida honesto" e afirmou que "o bom povo cristão da Inglaterra não permitiria que ele morresse de fome se não conseguisse encontrar trabalho". As palavras de Eason foram desperdiçadas, no entanto: libertado após cumprir sua pena, o ladrão voltou direto para seu estilo de vida criminoso e, em 2 de novembro de 1857, cinco dias após sua libertação, Sattler se viu entrando furtivamente em um quarto do Golden Lion Hotel, St. Ives, Huntingdonshire. Ele descobriu no chão uma sacola contendo 234 libras em notas marcadas e a roubou, junto de algumas roupas. O ocupante do quarto, sr. Arthur Ballantine (um corretor da bolsa de Londres), sentindo falta de sua propriedade ao retornar, notificou a polícia, e uma rápida verificação nos registros do hotel mostrou que o último hóspede a fazer checkout foi um certo sr. Christian Sattler. A perseguição começou.

No dia seguinte, o agenciador de penhores de Cambridge, Robert Cole, recebeu um telefonema às 11h de um homem que prometeu 5 xelins por um casaco. O homem voltou às 13h e se ofereceu para comprar um relógio de 6 guinéus com uma nota de 20 libras. Cole, um agiota experiente, ficou desconfiado, mas tratou com o homem, que entregou o dinheiro. Antes de dar o troco, Cole secretamente enviou seu vendedor ao banco local para que a nota fosse examinada. Enquanto esperava, ele observou que o homem parecia estar carregando uma grande quantidade de dinheiro, ao que a resposta foi que ele o havia recebido de seu pai em Glasgow. O garoto voltou do banco com notícia positiva e, não encontrando nenhuma razão para deter o homem por mais tempo, Cole concluiu a transação e o mandou embora. No entanto, ele logo amaldiçoou sua decisão quando as notícias chegaram até ele, por meio da polícia local, sobre um roubo de grande quantia de dinheiro em notas marcadas no Golden Lion Hotel. Cole logo contou à polícia sobre seu cliente comprador de relógios, e eles, por sua vez, notificaram os especialistas em crimes financeiros, a Polícia da Cidade de Londres.

Dois detetives foram indicados para o caso, William Jarvis e Charles Thain. Eles rastrearam Sattler até Londres depois que uma camareira em um alojamento na Gracechurch Street encontrou uma camisa que Ballantine reconheceu como sua. Mas Sattler já havia fugido da capital e estava a caminho de Hamburgo, na Alemanha. Thain saiu em perseguição enquanto seu colega, Jarvis, permaneceu em Londres para continuar a investigação. Por fim, o detetive Thain encontrou seu homem na Alemanha, efetuou a prisão e fez planos para trazê-lo de volta à Inglaterra para que enfrentasse as acusações. Ele conseguiu uma passagem para ele e seu prisioneiro a bordo do *Caledonia*, onde os dois deveriam dividir uma cabine para a viagem de volta à Inglaterra. Sattler, algemado, reclamava a todo instante, embora de acordo com o depoimento de alguns marinheiros fosse bem cuidado pelo detetive. Durante a viagem, Thain explicou que libertaria Sattler de suas amarras assim que estivesse em segurança sob custódia na Inglaterra.

Pouco mais de um dia de viagem, por volta das 16h, três tiros foram disparados da cabine de Thain. O marinheiro Stephen Robertson foi o primeiro a chegar ao local e, quando a fumaça se dissipou, ele viu Sattler montado em um baú de madeira com o detetive Thain de pé sobre ele, uma das mãos sobre o detido, a outra segurando o próprio peito. "O prisioneiro atirou em mim!", exclamou Thain. Robertson apreendeu Sattler e prendeu a pistola, que era de Sattler, e que Thain havia trancado no porta-malas no início da viagem. Sattler conseguiu arrombar o porta-malas, carregar a pistola e disparar — um feito impressionante para um homem algemado. Thain explicou que havia trancado o prisioneiro na cabine para usar o banheiro e voltou para encontrar Sattler armado e pronto para atirar. Quanto a Sattler, ele alegou que Thain havia quebrado uma promessa, recusando-se a libertá-lo de suas algemas, embora ele não estivesse se sentindo bem, e que, portanto, sentiu-se justificado em seu ato.

Toda a tripulação desejou linchar Sattler, mas a ordem foi restaurada e o prisioneiro foi mantido na cabine de proa enquanto Thain, muito mal, foi amparado pelo restante da viagem. Assim que o *Caledonia* atracou em Londres, Sattler foi levado sob custódia para a estação Bow Lane, enquanto Thain foi conduzido ao Guy's Hospital, onde sucumbiu aos ferimentos em 4 de dezembro de 1857.

Sattler foi julgado em Old Bailey no mês seguinte e considerado culpado de assassinato. Ele foi enforcado diante de uma pequena multidão na Prisão de Newgate, em 8 de fevereiro de 1858, tendo sido levado para a forca chorando e implorando por misericórdia. É preciso lembrar o conselho de Benjamin Eason a Sattler, meses antes do início desses eventos, quando ele lhe disse que o bom povo cristão da Inglaterra não permitiria que ele morresse de fome. Sabe qual foi a inabalável resposta de Sattler para Eason? "Este não é um país cristão, não vou pedir misericórdia; se eu não conseguir um emprego, vou roubar, vou assaltar e se alguém tentar me pegar ou me impedir, vou atirar nele como se fosse um cachorro."

Leitura adicional | WADE, S. *Square Mile Bobbies: The City of London Police 1839—1949*. Stroud: The History Press, 2008.

DE BOM, NÃO TINHA NADA

DANIEL GOOD

1792—1842

Ninguém desconfiava do que aquele senhor era capaz de fazer. A polícia foi investigar o roubo de um par de calças, e descobriu um segredo muito mais sinistro. Daniel Good conseguiu escapar, mas agora era procurado por assassinato. Mau, Daniel, mau.

NRAB

Ele é irlandês, cerca de 46 anos, 1,71 metro, pele escura, cabelo preto, traços afilados e calvo; empertigado; vestia sobretudo preto, calça simples, polainas e chapéu preto.

É o que diz um trecho do pôster de *procurado* do assassino Daniel Good, cujo crime foi o catalisador para a criação do mundialmente famoso Departamento de Detetives da Polícia Metropolitana.

A ofensa de Good foi brutal e horrível. No entanto, a cadeia de eventos que levou ao seu enforcamento começou em circunstâncias quase triviais. Em 7 de abril de 1842, Good, um cocheiro que trabalhava para uma família de Putney, puxou sua carruagem de pônei até a porta da casa de penhor Columbine na Wandsworth High Street, Londres. Ele pediu para olhar um par de calças de montaria, que logo foi entregue a ele. Good pechinchou com Columbine, e os dois chegaram a um acordo. Como Good era do conhecimento do penhorista, Columbine aceitou a proposta. No entanto, ao sair, Good pegou outro par de calças e escondeu-as sob o sobretudo, um ato visto pelo vendedor de Columbine. O menino deu o alarme e ele saiu da loja em busca do cocheiro, que já havia subido na carruagem, preparando-se para partir. Columbine desafiou Good, mas, em vez de abrir o casaco para provar que o rapaz estava mentindo, ele apenas negou a acusação e foi embora.

O incidente foi relatado ao policial v279 William Gardiner, da Divisão Wandsworth. Depois que o policial Gardiner obteve o lado da história de Columbine, ele, junto do menino e outro vendedor da mercearia vizinha, dirigiu-se a uma propriedade agrícola em Roehampton Lane, propriedade de um tal senhor Shiell. As investigações iniciais na residência Shiell mostraram que Good não estava lá; os três aventureiros avançaram com cuidado para examinar o próximo edifício da propriedade, uma casa de fazenda. Para não alarmar Good, o policial Gardiner instruiu Speed, o filho do dono da mercearia, a tocar a campainha enquanto ele ficava parado nas sombras e observava. Speed fez isso, e o ocupante da casa da fazenda abriu a porta. Speed pediu para falar com Good; o homem disse que se chamada Good; e o policial Gardiner deu um passo à frente e explicou sua razão de estar ali. Good negou o roubo das calças e afirmou que acompanharia o policial a casa de penhor, onde poderiam resolver o assunto. Gardiner concordou, mas, à procura de evidências incriminatórias, disse a Good que primeiro deveria examinar sua carruagem.

Os quatro homens foram até a cocheira onde a carruagem estava guardada. Gardiner não encontrou nada de valor. Imperturbável, o policial dirigiu-se para o próximo conjunto de estábulos para continuar sua busca. No entanto, ao chegar à porta do estábulo, Good imediatamente saltou entre a soleira e Gardiner, exclamando: "É melhor irmos a Wandsworth e resolver o assunto". Foi nesse momento que o oficial de justiça do sr. Sheill, um tal sr. Oughton, que morava perto dos estábulos, saiu para ver o que estava acontecendo. O policial informou Oughton sobre a situação e, apesar de expressar sua surpresa sobre Good fazer tal coisa, Oughton concordou que uma busca nos estábulos se fazia necessária. Assim, o policial entrou no estábulo, instruindo todos a permanecerem ao lado de Good antes da revista, acrescentando que deveriam estar preparados para prender o cocheiro, se necessário.

Quando eles entraram no estábulo com Gardiner à frente, Good ficava cada vez mais agitado e expressava a todo instante seu desejo de ir a Wandsworth para que o assunto fosse resolvido. Sem hesitar — e sem dúvida de que estava no caminho certo —, o policial continuou sua busca no estábulo, apertando o feno solto. De repente, alarmado, Gardiner exclamou: "Meu Deus! O que é isso?". Primeiro, ele pensou ter encontrado a carcaça de um ganso, depois um porco morto; enquanto Gardiner e o restante do grupo tentavam entender o que estavam vendo, Good se soltou, correu para a porta do estábulo, fechou-a e, trancando todos lá dentro, escapou. Os homens presos tentaram sem sucesso forçar a abertura da porta com uma forquilha e então voltaram para a descoberta macabra. Foi o vendedor de Columbine que fez a identificação correta, exclamando: "Oh meu Deus é um ser humano".

Na verdade, o que eles encontraram foi o tronco mutilado de Jane Jones, uma mulher que às vezes se fazia passar por sra. Jane Good. Seguiu-se uma caçada ao seu assassino — uma caçada que expôs a má comunicação e coordenação da força policial nascente. Cartazes de *procurado* foram emitidos para o "Assassino de Putney", mas Good continuou em escape; com seis divisões trabalhando no caso (bem como policiais fora da jurisdição do Met), pistas e investigações positivas logo se perderam entre as pilhas de informações que alimentavam a Scotland Yard. A confusão e a ineficiência evidenciaram o caso do recrutamento de policiais investigativos especializados, o que resultou, alguns anos depois, na formação do Departamento de Detetives da Polícia Metropolitana.

Quanto a Good, ele acabou sendo rastreado em Tonbridge. Um ex-policial local, ciente de que Good era um homem procurado, reconheceu o assassino na cidade e informou seus ex-colegas. Good foi preso, enviado a julgamento, considerado culpado de assassinato e condenado à forca. Sua execução ocorreu diante de uma grande multidão do lado de fora da Prisão de Newgate, em 23 de maio de 1842.

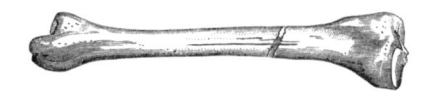

ÚLTIMAS PALAVRAS

DECLAMAÇÕES NA FORCA

KC

É difícil dizer adeus. Ainda mais quando uma turba enlouquecida atira ovos podres em você enquanto comemora seu destino final. A reação dos condenados à execução pública variava do pavor à soberba, da aceitação a tentativas desesperadas de perdão. Muitas das histórias dos criminosos, suas confissões e declarações finais acabaram imortalizadas nas edições sensacionalistas da época.

Na realidade, nem todas as declamações feitas na forca foram tão dramáticas quanto aquelas retratadas na ficção — as últimas palavras altruístas de Sydney Carton (tecnicamente uma declamação na guilhotina) escrita por Charles Dickens, por exemplo. A partir de 1868, as execuções no continente não eram mais realizadas em público, mas em relativa privacidade dentro dos muros da prisão. Antes dessa data, os criminosos eram enforcados diante de grandes multidões de espectadores, muitas vezes chegando a 20 mil ou mais se o crime tivesse sido hediondo ou se o criminoso (por qualquer motivo) tivesse capturado o interesse da multidão. Era um espetáculo horrível, e para os condenados a ignomínia se agravava, pois tinham que enfrentar hordas de curiosos zombeteiros, lançando insultos e projéteis variados, incluindo ovos podres, vegetais e até mesmo cães e gatos. Os batedores de carteira e os vendedores de bancas de jornal descrevendo o crime e a execução se refestelavam ao se misturarem à multidão. De forma tranquilizadora, alguns comentaristas (como Dickens) ficavam chocados com a brutalidade daqueles que se deleitavam com tais exibições horríveis — embora nem todos se opusessem à pena capital.

No entanto, o horrível espetáculo da execução pública permitia aos condenados a oportunidade de expressar suas queixas e protestar contra seu destino, justificar sua vilania ou diatribes desafiadoras contra a Igreja, o Estado ou, na verdade, contra o mundo inteiro e suas desgraças. Alguns optavam por adotar a retórica do púlpito a fim de transmitir sua inocência às massas que latiam. Se fossem ricos, eles poderiam optar por aparecer vestidos com suas melhores roupas, tocando para a multidão como se estivessem no centro do palco em uma apresentação teatral única na vida. Outros, bastante perversos, usaram seus trapos mais sujos e, ao fazê-lo, enganaram o carrasco em seu direito concessionário de reivindicar suas roupas após a morte. Alguns empregaram táticas de retardamento, fazendo com que seus discursos de força durassem o máximo possível, para impaciência dos espectadores e do carrasco, que estava sempre ansioso para encerrar a cena por medo de um ataque. Muitos devem ter orado por um adiamento de última hora ou nutrido a esperança de que seus amigos ou parentes pudessem tentar um resgate.

Um número surpreendente subiu os degraus do cadafalso com extraordinário estoicismo, reconhecendo a justiça de seu castigo e resignado a pagar a pena final. Muitos permaneceram em oração fervorosa, enquanto outros estavam tão perturbados ou paralisados de medo que precisaram ser arrastados para a forca, quase inconscientes e incapazes de proferir quaisquer palavras finais de contrição ou raiva contra seu terrível destino. Em Carlisle, em 1886, James Berry conduziu um enforcamento triplo de membros de uma gangue de Londres. Um dos homens, James Baker, escreveu uma longa carta para sua namorada, Nellie, na noite antes de sua execução, declarando seu amor por ela e implorando que ela cumprisse a lei. Pouco antes de o alçapão se abrir, ele gritou: "Fique firme, Nellie!". Um dos outros membros da gangue, Jack Martin, limpou a consciência ao confessar um assassinato pelo qual um homem inocente foi enforcado.

Da cela, George Horton, que matou uma de suas filhas em 1889, escreveu cartas sinceras de despedida a seus filhos implorando que não seguissem seu exemplo. A envenenadora em série Catherine Wilson morreu ainda declarando sua inocência; Kate Webster, ao contrário, escreveu uma longa confissão admitindo livremente sua culpa. Mary Ann Britland, tendo despachado sem piedade três vítimas, gritou de terror ao enfrentar sua própria morte, assim como a jovem Sarah Thomas. Mary Lefley, a chamada "matadora de arroz-doce", quando se aproximou do seu carrasco, gritou: "Assassinato! Assassinato!"; mas as brutais *baby farmers* Amelia Dyer e Margaret Waters enfrentaram a morte aparentemente sem remorso algum, assim como a envenenadora de longa data Sarah Chesham. Catherine Foster confessou ter matado seu jovem marido, mas expressou a esperança de que passariam a eternidade juntos.

Você já pensou quais seriam suas últimas palavras no cadafalso?

Em 1868, Priscilla Biggadike se tornou a primeira mulher a ser enforcada dentro dos confins de uma prisão. Condenada por envenenar seu marido, ela foi perdoada após sua morte, depois que seu inquilino, Thomas Proctor, fez uma confissão no leito de morte. Agora privados de uma plataforma para discursos de forca, os condenados fazem confissões privadas. Estas costumavam ser declarações complicadas e egoístas extraídas por capelães da prisão (dado o título de "Ordinário" em Newgate), a tarefa do oficial sendo simplificada quando seu alvo estava confinado a uma cela e aguardando a morte. Encontrando-se em uma situação tão desesperadora e sob pressão espiritual, muitos voltaram ao dogma religioso aprendido na juventude, arrependendo-se de seus pecados e implorando o perdão do Todo-Poderoso; outros tentaram justificar seus crimes culpando a imprudência da juventude, a embriaguez, a influência de amigos ou o efeito corruptor da pobreza em sua bússola moral. Como muitos criminosos que enfrentavam a execução eram analfabetos, essas confissões eram quase sempre escritas pelo capelão, pároco ou governador da prisão e depois publicadas na imprensa contemporânea e em *penny dreadfuls*; e quem pensava de forma mais comercial vendia a narrativa em formato de *broadsides*. Algumas declarações eram usadas a fim de informar as contas do Ordinário, publicadas como o *Newgate Calendar*, na esperança de que outros pudessem ser dissuadidos de seguir o caminho trilhado por aqueles que pagaram pelos próprios crimes com suas vidas.

DOUTOR MORTE

EDWARD WILLIAM PRITCHARD

MWO

1825—1865

Nos últimos dois anos de sua vida, o médico Edward Pritchard parece ter entrado numa espiral perigosa de crimes. Em 1863, um incêndio em sua casa, no qual morreu uma empregada, gerou desconfiança da companhia de seguros. Mudando de cidade, ele engravida sua nova empregada adolescente e a faz abortar. Pouco tempo depois, sua mulher e sua sogra morreriam envenenadas. Os motivos? Morreram na forca com ele.

Nada nos primeiros nove décimos (ou mais) da vida do dr. Edward Pritchard poderia ter persuadido alguém de que ele estivesse destinado a outra coisa senão a um fim difícil. Ele toma seu lugar com alguns outros criminosos notórios do mundo para além da memória viva — homens como Samuel Herbert Dougal, George Chapman e, para escolher dois exemplos dentro do escopo deste livro, Henry Wainwright e Alfred John Monson — no salão de espelhos particular dedicado à memória de personagens com desejos superficiais e comportamento arrogante e inconsequente. Cada um desses homens traiu, em maior ou menor grau, um desejo egoísta pela aprovação da sociedade ao seu redor, e nenhum deles se importava com qual dos preceitos mais relevantes da sociedade seria necessário quebrar para conseguir tal aprovação.

Pritchard era um médico de habilidades nada espetaculares, cuja natureza amorosa e mentirosa minava de forma constante a confiança das comunidades que se encontravam na penumbra duvidosa sob seus cuidados. Em 1860, uma vida peripatética o levou para Glasgow, casado, com vários filhos e sempre fiscalizado por gerentes de banco cuja paciência ele havia testado. Em 1863, a casa de Pritchard em Berkeley Terrace pegou fogo de forma misteriosa; dentro, o corpo de Elizabeth M'Girn, uma das criadas de Pritchard, foi descoberto. Havia alguma suspeita local sobre as circunstâncias do caso, mas nada pôde ser provado; ainda assim, a seguradora de Pritchard, a quem ele enviou uma reclamação exagerada sobre a perda e danos à propriedade, pagou o mínimo que pôde. Pritchard não contestou a decisão e, assim, ele e sua família mudaram-se para Royal Crescent e, em 1864, para Clarence Place, na Sauchiehall Street.

A essa altura, Pritchard estava imerso — como diríamos agora — em um relacionamento abusivo com sua empregada adolescente, Mary M'Leod. Ela ficou grávida dele, e Pritchard administrou um abortivo. Aqui estava outra complicação a ser adicionada àquelas que Pritchard já estava enfrentando. Sua situação financeira permanecia intratável, mas ele conseguiu juntar os centavos para começar adquirir um repositório secreto de antimônio e acônito. Em outubro de 1864, a sra. Mary Jane Pritchard, a esposa do médico, começou a se sentir mal — vômitos, cólicas e, em seguida, uma astenia debilitante.

À medida que os sintomas de Mary Jane progrediam, Pritchard fez o que achava que o mundo ao seu redor gostaria que ele fizesse. Ele consultou outros médicos, escreveu ao irmão de Mary Jane (também médico) e despachou-a até Edimburgo para ficar com sua mãe. O último método funcionou — Mary Jane estava muito melhor, mas teve uma recaída quando voltou para Glasgow. Em 10 de fevereiro de 1865, a sra. Jane Taylor, mãe de Mary Jane, vendo que seus cuidados faziam mais bem à filha do que qualquer outra coisa, viajou para Glasgow.

Pritchard redobrou seus esforços e, antes que o mês acabasse, a sra. Taylor foi forçada a se despedir, "morrendo", como William Roughead coloca, "sob a influência de algum narcótico poderoso". Algo permitido há um século e meio, Pritchard assinou ele mesmo a certidão de óbito, atribuindo a morte de sua sogra à paralisia e apoplexia. Mary Jane seguiu a mãe até o além em 18 de março, e Pritchard, mais uma vez responsável pela certidão de óbito, atribuiu à febre gástrica.

Por alguns dias, parecia que essa morte, como a anterior, passaria sem muitas ressalvas, mas um ponto de inflexão havia sido atingido, e uma carta anônima despertou o bom senso das autoridades. A história inteira surgiu quase sem reparos, e a descoberta de grandes quantidades de veneno nos corpos das duas mulheres falecidas apenas ressaltou a maneira extraordinariamente cruel como foram assassinadas. Pritchard foi condenado em Edimburgo após um julgamento de cinco dias e enforcado em Glasgow em 28 de julho, diante de uma multidão de — talvez — 100 mil almas antipáticas a ele.

99 Quando o médico é mais fatal que a enfermidade.

Como Roughead observa, o motivo preciso do assassinato de Mary Jane nunca foi totalmente identificado. Ninguém acreditava que Pritchard de fato queria formalizar seu relacionamento com a pobre Mary M'Leod, e era difícil ver como ele poderia obter qualquer lucro com a perda de sua esposa: era verdade que ela fora designada herdeira de dois terços dos bens de sua mãe (algo em torno de 1.700 libras), mas ele começou a envenenar Mary Jane muito antes de voltar suas atenções para a sra. Taylor, então a cronologia era bem incompatível com o motivo do assassinato com fins lucrativos. Talvez isso nem importasse. Quem entende essa gente? Seus anseios não são os nossos, e motivações abstratas — o desejo de controle, por exemplo — podem operar em contextos abstratos, sem arcabouço da razão para sustentá-los.

Leitura adicional | ROUGHEAD, W. (org.). *Trial of Dr. Pritchard*. Edimburgo: William Hodge and Company, 1906.

GAROTA DE RESPEITO

ELIZABETH CASS

1863—1956

A história de abuso policial contra uma mulher detida por prostituição simplesmente porque estava andando sozinha à noite. O caso parou na justiça e, num veredicto raro para a época, o policial foi suspenso e o magistrado inicial repreendido.

NRAB

Em 28 de junho de 1887, Elizabeth Cass, uma costureira de Lincolnshire de 23 anos que se mudara para Londres apenas três semanas antes, trabalhava como capataz para sua empregadora, madame Bowman, em seu endereço em Southampton Row. Como sempre, a srta. Cass terminou o trabalho do dia às 20h. O local de trabalho também servia como residência, e como ela estava sozinha, Cass manteve a tradição da época e, demonstrando obediência, perguntou à madame Bowman se ela poderia deixar o local desacompanhada. Bowman, adotando um papel quase maternal que não era atípico em sua época, deu sua permissão, e Cass partiu por volta das 20h45 para um dos passatempos vitorianos mais comuns: a caminhada noturna.

Cass começou caminhando pela Bloomsbury Square e pelo British Museum, entrando na Tottenham Court Road e então na rua repleta de lojas, a Oxford Street. As celebrações do Jubileu de Ouro da rainha Vitória ocorreram ao longo daquela semana: a rua estava repleta de bandeiras, e multidões bem-humoradas aproveitavam a bela noite de verão. No cruzamento com a Regent Street, a aglomeração se tornou particularmente densa e, enquanto Cass lutava por entre a multidão, sentiu seu braço ser tocado por alguém. Virando a cabeça, Cass viu que a mão pertencia a um policial metropolitano, que logo falou com ela.

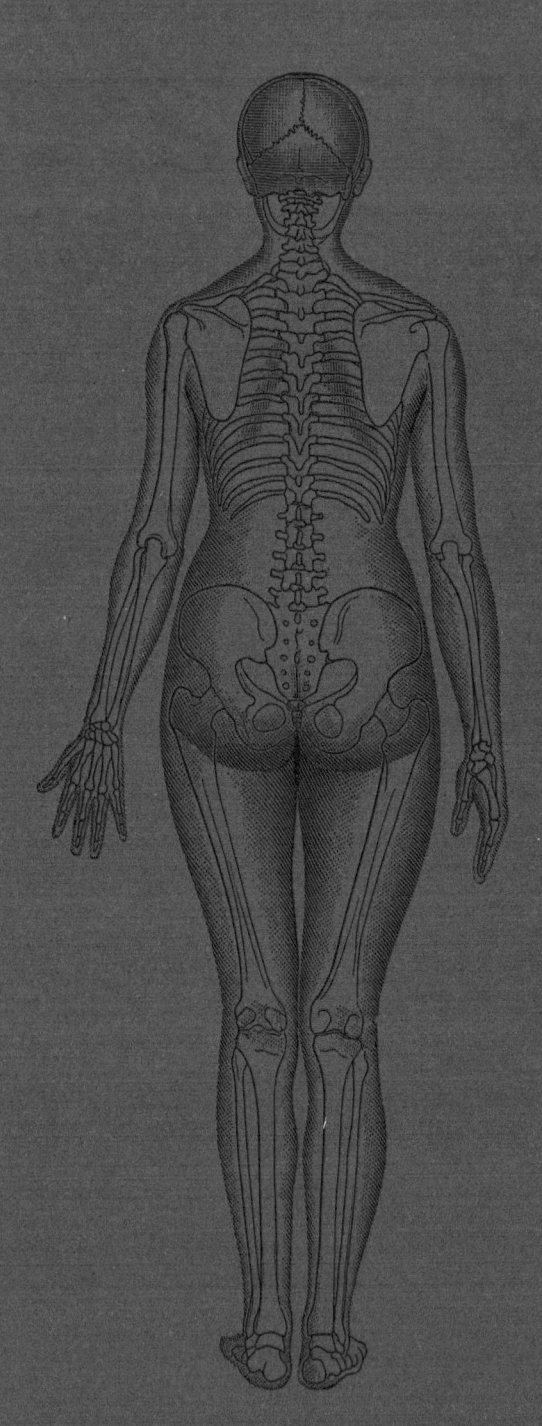

"Quero você", disse ele.

"Para quê?", indagou Cass.

"Estou observando você há algum tempo", respondeu o policial.

A confusa srta. Cass respondeu: "Você cometeu um erro". Mas o policial foi inflexível ao dizer que não, e a advertiu contra mentir.

O policial era um reserva da Divisão D de Marylebone, identificação: PC 42D (R), nome: Bowen Endacott, um profissional experiente com doze anos de serviço. Agarrando Cass com firmeza pelo braço, o policial Endacott a conduziu até a Delegacia de Polícia da Tottenham Court Road, ignorando seus apelos para que mudassem o caminho, assim ela poderia falar com sua empregadora madame Bowman. Em vez disso, o policial Endacott perguntou a Cass se madame Bowman a libertaria. Cass, no entanto, repetiu a pergunta, pois ainda não entendia a razão de ter sido presa.

Ao chegar à delegacia, e enquanto esperava um sargento para que pudesse firmar as acusações sobre Cass, Endacott — assim disse Cass, mais tarde — lançou-lhe uma ameaça velada, informando-a de que a conhecia há seis semanas. Naquele momento, Cass estava confusa e em pânico. Como esse policial poderia conhecê-la há seis semanas? Ela estava em Londres há apenas três. Foi nesse ponto que a situação se tornou excessiva para Cass e ela desmaiou. O sargento Ben Morgan já estava na delegacia, imerso em suas leituras, quando ouviu uma agitação atrás dele.

Virando-se, ele viu o policial Endacott de pé ao lado de uma mulher deitada de bruços no chão. Ele observou Endacott e outro policial ajudarem Cass a se sentar, pedindo água para a jovem.

Em pouco tempo, Cass recuperou os sentidos o suficiente para que continuassem, e o policial Endacott explicou ao sargento que Cass era uma conhecida prostituta desordeira, e que ele a tinha visto importunando alguns homens na Regent Street. Em consequência disso, ela foi levada para as celas, onde permaneceu detida até sua audiência no Tribunal de Polícia de Marlborough Street no dia seguinte. O resultado dessa audiência foi confuso. A respeitável madame Bowman apareceu em defesa de Cass, afirmando que sua jovem protegida havia recentemente se tornado uma habitante de Londres, e que seu caráter era impecável. O magistrado, Robert Milnes Newton, não teve outra escolha senão declarar Cass inocente; mesmo assim, ele duvidou de sua inocência, alertando-a para seguir seu conselho: "Se você é uma garota respeitável, como diz que é, não ande pela Regent Street à noite, pois se o fizer será multada ou enviada para a prisão ciente desta advertência".

> **Até que enfim uma vitoriana que sabia que lugar de mulher é onde ela quisesse estar.**

Embora Cass agora estivesse livre, madame Bowman ficou furiosa com o tratamento recebido pela jovem. Ela apresentou uma queixa formal contra a polícia, o que chamou a atenção do Parlamento; o ministro do Interior, Henry Matthews, abriu um inquérito, cujos resultados foram uma suspensão de seis semanas para Endacott e uma reprimenda formal para Newton. Com o apoio de Bowman, Cass levou o assunto adiante, perseguindo um processo particular por perjúrio contra o policial que a prendeu. O caso foi levado a Old Bailey em outubro de 1887, com Cass, agora casada e aparecendo sob o nome de Langley, ocupando o lugar central no banco das testemunhas; meses após Cass encarar o banco dos réus, foi a vez de Endacott suar. Seus defensores mais uma vez lançaram calúnias sobre o caráter de Cass, mas a falta de evidências abriu caminho para o inevitável veredicto de inocente — o segundo veredicto nesse caso, um para cada lado.

A advertência de Newton para não andar na Regent Street à noite por medo de ser confundida com uma prostituta destacou o modo como as mulheres jovens e independentes eram vistas durante aquele período; foi essa percepção, em vez de qualquer transgressão aparente, que resultou em uma estadia injustificada em uma cela da polícia para Elizabeth Cass, que apenas saiu para dar uma caminhada em uma bela noite de verão.

MINHA QUERIDA FALSIANE

FALSIFICAÇÃO E FRAUDE

Falsificar notas de dinheiro, cheques e até testamentos era uma maneira comum de ganhar a vida nos tempos da rainha Vitória. E, é claro, bastante arriscada. Conheça alguns casos registrados de criminosos que se deram mal quando tentaram enganar os outros.

MWO

O vitoriano ambicioso, cujo talento natural para os negócios legítimos tinha sido minado pelo destino, pelas forças sociais ou alguma forma de deficiência pessoal, sempre poderia recorrer à falsificação e à fraude — supondo, isto é, que se estivesse disposto a correr o risco. A partir de outubro de 1837, nos termos da Lei de Falsificação, os falsificadores mais sérios podiam ser punidos com desterro vitalício; sentenças de prisão estavam disponíveis para crimes de menor magnitude. Isso, inclusive, representava um abrandamento da lei. Antes disso, a condenação por certos tipos de falsificação — como a falsificação de testamentos — poderia levar a pena de morte.

Essas condições legais significavam que o cuidado com a inovação era fundamental para os planos nefastos de cada falsificador que prezasse pela própria vida. Harriet Brown e Sarah Wellfare foram desterradas em 1853 após uma série de fraudes perpetradas no West End de Londres com notas falsas e cheques assinados de forma indevida. Elas haviam se esforçado na preparação do plano, tudo indica que conseguindo receber pelo menos duas notas falsas — que traziam o mesmo número de série — por correio, em envelopes com cartas de apresentação, de misteriosos simpatizantes em Birmingham. Tudo parecia correr bem, com transações fraudulentas acontecendo em uma loja de tecidos na Old Compton Street e em uma refinaria de ouro e prata em Hatton Garden, quando um vacilo derrubou a empreitada. Em sua mercearia na Strand, William Marshall olhou com atenção para a nota que Brown havia passado a ele; depois de pensar um pouco, ele se voltou para ela, preparando-se para dizer que era uma falsificação, e percebeu que ela já tinha em mãos a carta do referido simpatizante que havia lhe enviado a nota. Se ela tivesse passado a nota inocentemente, sem perceber que era falsa, então, raciocinou Marshall, ela não deveria ter a carta pronta para ele examinar. Então, ele percebeu a próxima parte do esquema — em especial pelo comportamento dela quando a autenticidade da nota foi diretamente questionada. Marshall convocou um policial, e a Austrália foi seu destino.

No outro extremo, algumas fraudes eram simples produtos do oportunismo. Em setembro de 1845, Cornelius Strong encontrou sua vítima — um marinheiro malaio conhecido apenas como Cashim — a bordo do *Eliza*, que estava atracado no cais de St. Katherine. Depois de uma negociação para as importações de Cashim (que consistiam em alguns lenços de seda da China, três dúzias de leques e alguns charutos que Cashim preferia não vender), Strong entregou 4 xelins e seis inúteis medalhas de latão conhecidos como medalhas de Hannover, fingindo que estas eram valiosas. Talvez a negociação não tenha sido facilitada por ter sido conduzida em rúpias antes da conversão em libras esterlinas, mas Cashim logo percebeu que havia sido enganado, e o farsante foi procurado, preso (sujeitando o policial à "linguagem mais violenta"), e considerado culpado em Old Bailey. Strong atuava com frequência nas docas, e esta não foi sua primeira condenação. Ele já havia sido desterrado uma vez, e agora de novo.

Casos raros mostraram que uma pessoa insana poderia, de maneira um tanto perversa, ser acusada de falsificação — um dos crimes mais premeditados. As faculdades mentais de James Samuel Brown foram prejudicadas desde que ele foi atingido na cabeça por uma pilha de tijolos aos nove anos; aos 22 anos, ele sofria de ataques convulsivos e doenças constantes. O julgamento de 1842 divulgou seu obscuro repertório comportamental: ele interrompia o trabalho doméstico da irmã, olhando como um selvagem para ela e perguntando: "Você não me acha lindo?" ou "Você não me ama?", e outras coisas do tipo. Ele mantinha uma espada perto do travesseiro e começara a assinar seu nome como "Coronel James Samuel Brown". Alternava entre vestir-se como seu alter ego militar, como o rei Carlos II ou, ainda, apenas não se vestir. Mergulhou as mãos em uma panela de chumbo fervente, dizendo: "Veja, isso não vai me queimar". Engoliu veneno, ficou na chuva por uma hora, afirmou ter flutuado no rio. Teve um ataque no correio, balbuciando uma mistura de francês e inglês. Deu 1 xelim para o cachorro de seu pai que vinha de Terra Nova, decidindo no último momento não alimentá-lo com a moeda, pois afirmou: "O vagabundo tem o suficiente em sua barriga para durar uma semana". Adquiriu o hábito de dormir cercado pelos animais de estimação da família e chamou a atenção quando os vestiu com fitas brancas por ocasião do casamento de seu irmão. Ele anunciou seu próprio casamento iminente com uma condessa imaginária de vasta riqueza. Acendeu um charuto com uma nota de 5 libras (ou, talvez, jogou o dinheiro no fogo quando ficou furioso com uma criança). A ofensa de que foi acusado — por falsificar e proferir oito ordens de pagamento com a intenção de fraudar o honorável barão Lowther — dificilmente vale a pena ser mencionada em comparação. Ele foi considerado inocente por motivos de insanidade e enviado para um asilo.

VERDADE NUA E CRUA

FRANÇOIS COURVOISIER

MWO

1816—1840

A casa foi invadida, e o proprietário, Lord William Russel, degolado. A polícia logo desconfiou de Courvoisier, o empregado doméstico que se desentendera com o patrão. Além dos sinais de arrombamento parecerem forjados, os pertences roubados foram encontrados com o serviçal.

François Courvoisier foi um assassino cujo crime provocou muita ansiedade tanto pela tensão entre as classes sociais quanto pelo comportamento incompreensível dos estrangeiros. Seu enforcamento contou com a presença dos grandes (Charles Dickens) e dos bons (Thackeray).

Courvoisier, de nacionalidade suíça, trabalhou em Londres a serviço do aristocrático Lord William Russell. Em posições semelhantes — por exemplo, ao trabalhar para Lady Lockwood em sua casa em Park Lane —, ele obteve avaliações positivas, exaltando sua "bondade, humanidade e temperamento inofensivo". Ao chegar à casa de Russell, entretanto, alguma forma de ressentimento começou a se apoderar dele. Ele (em particular) se referiu a seu empregador como um "velho camarada" e, de forma desdenhosa, como "o velho Billy". Isso chamou a atenção de Sarah Mansell, a empregada doméstica que morava na residência, mas ela não via razão para pensar que fosse outra coisa senão uma piada, talvez sem graça devido à origem estrangeira de Courvoisier.

A casa de Russell em Mayfair ficava lamentavelmente separada de seu clube — Brooks, na St. James's Street — por uma distância de cerca de uma milha, e sua senhoria, que estava se aproximando de seu 73º aniversário, em uma atitude muito sensata, contratou um cocheiro para ajudá-lo a ir e vir. Em 5 de maio de 1840, Russell instruiu Courvoisier a dizer ao cocheiro para buscá-lo no clube às 17h; de acordo com Courvoisier, seu mestre também deu várias outras instruções ao mesmo tempo, e ele — Courvoisier — teve alguma dificuldade em mantê-las todas em sua cabeça. No final das contas, o sobrecarregado Courvoisier esqueceu de avisar o cocheiro, e Russell foi forçado a voltar para casa, mais tarde do que o esperado, em um cabriolé. Courvoisier pensou, pelo menos no início, que seu senhor estava "zangado".

Esse pequeno atrito parece ter passado muito rápido, mas para Courvoisier pode ter sido a gota d'água, assumindo um significado além de suas proporções naturais. Ele já havia sido alvo da ira de sua senhoria muitas vezes — talvez houvesse falhas de ambos os lados — e, quando Sarah Mansell começou seus deveres às 6h30 da manhã seguinte, algo havia acontecido. O andar térreo parecia ter sido arrombado; Lord Russell estava morto em sua cama, com a garganta cortada "profundamente até as vértebras de seu pescoço"; e Courvoisier, embora aparentando estar adormecido quando o corpo foi descoberto, parecia "pálido e agitado" ao ser acordado. Sarah gritou e correu para buscar ajuda; o cozinheiro, o cocheiro e o mordomo de uma casa vizinha entraram em ação; o inspetor Tedman da Divisão c e Henry Elsgood, um médico da região, chegaram ao local;

e no meio de toda essa atividade, Courvoisier encontrou um assento na sala de jantar e disse, para ninguém em particular: "Nossa. Eles vão pensar que fui eu, e eu nunca mais vou conseguir um emprego".

Em pouco tempo, a observação de Courvoisier passou a parecer uma premonição, pois as circunstâncias que cercaram o assassinato não formavam uma imagem coerente. Se a casa tinha sido arrombada pelo lado de fora, por que o exterior da propriedade estava sem nenhum vestígio? Não havia sinal de que alguém tivesse arranhado o muro caiado do jardim, e nenhuma pegada foi notada no telhado de chumbo empoeirado que se estendia sobre o muro em direção ao jardim da casa vizinha. Deduziu-se que o roubo havia sido encenado de dentro da casa e, se não houve intrusos, o assassino deveria ser um dos empregados domésticos. A identidade do culpado foi sugerida pela eventual descoberta de que muitos dos objetos de valor de sua senhoria, supostamente levados pelos ladrões, haviam de fato sido escondidos na despensa onde Courvoisier dormia.

> **O melhor traje para participar de um assassinato: nenhum.**

Na sexta-feira, 19 de junho de 1840, o segundo dia do julgamento de Courvoisier em Old Bailey, Charlotte Piolaine, uma testemunha de última hora, foi levada aos holofotes pela acusação. Ela era a proprietária do Hotel Dieppe, em Leicester Square, e uma conhecida distante de Courvoisier. Ela havia demonstrado pouco interesse no assassinato de Lord William Russell, mas quando, na manhã do primeiro dia do julgamento, seu primo chegou ao hotel com um jornal francês, ela percebeu com um calafrio que, algumas semanas antes, concordou em cuidar de um pequeno pacote em nome do réu mais notório de Londres. Charlotte chamou um advogado e abriu o pacote, que continha várias bugigangas de sua senhoria (e "um par de meias sujas"). A partir dessa evidência — e de muitas outras — ficou bastante claro que Courvoisier havia, mesmo antes do assassinato, roubado de seu senhor.

Courvoisier foi condenado por homicídio e sentenciado à morte. Seguiu-se uma confissão e depois o espetáculo literário de sua execução. Ao longo dos anos, presumiu-se que Courvoisier, cujo traje estava quase livre de manchas de sangue, estava nu quando cortou a garganta de Lord Russell (com exceção, talvez, de um par de luvas de algodão branco, sobre o qual encontraram sangue). Essa crença, embora difícil de fundamentar, foi até mesmo formulada durante o processo contra William Herbert Wallace, considerado culpado pelo assassinato de sua esposa — e depois inocentado em recurso — em 1931.

TROFÉU DO ENFORCADO

FRANZ MÜLLER

MWO

1840—1864

Franz Müller cometeu o primeiro assassinato num trem britânico: roubou um bancário londrino e o jogou para fora do vagão. Poderia ter sido o crime perfeito, sem testemunhas. Mas Müller foi visto se exibindo com o relógio e o chapéu da vítima, antes de zarpar para os Estados Unidos. A polícia inglesa seguiu o navio e ele foi preso ao desembarcar na América.

A era da ferrovia trouxe consigo novas possibilidades para o aspirante a criminoso, e Franz Müller foi a primeira pessoa na Grã-Bretanha a perceber a utilidade dos trens como cenas de crime ambulantes. Os compartimentos em que as carruagens eram divididas eram privados o suficiente para tornar o homicídio uma opção viável; e a distância entre as estações proporcionava tempo para um assassino agir antes que o trem parasse na primeira oportunidade e, com alguma sorte, desaparecer entre a multidão. Mais tarde na era vitoriana, outros tentariam refinar a fórmula, mas Müller — em outras circunstâncias, um alfaiate alemão com poucos motivos para ser lembrado — tinha a vantagem de ser o pioneiro no ramo.

Na sufocante noite de verão de 9 de julho de 1864, Thomas Briggs, um caixa de banco que trabalhava na cidade de Londres, embarcou no trem das 9h50 da estação da Fenchurch Street, indo na direção de Hackney e sua casa bem equipada em Clapton Square. A corrente do seu relógio de ouro era "extremamente visível" e ele pode ter adormecido quando se acomodou em sua cadeira.

Depois, há os minutos perdidos na viagem de trem. Quando dois passageiros embarcaram na estação de Hackney e se encontraram sentados, sombrios, em uma poça de sangue fresco, Briggs havia de alguma forma saído do trem; ele foi descoberto inconsciente e gravemente ferido entre os trilhos, a dois terços do caminho ao longo da linha de Bow a Hackney Wick. O próprio vagão tinha mais mistérios — além do sangue coagulado, uma bengala manchada de sangue, uma bolsa de couro e um chapéu surrado (que não era de Briggs) foram encontrados. No colete de Briggs, a corrente do relógio de ouro estava faltando. Aliás, considerando que ele havia sido despachado de um trem em movimento, Briggs agarrou-se à vida até o dia seguinte, mas ele não poderia dar nenhuma indicação sobre a identidade de seu assassino.

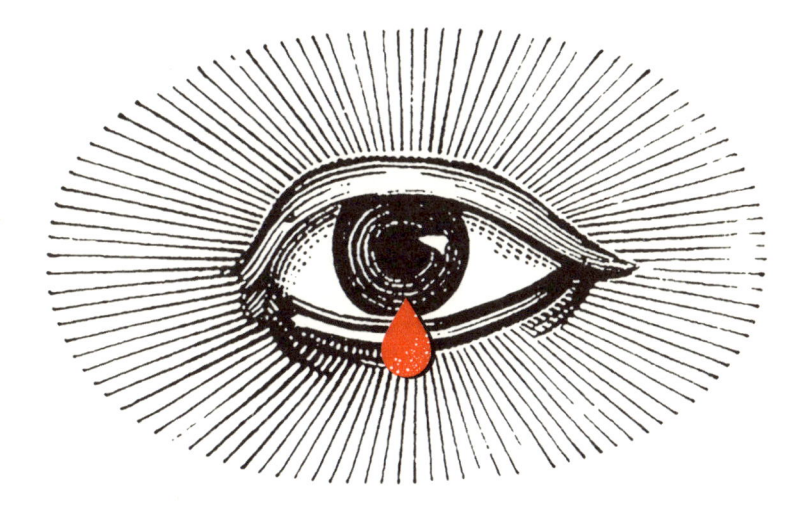

Os conhecidos de Müller diziam que ele havia ficado insatisfeito com as angústias cotidianas; ele mesmo disse que estava procurando uma mudança, talvez sonhando com os Estados Unidos. Havia pouca coisa que o ligasse à Grã-Bretanha, com exceção de seu relacionamento com uma certa Mary Ann Eldred, e, como ela era uma prostituta, os laços também eram bastante limitados. Na segunda-feira após o assassinato, Müller visitou uma casa de penhores em Cheapside, trocando a bela corrente de um relógio de ouro e levando consigo outra em uma caixa impressa com o nome do negociador: Death, morte. Ele deu a caixa para a filha de um amigo seu; o amigo, Jonathan Matthews, notou que Müller dispensou seu chapéu usual e estava usando um melhor. Na quarta-feira, Müller estava pronto para trocar seus bens por uma passagem transatlântica barata no navio *Victoria* e partiu na sexta-feira — próxima parada: Nova York.

Pouco mais de uma semana após o assassinato, Matthews avistou um aviso de recompensa do lado de fora da estação Paddington e percebeu tarde demais que Müller era um homem procurado. A polícia rastreou a corrente do relógio até a loja de Death, e Matthews apresentou a caixa que Müller dera para sua filha. Ele também identificou o chapéu de Müller, que havia sido retirado do vagão (Müller, é claro, estava usando o chapéu de Briggs, um aparente desrespeito a suas chances de liberdade). Também foi descoberto que o suspeito havia — igualmente descuidado — deixado o país com seu próprio nome e, com o objetivo de capturá-lo, Death, Matthews e dois policiais (o inspetor Richard Tanner e o sargento George Clarke) partiram para os Estados Unidos. Em algum lugar no caminho, o navio mais rápido dos perseguidores ultrapassou a barulhenta embarcação de Müller, que foi preso ao chegar aos Estados Unidos e sua extradição, providenciada. Ele passou o tempo na viagem de volta à Grã-Bretanha lendo, e pelo visto gostando, de *As Aventuras do Sr. Pickwick*, de Charles Dickens.

Em 14 de novembro de 1864, Müller foi enforcado diante do público nos arredores de Newgate. Kate Colquhoun, em seu livro recente sobre o caso, parece sentir que há espaço para alguma dúvida — ou, se não, pelo menos, desconforto — sobre a condenação de Müller. Ela identifica forças sociais ocultas no caso, como a xenofobia, mas é difícil ver como fenômenos desse tipo poderiam ter afetado, por exemplo, a troca de chapéus, que era produto do narcisismo ou do acaso, e que apontava de forma tão clara a culpa de Müller. Müller não era imune às influências culturais — na verdade, ele se envolveu, a sua própria maneira inovadora, com o símbolo social predominante do avanço tecnológico britânico no século XIX, a saber, a ferrovia — mas parece ter sido, assim como qualquer um pode dizer, culpado conforme foi acusado.

Leitura adicional | COLQUHOUN, K. *Mr Briggs' Hat*. Londres: Little, Brown, 2011.
IRVING, H.B. (org.). *Trial of Franz Müller*. Edimburgo: William Hodge and Company, 1911.

ATÉ QUE A MORTE NOS SEPARE

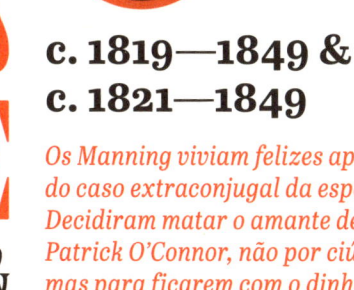

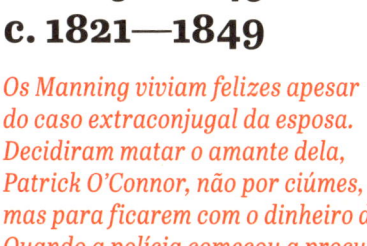

FREDERICK & MARIA MANNING

MWO

c. 1819—1849 &
c. 1821—1849

Os Manning viviam felizes apesar do caso extraconjugal da esposa. Decidiram matar o amante dela, Patrick O'Connor, não por ciúmes, mas para ficarem com o dinheiro dele. Quando a polícia começou a procurá-los, haviam brigado, e cada um fugira para um lado diferente. Acabaram presos e condenados à morte. No dia da execução, beijaram-se e fizeram as pazes. O amor não é lindo?

Frederick e Maria Manning foram célebres assassinos do sul de Londres, com notável capacidade para improviso em rotas de fuga: Maria, de trem para Edimburgo, com o nome de Smith; e Frederick, de barco para Jersey, como Jennings. Nenhum dos dois, porém, permaneceria em liberdade por muito tempo.

Os Manning se casaram em 1847. Ela era suíça e fora empregada doméstica na casa da duquesa de Sutherland; ele trabalhava nas ferrovias e via-se tentado a entrar em esquemas ilícitos, pequenos furtos e assim por diante. Como um casal, pareciam não se encaixar bem, e Maria, a mais inquieta, visitava Patrick O'Connor com frequência. Ela conhecia O'Connor desde seus dias de solteira; ele não tinha muito a oferecer, exceto — bastante surpreendentemente — uma economia de dinheiro vindo de ações de algumas companhias ferroviárias francesas. Frederick, a quem H.M. Walbrook descreve como um "marido complacente", estava cada vez mais imerso na bebida, e incapaz ou indisposto a se opor às atividades extraconjugais de sua esposa.

No entanto, quando o dinheiro acabou, os Manning inventaram um esquema em que a vítima era O'Connor. Em sua casa em Miniver Place, Bermondsey, eles receberam um inquilino, William Massey, que estava estudando no Guy's Hospital. Frederick se aproximou de William, pediu-lhe que receitasse um medicamento comum, algo que o induzisse a assinar um papel. No entanto, o plano original, de fraude, foi substituído por um mais drástico. Frederick voltou a William e lhe perguntou qual parte da cabeça era mais suscetível a um trauma contundente. William parece nunca ter especulado o significado de todas essas perguntas e, quando os Manning lhe disseram que iam sair da cidade e que seu aluguel estava, portanto, encerrado, ele apenas se mudou. Na quinta-feira, 9 de agosto de 1849, os Manning estavam sozinhos em sua casa, com um pé de cabra, um cano de cal virgem, um cinzel e uma arma carregada.

Claro que o elemento que faltava era O'Connor, que foi convidado para jantar, morto (de forma exagerada, sendo baleado *e* horrivelmente espancado na cabeça) e logo escondido sob as lajes da cozinha. Maria Manning, cuja presença era familiar à senhoria de O'Connor, visitou seu alojamento na mesma noite, explicando que ele havia faltado a um compromisso para jantar e que ela gostaria de esperá-lo em sua sala de estar: a senhoria fechou a porta e Maria pegou os certificados das ações de O'Connor. Dentro de alguns dias, a ausência de O'Connor do trabalho foi notada, e a polícia, seguindo as pistas, visitou os Manning. Maria era a própria preocupação, tão perplexa com o súbito desaparecimento de O'Connor quanto todo mundo; a polícia, persuadida pela encenação, foi procurar em outro lugar.

Então Maria fugiu para o norte; Frederick para o sul; a polícia voltou para Miniver Place, e as lajes da cozinha foram levantadas, expondo um cadáver que, por sua característica dentária, foi facilmente identificado como O'Connor. Faltava apenas rastrear os culpados e, uma vez encontrados (em parte pelo uso do telégrafo, que já anunciava sua utilidade na detecção de crimes), descobriu-se que cada um culpava o outro. Os protestos de Frederick com certeza valem a pena ser lembrados, e é difícil não simpatizar com eles: "Ela saiu de casa com 1.500 libras", reclamou ele: "Eu voltei com 12 libras". A conspiração estava entrando em colapso, e eles permaneceram separados durante o julgamento, na verdade até 13 de novembro, o dia de sua execução em Horsemonger Lane, quando, para usar a frase de Richard Altick, "se beijaram e fizeram as pazes".

O enforcamento em si contou com a presença de uma enorme multidão, repleta de luminares literários: Charles Dickens, John Leech, John Forster, Herman Melville. Judith Flanders vê motivos para supor que o infame traje de cetim preto de Maria interferiu nas memórias pessoais de Thomas Hardy do enforcamento de Elizabeth Martha Brown. Já se acreditava que a notória associação de Maria com este tecido em particular provocou uma grande perturbação no mundo da moda, mas esse não parece mais ser o caso (talvez provando que não existe publicidade negativa).

Leitura adicional | FLANDERS, J. *The Invention of Murder*. Londres: HarperPress, 2011.
ALTICK, R.D. *Victorian Studies in Scarlet*. Nova York: W.W. Norton, 1970.
WALBROOK, H.M. *Murders and Murder Trials 1812—1912*. Londres: Constable, 1932.

POLÍCIA OU BANDIDO?

GEORGE SAMUEL COOKE

NRAB

1865/6—1893

O casamento secreto da prostituta Maud Merton com o policial George Cooke terminou em tragédia. Cooke se tornou violento e a esposa o denunciou à delegacia. Os dois se separaram, o policial foi transferido, mas continuaram a se encontrar. Maud apareceria morta num matagal perto da ronda do ex-marido. Cooke recebeu uma punição inédita para oficiais da Polícia Metropolitana.

Maud Merton, uma prostituta de 18 anos, trabalhava no distrito de teatros em torno da Strand de Londres havia apenas três ou quatro semanas quando, em junho de 1891, encontrou um jovem policial chamado George Cooke trabalhando na mesma área para a Divisão E (Holborn). Ele tinha apenas 25 anos de idade na época e era solteiro. Não se sabe se esse encontro nasceu do dever profissional do policial Cooke ou se foi algo mais ilícito. O que se sabe é que o casal iniciou um relacionamento sólido, a tal ponto que foi alegado que eles foram morar juntos no endereço de Merton em Lambeth, onde ela disse a outros residentes que Cooke trabalhava como garçom e começou a se passar por sra. Cooke. Os regulamentos da polícia na época eram rígidos e voltados para proteger a imagem pública da força. O monitoramento dos policiais era tão completo que eles precisavam obter permissão de seus inspetores em questões como onde poderiam morar e com quem poderiam se casar. Estava claro para o policial Cooke que seus superiores não aprovariam seus arranjos domésticos, então, compreensivelmente, ele manteve isso em segredo dos oficiais superiores da delegacia da Bow Street, onde era sua base.

De acordo com Merton, o relacionamento logo começou a azedar. Cooke começou a espancá-la e, quando o casal se mudou para um novo alojamento na

College Street, as agressões continuaram. Em abril de 1893, Merton, alegando que estava farta do assédio de Cooke, entrou na delegacia da Bow Street e fez uma queixa formal contra ele. O inspetor George Wood anotou seu depoimento e entrevistou o policial Cooke. Ele admitiu que conhecia Merton e que a visitava com frequência em seus aposentos, mas negou que os dois fossem um casal, afirmando que ele ignorava a alegação de Merton de que eles haviam se mudado para morar juntos. Cooke também descreveu Merton como alguém obsessiva e decidida a destruir seu relacionamento com outra mulher com quem ele planejava se casar. O inspetor Wood suspendeu-o enquanto era aguardado o inquérito do comissário assistente sobre o assunto, mas, apenas uma semana depois, Cooke foi reintegrado e logo transferido para a Delegacia de Polícia de Notting Dale na Divisão x (Kilburn) — esta foi uma tentativa clara de separar o casal malfadado. Foi a partir disso que o caso tomou um rumo sombrio.

Em 6 de junho de 1893, o policial 127x Samuel Rosewarne estava trabalhando na delegacia de Notting Dale quando uma mulher perguntou-lhe se o policial Cooke estava de serviço naquele dia. O policial Rosewarne informou a ela que Cooke se encarregaria da patrulha noturna em torno da Prisão de Wormwood Scrubs mais tarde naquela noite. Por volta das 22h10, o policial 422x Joseph Harris estava batendo na porta do bar North Pole, perto de Wormwood Scrubs, quando cruzou com outro policial que patrulhava a prisão. Isso era incomum, já que Harris costumava passar por dois policiais a essa altura; no entanto, não era sua responsabilidade interferir nos arranjos de ronda de outros oficiais, então ele continuou. Momentos depois, uma jovem se aproximou dele, perguntando se ele conhecia o PC 365X. Harris não o conhecia pessoalmente, mas sabia que o policial sobre o qual ela estava perguntando era o homem que acabara de passar por ele e, por isso, indicou-o.

O policial 149X Alvan Kemp costumava patrulhar o perímetro da Prisão de Wormwood Scrubs com seu novo colega da Bow Street, o policial 365X George Cooke. No entanto, na noite de 6 de junho, o policial Kemp foi detido por um relatório que precisava preencher, então ele deixou Cooke ir em frente sem ele, com a intenção de alcançá-lo mais tarde.

Thomas Grimshaw trabalhava como químico na Wormwood Scrubs, estava voltando para sua casa quando se deparou com um casal discutindo do lado de fora de sua residência. O homem, vestido com uniforme de policial, fez uma saudação de boa-noite a Grimshaw antes de continuar sua conversa acalorada com sua interlocutora em tons mais baixos. Grimshaw, que havia entrado em sua casa, estava agora na cozinha, que ficava próxima ao local onde o casal estava parado, então ele pôde ouvir a briga continuar de forma abafada. De repente, houve silêncio. Não muito tempo depois, o policial Kemp alcançou Cooke do lado de fora da casa de Grimshaw, e os dois policiais continuaram sua patrulha no que Kemp, mais tarde, descreveria como uma atmosfera "alegre e jovial".

Harry Kimberley, um pastor de ovelhas, mantinha seus animais no matagal de Wormwood. Às 5h do dia 7 de junho, ele encontrou o corpo de uma mulher a cerca de trezentos metros da casa de Grimshaw. Seu rosto estava coberto de sangue e um lado estava bastante deformado, como se ela tivesse sido atingida com muita força. A mulher era Maud Merton. O cirurgião da Polícia da Divisão X, Robert Jackson, examinou o corpo de Merton e concluiu que as causas da morte foram uma fratura no crânio e uma hemorragia cerebral, provavelmente causadas por uma arma contundente, como um cassetete.

Durante aquela manhã, a esposa do policial, a sra. Kate Robinson, na casa de quem Cooke tinha se alojado, viu ele varrendo o quintal. Ela investigou o local depois que o policial saiu e desenterrou o cabo de um cassetete e o apito de um policial. Ela avisou seu marido, que devidamente informou a seu inspetor, que então visitou a casa dos Robinson a fim de recolher os itens condenáveis no jardim (bem como um par de botas e calças ensanguentadas de Cooke). O policial Cooke foi prontamente preso e enviado para julgamento, durante o qual se revelou que Cooke e Merton se encontravam com regularidade, até a data de sua morte.

O policial George Cooke foi considerado culpado pelo assassinato de Maud Merton em 8 de julho de 1893, condenado à morte e executado menos de três semanas depois. Ele continua sendo o único oficial da Polícia Metropolitana em serviço acusado e considerado culpado de assassinato.

MORTA DE FOME

HARRIET STAUNTON

KC

1841—1877

Harriet se casou com seu príncipe encantado (na verdade um trambiqueiro chamado Louis Staunton). Mas os pombinhos não foram felizes para sempre. Proibida de ver a mãe, Harriet era tratada como uma prisioneira em sua casa, onde também viviam mais três pessoas, entre elas a amante de Louis. Harriet perdeu um filho com um ano de idade e logo seguiu o destino do bebê, morrendo de fome e maus-tratos.

A morte de Harriet Staunton em 1877 foi, sem dúvida, extremamente perturbadora, mas a verdadeira causa de seu falecimento permanece discutível. Apesar de ser considerada pouco inteligente e de temperamento incerto, Harriet foi criada por sua mãe para se portar razoavelmente bem na sociedade, e uma herança substancial de uma tia-avó garantiu que ela fosse capaz de satisfazer o amor por roupas da moda (embora suas abundantes tranças de apliques estivessem foram de moda, uma reminiscência da excêntrica Christiana Edmunds).

Foi em 1873, quando ela contava 33 anos, que conheceu Louis Staunton, um jovem de 23 anos, bigode e cabelos pretos, caixeiro de um leiloeiro em Streatham, e sua namorada de vinte anos, Alice Rhodes, descrita na imprensa como uma "jovem de rosto flácido". A irmã dela, Elizabeth, era casada com o irmão de Louis, Patrick Staunton. Louis via Harriet e seu dinheiro como um alvo fácil e, por sua vez, ela era enganada com facilidade e dominada por suas investidas, sem saber que seu envolvimento com ele a levaria à morte. Quando Louis e Harriet anunciaram seu noivado, a mãe de Harriet tentou fazer com que sua filha fosse detida em um asilo, mas ela falhou, e o casamento foi realizado em 16 de junho de 1875. Três semanas depois, a mãe de Harriet visitou a casa em Brixton onde sua filha estava vivendo, mas, logo após, recebeu cartas de Harriet e Louis informando-a de que ela não era bem-vinda. Separada de sua mãe e à mercê de seu marido, sua namorada Alice e de Patrick e Elizabeth, Harriet foi isolada e, privada de comida, sua saúde piorou e ela ficou desleixada. Sua condição física e mental piorou ainda mais depois que ela deu à luz um filho, Thomas, em março de 1876.

Em agosto daquele ano, Louis foi morar com Alice em uma casa chamada Little Grays, em Kent, e deixou Harriet e a criança a uma milha de distância em Frith Cottage, tudo indica que aos cuidados de Patrick e Elizabeth. Lá ela foi confinada em um quarto miserável no andar de cima, privada não só de companhia, mas até mesmo das condições mais básicas de higiene. Como era de se prever, a criança também sofreu e, em 8 de abril do ano seguinte, quando adoeceu, Patrick e Elizabeth levaram-na ao Guy's Hospital, em Londres, onde morreu no dia seguinte. Quatro dias depois, Harriet, em péssimo estado, foi levada para uma pensão no número 34 da Forbes Road, Penge, no sul de Londres. Sua aparência foi descrita como "mais parecida com um cadáver do que com uma mulher viva" e, no dia seguinte, ela também estava morta — a causa indicada no atestado de óbito era "doença cerebral" ou "apoplexia". No entanto, em um inquérito subsequente, o corpo de Harriet foi descrito como sujo, cheio de piolhos e tão desnutrido que pesava pouco mais de trinta quilos. A causa da morte foi alterada, então, para "fome e negligência".

O julgamento do assassinato dos Staunton (Louis, Patrick e Elizabeth — junto de Alice Rhodes) foi aberto em Old Bailey na quarta-feira, 19 de setembro de 1877, perante o juiz Henry Hawkins. Houve um tremendo interesse no caso, pois ele tinha todos os ingredientes de um romance de terror gótico — muitas das que tiveram permissão para testemunhar o julgamento eram senhoras vestidas com roupas da moda que se comportavam como se estivessem no teatro, algumas até mesmo observando os procedimentos com óculos de ópera. Os que tiveram a entrada negada reuniram-se em grande número do lado de fora, versados em todo o horror do caso por meio de relatos de jornais sensacionalistas. A acusação foi liderada pelo procurador-geral, Sir John Holker, mas os acusados tiveram a sorte de ter na equipe de defesa o temível advogado Edward Clarke, que triunfou ao defender Adelaide Bartlett em 1886. Clarke foi inflexível quanto ao fato de que a morte de Harriet não fora causada por negligência dolosa, mas por condições médicas como tuberculose, diabetes ou meningite e, em parte, sua própria recusa em comer devido ao seu alcoolismo — embora a autópsia tenha revelado "nenhum sinal de abuso de álcool". A acusação, no entanto, apresentou a criada de dezesseis anos dos Staunton, Clara Brown, que (embora logo depois tenha sido acusada de perjúrio) fez um relato angustiante da crueldade infligida a Harriet pelos quatro ocupantes do banco dos réus. Alice e Elizabeth choraram de forma histérica durante esse testemunho. Apesar dos esforços de Clarke, e influenciados pelo preconceito percebido do juiz contra os acusados, os jurados acolheram o depoimento da empregada e, em 26 de setembro, deram um veredicto de culpado contra os quatro réus. Os argumentos de Clarke para a defesa, no entanto, foram registrados com clareza por seus colegas médicos, pois uma carta foi publicada no *Lancet* em 6 de outubro, recomendando uma petição assinada por setecentos médicos (incluindo Sir William Jenner) e protestando contra o desrespeito dos jurados à evidência médica a respeito da doença. Isso foi apresentado ao ministro do Interior e, em 14 de outubro, a sentença de morte dos três Staunton foi comutada para a prisão perpétua; Alice Rhodes foi libertada sem acusações.

Enquanto estava na prisão, Patrick Staunton morreu de tuberculose (em 1881); sua esposa, Elizabeth, foi libertada em novembro de 1883. Louis Staunton cumpriu o último período de sua sentença na Prisão de Dartmoor e parecia mostrar algum remorso pelo tratamento cruel de Harriet, mas ainda insistiu que sua morte foi causada por sua recusa em comer. Ele foi libertado da Prisão de Pentonville em 16 de setembro de 1897, aos 46 anos, após vinte anos de prisão. Ele escreveu uma carta — amplamente publicada — na qual reivindicava sua inocência. Os relatos de sua vida após a prisão variam: parece que ele se casou com Alice Rhodes em Brighton em 1898; é em geral aceito que ele morreu em 1934, aos 83 anos; parece não haver consenso sobre ele ter passado seus últimos dias na Austrália ou em outro local.

Ficou evidente que Louis Staunton e seus companheiros trataram Harriet de maneira horrível, e a prisão e privação que a forçaram deve ter contribuído para sua morte. Se isso foi intencional, não podemos saber; mas o fato de terem testemunhado sua angustiante deterioração mental e física ignorando a busca de atendimento médico mostra um grau quase inacreditável de insensibilidade ao tratar uma mulher tão vulnerável que não lhes fez qualquer mal.

Leitura adicional | ATLAY, J.B. (org.). *Trial of the Stauntons*. Edimburgo: William Hodge and Company, 1911.

COX, D. *Brotherly Love or the Cudham Quartet*. Buckingham: Barracuda Books, 1989.

LAVANDO ROUPA SUJA

HERBERT JOHN BENNETT

1879—1901

A mulher encontrada morta na praia usava um pseudônimo, e a polícia não sabia como identificá-la. Parecia o crime perfeito. Mas a foto do canhoto de recibo de uma lavanderia, encontrado nas roupas da vítima, levou à prisão do seu marido, que tinha planos de casar com outra.

MWO

Herbert John Bennett era uma alma inquieta que os teóricos modernos tendem a perdoar, apesar de não haver qualquer dúvida atualmente sobre sua culpa.

A história inicial de Bennett foi inexpressiva. Ele parecia consciente disso, forçando uma aura de intelectualidade e sofisticação a qual sua educação e formação nada espetaculares não lhe davam direito. Essa falsa persona talvez só seria persuasiva para alguém com uma visão bastante ingênua das coisas e, em 1897, Bennett se casou com uma mulher — apenas um pouco mais velha do que ele — que era essa pessoa. Ela era Mary Anne Clark, professora de música muito interessada nas grandes visões do futuro de seu novo marido. A realidade era bem mais sombria, na qual Bennett tinha profissões humildes como assistente de jornaleiro, depois assistente de mercearia e depois vendedor de máquinas de costura, e perdia os trabalhos sempre que lhe confiavam dinheiro.

Em 1900, o casal morava separado. Bennett casou-se às pressas e agora, como de costume, viu-se arrependido; Mary Anne morava em Bexley Heath, Kent. Ele mandava um pouco de dinheiro para ela de vez em quando, ganho por meio de seu novo e legítimo trabalho no arsenal de Woolwich ou, como Edgar Wallace especulou, porque ele estava administrando "um de seus esquemas de enriquecimento rápido de forma paralela". Ele também conheceu uma jovem chamada Alice Meadows; fingindo ser respeitável, ele conheceu a família dela e a levou para a praia, em Yarmouth, onde o recatado par ocupava quartos separados.

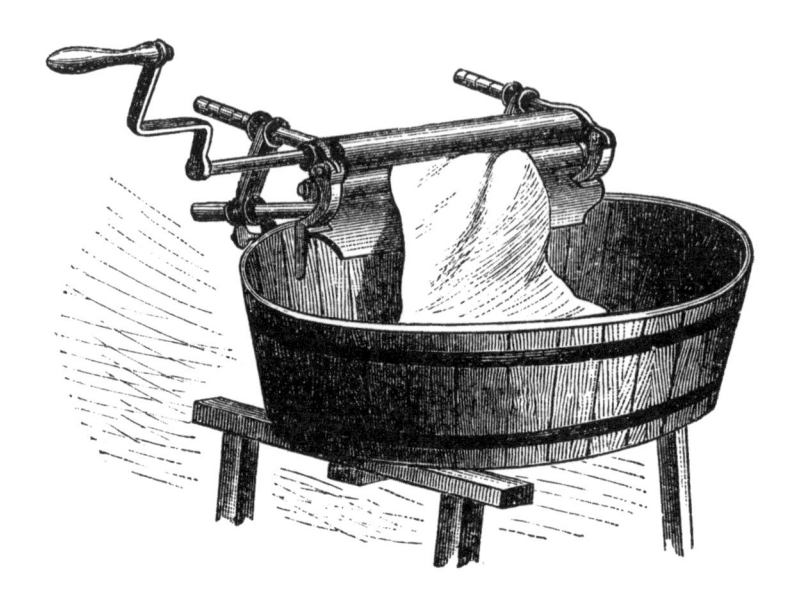

Sem dúvida, havia chegado o momento de tirar Mary Anne da jogada. Em 23 de setembro de 1900, descobriu-se que o corpo de uma mulher havia sido encontrado na praia de Yarmouth, morta por asfixia. A dificuldade imediata que a polícia local enfrentou foi estabelecer sua identidade. Ela estava alojada em uma casa de hóspedes em Yarmouth desde 15 de setembro com o nome de "sra. Hood", mas logo entendeu-se tratar de um pseudônimo. Procurando detalhes, a polícia verificou que a corrente de prata da vítima e o relógio antigo — heranças de família — estavam desaparecidos quando o corpo foi descoberto, e que ela havia recebido, no início da semana, uma carta com o carimbo do correio de Woolwich.

Havia também a pequena questão da marca da lavanderia na roupa da vítima. Ela era adicionada nas roupas enviadas para lavar, e o número da vítima, distinguindo suas roupas das de todas as outras, era 599. Uma pesquisa incansável nas lavanderias de Woolwich, no entanto, não produziu resultado. Por fim, a gerente de uma lavanderia em Bexley Heath viu uma fotografia da marca da empresa no jornal, reconheceu a origem e, examinando seus registros, descobriu que pertencia a uma sra. Bennett.

De volta a Londres, Herbert Bennett demonstrou "leve interesse" no caso, discutindo-o com Alice Meadows e sua irmã, e perguntando-se em voz alta sobre o fracasso da polícia em pegar o assassino. Mal percebeu ele que a evidência da gerente da lavanderia havia mudado a maré. Quando foi preso, exclamou: "Yarmouth? Ora, eu nunca estive em Yarmouth na vida!". Mas essa foi apenas a primeira de uma série de declarações às quais ele se agarrou enquanto isso, independentemente dos fatos apontados contra ele. Nem mesmo o famoso advogado Edward Marshall Hall conseguiu sua absolvição, e Bennett acabou executado na Prisão de Norwich, em 21 de março de 1901. Seu corpo se contorceu na ponta da corda por dois minutos e depois ficou imóvel.

O caso foi notável por vários motivos. A evidência da marca da lavanderia exemplificou o novo valor da mídia: antes, a polícia mal poderia ter esperado por contar com esse tipo de auxílio, mas um público cada vez mais alfabetizado e os avanços na tecnologia de impressão possibilitaram que pistas como essas fossem apresentadas às massas. Sem a intervenção um tanto fortuita da gerente da lavanderia, a verdadeira identidade da "sra. Hood" poderia nunca ter sido revelada. A ausência do relógio e da corrente também intriga: deve-se supor que Bennett os roubou, mas não se sabe se pelo valor monetário ou porque eram distintivos. Em um mundo ideal, talvez Bennett esperasse argumentar que a vítima de Yarmouth poderia não ter sido Mary Anne, que nunca estava sem seus preciosos artefatos; mas a senhoria dela os notou à beira-mar e, além disso, foram registrados por um fotógrafo de praia no início da semana.

Os defensores de Bennett insistem que um assassinato posterior na praia de Yarmouth — cometido em 1912 — tinha semelhanças suficientes com a morte de Mary Anne para justificar uma dúvida razoável. Parece que os dois assassinatos foram cometidos com cadarços de botas; mas — levando em consideração a inexplicável lacuna de doze anos — podemos nos perguntar se esse fato é suficiente para compensar as fortes evidências circunstanciais contra Bennett. Por outro lado, Paul Capon, em seu livro de 1965 docemente intitulado, *The Great Yarmouth Mystery*, também achava que Bennett era inocente, e sua hipótese não se baseava nas propriedades alusivas do segundo assassinato por cadarço. Uma nova pesquisa é necessária, explorando esse caso intrincado de modo mais completo além do que é possível aqui.

Leitura adicional | WALLACE, E. *The Murder on Yarmouth Sands*. Londres: George Newnes, n.d..
CAPON, P. *The Great Yarmouth Mystery*. Londres: George G. Harrap, 1965.
EDDLESTON, J.J. *Blind Justice*. Oxford: ABC-CLIO, 2000.

PROIBIDOS!
AMOR FORA DA LEI

TNB

Por séculos, a homossexualidade foi considerada crime no Reino Unido. No período vitoriano, a relação sexual consentida entre dois homens podia ser punida com execução pública. A facilidade com que acusações eram feitas incentivava chantagistas. Só em 1967 a criminalização absurda da homossexualidade seria abolida no Reino Unido!

No início da era vitoriana, a homossexualidade masculina, ou, de acordo com a lei da época, a consumação das relações homossexuais por penetração anal, fora uma ofensa capital na Inglaterra por mais de trezentos anos. O artigo foi reinterpretado pela Lei de Ofensas Contra a Pessoa (1828) sem qualquer mudança significativa, embora a relação sexual entre dois homens agora fosse listada ao lado de estupro, aborto ilegal e várias classes de ferimentos intencionais.

Outra legislação, de 1841, removeu a execução para condenados por estupro (incluindo "conhecimento carnal" de mulher menor de dez anos de idade), mas não para os condenados por "sodomia", que continuaria crime capital até 1861 — ou seja, por vinte anos, na Grã-Bretanha, era possível um homem ser enforcado por praticar sexo consensual, mas não por estupro ou abuso infantil.

Na prática, então, houve execuções por agir "de maneira criminosa, perversa, diabólica e contra a ordem da natureza" (conforme as palavras do julgamento): as de James Pratt e John Smith, condenados à morte em 1835 (Charles Dickens visitou a Prisão de Newgate enquanto os dois estavam presos lá e descreveu o comportamento deles em "A Visit to Newgate"). Isso não impediu que a sentença de morte fosse aprovada em casos posteriores. Em 1857, Henry Holding foi "indiciado por um delito não natural" e julgado sem representação legal em Old Bailey. Foi condenado à morte, mas as notas do caso dizem: "em consequência de investigações feitas pelo oficial no caso, o querelante (um menino de quinze anos de idade) demonstrou ter prestado declarações falsas". Holding foi levado de volta ao tribunal às pressas ("um intervalo de duas ou três horas desde a decisão e o julgamento de outro caso") para ser inocentado e liberado.

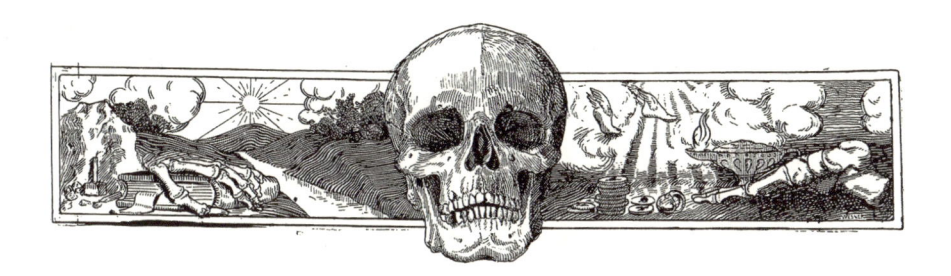

Em 1861, a pena máxima por sodomia foi reduzida da morte para a prisão perpétua. No entanto, 24 anos depois veio a chamada "Emenda Labouchere" (mais propriamente, seção 11 da Lei de Emenda da Lei Criminal de 1895), que aumentou a chance de acusação de homens homossexuais com a criação da ofensa de "má conduta grave". Esse artigo acarretava uma sentença máxima de dois anos de prisão, com ou sem trabalhos forçados e, comparada a sodomia, reduziu a quantidade de provas exigidas para a acusação. Embora as taxas gerais de condenação não tenham aumentado significativamente, vários homens foram acusados e condenados por esse novo crime. Eles não merecem ter seus nomes listados em um livro sobre crime.

Um caso notório desperta o interesse do estudioso da criminologia vitoriana. Francis Tumblety, segundo ele próprio, suspeito de ser Jack, o Estripador, foi preso por indecência asquerosa em 7 de novembro de 1888, mas fugiu do país antes que pudesse ser julgado. Já se sugeriu que os supostos crimes atribuídos a Tumblety eram uma tentativa da polícia de inventar um motivo para detê-lo e investigá-lo em relação aos crimes do Estripador, ou que ele fora vítima de chantagem. Na verdade, a Emenda Labouchere tem sido muitas vezes chamada de "carta branca para o chantagista", pois criou um cenário em que esse tipo de estelionato poderia florescer.

O principal exemplo de homossexualidade criminalizada do período vitoriano, claro, é Oscar Wilde.

Leitura adicional | ROBB, G. *Strangers: Homosexual Love in the Nineteenth Century.* Londres: Picador, 2003.

POR QUÊ? POR QUÊ?

ISRAEL LIPSKI

MWO

c. 1866—1887

Uma triste característica de muitos crimes violentos é a ausência de motivo. O assassinato cometido por Israel Lipski é um exemplo que abalou a sociedade da época. Lipski assassinou sua vizinha, com ácido. As desculpas e explicações do criminoso nunca fizeram sentido.

À medida que a era vitoriana avançava, crimes caracterizados por falta de motivação começaram a desafiar as noções populares de motivo. Sem dúvida, começou na França, com a morte da família Kinck por Jean-Baptiste Troppmann em 1870; sendo assim, Lipski foi um dos primeiros registros da Inglaterra nesse campo em evolução. Pouco mais de uma década depois de Wainwright, cujo caso era típico do melodrama vitoriano, Lipski transferiu a ação algumas centenas de metros ao sul — para Batty Street, fora da Commercial Road. A máquina do homicídio foi exposta, sem os adornos usuais do gênero e, dessa forma, o crime de Lipski antecipou o modernismo. Os assassinos continuariam a operar como de hábito — para ganhar dinheiro, ou para se libertar de uma situação intratável, ou por amor —, mas Lipski lançou os holofotes para a abstração e futilidade que seriam abraçados por uma geração moldada e sintetizada pela guerra total.

Israel Lipski morava em um pequeno quarto no segundo andar de uma casa no 16 da Batty Street, e foi uma das milhões de pessoas deslocadas da Rússia e da Europa Oriental, seja como consequência imediata ou secundária dos pogroms antissemitas. Dois outros imigrantes recentes, Isaac e Miriam Angel, um jovem casal que esperava seu primeiro filho, moravam no andar de baixo. As perspectivas de Lipski pareciam decentes: há pouco tempo ele havia sido contratado por uma fábrica de bastões de guarda-chuva e pretendia se estabelecer por conta própria, trabalhando em seu quarto; Além disso, Lipski estava noivo de uma jovem chamada Kate Lyons.

Na manhã de 28 de junho de 1887, Miriam Angel deveria visitar a casa de sua sogra na Grove Street, mas ela não apareceu. Dinah Angel, a sogra, ficou preocupada e foi à Batty Street ver se Miriam estava doente. A porta do quarto de Miriam estava trancada por dentro, mas ela podia ser vista através da trama de um pano de musselina pendurado na janela interna, bem na curva da escada que levava ao segundo andar. Ela estava imóvel na cama.

A porta foi arrombada e Miriam encontrada morta. Uma espuma borbulhava no canto da boca, e sua camisa estava queimada como se tivesse vomitado ou cuspido uma substância corrosiva. Ela estava nua da cintura para baixo. O médico examinou sua boca e encontrou danos nos tecidos moles. Seu olho direito estava escuro e inchado no local onde havia sido atacada.

Debaixo da cama, descobriram um homem. Parecia inconsciente; tinha arranhões nos antebraços como se tivesse travado uma luta, a boca exibia um pequeno ferimento — muito menor do que o de Miriam — onde havia ingerido um pouco do ácido que estava na garrafa encontrada na sala. O homem era Lipski. Foi despertado do estupor sem grande dificuldade, embora não falasse, e levado ao Hospital de Londres para se recuperar dos ferimentos. Por fim, deu a sua versão dos fatos, retratando-se como vítima de violência praticada por terceiros, assim como Miriam. Os inquéritos da polícia — que avaliaram tudo — não conseguiram fundamentar nenhuma das alegações de Lipski e, de fato, parecia haver muitas boas razões para acreditar que seu relato era falso. Todas as circunstâncias sugeriam que ele era o assassino e, foi acusado do crime, foi julgado em Old Bailey, considerado culpado em questão de minutos e, depois, condenado à morte.

Um dia antes de ser enforcado, Lipski confessou, embora não se possa acreditar em sua alegação de ter sido motivado por roubo. Como o notório W.T. Stead, que espalhava sua lucrativa dissidência na Pall Mall Gazette, Lipski estava tentando reformular suas ações. A verdade era muito menos tranquilizadora: um homem aparentemente normal, em uma manhã aparentemente normal, de repente se desviou das regras sociais e cometeu um crime terrível. O biógrafo Martin Friedland é ambivalente em relação à culpa de Lipski; sua conclusão cautelosa e a veemência de Stead foram marcantes, mas uma leitura atenta da documentação sobrevivente não deixa espaço para dúvidas.

Leitura adicional | FRIEDLAND, M.l. *The Trials of Israel Lipski*. Londres: Macmillan, 1984. OLDRIDGE, M.W. *Murder and Crime: Whitechapel and District*. Stroud: The History Press, 2011).

TIROS NO NEVOEIRO

JAMES BLOMFIELD RUSH

MWO

c. 1800—1849

Cheio de dívidas, o fazendeiro James Rush não tinha como pagar o aluguel da propriedade onde morava. Temendo ser despejado, ele aproveitou o nevoeiro espesso para se camuflar e partiu para a casa de seu senhorio, disparando contra todos que viu pela frente. Dois homens morreram, duas mulheres ficaram feridas. Mesmo sob a neblina, Rush foi identificado, e acabou, como tantos criminosos da época, na forca.

Em sua época, James Blomfield Rush foi um assassino de crueldade insuperável, o suficiente para provocar a curiosidade de Charles Dickens, que visitou a cena do crime de Rush, Stanfield Hall, pouco mais de um mês após o acontecido. Dickens disse que a propriedade tinha "uma aparência horrenda que parecia convidar ao assassinato". Richard Altick, analisando o caso em seu clássico *Victorian Studies in Scarlet*, identificou a origem da atmosfera homicida na zona rural de Norfolk, com sua "melancolia e isolamento".

Não pode haver dúvida de que, na noite em questão, um espesso nevoeiro (como se fosse encomendado) contribuiu para a sensação geral de ameaça; ou que, nos momentos após o que agora seria chamado de invasão domiciliar, dois homens morreram e duas mulheres ficaram bastante feridas. Mas o que trouxe Rush — o agressor — a essa posição?

Como sempre, o prelúdio do caso foi extenso, e aspectos das circunstâncias e da personalidade apareceram aqui e ali. Mesmo em sua juventude, Rush era considerado por aqueles que o conheciam como "enganoso e desonesto"; na época em que a meia-idade se instalou, ele conseguiu acumular dívidas significativas e pelo visto recorreu a uma variedade de medidas ilícitas na tentativa de pagá-las (ninguém sabe ao certo, mas parece possível que ele tenha atirado no próprio pai a fim de acelerar a sua herança). Estabeleceu um vínculo locatício com Isaac Jermy, o proprietário da terra na qual Rush alugou uma fazenda, mas, após a colheita de 1848, a paciência de Jermy estava se esgotando. Rush lutava para pagar o aluguel e percebeu que enfrentaria o despejo.

Em 27 de novembro de 1848, Rush instruiu um menino obediente e desprovido de curiosidade a colocar palha na calçada lamacenta que conduzia de sua humilde fazenda ao Stanfield Hall (o edifício Arts and Crafts com aparência assassina e a casa da família Jermy). Entre 7h e 8h da manhã, a companheira de Rush, Emily Sandford, o ouviu sair, fechando a porta atrás de si. Pouco depois das 8h, Isaac Jermy, que estava tomando ar na varanda do Stanfield Hall, foi confrontado e baleado no coração por um intruso; o atirador emergiu do nevoeiro, com o rosto escondido de forma estratégica.

Em seguida, o agressor entrou na casa. O filho de Isaac Jermy — inesquecivelmente chamado Isaac Jermy Jermy — dirigia-se à varanda, tendo ouvido o primeiro tiro; ele se tornou a segunda vítima, baleado como seu pai. A esposa mais jovem de Jermy saiu da sala de estar, desmaiando ao descobrir o corpo de seu marido no corredor; uma criada, Eliza Chastney, foi atender sua patroa; ambas foram baleadas, a sra. Jermy no braço (que mais tarde foi amputado em uma cirurgia) e a sra. Chastney na perna. Neste ponto, deixando sua tarefa incompleta, o homem com a arma desapareceu de volta no nevoeiro.

Como inquilino próximo, Rush era conhecido o bastante pelos membros da casa para logo ser apontado como suspeito dos tiroteios; um mordomo ileso, que avistou o atirador, não se deixou enganar pelo rosto encoberto do criminoso. Em seu julgamento, que começou na quinta-feira, 29 de março de 1849, Rush decidiu se defender, fazendo uma performance e tanto. Ainda que tenha sido estimulante para seu ego, teria sido melhor contratar um profissional. Ele foi condenado à morte e executado diante de uma enorme multidão no Castelo de Norwich, em 21 de abril de 1849 (bem a tempo de Frederick e Maria Manning começarem sua ascensão à notoriedade: o crime vitoriano não tirava férias).

Algumas últimas observações sobre este caso brutal. Uma nota que Rush deixou cair na cena de seu ataque mostrou que ele esperava lançar a culpa pelos eventos da noite fatal em uma ramificação deserdada da família Jermy. De volta à sua fazenda, ele elaborou uma série de documentos falsos esperando que, no emaranhado financeiro que resultaria da aniquilação das Jermy de Stanfield Hall, eles fossem aceitos sem contestação. Isso saldou suas dívidas — ou o teriam feito, se ele não tivesse sido pego. Sua arma letal, um bacamarte, desaparecida há algum tempo, foi enfim recuperada, após uma busca oficial de agonizante ineficiência, em um monte de esterco.

Leitura adicional | ALTICK, R.D. *Victorian Studies in Scarlet*. Nova York: W.W. Norton, 1970.
FLANDERS, J. *The Invention of Murder*. Londres: HarperPress, 2011.
TEIGNMOUTH SHORE, W. (org.). *Trial of James Blomfield Rush*. Edimburgo: William Hodge and Company, 1928.

VAI DOER?
JAMES CANHAM READ

MWO

1856—1894

James Read não entrou para a história por sua coragem. Tinha uma vida dupla, com duas famílias e duas identidades diferentes. Além de bígamo, manteve relações com Florence Dennis e com a irmã dela, Bertha. Quando Florence engravidou, ele a matou, roubou dinheiro e fugiu. No dia de sua execução, sua maior preocupação era se sofreria na forca.

Ele pensou nisso por muitos anos, mas mesmo assim Robert Dowthwaite nunca soube o que o fez prestar atenção ao casal que passava por ele na estrada. Talvez fosse apenas porque ele não esperava ver ninguém dar um passeio, de braços dados, às 22h nos arredores rurais de Prittlewell, em Essex. Ele os observou até que se mesclassem ao campo, desaparecendo encosta abaixo em direção a um pequeno riacho.

No dia seguinte, segunda-feira, 25 de junho de 1894, o corpo de Florence Dennis foi localizado, amontoado em uma cerca-viva e com uma bala no cérebro. Isso levou a uma investigação de assassinato: Dowthwaite logo percebeu que fora testemunha de algo.

Ele não tinha visto o rosto do homem, descrevendo-o como "baixo e invisível", mas seu comportamento, que era de alguma forma irregular, chamou sua atenção, no entanto. Outras pessoas que tinham visto o casal também ficaram impressionadas pelo misterioso cavalheiro, embora ninguém o tenha visto muito bem.

Em pouco tempo, o nome do suspeito tornou-se conhecido. James Canham Read, um respeitável balconista das docas de Londres, vivia de maneira escandalosa como pai de família com sua esposa e oito filhos em Stepney, ou dormindo com Florence de 23 anos (a quem ele tinha engravidado) ou, em uma iteração posterior, dormindo com a irmã casada de Florence, Bertha (que dera à luz seu filho ilegítimo). No intervalo entre o desaparecimento de Florence e a descoberta de seu cadáver, Bertha enviou um telegrama para Read em seu local de trabalho, exigindo saber o que ele havia feito com ela. Ele respondeu que não sabia, mas, percebendo que as coisas ficariam bem complicadas para ele, tomou a precaução de roubar 160 libras do cofre de seu empregador e desaparecer. Aos poucos, foi estabelecido que esse indivíduo ocupado tinha outra mulher e outro filho, morando em Mitcham com o nome de Benson, e aqui Read foi preso pelo sargento de Polícia de Essex Alfred Marden, que ganhou uma promoção.

Read foi acusado de roubo e assassinato e enviado a julgamento no Essex Assizes em Chelmsford, onde admitiu o primeiro crime, mas negou o último. O caso contra ele era circunstancial, mas ostensivamente convincente. Florence, grávida e buscando reparações financeiras, exigia pena máxima; ele telegrafou de volta pedindo a ela para encontrá-lo em Southend na noite de sábado. A bala na cabeça de Florence correspondia às encontradas no endereço de Read em Stepney, e encaixava em uma pistola que ele possuía e estava desaparecida. Read chegara ao trabalho na manhã de segunda-feira, com a barba por fazer e parecendo ter dado uma longa caminhada; então acendeu uma fogueira (no meio do verão), começou a queimar coisas na lareira, recebeu o telegrama de Bertha, roubou o dinheiro, terminou de fazer a barba e se acomodou o melhor que pôde em uma vida incerta em Mitcham, recortando de jornais nacionais todos os artigos sobre o assassinato em Prittlewell de uma maneira quase obsessiva.

Contra tudo isso, algumas objeções foram levantadas. Read pode ter estado em Southend — do qual Prittlewell era uma extensão do satélite — no sábado, mas ninguém sabia com quem Florence tinha ido se encontrar no domingo. As testemunhas que alegaram tê-lo visto foram unificadas não apenas pela certeza, mas também pelas circunstâncias nada promissoras em que realizaram suas observações, e todas as testemunhas civis, em particular, tinham visto os jornais antes de comparecerem ao reconhecimento criminal, depois escolhendo o homem que se parecia com o descrito nas colunas lidas. Um policial que falou com um sujeito que voltava de Essex para Londres na madrugada de segunda-feira, 25 de junho, perguntou ao viajante solitário de onde ele tinha vindo. "Southend", foi a resposta impensada, e seria provável que o assassino admitisse tal coisa para um policial? Bertha, a principal testemunha da acusação, minou o valor de suas provas mentindo perante os magistrados; além disso, ela nutria um possível motivo para tirar Florence do caminho, se estivesse com ciúmes de seu caso com Read, e também pode ter tentado puni-lo. Richard Storry Deans, escrevendo sobre o caso na década de 1930, considerou o julgamento "insatisfatório". Muito, ele pensou, foi feito sobre a incapacidade de Read de estabelecer um álibi para a noite em questão, ou de revelar o paradeiro de sua arma. Como réu, Read não era obrigado a provar sua inocência; era dever da acusação provar sua culpa.

Como viu-se depois, o júri não experimentou incertezas semelhantes, e Read foi considerado culpado, sentenciado à morte e executado em Chelmsford em 4 de dezembro de 1894. Suas últimas palavras, supostamente ditas ao carrasco, William Billington, foram: "Vai doer?". Na verdade, ele fez essa pergunta ao cirurgião da prisão alguns minutos antes de ser enforcado e pareceu muito aliviado ao saber que sua morte seria "rápida e indolor". Suas últimas palavras para Billington, de forma bem menos dramática, foram: "Abotoe meu casaco".

Leitura adicional | DEANS, R.S. *Notable Trials: Difficult Cases.* Londres: Chapman & Hall, 1932. WOOD, W. *Survivors' Tales of Famous Crimes.* Londres: Cassell, 1916.

DURO DE MATAR

JOHN HENRY GEORGE LEE

KC

1864—1945

Acusado pelo assassinato de sua patroa, John "Babbacombe" Lee escapou da morte por caprichos do destino. No dia marcado, por três vezes teve a corda no pescoço, mas o alçapão do cadafalso simplesmente se recusava a abrir. A rainha Vitória cancelou sua execução. Ficou preso por 22 anos, e depois de ser liberado, transformou-se numa lenda viva.

O aspecto mais extraordinário do caso de John "Babbacombe" Lee foi que, depois de ser considerado culpado pelo assassinato de sua patroa idosa, a srta. Emma Keyse, o carrasco, James Berry, fez três tentativas malsucedidas de enforcá-lo. John Lee, de vinte anos, fora um jovem rebelde, mas teve uma segunda chance com a srta. Keyse, que o empregou como biscate em Glen, sua charmosa vila na baía de Babbacombe, perto de Torquay, Devon. Também moravam na casa duas empregadas idosas, as irmãs Eliza e Jane Neck, e a cozinheira Elizabeth Harris, de 30 anos, meia-irmã de John Lee. No entanto, embora parecesse um homem já estabelecido e noivo de uma garota local, ele não estava totalmente feliz em ser recompensado por seu trabalho com um espaço para dormir na despensa e um salário medíocre.

Na noite de sábado, 15 de novembro de 1884, houve um incêndio desastroso, e o corpo carbonizado e sem vida da srta. Keyse foi descoberto na sala de jantar. Havia ferimentos terríveis em sua cabeça, e sua garganta havia sido cortada, partindo a carne até o osso. Ao redor do corpo havia pilhas de jornais meio queimados e havia um cheiro forte de parafina. O fogo foi controlado e — assim que a fumaça se dissipou — a polícia descobriu uma poça de sangue coagulado na passagem que levava à dispensa. Como não havia sinal de arrombamento, John Lee parecia o provável culpado — as irmãs Neck eram almas gentis de quase setenta anos, e a cozinheira, Elizabeth Harris, estava grávida. Lee foi preso, e a brutalidade do crime era tão forte que, quando ele foi levado a julgamento, a publicidade e as especulações em torno do caso tornaram-se galopantes.

Em fevereiro de 1885, John Lee foi julgado pelo assassinato da srta. Keyse perante o juiz Manisty, que admitiu não ter estudado os detalhes do caso. Lee se declarou inocente e assistiu ao processo exalando um ar de indiferença. Ao ser sentenciado à morte, ele disse ao juiz: "A razão, meu Senhor, da minha calma e serenidade é porque confio em meu Senhor e ele sabe que sou inocente". Enquanto aguardava a execução, várias petições foram encaminhadas ao ministro do Interior, Sir William Harcourt, mas foram rejeitadas. John Lee teve permissão para visitas de clérigos e familiares e, segundo contam, deu os nomes de duas pessoas que estavam envolvidas no assassinato da sra. Keyse. Logo depois, os nomes foram revelados na imprensa como sendo de sua meia-irmã, Elizabeth Harris, e seu amante anônimo.

A execução foi marcada para segunda-feira, 23 de fevereiro de 1885; o carrasco, James Berry, viajou para a Prisão de Exeter de sua casa em Bradford a fim de se preparar para o que seria sua 19ª execução desde sua nomeação no ano anterior. No entanto, nenhuma experiência poderia tê-lo preparado para os eventos dramáticos que se seguiriam. John Lee ficou de pé, encapuzado e com o laço em volta do pescoço, mas, quando Berry retirou a alavanca, houve apenas um leve ruído de rangido e a armadilha permaneceu fechada — mesmo após dois guardas receberem ordens de pisar nela. O capuz e a corda foram removidos e Lee, com as pernas ainda presas, foi arrastado um pouco para a frente para que Berry pudesse examinar o aparelho. Enquanto os oficiais entraram em pânico, Lee ficou imóvel e sua expressão facial permaneceu inalterada. Pela segunda vez, ele foi colocado sobre a queda, encapuzado; o laço foi colocado em seu pescoço. O ferrolho foi puxado mais uma vez, mas o alçapão permaneceu firme, e nesse estágio Berry estava suando. O capô e a corda foram removidos de novo, e Lee foi levado para o fundo da sala, onde foi capaz de observar os esforços frenéticos de Berry para corrigir o mecanismo defeituoso. Quando uma terceira tentativa de enforcar Lee também falhou, ele foi levado para uma cela, momento em que a angústia de sua situação começou a aparecer.

A notícia da ocorrência extraordinária se espalhou muito rápido, e a própria rainha Vitória enviou um telegrama ao ministro do Interior expressando seu horror pelas "cenas vergonhosas em Exeter" e sugerindo que sua sentença de morte deveria ser comutada para prisão perpétua. O relato de James Berry sobre a investigação oficial da falha do aparelho de forca apareceu em suas memórias; em outros lugares, rumores logo se espalharam de que na noite anterior à execução programada, Lee e sua mãe haviam sonhado que ele não seria enforcado. Foi até sugerido que Berry tivesse sido subornado para sabotar o equipamento.

John Lee foi um prisioneiro truculento durante seus 22 anos de confinamento, sendo transferido de uma prisão a outra por causa de suas frequentes explosões de raiva e protestos por sua inocência do crime. Ele foi finalmente libertado em dezembro de 1907 e se tornou um herói popular, cercado por uma multidão enorme, composta sobretudo por mulheres, em todos os lugares que frequentava. Ele se deleitou com sua notoriedade, recebendo centenas de cartas de simpatizantes que acompanharam a história de sua vida no *Lloyd's Weekly News*. Mais tarde, Lee trabalhou como barman em Londres e se casou em 1909, mas três anos depois sua esposa e dois filhos pequenos já estavam morando na Lambeth Workhouse. Os detalhes dos anos restantes de Lee são incertos, mas acredita-se que ele tenha morrido em 19 de março de 1945, em Milwaukee, Estados Unidos, aos 81 anos.

Há tantos mitos e folclores associados à história de John "Babbacombe" Lee que as pessoas especulam e publicam relatos investigativos até hoje. Corria o boato de que, dois anos após o assassinato, Elizabeth Harris havia feito uma confissão no leito de morte, mas os registros mostram que a criança que ela esperava nasceu no Union Workhouse, em Newton Abbot, em maio de 1885, e que depois disso Elizabeth se mudou para a Austrália, onde morreu em 1926. Também foi sugerido que seu amante misterioso era um jovem de uma família local bem relacionada que havia morrido "bastante insano". A identidade do homem foi inferida em um livro recente: nessa leitura, ele era Reginald Gwynne Templer, o advogado que arcou com os custos da defesa de Lee durante o inquérito e as audiências dos magistrados até perder a consciência antes do julgamento do assassinato. Ele conhecia muito bem Emma Keyse e era um visitante frequente em Glen. Ele morreu em 1886, um ano após a condenação de Lee.

Então, o que *pode* ter acontecido na noite em que a srta. Keyse foi assassinada? Despertada por ruídos, ela desceu para investigar, encontrando seu agressor na passagem que levava à despensa? Lee tinha, talvez, o hábito de visitar Elizabeth depois que a srta. Keyse e as solteironas se retiraram para passar a noite? Sabendo que seria reconhecido, ele teria entrado em pânico, lançando-se em um ataque frenético? Ou será que Lee, Elizabeth e seu amante estavam roubando a srta. Keyse quando ela os flagrou? A amargura de Lee para com sua meia-irmã era evidente e ele disse o tempo todo que ela e outra pessoa estavam envolvidas no assassinato. No entanto, na época, seu amante não foi nomeado nem obrigado a explicar seus movimentos na noite do assassinato. Não seria a primeira vez que dinheiro e privilégio salvariam um jovem da forca. John Lee, inocente ou culpado, suportou com um estoicismo notável a provação das tentativas de Berry de enforcá-lo e, ao derrotar o sistema, com certeza deixou sua marca na história do crime. Ele será para sempre lembrado como o homem que eles não conseguiram enforcar.

Leitura adicional | HOLGATE, M. *The Secret of the Babbacombe Murder*. Devon: The Peninsular Press, 1995.

MORTE NADA SERENA

LUIGI BURANELLI

TNB

1823—1855

Após enviuvar duas vezes e ter problemas de saúde, o italiano Luigi Buranelli demonstrou sinais de instabilidade emocional. Matou Joseph Latam, seu amigo de longa data e senhorio, por um motivo fútil. Tentou o suicídio, mas a bala ficou alojada atrás do nariz. O projétil permaneceu no local até o enforcamento de Luigi, meses depois.

Hoje, na Langham Street (anteriormente conhecida como Foley Place), perto da Regent Street em Londres, um comprador pode adquirir um apartamento de dois quartos por um preço de pouco mais de 3 milhões de libras. Em 1855, no entanto, a posse de propriedade nessa área era uma ambição possível. Homens como Joseph Latham podiam comprar imóveis e, por sua vez, alugar espaços dentro delas para homens como Luigi Buranelli, um imigrante de 32 anos de Ancona, Itália. Essas histórias, contudo, nem sempre terminavam bem.

Buranelli havia chegado a Londres em 1849 ou 1850, com a intenção de seguir uma complicada questão legal envolvendo seu último empregador. Depois de viver algum tempo em um hotel, Luigi se hospedou no Soho. Entre seus vizinhos estavam Joseph Latham e uma senhora chamada sra. Jeans; Latham e Jeans alegaram, falsamente, ser marido e mulher, usando os nomes de sr. e sra. Lambert. Pouco depois, a própria esposa de Buranelli, Rosa, juntou-se a ele na Inglaterra. No entanto, no início de 1851, Rosa morreu, e a vida de Luigi e sua sanidade começaram a se desfazer. Ele foi ouvido reclamando, de maneira um tanto enigmática, em mais de uma ocasião, as seguintes palavras: "todos os meus problemas acontecem às sextas-feiras".

No entanto, na época do censo de 1851, o viúvo Buranelli estava ao serviço de Charles Joyce, em Paddington, listado ao lado de outra criada, Martha Ingram, de 23 anos, que logo se tornaria a segunda sra. Buranelli. Uma filha, chamada Rosa, nasceu no ano seguinte, quando o casal estava trabalhando em Kent. De forma trágica, porém, Luigi logo perderia sua segunda esposa: em 1854, supostamente durante o parto, Martha morreu. Dessa vez, no entanto, não houve como Buranelli escapar da dor.

Sua saúde também começou a se deteriorar e ele precisou de um longo tratamento para uma fístula anal, cujos sintomas e tratamento só aumentaram seu tormento psicológico. Em agosto, ele enfim concordou em operar a fístula e foi internado no Hospital Middlesex. A essa altura, ele costumava ser violento, com um temperamento ingovernável.

Em 2 de setembro de 1854, Luigi recebeu alta do hospital e alugou um quarto de seus antigos conhecidos "sr. e sra. Lambert", primeiro na Newman Street e, depois, em Foley Place. Lá ele conheceu outra inquilina, a sra. Williamson, tendo logo um caso com a mulher. Em 28 de dezembro, porém, Williamson reclamou com seu senhorio que Buranelli a engravidara e, temendo um escândalo, Latham pediu-lhe que fosse embora. Não está claro se Williamson estava de fato grávida, embora, alguns dias depois, ela tenha ficado acamada.

Por algum tempo, Buranelli parecia não ter má-vontade. Ele visitou a casa mais uma vez e falou com Joseph Latham e, em particular, com a sra. Williamson. Ele também escreveu cartas para ela perguntando sobre seu estado de saúde, e também de seus antigos vizinhos. Não obstante, em 14 de janeiro de 1855, Luigi voltou à Foley Street com uma pistola que comprara há pouco tempo na Oxford Street, e atirou em Joseph Latham enquanto ele estava deitado na cama com a sra. Jeans. Buranelli tentou suicídio após o assassinato, mas só conseguiu disparar uma bala no rosto, no espaço atrás do nariz, onde a bala se alojou.

Após sua prisão e julgamento, as objeções do célebre "alienista" Forbes Benignus Winslow à execução de Buranelli foram inúteis; tampouco a campanha da Sociedade Contra a Pena Capital, que também acreditava que ele era louco e, portanto, não era responsável por suas ações.

Em 29 de abril de 1855, direto de sua cela na Prisão de Newgate, Buranelli escreveu uma carta agradecendo à mulher que cuidava de sua filha; às 5h da manhã seguinte, ele acordou e passou duas horas com um padre católico. Às 7h, ele foi levado à forca, onde foi imobilizado pelo carrasco William Calcraft na frente de uma grande multidão. Seu pedido final foi que uma carta fosse enviada para a mãe, e que enviassem uma imagem sua e um anel para a filha. A bala de sua tentativa de suicídio permaneceria com ele até o fim, pois as tentativas de removê-la enquanto estava preso foram dolorosas demais.

A morte de Buranelli não foi fácil. "Ele pareceu lutar convulsivamente por um período de dois a três minutos", de acordo com um relatório, acompanhado de outros relatos afirmando que Calcraft precisou até mesmo se pendurar nas pernas do prisioneiro para apressar sua morte. Outras fontes afirmam que isso não era incomum para Calcraft, e até sugerem que ele pode ter feito para divertir a plateia. Nessa ocasião, pelo menos, tal teatro não caiu bem com a multidão reunida. Quando Calcraft voltou ao cadafalso para tirar o corpo, ele foi zombado, momento em que o carrasco teria feito uma reverência sarcástica à multidão, o que dificilmente ajudou a acalmar a situação.

A "máscara mortuária" de Buranelli hoje faz parte da coleção do Museu do Crime, na Scotland Yard.

Leitura adicional | WINSLOW, F.B. *The Case of Luigi Buranelli, Medico-legally Considered*. Londres: John Churchill, 1855.

CHAPÉU SEM DONO

O ASSASSINATO EM ARRAN

1889

Edwin Rose teve a cabeça esmagada num passeio turístico. O principal suspeito, encontrado com o chapéu da vítima, jurava ser inocente: só escondeu o corpo porque ninguém acreditaria que a morte tinha sido acidental. Por pouco, a desculpa não colou.

MWO

Poucas vítimas de assassinato vitoriano podem ter sido tão complacentemente alegres e sociáveis quanto Edwin Rose, de 32 anos de idade. Residente em Tooting e, por profissão, escriturário de um construtor de Brixton, Rose partiu para as férias de verão em julho de 1889, visando os centros escoceses de hidroterapia. No dia 12, em uma balsa para a ilha de Arran, ele instantaneamente fez amizade com um jovem chamado Annandale. Ambos decidiram passar algum tempo juntos na ilha, a começar pelo dia seguinte, quando um humilde puxadinho adjacente à pensão da sra. Walker seria disponibilizado a eles.

A única atividade interessante em Arran era escalar o pico dominante da ilha Goatfell e, como estavam no auge da temporada turística, muitas pessoas subiam e desciam a montanha durante todo o dia. Na segunda-feira, 15 de julho, Rose e Annandale decidiram fazer exatamente isso. Tinham os humores contrastantes: Rose, como sempre, conversando com qualquer pessoa que encontrasse como se a conhecesse desde sempre; Annanddale silencioso, taciturno e perseguindo as encostas à frente de seu companheiro.

Então os homens se separaram, e Annandale deixou Arran sem pagar à sra. Walker pela acomodação em ruínas. Quando Rose não reapareceu em Londres no seu trem de volta, o alarme foi dado e grupos de busca foram enviados a Goatfell para tentar estabelecer o que havia acontecido com o turista desaparecido. O mau tempo impediu a descoberta do corpo de Rose até domingo, 4 de agosto; jazia em um estado putrefato, embora — com exceção da cabeça, que fora totalmente esmagada — não estivesse ferido, no geral. Estranhamente, ele foi escondido em uma cavidade sob uma das inúmeras pedras da montanha, e uma tela de pedras e vegetação foi erguida para escondê-lo da visão dos caminhantes. O voluntário que o descobriu conseguiu localizar o corpo apodrecido por conta do fedor pútrido.

A curiosidade agora se voltava para o paradeiro do esquivo Annandale. No final das contas, a aparência ostensiva de um certo John Watson Laurie, que perambulava por Glasgow vestido com o quepe desaparecido de Rose e um chamativo casaco esportivo, deixou poucas dúvidas sobre quem estava usando o nome

"Annandale" como pseudônimo. Um dos sócios de Laurie, um homem chamado Aitken, começou a somar dois mais dois. "Certamente", disse Laurie a Aitken, "você não acha que eu sou um...". Nesse ponto, a frase foi sumindo. Aitken pensou que Laurie completaria a frase com "ladrão", porque a propriedade duvidosa do quepe era um ponto particular de suspeita; mas com certeza "mentiroso" e "assassino" também eram opções disponíveis — e não inadequadas.

Percebendo que Glasgow estava ficando agitado demais para ele, Laurie fugiu, primeiro para Liverpool e depois, talvez, para Aberdeen. Ele acabou sendo preso em um bosque perto de Hamilton, após fazer uma tentativa ineficaz de suicídio, dizendo, de forma bastante enigmática: "Eu roubei o cara, mas não o matei". Em seu julgamento, que começou em Edimburgo na sexta-feira, dia 8 de novembro, sua defesa quase desnecessária seguiu a mesma linha — analisando o comentário de Laurie como algo fora do normal. Nessa leitura, Laurie havia deixado Rose (vivo e tranquilo) no cume de Goatfell, e então roubado os pertences que ele havia deixado no puxadinho quando se convenceu (prevendo o futuro) de que seu companheiro de quarto temporário não voltaria. Uma vez que o cadáver havia sido despojado de seus objetos de valor antes de ser escondido debaixo da rocha, foi difícil evitar a conclusão de que o comentário de Laurie não pretendia ter um significado tão específico.

O veredicto do tribunal dependia do entendimento quanto à causa dos ferimentos na cabeça de Rose, se resultavam de um ataque ou de uma queda acidental. As opiniões médicas dividiam-se e a decisão do júri espelhava de perto tal incerteza, já que Laurie foi condenado por apenas oito votos contra sete. Ele foi condenado à morte, mas suspenso após um protesto popular baseado em parte no misericordioso precedente de outra figura criminosa importante no momento, Florence Maybrick. Laurie nunca foi solto e passou os últimos vinte anos de sua vida em uma instalação para criminosos insanos.

Ele nunca admitiu sua culpa, mas mudou sua história após o julgamento, dizendo que Rose, na verdade, morrera de uma queda, e que ele, Laurie, ficara impressionado ao perceber imediatamente que a coisa toda se parecia com um assassinato; portanto, às pressas, decidiu esconder o corpo de Rose e esperar pelo melhor. É difícil acreditar em qualquer palavra proferida pela boca de Laurie — ele *era*, no mínimo, um mentiroso —, mas devemos notar a observação de William Roughead de que, "nas mãos hábeis do reitor da faculdade [o advogado de Laurie]", esse argumento com certeza "teria, se fosse adotado, resultado em absolvição".

Leitura adicional | ROUGHEAD, W. *'The Arran Murder' in Classic Crimes*. Nova York: New York Review Books, 2000.

A FUGA DO FACÍNORA

O ESCÂNDALO NA CLEVELAND STREET

NRAB

1889

Numa época em que era crime ser homossexual na Grã-Bretanha, um bordel masculino de Londres cobrava caro pelos segredos de sua requintada clientela. O proprietário — e chantagista — Charles Hammond viu a casa cair quando dois garotos de programa adolescentes foram presos, e conseguiu fugir do país. Apesar da pressão para encobrir o caso, o escândalo acabou ganhando as páginas dos jornais.

Charles Hammond era o que o vitoriano de mentalidade criminosa chamaria de chefe valentão, o violento dono de um bordel masculino. O dele estava localizado no número 19 da Cleveland Street, não muito longe do Regent's Park, e foi essa localização na elegante Fitzrovia de Londres que atraiu a clientela rica e, às vezes, famosa de Hammond. No entanto, foi a reputação feroz de Hammond como um chantagista que de fato pagou bem por ele, visto que ele se aproveitou da vulnerabilidade de seus clientes — a homossexualidade não era apenas ilegal, mas também carregava um estigma social tão grande que qualquer indício de escândalo destruiria a reputação de um homem em instantes.

E assim o embuste continuava. Com pouca escolha a não ser obedecer, os clientes ricos pagavam sabendo muito bem que Hammond poderia não apenas fornecer o que eles desejassem, mas também extrair mais deles, se quisesse. Hammond sabia que esses homens conhecidos e cheios de dinheiro dificilmente poderiam ir à polícia e admitir o delito da sodomia; o medo residia mesmo era no comparecimento posterior ao tribunal, o que sem dúvida prejudicaria reputações. A questão também foi agravada pelo fato de que alguns dos clientes de Hammond tinham certa preferência por rapazes, no meio da adolescência. O próprio Hammond poderia ficar tranquilo, sabendo que aqueles que ele estava chantageando ficariam calados; no entanto, não foi a clientela que instigou a morte de Hammond, desencadeando um escândalo que abalaria os alicerces do estabelecimento, mas sim um garoto do telégrafo, de quinze anos de idade, chamado Charles Swinscow.

O policial Luke Hanks foi designado para o Correio Central de Londres e, portanto, investigou todos os crimes relacionados a essa organização. No início de julho de 1889, ele estava investigando um caso de roubo cometido nas instalações dos correios quando recebeu a notificação de que um dos garotos do telégrafo, Swinscow, sem condições de andar com tanto dinheiro, fora encontrado em posse de 14 xelins. Este era o salário de mais do que algumas semanas para tal funcionário, então o policial Hanks questionou Swinscow. Foi durante essa troca que o jovem admitiu que trabalhava como prostituto para Charles Hammond e que o dinheiro era seu. O uso de rapazes telegráficos como prostitutos não era incomum, devido à sua disponibilidade e quase validade de viagens para entregar telegramas pela metrópole. As investigações do policial Hanks revelaram que Swinscow havia sido abordado pelo funcionário dos correios Henry Newlove, de dezoito anos, e que a dupla havia iniciado um relacionamento sexual. Newlove então apresentou Swinscow a Hammond. Dois outros garotos do telégrafo, George Wright e Charles Thickbroom, também estavam trabalhando para Hammond na Cleveland Street. Percebendo que outra ofensa havia surgido, o policial Hanks entregou esse caso específico à Scotland Yard, que nomeou o inspetor Frederick Abberline, um de seus detetives mais talentosos, para o caso.

Em 6 de julho, munido de um mandado de prisão de Newlove e Hammond, Abberline foi até a Cleveland Street, número 19, apenas para encontrar o lugar trancado. Era tarde demais; Newlove já havia avisado seu tesoureiro de que o esquema havia sido revelado. Abberline então foi para a casa da mãe de Newlove em Camden Town, onde encontrou e prendeu o jovem funcionário dos Correios. Após sua remoção para a delegacia, Newlove admitiu ter avisado Hammond, e afirmou que o chefão tinha ido para a casa de seu irmão em Gravesend e, depois de lá, para a França. Surgiu então uma confissão chocante quando Newlove, indubitavelmente chateado com Hammond por deixá-lo enfrentar tudo sozinho, começou a listar nomes famosos — o *dramatis personae* dos dias e noites no bordel da Cleveland Street —, incluindo Lord Arthur Somerset, um amigo próximo do príncipe de Gales e do conde de Euston, Henry FitzRoy.

Abberline colocou as instalações na Cleveland Street sob observação, apenas para o caso de Hammond tentar retornar, e continuou suas investigações ao longo de agosto, quando mais nomes apareciam. Outra conexão dos Correios foi feita quando George Veck, um ex-funcionário que agora se fazia passar por clérigo, foi preso na estação ferroviária de Waterloo. Foi descoberto que ele possuía algumas cartas enviadas pelo sr. Algernon Allies, e os Allies, que foram interrogados, revelaram que ele já tivera relações sexuais com Lord Somerset e havia trabalhado na Cleveland Street como prostituto.

O inspetor Abberline correu atrás da extradição de Hammond da França. As autoridades, sem dúvida preocupadas com os nomes abastados já envolvidos no caso, empacaram. Sendo assim, Abberline voltou sua atenção para o Lord Somerset, buscando qualquer evidência suficiente para perseguir o aristocrata que, àquela altura, também havia deixado o país.

Enquanto isso, uma data de julgamento foi marcada para Newlove e Veck, e a defesa da dupla foi arranjada pelo próprio advogado do Lord Somerset, Arthur Newton; ainda assim, eles se confessaram culpados de indecência e receberam sentenças de quatro e nove meses de trabalhos forçados, respectivamente. A imprensa permaneceu bastante quieta sobre o assunto até o julgamento de Newlove e Veck, quando de repente começou a falar. O escândalo tornou-se global, e as discussões foram numerosas, mas, apesar de explorarem muito o caso, o progresso de Abberline foi inibido por aqueles que detinham autoridade. Houve alegações de um encobrimento destinado a proteger certos membros importantes do Sistema, com fofocas infundadas nomeando o príncipe de Gales como cliente do bordel. Hammond deixou a França e foi para os Estados Unidos, enquanto Lord Somerset permaneceu na França, visitando a Inglaterra ocasionalmente.

Abberline, com as mãos atadas pelos seus superiores, foi promovido a inspetor-chefe (seja por gratidão ou na tentativa de comprar seu silêncio, dependendo de seu ponto de vista), e o assunto desapareceu dos holofotes quase tão rápido quanto apareceu.

Leitura adicional | HYDE, H.M. *The Cleveland Street Scandal*. Londres: W.H. Allan, 1976.

O COSTUME DO MAR

IATE *MIGNONETTE*

MWO

1884

Quatro náufragos num bote, há muitos dias sem comida e sem água potável... Eles discutem a possibilidade de sacrificar um dos tripulantes para servir de comida aos demais. O costume do mar diz que deveriam fazer um sorteio. Mas um deles está doente, e além disso é órfão e sem família esperando seu retorno. O garoto deveria ser o escolhido? O que você faria?

O naufrágio do iate *Mignonette*, inadequado para travessia, foi o primeiro ato do escândalo de canibalismo mais importante da era vitoriana.

No Atlântico Sul, a centenas de quilômetros de portos insulares incertos (e a milhares de distância das costas da América do Sul e da África), o *Mignonette* parou de funcionar e desapareceu sob ondas tremendas, decantando sua esguia tripulação de quatro homens em um bote, sem água fresca e com apenas duas latas de nabos em conserva para sustentá-los. Os homens — capitão Tom Dudley, Edwin Stephens, Ned Brooks e o órfão de dezessete anos Richard Parker — agora procuravam sobreviver contra probabilidades que pareciam intransponíveis.

As primeiras tentativas de prosperar na fauna marinha foram malsucedidas: apenas uma tartaruga foi capturada e, como seu sangue não era considerado próprio para consumo humano, restou apenas a carne desagradável, que estragou muito rápido; os nabos enlatados, por sua vez, duraram pouco tempo, apesar da frugalidade dos náufragos. A sede era um problema significativo e, como o antigo marinheiro de Coleridge, eles se abstinham de beber a água do mar pela qual estavam cercados, acreditando que o gesto resultaria em loucura.

Parker, um marinheiro inexperiente, foi o primeiro a se entregar, engolindo grandes volumes de água salgada, apesar de ter sido advertido

a não o fazer. No 19º dia, ele já estava doente e provavelmente morreria. Medidas de emergência haviam sido discutidas, considerando o canibalismo; mas, de acordo com o Costume do Mar, um código de ética que só poderia ser invocado em tempos de máxima urgência, seria necessário fazer um sorteio. O ato apresentava dificuldades particulares. Não havia apoio unânime para o sorteio, e tornava-se cada vez mais óbvio que um erro no resultado poderia exigir que um dos marinheiros mais experientes morresse para dar pouquíssimas chances de vida ao Parker já atrofiado. Dudley e Stephens, além disso, tinham dependentes em terra, que sentiriam falta deles e cuja prosperidade econômica seria afetada por suas mortes. O leque de opções disponíveis estava se estreitando, e Brooks, um oponente ao sorteio, percebeu que era inevitável que Parker fosse sacrificado. Ele desviou o olhar quando Dudley enfiou um canivete no pescoço de Parker. Ainda assim, todos os três homens sobreviventes beberam o sangue que saía da veia jugular de Parker e, em seguida, comeram suas entranhas. Poucos dias depois, eles foram salvos por um navio alemão que passava, repleto de humanidade.

Depois que os homens retornaram a Falmouth e recuperaram a saúde, um inquérito de assassinato foi iniciado. Dudley admitiu que o Costume do Mar havia sido dispensado; Brooks — um personagem instável — virou evidência da rainha e testemunhou contra Dudley e Stephens, antes de viajar pelo país em trapos de náufrago para o entretenimento do público pagante. No julgamento, realizado em Exeter em novembro de 1884, o juiz, Baron Huddlestone, viu-se na posição nada invejável de ter que suspender o julgamento para a Queen's Bench Division, emitindo o primeiro chamado Veredicto Especial em um tribunal inglês desde 1785. Em dezembro, em uma audiência em Londres, concluiu-se que os réus eram culpados de assassinato, e tanto Dudley quanto Stephens foram condenados à morte, com forte recomendação à misericórdia. Eles serviram apenas seis meses na prisão e viveram, sem comer mais ninguém, até os primeiros anos do século xx.

O lapso processual dos sobreviventes, dezenove dias em terrível provação no meio do oceano implacável, tinha sido a renúncia ao sorteio. Isso abriu caminho para uma acusação de homicídio, mas a opinião pública já estava contra o Costume do Mar, uma vez que agora era considerado impróprio comer pessoas, mesmo se a pessoa viva estivesse à beira da morte. Dudley, um homem de fortes princípios, tinha considerado a questão pesando suas ações em relação aos resultados prováveis, e as vantagens do sacrifício para todos a bordo. Brooks separou, de um lado, o ato assassino, que viu de uma perspectiva categórica, considerando-o inescrupuloso, e, do outro, o consumo da carne e do sangue de Parker, ao qual não era tão avesso. O *Times*, cobrindo o evento, não foi o único a considerar todo o caso de um ponto de vista bastante categórico; as ações dos homens eram indesculpáveis em todos os sentidos. Essas opiniões divergentes ressurgem em argumentos legais e morais, e o caso Mignonette recebeu atenção recente nas palestras populares e amplamente difundidas do professor Michael Sandel na Universidade de Harvard.

Leitura adicional | HANSON, N. *The Custom of the Sea*. Londres: Doubleday, 1999.
Para assistir | www.justiceharvard.org — o caso *Mignonette* é discutido no primeiro episódio.

O VELHO DEMÔNIO

O MISTÉRIO DE SANDYFORD

MWO

1862

Um crime misterioso em que ninguém pareceu acreditar na culpa da condenada. A criada da família Fleming foi esquartejada em seus aposentos, na noite em que cuidava, sozinha, do velho James. A culpa recaiu sobre a ex-serviçal, Jessie M'Lachlan, amiga da vítima. Ela escapou da pena de morte, mas foi presa graças aos esforços do maquiavélico James Fleming: para muitos, o verdadeiro autor do crime.

O mistério de Sandyford foi um caso de precedente tão infeliz que a provação de Florence Maybrick pareceria insignificante em comparação.

Na segunda-feira, 7 de julho de 1862, um tanto de repente, Jess M'Pherson foi encontrada morta e esquartejada em seu quarto trancado, no número 17 de Sandyford Place, Glasgow. Ela era uma das criadas da família Fleming e tinha sido designada para ficar na propriedade enquanto quase todas as outras pessoas da casa desfrutavam de um fim de semana fora da cidade. *Quase* todos, porque o dever particular de M'Pherson, nessa ocasião, era cuidar do idoso patriarca James Fleming, cuja sobrevivência até uma idade venerável — ele havia nascido exatamente quando George Washington declarava a independência americana — era uma bênção para a família, e um peso apenas por sua personalidade grosseira e irrestrita. Ele era o tipo de sujeito que se precisava abandonar caso alguém quisesse mesmo se divertir no fim de semana.

Não era possível saber o que havia acontecido com M'Pherson, de fato. Até mesmo as declarações de Fleming, que pelo visto estivera sozinho com ela em casa desde sexta-feira, pareciam de alguma forma inadequadas às circunstâncias. Segundo sua história, ele foi dormir na sexta-feira à noite e foi acordado às 4h de sábado por vários gritos altos; ele havia adormecido de novo, despreocupado;

mas então, quando chegou a hora de M'Pherson trazer seu café da manhã, ela não apareceu. Ele se levantou, foi até o quarto dela e encontrou o aposento trancado e sem a chave. Ele não mencionou o desaparecimento dela a ninguém, a princípio porque esperava que ela voltasse, e depois, bem, sem saber o porquê.

A polícia, percebendo que a história de Fleming era insatisfatória, mandou prendê-lo e investigá-lo. Contra-atacando, ele lançou a luz opaca da suspeita sobre uma tal Jessie M'Lachlan — uma ex-criada e ainda amiga de M'Pherson. Uma inspeção mais detalhada mostrou que Jessie M'Lachlan de fato se comportou de forma bastante incomum naquele fim de semana: ela ficou fora a noite toda, de sexta a sábado; penhorou alguns talheres baratos que sumiram da cozinha dos Fleming; enviou suas próprias roupas, e algumas pertencentes à vítima, de trem para destinatários imaginários; e havia deixado sua pegada, com sangue, nas tábuas do assoalho do quarto de M'Pherson. Solicitada a prestar contas de si mesma, ela de repente estava muito perto de contar verdade. Então, de forma inevitável, Fleming foi libertado e Jessie foi julgada por assassinato.

No julgamento, a defesa assumiu com coragem a linha de que a ré não era culpada, porque o culpado era Fleming, agora aparecendo, calculadamente no século XIX com óculos de lentes planas empoleirados em seu nariz aquilino, como a principal testemunha da acusação. Por repetidas vezes, a história de Fleming falhou em atender aos seus desafios forenses, mas o juiz, Lord Deas, interveio várias vezes a fim de aparar as arestas mais afiadas do advogado de defesa por acareação. O caráter de Fleming — intrometido, interferente, ameaçador e libidinoso, apesar de seus anos — foi silenciado. Uma infração anterior, na qual ele engravidou uma mulher muito mais jovem, em violação direta dos ensinamentos de sua Igreja, também foi encoberta. Pouco antes de seu assassinato, Jessie M'Pherson encontrou uma amiga a quem descreveu Fleming como "um velho desgraçado e um velho demônio", mas ela não quis falar mais sobre o assunto devido à presença inibidora do marido de sua colega. Lord Deas, dirigindo-se ao júri, virou o mundo de ponta-cabeça e concluiu que a falecida queria dizer que ela planejava emigrar. Mas por que dizer isso nesses termos?

Jessie M'Lachlan, com tudo contra ela, foi consequentemente condenada por assassinato, e então, em uma declaração de quarenta minutos, que foi lida para o tribunal por seu representante, seguiu-se a considerada a verdadeira história da morte do infeliz M'Pherson.

Jessie *tinha* ido à casa dos Flemings naquela noite, mas logo saiu para tentar comprar um pouco de uísque e, quando voltou, M'Pherson havia sido agredida. Ela estava sangrando muito por causa de graves ferimentos na cabeça, e Fleming disse algo no sentido de que não pretendia machucá-la. Jessie ficou com a amiga; Fleming começou a esfregar o chão e acabou encharcando desajeitadamente as botas de Jessie, que ela foi obrigada a remover — daí a pegada. Quando a condição de M'Pherson piorou, Jessie insistiu em chamar um médico, mas Fleming a proibiu e, enquanto Jessie procurava freneticamente por uma maneira de sair da propriedade, ele pegou um cutelo e acabou com M'Pherson. Jessie, temendo por sua própria vida a menos que cumprisse os desejos de Fleming, permitiu-se ser convencida a fazer um pacto oculto pelo qual penhorou a prata para fazer com que tudo parecesse um roubo e fez o que pôde para se livrar das roupas manchadas de sangue.

Por acaso, a execução de Jessie foi comutada, e ela cumpriu quinze pacientes anos na prisão por um assassinato que ninguém acreditava que ela havia cometido. Fleming, tendo comparecido à acusação em seu julgamento, foi convenientemente colocado fora do alcance da lei escocesa, mas não tinha muito tempo de vida; pelo que se sabe, ele não se preocupou em usar o tempo que lhe restava para realizar qualquer ato de arrependimento.

Leitura adicional | ROUGHEAD, W. "The Sandyford Mystery". In: *Classic Crimes*. Nova York: New York Review Books, 2000.
HOUSE, J. *Square Mile of Murder*. Londres: Magnum Books, 1980.

FALSO FILHO PRÓDIGO

O REQUERENTE TICHBORNE

MWO

Lady Tichborne não admitia a morte do filho, desaparecido num naufrágio na costa brasileira. Publicou anúncios pelo mundo à sua procura. Eis que Roger Tichborne reaparece, vindo da Austrália. Boa notícia para sua mãe. Só tinha um problema... o suposto Roger não se parecia em nada com seu filho, nem conhecia fatos sobre sua própria vida. Lady Tichborne até queria acreditar, mas a justiça não ia deixar um impostor se dar bem.

"O Requerente Tichborne" foi um dos escândalos jurídicos mais infames do período vitoriano, começando nos tribunais civis e terminando com sua civilidade exaurida na prisão. Em uma era de engenhosidade e progresso (mas sem o benefício da genética forense de hoje), nenhum problema contemporâneo demorou mais para ser resolvido.

Roger Charles Doughty Tichborne, herdeiro de um baronete e de uma propriedade rural, era uma figura frágil e bastante efeminada que, pelo que se sabia, naufragou com seu navio na costa do Brasil em 1854. Ainda assim, sua mãe, a viúva Lady Tichborne, agarrou-se à ideia de que ele poderia ter sobrevivido e, no início da década de 1860, após uma campanha de divulgação internacional, parecia que sua devoção havia sido recompensada. Ao que parece, Roger tinha sido identificado, estava operando como açougueiro e usando um nome alternativo na Austrália.

No entanto, como o leitor já deve ter imaginado, as coisas não eram tão simples. O novo Roger tinha um tipo físico diferente, era corpulento, enquanto sua "encarnação anterior" tinha sido frágil, mais alto do que antes e inexplicavelmente não familiarizado com os principais aspectos de sua existência anterior. Uma das poucas coisas a seu crédito era o cachimbo de tabaco, que se descobriu ter o monograma com as iniciais do *disparu*; isso dificilmente era definitivo, mesmo assim, o novo Roger — o "Requerente" da herança da família — foi levado às pressas para a Europa para uma audiência com Lady Tichborne, que alegremente se declarou persuadida pelo milagre improvável.

Nem parece necessário dizer que essa segunda versão de Roger não era, de fato, tal coisa. Na Austrália, ele era conhecido como Thomas Castro, e mesmo este era um substituto, pois já fora conhecido em Wapping, no East End de Londres, como Arthur Orton. O aparecimento do apelo de Lady Tichborne pelos jornais tinha, segundo a lenda, inspirado nele um espasmo de sofismas amadores, e ele chegou a uma conclusão registrada em seu diário em um tipo de linguagem que parecia, de alguma forma, não ser produto da educação de elite de Roger:

Alguns homens têm muito dinheiro e nenhum cérebro, e alguns homens têm muito cérebro e nenhum dinheiro. Com certeza homens com muito dinheiro e sem cérebro foram feitos para homens com muito cérebro e pouco dinheiro.

O processo de julgamento inevitavelmente se seguiu, e os apoiadores do Requerente — não limitados em número à mãe enlutada e autoiludida — alinharam-se contra seus oponentes, que esperavam que o bom senso prevalecesse. Todos os tipos de testes foram planejados com o objetivo de resolver a questão de uma vez por todas, mas ainda assim os resultados exigiam interpretação: poderia Roger ter esquecido que César era romano (o Requerente respondeu que ele era grego)? E poderia qualquer graduado de Stoneyhurst (onde os "meninos falam noutra coisa", como Oliver Cyriax observa ironicamente) ter dificuldade de compreender o significado da palavra "quadrângulo"? Até mesmo as características incomuns do pênis retraído do Requerente foram consideradas — "Ouvimos dizer que seu cliente é dotado como um cavalo", disse um dos advogados de acusação ao advogado do Requerente. Era verdade, mas o Requerente apenas afirmou que ele sempre fora assim, mesmo quando ele fora Roger pela primeira vez; e, uma vez que era difícil encontrar testemunhas que tivessem dado atenção especial a essa parte da anatomia de Roger antes de seu naufrágio, era quase impossível refutá-lo.

Após uma provação legal punitiva e por vezes excêntrica, no entanto, a identidade do Requerente com o Roger desaparecido foi rejeitada pelo júri e ele foi preso sob a acusação de perjúrio. Seguiu-se um segundo julgamento, recapitulando muitas das provas contestadas apresentadas no primeiro. Por fim, Orton, como era agora chamado, foi condenado ao confinamento na suja Prisão de Dartmoor — uma caricatura irônica do retiro arcadiano a que outrora aspirara.

Leitura adicional | ANNEAR, R. *The Man Who Lost Himself*. Londres: Robinson, 2003.

A BALADA DO CÁRCERE

OSCAR FINGAL O'FLAHERTIE WILLS WILDE

TNB

1854—1900

Um dos grandes nomes da literatura, Oscar Wilde foi vítima da intolerância e hipocrisia de sua época. Foi também o réu mais famoso das leis que criminalizaram a homossexualidade no Reino Unido até 1967. Após dois anos preso, o genial criador de O Retrato de Dorian Gray *deixou a Grã-Bretanha em péssimas condições financeiras e de saúde. Morreria três anos depois, ainda jovem.*

Há uma fotografia famosa, aparentemente tirada em 1893, de Oscar Wilde, o "letrado" irlandês, sentado ao lado de Alfred Douglas (mais tarde Lord Alfred Douglas), seu amigo, colega escritor e amante. O cabelo de Wilde está longo e bem cuidado, o colarinho engomado. Um lenço sai de forma elegante do bolso de seu paletó. Suas botas são imaculadamente polidas. Ele segura um cigarro na mão direita, o pulso levantado enquanto o cotovelo repousa sobre o joelho. Parece um homem equilibrado, confiante e sereno. É uma pose familiar, padrão para inúmeras representações de Wilde - um esteta da cabeça aos pés.

À sua esquerda, Douglas está sentado com calças claras e um paletó escuro, que — ao contrário de Wilde — está desabotoado, revelando o colete e a camisa por baixo. Dezesseis anos mais novo que Wilde, Douglas é mais magro e menor em estatura. Seu estilo é menos seguro do que o de seu companheiro. Ele segura um chapéu de palha no colo, a mão esquerda repousada sobre o topo do objeto, a direita meio escondida atrás. Ao contrário de Wilde, Douglas não olha para a câmera.

Wilde é a estrela da foto e sabe disso. Apenas seu braço esquerdo sugere maiores implicações para o gesto

— estendido atrás dos ombros de Douglas. Ainda assim, isso pode ser visto apenas como um gesto amigável, não fosse que a história agora nos diga o contrário; pois o tratamento da relação entre o casal logo levaria Wilde à humilhação pública e a uma prisão que contribuiria para sua morte prematura aos 46 anos.

O infortúnio de Oscar Wilde começou com difamação — e considerável arrogância. Em 1895, Wilde era bem-sucedido e celebrado. Casado desde 1884 e com dois filhos, desfrutava de sucesso com o público (se não com a crítica), sobretudo com suas peças *O leque de Lady Windermere* e *A importância de ser honesto*. Os problemas, entretanto, o rondavam.

> **Hoje em dia, a gente sabe a importância de ser Wilde.**

O pai de Alfred Douglas, o marquês de Queensberry, há muito desaprovava o relacionamento de seu filho com Wilde, que começou logo após o casal se conhecer em 1891. Em abril daquele ano, o pai de Douglas havia despachado uma carta mordaz ao filho, afirmando que ele se sentiria justificado ao "atirar (em Wilde)". A carta foi assinada como "seu ex-pai enojado". Quatro anos depois, em 18 de fevereiro de 1895, o marquês tentou enfrentar Wilde em um clube privado em Mayfair. Wilde não estava presente, mas o visitante irado deixou-lhe um cartão de visita (com erros ortográficos e gramaticalmente problemáticos): "Para Oscar Wilde, sodomista".

Bastante imprudente, e para consternação de muitos de seus amigos, Wilde decidiu processar o marquês por difamação. Ele estava de fato desafiando o marquês a provar sua acusação — uma acusação que o próprio Wilde sabia ser verdadeira, independentemente da grafia — e, uma vez que a homossexualidade era ilegal, acusá-lo de criminoso. Uma vez que sua propensão para visitar "Molly Houses ", ou bordéis masculinos, também era facilmente comprovável — o proprietário de tal instituição acabou sendo processado junto de Wilde com base nas informações que vieram à tona.

O julgamento começou em 3 de abril de 1895. Wilde perdeu, com a correspondência trocada entre ele e Douglas sendo um recurso particularmente eficaz para a defesa. O veredicto obrigou as autoridades a apresentarem suas próprias acusações contra Wilde, e um julgamento criminal — *Regina vs. Wilde* — começou no final do mês. O júri ficou indeciso, mas um novo julgamento no mês seguinte viu o escritor outrora admirado não apenas considerado culpado, mas conduzido para as celas com gritos de "vergonha" ecoando em seus ouvidos.

Wilde foi condenado a dois anos de prisão com trabalhos forçados, a pena máxima disponível. Ele foi brevemente enviado para Newgate, e então para a Prisão de Pentonville. Uma petição foi levantada entre os amigos de Wilde para libertá-lo, mas uma declaração final foi divulgada à mídia afirmando que eles estavam satisfeitos com sua transferência para um regime mais brando na Prisão de Reading, e que não se sentiu a necessidade de novos protestos segundo os interesses da arte ou da humanidade.

A preocupação deles era justificada — as duras condições em Pentonville e, posteriormente, da Prisão de Wandsworth, afetaram Wilde, e os jornais da época traziam atualizações regulares sobre seu lamentável estado de saúde. Se isso dá a impressão de que ele continuou a ser uma causa célebre popular com um forte apoio público, não foi bem assim — durante sua transferência para Reading, Wilde foi importunado e cuspido por uma multidão que o esperava. Wilde foi libertado em maio de 1897, e logo viajou para a França, embora não antes de amargar incidentes bastante humilhantes como sua expulsão de hotéis em Londres devido à sua reputação abalada, e sua chegada à casa da mãe, exausto e em desespero. Muitos de seus bens foram leiloados após sua condenação e ele passaria os últimos três anos de sua vida na penúria.

Oscar Wilde morreu em 30 de novembro de 1900, no que ele chamou de hotel "totalmente sem esperança" e "deprimente" em Paris, onde ele morou (usando um nome falso) por algum tempo. Alfred Douglas, com quem Wilde se reuniu brevemente em 1897, atuou como o principal enlutado em seu funeral e pagou as despesas, embora (talvez apropriadamente) até mesmo essa lembrança tenha atraído sua parcela de controvérsia.

O sexo entre dois homens foi descriminalizado no Reino Unido em 1967, embora a consternação permanecesse quanto aos limites da igualdade oferecida — a estipulação "em privado" sendo um ponto particular de discórdia, assim como havia sido em 1835 durante o julgamento de Pratt e Smith. Hoje, pelo menos dez países continuam a condenar o "crime", pelo menos dois dos quais — Irã e Arábia Saudita — são conhecidos por executar tais sentenças. Em outros lugares, desenvolveu-se uma compreensão maior das nuances da sexualidade, e hoje alguns acadêmicos discutem se Wilde e Douglas eram exclusivamente homossexuais.

Em 2014, uma cópia de *A importância de ser honesto* que Wilde deu ao governador da Prisão de Reading foi vendida por 55 mil libras em um leilão — uma história mais feliz do que a triste história dos bens de Wilde de 116 anos antes. Alfred Douglas, por outro lado, foi preso em 1924 após ser considerado culpado de calúnia contra Winston Churchill, após uma alegação publicada no jornal antissemita *Plain English*, do qual Douglas era o editor.

Leitura adicional | ELLMANN, R. *Oscar Wilde*. Londres: Penguin, 1988.
MURRAY, D. *Bosie: A Biography of Lord Alfred Douglas*. Londres: Hodder & Stoughton, 2000.

ARTISTA DA FOME

PERCY LEFROY MAPLETON

MWO

1860—1881

Percy Mapleton era um aspirante a escritor, frustrado e sem dinheiro. Numa viagem de trem, decidiu assaltar um senhor mais velho, e terminou por assassiná-lo. Na estação, sujo de sangue, ele alegou ter sido alvo de um ladrão e conseguiu escapar. Mas logo o corpo de sua vítima foi encontrado. Escondido, e sem poder vender o relógio de ouro que roubara, Percy por pouco não morreu de fome.

Como William Bousfield, Percy Lefroy Mapleton recorreu ao assassinato como uma contingência quando falhou em suas tentativas de prosperar no ambiente competitivo das artes criativas. No caso de Mapleton, ele pensava que era um escritor, mas não era adequado para o estilo de vida punitivo. Anos de trabalho penoso, angústia e enervação — para não falar de penúria, frustração e tédio — não eram para ele. Ele queria reconhecimento e se viu incapaz de aceitar a verdade sombria disso: um futuro indesejado — suando frio para receber o pão dado pela realeza, na melhor das hipóteses — deve ter parecido um alarme iminente. Ele, portanto, resolveu fazer tudo o que pudesse para evitar cair nessa armadilha sombria e desesperançosa. Essa é a vaidade da ambição; ainda assim, é difícil não simpatizar com sua situação.

Por mais frustrado que estivesse, não restou desculpa para o passo que deu a seguir. Em 27 de junho de 1881, Mapleton embarcou em um trem no meio da tarde que descia da London Bridge para Brighton e, examinando os compartimentos da primeira classe, selecionou um em que Frederick Isaac Gold já estava sentado. O sr. Gold, um homem de constituição robusta com cerca de sessenta anos, costumava viajar de sua casa em Preston Park até Londres duas vezes por semana para fins comerciais — e mesmo o mais sentimental dos romancistas vitorianos teria evitado tal determinismo nominativo bruto se o tivesse criado como um personagem de alguma história. Da parte de Mapleton, embora não soubesse o nome de Gold, percebe-se que, ao olhar para ele do outro lado do compartimento, o homem mais velho desenvolveu, para a visão interior de Mapleton, um brilho milagroso e inconfundível — muito parecido com o que personagens aviários em desenhos animados adquirem nas fantasias mentais de seus perseguidores felinos em seu estado final ideal: torrados e com um cheiro tentador subindo da carne de forma ardente.

No momento em que Mapleton saltou do compartimento em Preston Park, onde os bilhetes dos passageiros foram recolhidos, tinha um ferimento insignificante na cabeça, mas o sangue escorria de forma teatral. Gold estava fora de alcance. A lembrança de Mapleton do que tinha acontecido era nebulosa, mas ele denunciou um assaltante misterioso que o atacou enquanto o trem entrava em um túnel. Quando a corrente de um relógio de ouro foi vista saindo da lateral de seu sapato, ele anunciou que o objeto era seu, e que devia ter sido colocado ali pelo atacante ou por ele mesmo em um esforço semiconsciente para proteger seus objetos de valor. Mapleton recebeu curativos e foi liberado de volta em um trem noturno na companhia de dois policiais incumbidos de sua segurança. Ele os induziu a deixá-lo sair do trem uma parada mais cedo — eles esperavam que Mapleton descesse em Wallington, onde disse que morava — e desapareceu. Nesse ínterim, o corpo de Gold — que estava no local onde Mapleton o jogou do trem em movimento, com a garganta cortada e bastante ferido — foi descoberto no túnel Merstham, mas um telegrama insistindo na detenção de Mapleton não chegou ao sargento que viajava com ele quando o trem passou por Three Bridges.

A coisa toda tinha sido uma tentativa desesperada por dinheiro e outros tesouros, mas Mapleton — agora um notório fugitivo da justiça — embarcou em um período de carência mais intenso do que qualquer outro que experimentara antes de recorrer ao assassinato. Ele conseguiu alugar um quarto na Smith Street, no leste de Londres, dando o nome de Clark, mas o mundo estava caçando-o, e a viúva de Gold havia divulgado o número de série e o nome do fabricante do relógio, que Mapleton tinha, claro, roubado de sua vítima. Isso tornava o item impenhorável, e Gold não portava mais nada de valor real. O efeito de seu crime foi condenar Mapleton à pobreza irremediável — Gold não fora tão lucrativo quanto Mapleton esperava —, e quando a polícia, liderada por Donald Swanson, enfim o localizou e o prendeu, ele estava doente e quase morrendo de fome.

O julgamento de Mapleton foi realizado em Maidstone, e todas as evidências se uniram contra ele. Ele afirmou com persistência que era inocente, mas isso não era nada mais do que sua arrogância usual. William Marwood fez a execução na Prisão de Lewes em 29 de novembro de 1881.

Leitura adicional | ARNOLD, R. "The Murder of Mr. Gold". In: WALLACE, E. *et al. The Murder on Yarmouth Sands*. Londres: George Newnes, n.d.

DO LUXO AO LIXO

PROSTITUIÇÃO

KC

Antes da Primeira Guerra Mundial, as mulheres tinham pouquíssimas opções de trabalho na sociedade britânica. O serviço em casas de família pagava muito pouco e com frequência envolvia maus-tratos e humilhações. A prostituição poderia ser vista como uma alternativa — ainda que boa parte não tivesse escolha. Além dos perigos das ruas, sofriam preconceito de grupos moralistas que queriam "salvá-las".

Para muitas mulheres, a alternativa a uma vida de trabalho doméstico — seja no casamento ou como empregada do lar — era a prostituição. Isso era especialmente verdade para as mulheres criadas em instituições e sem apoio familiar, mas, mesmo tiradas desse lugar generalizado, algumas mulheres não conseguiam encontrar maridos para sustentá-las; outras não estavam dispostas a se tornarem bens móveis à mercê de maridos abusivos ou eram relutantes à ideia de arriscar a vida para gerar muitos bebês. O número de prostitutas trabalhando em Londres no século XIX era estimado em muitos milhares, mas, por sua natureza, o comércio sexual era clandestino, transitório e explorador e, portanto, era impossível chegar a um número acurado. As que estavam no topo da pilha desfilavam em suas roupas de cores vivas — mas sem chapéus — nas ruas ao redor dos clubes e teatros em Strand, Haymarket e Covent Garden; os Vauxhall Pleasure Gardens também eram bem populares para os negócios. Mas muitas outras mulheres, as menos favorecidas, foram reduzidas a ficar nas esquinas e vagar pelos becos sombrios entre os cortiços e cortes miseráveis nos bairros mais pobres da cidade — como em cidades por todo o país — exercendo seu comércio desesperadamente e da melhor maneira possível, e vulneráveis a frequentes ataques violentos.

Em 1885, no *Pall Mall Gazette*, W.T. Stead dramaticamente chamou a atenção para a obtenção de meninas destinadas à exploração sexual. Foi uma exposição chocante, e seus efeitos foram de longo alcance, chegando até mesmo ao legislativo — a Emenda à Lei Criminal, por exemplo, aumentou a idade de consentimento feminino de treze anos para dezesseis anos. Mesmo isso não foi suficiente para proteger muitas daquelas meninas que, de acordo com um relatório intitulado *Inquéritos Sobre o Trabalho Feminino na Metrópole* e publicado pela Associação Nacional de Vigilância em 1899, às vezes eram vítimas de agências que as atraíam com a promessa de emprego doméstico, apenas para forçá-las a trabalhar em um dos muitos bordéis da cidade. As levas de mulheres ingênuas vindas do campo ou do exterior para Londres eram com frequência perseguidas por procuradores empregados pelos donos dos bordéis, e cristãos de todas as vertentes tentavam resolver o problema. As reuniões da Missão da Meia-Noite foram organizadas em instalações em Strand para coincidir com a saída das prostitutas dos teatros, salas de música e tabernas. Em troca de desistir de seu modo de vida, elas recebiam refrescos, alguns sermões intensivos e um ano de reabilitação no Asilo Lock, onde poderiam aprender a aperfeiçoar suas habilidades de costura e trabalho doméstico.

Um observador esteve em uma dessas reuniões e constatou que essa opção raras vezes era recebida com entusiasmo. Muitos esquemas semelhantes foram lançados em Londres a fim de resgatar essas meninas: a Sociedade de Ajuda Feminina, por exemplo, forneceu três casas "seguras", mas, com censura hipócrita, julgava as mulheres resgatadas. A casa na New Ormond Street, Bedford Row, atendia a "servas jovens e sem amigos de bom caráter"; uma segunda casa em Southampton Row abrigava "criadas respeitáveis desalojadas"; e, em terceiro lugar, as instalações na White Lion Street ofereciam um santuário para "os decaídos".

A proliferação de prostitutas na era vitoriana resumia a dicotomia dentro da psique de muitos na população masculina, que estavam preparados para ver uma mulher como a imagem idealizada do "anjo da casa" (sexualmente reservada e imaculada por pensamentos impuros) ou como uma prostituta, desprezada e demonizada, mas cúmplice de seus instintos básicos em troca de dinheiro. O fascínio dos reformadores e autoproclamados guardiões da moralidade pela situação dos "infelizes" — um tema melodramático favorito na ficção popular — levou William Gladstone e outros como ele a fazer incursões noturnas pelas ruas da cidade — em Liverpool isso foi realizado pela ativista Josephine Butler — reunindo "mulheres decaídas" na tentativa de salvá-las da degradação e da doença. Para muitas dessas mulheres, entretanto, a prostituição era um empreendimento bastante viável, com horários flexíveis e um mercado estável; e, embora pudesse ser perigoso, era muito menos restritivo do que a alternativa — uma vida inteira de trabalho enfadonho como criada, trabalhando longas horas por uma ninharia e, às vezes, sendo tratada de forma terrível.

Havia um sopro de curiosidade lasciva por um modo de vida conduzido nas sombras, becos e esquinas, longe das exuberantes espreguiçadeiras e do brilho quente da lareira tradicional. Muitos leitores de relatos de jornais sinistros que descreviam os assassinatos de prostitutas — que tiveram seu auge durante os assassinatos de Jack, o Estripador —, embora chocados, devem ter nutrido em segredo a sensação de que as vítimas haviam se exposto ao risco ao operarem ilegalmente, fora da proteção policial, e que, portanto, mereciam seu destino terrível. A oposição aos movimentos sufragistas durante o século XIX ilustra a convicção de muitos homens — e algumas mulheres — de que as mulheres só eram qualificadas para ter filhos, cuidar da casa ou fornecer serviços sexualmente ilícitos fora do casamento... isto é, até a eclosão da Primeira Guerra Mundial, quando as mulheres se viram necessárias para fábricas de munições e o país, e, tendo assumido um papel vital na defesa do reino, começaram enfim a operar como entidades políticas na sociedade civil.

Leitura adicional | WALKOWITZ, J.R. *City of Dreadful Delight: Narratives of Sexual Danger in Late-Victorian London*. Londres: Virago, 1992.
Ibid. *Prostitution and Victorian Society: Women, Class and the State*. Cambridge: Cambridge University Press, 1980.

ÁRVORE X9

THOMAS ORROCK

MWO

1863—1884

O aprendiz de marceneiro Thomas Orrock matou um guarda numa noite de nevoeiro. Suspeito, foi liberado por falta de provas. Orrock acabaria condenado por um detalhe incrível: a polícia comparou uma bala presa por dois anos num tronco de árvore onde Orrock fizera um disparo com a bala que matou o guarda. Quem disse que as árvores não falam?

Thomas Orrock era um criminoso com um nome agradavelmente dickensiano, evocativo de Orlick, um personagem em *Grandes Esperanças*, que evidenciava uma sensibilidade também assassina.

Em outubro de 1882, Thomas Orrock, um aprendiz de marceneiro com predileção por roubo, decidiu que havia chegado a hora de obter uma arma de fogo. Para esse fim, ele respondeu a um anúncio no *Exchange and Mart* e comprou de um homem em Tottenham, no norte de Londres, uma pistola prateada e 25 cartuchos. Ele e dois amigos, Frederick Miles e Henry Mortimer, foram dar uma volta com a pistola em Tottenham Marshes, e Orrock disparou uma bala no tronco de uma árvore.

Em 1º de dezembro do mesmo ano, um policial, George Cole, foi mortalmente ferido na Ashwin Street, Dalston, com um tiro na cabeça; a bala havia penetrado em seu cérebro. Um outro tiro errou o alvo, deixando uma cicatriz na alvenaria de um prédio próximo, e outro foi absorvido pelo estojo de couro de Cole. A noite fatídica tinha sido de nevoeiro, e algumas testemunhas auriculares confundiram o som dos tiros com sirenes de nevoeiro na linha férrea; outra testemunha viu os flashes de luz emitidos pela arma quando foi disparada; e dois viram Cole lutando com um jovem em trajes peculiares.

Esse jovem era Orrock, que jocosamente descreveu sua roupa improvisada, compilada a partir de peças de segunda mão, como fazendo-o parecer "um maldito pároco". Usava até um chapéu de feltro macio. Ele havia passado grande parte da noite de 1º de dezembro bebendo com várias outras pessoas, antes de anunciar que desejava invadir a capela batista na Ashwin Street — que frequentava com regularidade — a fim de roubar o prato sacramental que cobiçava durante os cultos. Ninguém tentou impedi-lo e dois de seus amigos — Miles e um sujeito chamado Arthur Evans — esperaram na Railway Tavern, no cruzamento com a Dalston Lane, enquanto Orrock espreitava seu alvo.

Então os tiros ecoaram; Cole caiu sangrando; e Orrock desapareceu, sem conseguir se encontrar com seus colegas na Taverna da Ferrovia conforme o combinado. Em pânico, ele perdeu o chapéu e suas ferramentas, incluindo uma cunha e dois cinzéis, que estavam embaixo da janela pela qual ele pretendia ter acesso à capela. Todos foram resgatados pela polícia, mas, além disso, as pistas eram inconclusivas. Orrock, percebendo que a suspeita oficial não havia caído de imediato sobre ele, pediu a Evans e Miles para jurarem não dizer nada que o implicasse no assassinato, o que ambos concordaram. Outros conhecidos que perguntaram a Orrock a respeito de mudanças repentinas em sua apresentação e circunstâncias — ele nunca mais foi visto usando seu chapéu, sua marca registrada, suas calças estavam misteriosamente rasgadas nos joelhos como se ele tivesse lutado, e ele alegou que sua nova pistola estava "no fundo de algum rio, eu acredito" — não relataram suas preocupações à polícia. A confiança de Orrock aumentou. Ele se gabou de comparecer ao enterro de Cole em Abney Park e de viajar para o cemitério em um bonde contendo os colegas detetives de Cole. Menos de dois meses após o tiroteio, ele se casou (na Igreja de St. James, no oeste de Hackney — não na capela, como muitas vezes se pensou), e sua noiva, como foi mais tarde observado, "não sabia que ao dar a mão a seu marido na cerimônia de casamento, estava segurando a mão de um assassino, quase tingida de vermelho com o sangue de sua vítima".

Demorou quase dois anos para que toda a história fosse divulgada. Descobriu-se que um dos cinzéis havia sido riscado por um amolador de ferramentas para marcar sua propriedade: a palavra "Orrock" surgiu sob o microscópio. Miles e Mortimer (que, como Evans, agora estavam se manifestando) levaram o sargento Cobb para ver a árvore em Tottenham Marshes na qual Orrock havia atirado; Cobb tirou uma bala do porta-malas e um armeiro notou que as três balas que agora estavam em poder da polícia (a da árvore, a do estojo do cassetete e aquela que havia sido extraída da cabeça de Cole no post-mortem) eram todas de um tipo semelhante. Charles Nelson, o diácono da capela, destacou a estupidez de tudo isso. "Usamos taças banhadas para o sacramento", disse ele no julgamento de Orrock em setembro de 1884, "que são trazidas para lá e levadas de volta; elas não são mantidas na capela, mas isso não era sabido."

Orrock foi enforcado em Newgate por James Berry em 6 de outubro de 1884.

Leitura adicional | EVANS, S.P. *Executioner: The Chronicles of a Victorian Hangman*. Stroud: Sutton, 2004.

ONDE JUDAS PERDEU...
DESTERRO

MWO

A execução era uma das penas mais comuns na era vitoriana. Mas quando a sentença não exigia a pena capital, era mais fácil mandar o condenado para bem longe de casa. Uma prática comum por séculos, o Desterro Penal começava a se tornar menos frequente, mas ainda assim, muitos prisioneiros embarcavam num exílio forçado para ilhas isoladas no Pacífico Sul ou para a Austrália.

Para começar, uma indulgência pessoal: o tio-tatara-bisavô do presente autor, Thomas Clawson, foi enviado para a Austrália em 1831, tendo sido condenado em Southwark em 4 de janeiro daquele ano por roubar "uma gaveta e 30 xelins em dinheiro" de uma Elizabeth Gordon. Seu coacusado, John Lacey, foi tratado com mais leviandade, sentenciado apenas a ser "chicoteado publicamente a 150 metros, perto de onde o crime foi cometido". Os réus foram descritos no *The Morning Post* como "de estatura diminuta e cada um com apenas quinze anos de idade".

Com o advento do período vitoriano, o desterro penal — a prática de eliminar as classes criminosas enviando-as, conforme a chance surgia, para o outro lado do mundo — tinha uma história longa e complicada e estava começando a ruir. Era uma forma de punição cada vez mais reservada para ladrões (como Clawson); roubos oportunistas, crimes de subsistência e indiscrições juvenis, todos especulavam quanto à justiça da pena. Entre essas ofensas relativamente triviais e muitas vezes bastante semelhantes, alguns casos excepcionais se destacam aqui e ali. Em outubro de 1837, Ann Frances Bennett, uma mulher de 24 anos, sem dúvidas, com problemas emocionais, foi condenada em Old Bailey pela seguinte acusação tortuosa: "que ela [...] criminosa e maliciosamente, por fraude e força, pegou uma certa criança do sexo feminino, com a idade de quatro meses, chamada Catherine Gilson, com a intenção de privar William Gilson e Mary Ann, sua esposa, os pais da referida criança, da posse da referida criança". Ela havia roubado o bebê de sua irmã, Emily, a quem havia persuadido a entrar em uma loja de brinquedos enquanto ela — Ann — esperava do lado de fora para cuidar de Catherine. "Eu não demorei um minuto lá", lamentou Emily, dando seu testemunho, "e quando eu saí ela já tinha ido embora." Treze dias se passaram antes que Catherine fosse devolvida a seus pais, e então sua aparência tinha sido transformada por um corte de cabelo amador e, além disso, tantos vislumbres de negligência geral e doença que sua mãe inicialmente não conseguiu reconhecê-la. Em seu julgamento, Ann cumprimentou sua sentença — desterro de sete anos — com a réplica zombeteira: "É melhor você aumentar para dez".

Isso é muito para a primeira fase do processo. Seguiu-se então a viagem para o hemisfério sul, uma experiência exaustiva de três meses caracterizada pelo tédio, com excursões acima do convés sendo permitidas apenas ocasionalmente com o propósito de lavar a si mesmo, suas vestes ou o próprio convés. Em seu livro recente, David Hayes e Marian Kamlish pesquisaram a viagem de Leopold

Redpath, um perpetrador de fraude ferroviária, descobrindo que seu homem recorreu a uma coleção de jornais para aliviar o tédio; mas mesmo essa opção não estaria disponível para prisioneiros analfabetos. Mais comumente, o viajante típico deve ter ficado mais ou menos sozinho com seus pensamentos, em sua rede e em silêncio absoluto desde o anoitecer até o amanhecer, tendo apenas suas incertezas e pesares por companhia.

A chegada do prisioneiro ao país antípoda não significava necessariamente um novo começo, livre dos danos emocionais do passado. Os arredores idílicos da ilha Norfolk, isolada no Pacífico Sul, há muito haviam sido requisitados com o propósito de criar o que Oliver Cyriax chama de "o máximo em degradação de condenados". A punição corporal era a pedra angular do sistema disciplinar da colônia penal: no caso do prisioneiro Laurence Frayne, uma dispensação de duzentas chibatadas foi programada para ser feita em quatro lotes distintos, "para que suas costas pudessem ser abertas repetidas vezes com chicotes específicos". Alexander Maconochie, que chegou como governador em 1840, introduziu um regime comparativamente melhor: o número de chicotadas administradas caiu 90% nas análises anuais, mas observou-se que o número médio de chicotadas em condenados com mau comportamento, na verdade, aumentou na análise caso a caso; também houve relatos de punições extrajudiciais que incomodam o leitor moderno. Mesmo assim, Maconochie estendeu um nível de confiança sem precedentes aos presos sob seus cuidados, incentivando condutas desejáveis, melhorando o acesso às experiências culturais, desenvolvendo um senso de comunidade e, em geral, tratando-os com uma humanidade que os regimes anteriores haviam despojado. Se o sucesso dessas reformas penais deve ser julgado por qualquer medida, talvez não seja injusto começar com o fato de que os prisioneiros deixaram de cogitar participar de apostas de pequena escala determinando suas partes em planos desesperados de assassinato. A prática era que os dois "finalistas" da aposta principal, como Cyriax habilmente coloca, entravam em um desempate, com o vencedor matando o perdedor, e o restante do campo (normalmente com um número de cerca de dez pessoas) se identificando como testemunhas do crime; todos — com exceção da vítima falecida, atribuída ao seu papel terminal pelos caprichos da fortuna — seriam enviados para Sydney para o julgamento, na esperança de encontrar uma maneira de escapar da custódia (e, no caso do assassino, escapar da execução).

O último navio condenado partiu da Grã-Bretanha em 1867, chegando à Austrália Ocidental com uma carga de 281 homens no início de 1868.

Leitura adicional | HAYES, D.A.; KAMLISH, M. *The King's Cross Fraudster*. Londres: Camden History Society, 2013.
MOORE, J. "Alexander Maconochie's 'Mark System'". In: *Prison Service Journal*, n. 198, 2011, p. 38-46.
CYRIAX, O. *The Penguin Encyclopedia of Crime*. Londres: Penguin, 1996.

CADÊ MINHA MEDALHA?

VALENTINE BAMBRICK

TNB

1837—1864

Nascido em uma tradicional família de militares britânicos, o soldado Valentine Bambrick ganhou a Cruz Vitória, mais importante condecoração do império, por atos de bravura contra rebeldes indianos. Cinco anos depois, meteu-se em uma briga de bar, na qual teria roubado as medalhas de outro soldado que estaria agredindo uma mulher. Como punição, teve sua própria medalha confiscada e se enforcou na prisão.

Em 1858, aos 21 anos, o soldado Valentine Bambrick do 1º Batalhão do 60º Regimento do Corpo de Fuzileiros Real do Rei foi condecorado com a Cruz Vitória por "bravura conspícua" durante a chamada Rebelião Indiana. Apenas cinco anos depois, a medalha — a maior honra militar possível que qualquer soldado britânico poderia alcançar — foi rescindida. Bambrick era então um criminoso condenado. Depois de mais um ano, ele estaria morto, por suas próprias mãos, na Prisão de Pentonville.

Um atirador talentoso, Bambrick nasceu em 13 de abril de 1837 em Cawnpore (hoje Kanpur), no norte da Índia. Ele era filho do major John Bambrick, sobrinho e irmão de militares. Coincidentemente, em junho de 1857, o próprio Cawnpore seria o palco de uma das batalhas mais controversas da rebelião.

Onze meses depois, em Bareilly, cerca de 258 quilômetros ao sul, Bambrick e seus companheiros foram atacados. Os detalhes são vagos, mas parece provável que seus agressores fossem lutadores locais que se opunham ao domínio colonial da Companhia das Índias Orientais, que já havia sido uma empresa privada (ou um "gigante delinquente", nas palavras de John Pemble), e era agora "um serviço público indiano não comercial sob controle parlamentar". Bambrick reagiu, supostamente repelindo três homens e matando um, apesar de ele mesmo ter sido ferido.

Bambrick permaneceu como soldado até 1863, chegando a transferir regimentos para permanecer na Índia assim que seu batalhão fosse retirado. Os últimos meses de seu serviço militar se passaram na Irlanda, antes que os acontecimentos piorassem.

Em 16 de novembro de 1863, Valentine Bambrick desembarcou em Hampshire, seu serviço militar enfim terminando. Logo depois, ele brigou com um soldado chamado Henry Russell em um bar próximo. Segundo seu próprio relato, Bambrick tentou intervir quando testemunhou Russell discutindo de forma violenta com uma mulher.

Tanto Bambrick quanto a mulher foram presos, acusados não só de agressão, mas de roubo das medalhas do cabo Russell, que haviam desaparecido durante a altercação. A vida de Bambrick fora do exército, pelo menos como um homem livre, durou menos de 24 horas.

Poucas semanas depois, em 3 de dezembro de 1863, um breve julgamento terminou com o ex-herói condenado e desgraçado. Bambrick — que teria feito explosões agressivas contra Russell e o tribunal — foi condenado a entregar suas medalhas, bem como seu direito a uma pensão do exército, e foi levado embora para cumprir três anos de prisão. A mulher, Charlotte Johnson, foi condenada a doze meses de prisão.

Por fim, Bambrick só pôde suportar os primeiros quatro meses de sua sentença. Em 1º de abril de 1864, ele deixou um bilhete em sua cela em Pentonville e se enforcou, poucos dias antes de seu aniversário de 27 anos.

Bambrick continua sendo um dos oito homens a sofrer a indignidade de perder a condecoração militar conhecida como Cruz Vitória; embora, curiosamente, mais dois dessa quantidade também tenham recebido suas medalhas durante as batalhas da rebelião em 1858 (James McGuire e Michael Murphy). Um outro, Frederick Corbett, também recebeu seu serviço no King's Royal Rifle Corps. Na verdade, o período é responsável por um número grande e desproporcional de prêmios como a Cruz Vitória, com um recorde de 24 sendo distribuídas por atos em um único dia durante o incidente mais polêmico da campanha, o cerco em Lucknow.

Em 2002, uma placa comemorativa do valor de Bambrick foi colocada na capela do cemitério de St. Pancras. Nenhuma referência foi feita ao confisco da Cruz Vitória. A localização exata de seu túmulo permanece desconhecida.

O SHOW NÃO PODE PARAR

c. 1825—1856

A tenebrosa história do ator medíocre que finalmente conseguiu a atenção do público no dia de sua execução. Condenado por matar a mulher e os filhos, o figurante de teatro precisou ser empurrado quatro vezes na forca antes de seu grand finale.

WILLIAM BOUSFIELD

MWO

Um homem de inclinações teatrais, William Bousfield acabou chegando ao palco público — mas da maneira mais desafortunada. Ele é lembrado agora pelo horror de sua execução.

William Bousfield era um marido desatento, sujeito a crises de desemprego e feliz por deixar para sua esposa, Sarah, a tarefa de administrar a loja deles na Portland Street, em Soho, Londres. No final das contas, Sarah assumiu o papel com bastante naturalidade e fazia um bom trabalho, mas ainda assim a apatia de William pode tê-la irritado. Houve ocasiões em que Sarah foi "ouvida designando-o como um sujeito inútil e ocioso" — e há quem suspeite que uma linguagem mais profunda esteja escondida na recontagem decorosa dessa história. Do lado de William, pensava-se que ele pode ter ficado com ciúmes de sua esposa, "acusando-a de estar muito familiarizada com os clientes". Com sete anos de casamento (e três filhos), novos desejos cresciam.

A falta de objetivo de William, embora inabalável durante o dia, deu lugar a uma atividade repentina após o pôr do sol e, de acordo com aqueles que o conheciam, ele ia para os teatros do West End de Londres. Talvez não mais do que ocasionalmente, ele ganhava uma ninharia "no Princess's Theatre [na Oxford Street], como um supranumerário" — em termos mais simples, ele era um figurante, quase nunca escolhido pelos holofotes, e tudo por um único xelim por noite, ou 1 xelim e 6 centavos, se tivesse sorte.

Na manhã de domingo, 3 de fevereiro de 1856, William apareceu em um corredor da delegacia da Bow Street. O policial Alfred Fudge, vindo na direção oposta, perguntou para onde ele estava indo. "Estou aqui," disse William, "para me entregar. Eu assassinei minha esposa." Ele foi levado para ver o inspetor Dodd, que percebeu que William havia feito uma tentativa de cortar a própria garganta, tinha um corte profundo na mão e sua camisa ensanguentada estava sem uma das mangas.

Correndo para a loja na Portland Street, a polícia descobriu que a porta da sala dos fundos, onde a família sempre dormia, estava trancada. Eles forçaram a abertura. O interior revelou que a confissão de William sobre o assassinato foi incompleta: ele mencionou Sarah, mas omitiu as crianças. Um médico que foi trazido à cena de sua casa perto da Berwick Street não encontrou vida em nenhuma delas. A manga da camisa perdida também foi descoberta, saturada de sangue; foi comparada com a camisa que William estava usando quando se entregou, e se encaixava perfeitamente.

O enforcamento foi marcado para segunda-feira, 31 de março de 1856, para ser realizado — segundo o costume da época — em público, do lado de fora da Prisão de Newgate; William Calcraft foi contratado para puxar a alavanca. Bousfield não suportou a tensão dos acontecimentos: alguns disseram que ele se jogou no fogo de sua cela na noite anterior à data prevista para ser executado; alguns disseram que, quando os oficiais reunidos chegaram para acompanhá-lo ao cadafalso, ele desmaiou, recuperou-se, vomitou e desmaiou de novo. Ele foi carregado até a metade do caminho em direção à corda por dois carcereiros e, em seguida, colocado sentado em uma cadeira onde, com a corda em volta do pescoço, permaneceu inconsciente na queda.

A alavanca foi para trás, a cadeira para baixo; Bousfield foi suspenso por um ou dois segundos. E então houve um grito da multidão — "Ele está de pé de novo!" —, e Bousfield, recuperando a consciência, foi visto como tendo conseguido, de alguma forma, colocar seus pés de volta na borda da armadilha; ele chegou a tentar levar as mãos até a corda. Um dos oficiais deslocou os pés de Bousfield, e ele caiu novamente, mas novamente se levantou, restaurando seus pés à posição anterior. Calcraft, que saiu apressado pensando que seu trabalho estava feito, agora voltou à cena e empurrou os pés de Bousfield de volta para o nada; Bousfield caiu mais uma vez, suspenso pela corda. E então, pela terceira vez, os pés se contorceram de volta, e de novo as mãos de Bousfield se levantaram, tentando agarrar a corda. Só então, Calcraft agarrou-lhe uma perna com dificuldade e ganhou controle sobre a outra, mantendo Bousfield na queda, pendurado pelo pescoço, até que ele parasse de lutar pela vida. A coisa toda demorou quatro minutos — *pelo menos* quatro minutos —, e o *Times* relatou no dia seguinte que Bousfield havia sido "torturado até a morte".

O tempo todo, os sinos das igrejas próximas repicavam alegremente: a paz com a Rússia havia chegado.

ESCRITOR FANTASMA

W.T. STEAD

MWO

1849—1912

O polêmico editor da Pall Mall Gazette *chegou a comprar uma menina para uma matéria sobre prostituição infantil. Foi preso. Defendeu com veemência a inocência de um criminoso, apesar de claras evidências de culpa. Em 1912, morreu no naufrágio do* Titanic. *E nem por isso parou de trabalhar. Em sua carreira de espírito escreveu (ou ao menos é seu nome quem assina) um livro sobre mediunidade.*

Como um inseto que nunca se cansava de picar a pele dos poderosos, William Thomas Stead, como editor da *Pall Mall Gazette*, forjou um estilo de jornalismo investigativo que ameaçava expor, a qualquer custo, a corrupção que circulava na corrente sanguínea da instituição vitoriana.

No final do caso Maiden Tribute, Stead foi processado sob a acusação de sequestro e agressão imoral à adolescente Eliza Armstrong. Ele decidiu se defender em Old Bailey. Do outro lado do cais, comparecendo à acusação, estavam Sir Richard Webster (o procurador-geral), Harry Poland e Robert Wright. Estes eram adversários ilustres, envolvidos em muitos dos julgamentos mais célebres do final do período vitoriano e, talvez inevitavelmente, Stead foi condenado e sentenciado a três meses de prisão; ele não se esquivou de sua punição, embora usasse seu status de condenado (de forma bem previsível) como uma medalha de honra e, além disso, permanecesse indiferente ao remorso pessoal pelos sofrimentos da pobre Eliza. Em outros prisioneiros, tal disposição sem remorso e não reformada teria sido quase intolerável para as autoridades, mas Stead, um mártir disposto a sua campanha, tinha todas as cartas. Ele havia estabelecido um nicho popular, forçando os leitores de seu jornal a enfrentarem injustiças, maus-tratos e abusos genuínos. Um pequeno dano colateral ao longo do caminho foi considerado inevitável — serviam como limões para a limonada dos escritórios do *Pall Mall Gazette*, e atitudes sentimentais em relação ao bem-estar psicológico de Eliza Armstrong não tinham a permissão de distorcer a mensagem mais grandiosa.

    Restaurado à posição de editor após sair da prisão, Stead logo se viu diante de outra causa criminal. Em 1887, decidiu que Israel Lipski não havia assassinado Miriam Angel e as páginas de seu jornal foram mais uma vez decoradas com invectivas apaixonadas, muitas delas mais agressivas do que confiáveis. Muito espaço de coluna foi dedicado ao que não passava de uma pista falsa: Stead pensou que, se pudesse encontrar outra venda de ácido nítrico para alguém que não fosse Lipski, em algum lugar nas proximidades da Batty Street, em algum momento antes do assassinato, isso lançaria dúvidas sobre a condenação de Lipski. Encontrou um cliente não identificado da loja de Maximilian Buchner, a poucos minutos a pé da cena do crime. Mas Buchner vendia ácido nítrico puro, comprando-o também puro de seu atacadista. O ácido de Lipski — isto é, o ácido encontrado no corpo de Miriam, na boca de Lipski, no casaco de Lipski e na garrafa descoberta no quarto de Miriam — era uma mistura adulterada de ácido nítrico e sulfúrico. Charles Moore, de quem Lipski comprou seu ácido, vendeu uma mistura adulterada de ácido nítrico e sulfúrico em sua loja na Backchurch Lane. O homem de Buchner nunca esteve no jogo, e essa ausência de atenção razoável aos detalhes caracterizou as tentativas frenéticas de Stead de livrar Lipski de um crime cujas evidências claramente sugeriam seu envolvimento. Uma sucessão de rumores foi publicada: Rosenbloom, por exemplo — um dos dois homens que Lipski acusou do assassinato —, estava perdendo peso muito rápido, e isso foi uma indicação implícita de sua culpa; Schmuss — o outro conspirador de Rosenbloom na visão infundada de Lipski — era isso ou aquilo, comportando-se de um jeito ou de outro. Os detalhes pouco importam para nós; e dificilmente importavam para Stead.

Em 21 de agosto de 1887, Lipski confessou o assassinato: ele foi enforcado na manhã seguinte. O *Pall Mall Gazette*, que passou incansáveis semanas fazendo barulho em prol da inocência de Lipski, agora, sob o título desavergonhado "Tudo está bem quando termina bem", procurou justificar sua posição anterior: "Aqueles que nos imputaram em louvor ou na censura, na usurpação das funções de uma Suprema Corte de Apelação Criminal, estão totalmente equivocados", declarou. "Não merecemos o elogio nem a culpa." Não podemos deixar de sentir que aqueles que foram pegos na tempestade das táticas jornalísticas de Stead — uma variedade de indivíduos não limitados a Rosenbloom e Schmuss — podem ter questionado se o jornal tinha "[usurpado] as funções de uma Suprema Corte de Apelação Criminal" para ser perfeitamente imaterial. Como Eliza Armstrong poderia ter dito a eles, nem suas reputações nem seus sentimentos jamais seriam levados em consideração pela *Pall Mall Gazette*; ninharias como essas não eram visíveis do ponto de vista de Stead.

Stead morreu em 1912, afundando com o *Titanic*, mas, gentilmente, voltou à esfera dos vivos quase de imediato na forma de um espírito — que fez aparições regulares por vários anos em sessões espíritas em várias partes do globo. Já em 1913, ele foi apresentado a uma médium francesa chamada madame Hyver por uma conhecida em comum (na verdade, a duquesa de Pomar, que também estava tecnicamente morta), e em 1919 ele consentiu em posar para uma fotografia, cercado por algo que parecia muito com um cobertor, mas talvez fosse ectoplasma. Em 1921, após muitos anos de conversas indizivelmente banais do além-túmulo, Stead forneceu material suficiente para preencher um livro publicado "por ele", "por meio de" madame Hyver, e "editado por" sua filha Estelle. Seu título tipicamente inflexível era *Communication with the Next World: The Right and Wrong Methods: A Text Book* [Comunicação com o Outro Mundo: Métodos Certos e Errados: Um Compêndio]. Lamentavelmente, Stead estava tão ansioso para oferecer seu conselho aos aspirantes a médiuns — por exemplo, "Depois de uma materialização difícil, um médium deve se banhar em água salgada, quente ou fria" — que ele se esqueceu por completo de dizer se havia tirado proveito de sua condição de homem morto para resolver algumas das pontas soltas deixadas para trás durante a vida. Ele havia se desculpado com Rosenbloom e Schmuss, por exemplo? Ele chorou com Miriam Angel, desviando os olhos discretamente de suas asas esfarrapadas? Eliza Armstrong foi realmente feliz?

Talvez nunca saberemos.

Leitura adicional | PLOWDEN, A. *The Case of Eliza Armstrong*. BBC: Londres, 1974).

TIP TOP HOUSE

CASOS SF

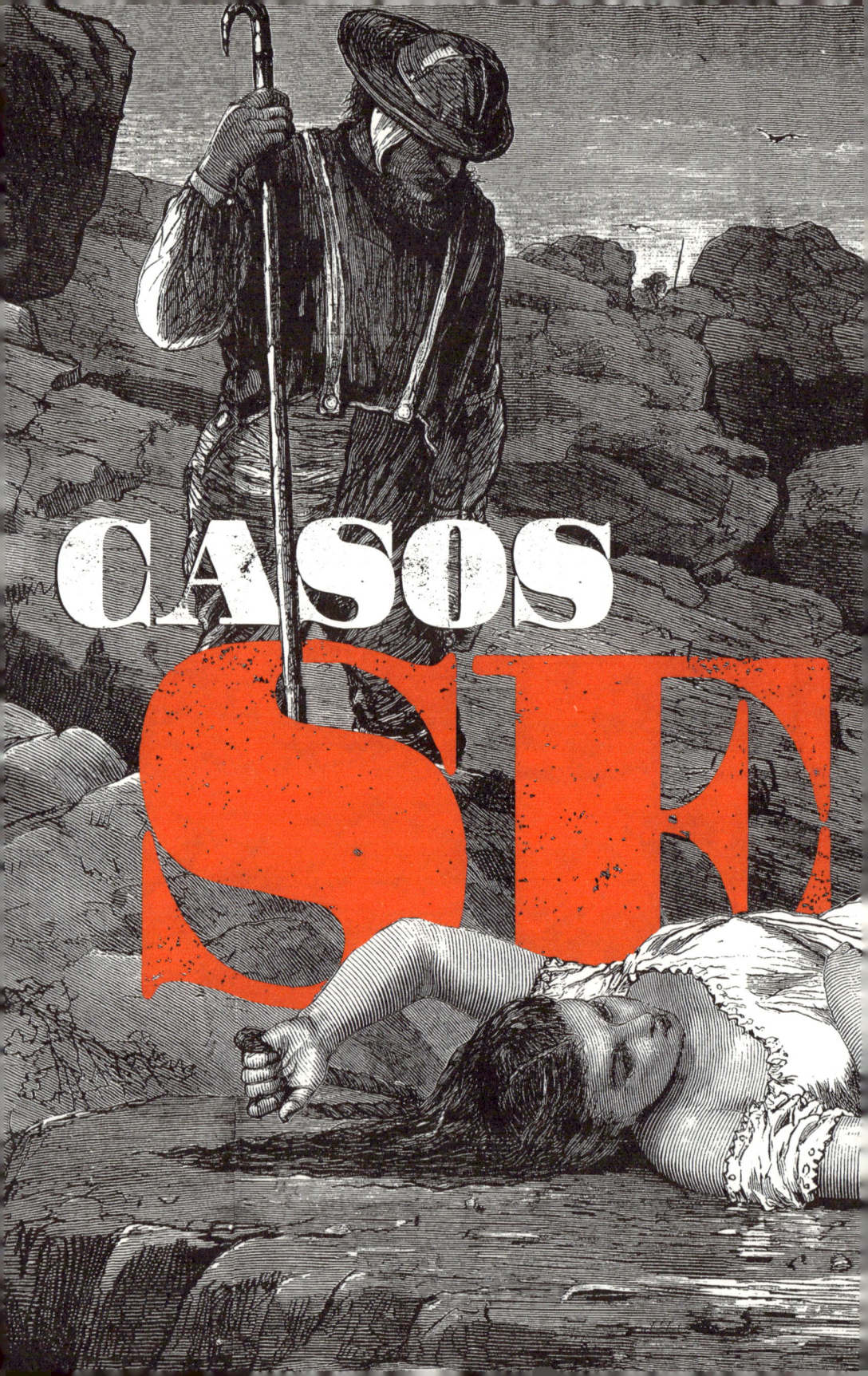

M

SOLUÇÃO

CASOS VITORIANOS MACABROS · PARTE 04

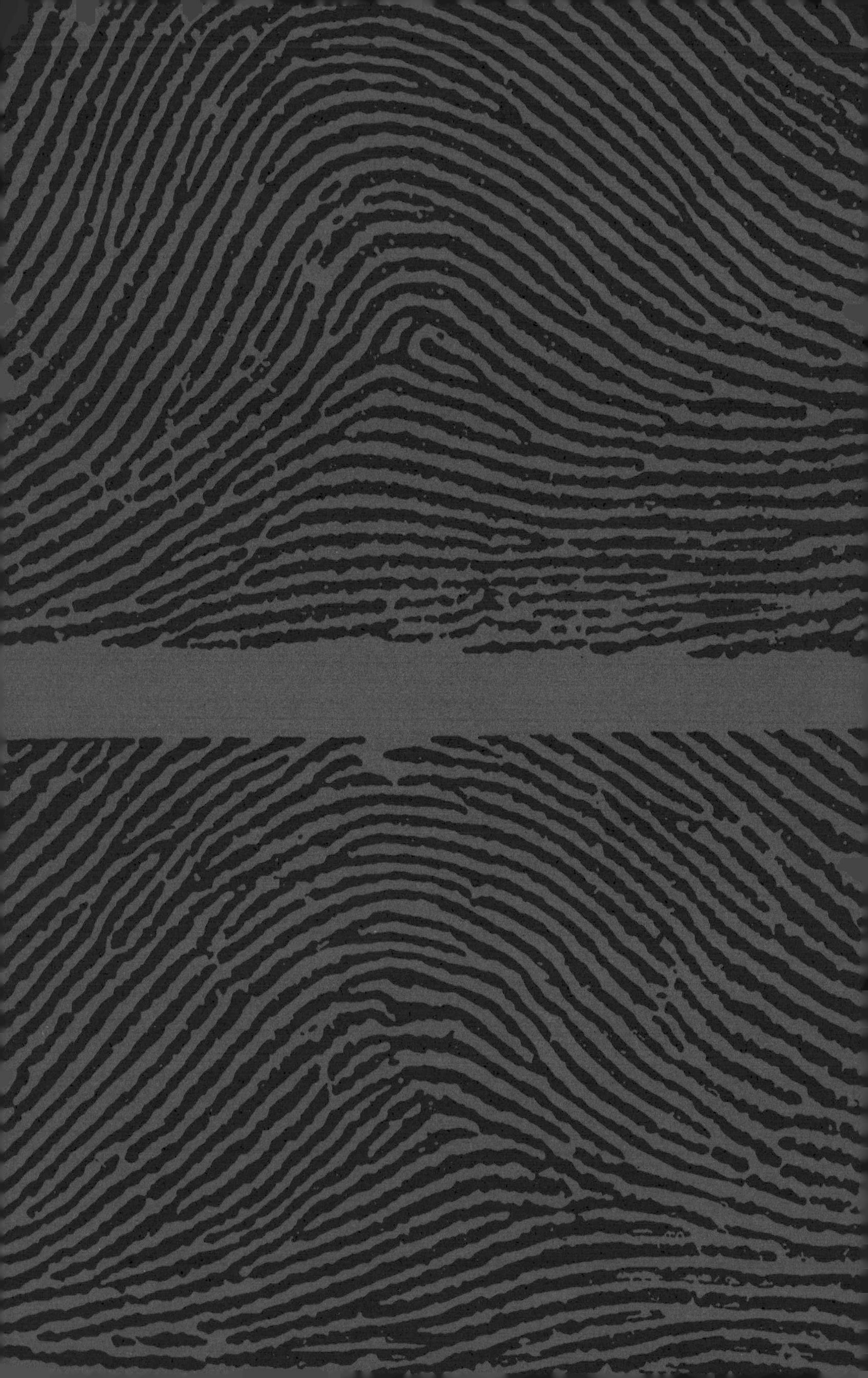

Descobrir o assassino real nem sempre é uma tarefa **elementar**, caro leitor. Ainda mais em uma **época** na qual nem se sabia o que era DNA. Faltavam **provas**, **testemunhas** e, às vezes, ao que parece, vontade de investigar. Assim como aconteceu com os crimes de **Jack**, o Estripador, muitos casos foram **arquivados** e **esquecidos** com o tempo. Vários criminosos e criminosas **escaparam** da justiça e seus crimes continuam **sem** solução.

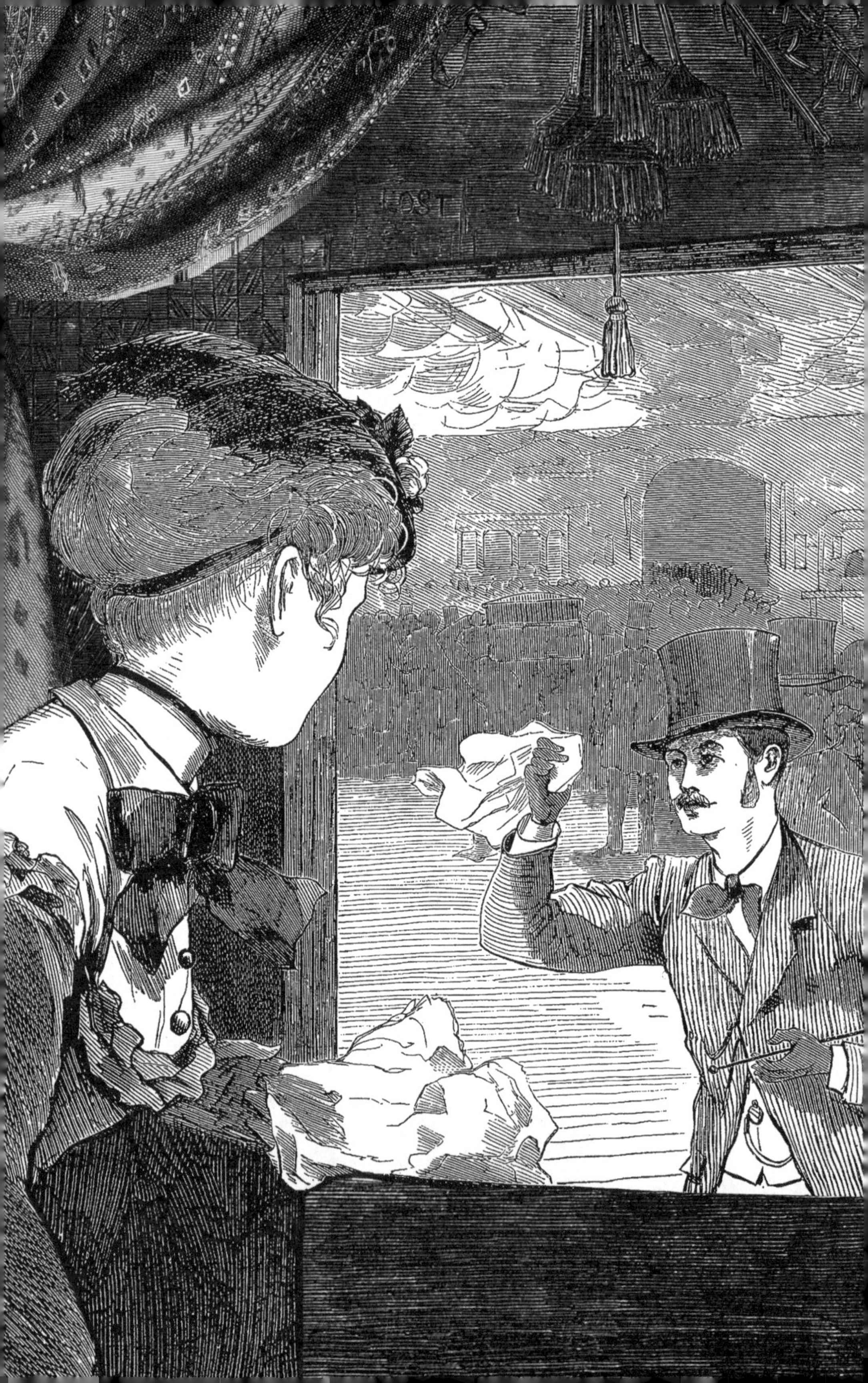

A GAROTA NO TREM

ELIZABETH CAMP

TNB

1863—1897

A senhorita Elizabeth Camp foi encontrada morta na cabine do trem, com o crânio rachado. Seu noivo a esperava na estação. Alguns suspeitos foram investigados, homens que deviam dinheiro à vítima. O caso nunca foi esclarecido, mas foi, por muito tempo, motivo de especulação pela imprensa.

"Não gostamos de assassinatos ou, em geral, de ver o público se divertir com eles", escreveu *The Spectator* em 20 de fevereiro de 1897 — uma posição sensata, a maioria com certeza concordaria. "Mas o interesse pelo assassinato de Elizabeth Camp é extremamente natural".

Eis os fatos deste caso intrigante: na quinta-feira, 11 de fevereiro de 1897, Elizabeth Camp, 33 anos, embarcou no trem das 19h42, de Hounslow para Waterloo, depois de visitar suas duas irmãs casadas. Esperando por ela no sul de Londres estava seu noivo, Edward Berry — mas quando o trem chegou, por volta de 8h25, ela não desembarcou.

Descrita como a gerente, governanta ou garçonete do pub Good Intent, em Walworth (que ainda sobrevive, na East Street), e como "inteligente", "atraente", "bem-criada" e "robusta", o correspondente do *The Spectator* sugeriu que Camp certamente fosse capaz de se defender, "tão capaz de cuidar de si quanto qualquer pessoa em Londres". Mesmo assim, de volta a Waterloo, seu corpo apareceu debaixo do assento de uma cabine de segunda classe. Seu crânio foi quebrado, e a cena teria sido tão sangrenta quanto surpreendente para o faxineiro que a encontrou. Não havia dúvidas de que estava morta, embora isso apenas tenha sido confirmado depois que ela foi transportada para o Hospital St. Thomas, nas proximidades. Tudo indicava que Berry tinha planejado visitar um salão de música com sua noiva naquela noite; mas acabou tendo que ir até o St. Thomas a fim de fornecer uma identificação formal.

As pistas iniciais foram difíceis de encontrar — uma avaliação do vagão em que o corpo foi encontrado revelou nada mais do que um guarda-chuva (que era de Elizabeth) e um par de abotoaduras, cujo dono não pôde ser identificado. Uma motivação sexual foi descartada depois que o corpo foi examinado, apesar de alguns relatos obscenos da imprensa que diziam o contrário. Uma pista, sugerindo o motivo do roubo, era que os bolsos e a bolsa de Camp pareciam ter sido esvaziados. O mais próximo que a investigação poderia chamar de um avanço, entretanto, veio durante uma busca ao longo da linha ferroviária. No aterro entre Putney e Wandsworth foi descoberto, um pilão semelhante aos usados pelos químicos durante a preparação de medicamentos. Mesmo sem os benefícios forenses da análise de DNA ou das impressões digitais, os investigadores estavam confiantes de que o sangue e o cabelo encontrados no item haviam pertencido a Elizabeth Camp.

A polícia tinha uma arma, mas ainda não havia um culpado. Os rumores de um homem com as mãos manchadas de sangue que foi visto correndo da estação Vauxhall não deram em nada, e as alegações de um homem que confessou o crime durante a investigação eram infundadas. Por um tempo, a atenção se concentrou em um homem chamado Brown, um antigo interesse romântico de Camp, mas isso também se provou um beco sem saída. Não está claro se Brown correspondia à única descrição física com que a polícia precisou trabalhar, a de um homem de estatura média, com cerca de 30 anos, bigode escuro, usando cartola e sobretudo. Esta representação foi fornecida por um confeiteiro que viajou brevemente no mesmo vagão que Camp, e que afirmou ter visto um homem embarcar no trem em Chiswick antes de desembarcar com pressa em Wandsworth.

De certa forma, entretanto, investigar Brown serviu para avançar com o inquérito, pois foi descoberto que ele devia dinheiro a Camp. Na verdade, descobriu-se que Camp tinha o hábito de emprestar dinheiro à família e aos associados com regularidade. Será que este poderia não ter sido um caso de roubo, mas de um devedor tomando medidas desesperadas para evitar o reembolso, ou vingando-se de um credor severo?

Quando um homem chamado Thomas Stone foi identificado, essa interpretação parecia cada vez mais plausível. Stone, como foi sugerido, estivera na companhia de Camp e de sua irmã em Hounslow pouco antes de partir para a estação ferroviária. Descrito como um "amigo da família", Stone também tinha uma dívida com Camp. Lutando contra o boato local, ele alegou ter deixado Hounslow logo após se separar de Camp e, apesar de aparentemente tê-la questionado por algum tempo, a polícia nunca foi capaz de encontrar evidências suficientes para iniciar um processo de acusação. Em consequência disso, ele foi libertado.

E aí, de fato, a história do assassinato de Elizabeth Camp terminou. Exceto, na verdade, porque a mídia nunca deixa uma boa história morrer. Apenas dez meses após o assassinato de Camp, uma adição interessante à história foi publicada no jornal estadunidense *Butte Weekly Miner*. Escrito sob um pseudônimo pelo jornalista britânico Frederick Cunliffe-Owen, o artigo vale a pena ser citado por extenso:

Pode-se mencionar que foi em Broadmoor que o perpetrador de sangue azul dos assassinatos [de Jack, o Estripador] deu seu último suspiro, segundo o que foi admitido pelas autoridades, e será entregue sem julgamento ao bem-nascido e até então bem-sucedido membro da Ordem dos Advogados cuja quantidade de homicídios [...] o levou a perpetrar o misterioso assassinato da srta. Camp [...] e também a condenar à morte de maneira igualmente inexplicável uma jovem cujo corpo foi encontrado há cerca de seis semanas, em Windsor. É provável que seu verdadeiro nome seja ocultado do público exatamente da mesma forma que o do autor da série de assassinatos [de Jack, o Estripador].

A "jovem... em Windsor" parecia ter sido Emma Matilda Johnson, que foi supostamente assassinada ao longo de uma "estrada solitária" entre Oxford e Maidenhead em 15 de setembro de 1897. O corpo mutilado de Johnson foi descoberto no rio Tâmisa, mas, apesar da prisão de um homem (pelo visto conhecido pelo apelido sinistro de "Homem Louco") que possuía um terreno próximo ao local, onde algumas de suas roupas foram descobertas, seu assassino também escapou de acusação e condenação.

Talvez a sugestão de que o verdadeiro culpado fosse conhecido das autoridades deva ser observada com ceticismo. Por outro lado, esse não foi o único indício quase contemporâneo de algo oculto. Sir Robert Anderson acreditava que o caso teria sido oficialmente resolvido se não fosse pela inflexibilidade das leis de evidência; e o periódico eduardiano *Famous Crimes*, enquanto refletia sobre o assassinato de John Broome Tower, em Stoke Newington em 1884, disse, a propósito do que parecia muito pouco: "Poderíamos desvendar o caso e etc., se não estivéssemos limitados pelos segredos da polícia, mas a verdade sobre este caso, como o da Senhorita Camp, ainda pode ser revelada". Com boatos convidativos desaparecendo tão rápido no silêncio do passado, não se pode deixar de sentir que as chances de uma revelação atual e definitiva, infelizmente, diminuíram.

Leitura adicional | PEARCE, C.E. *Unsolved Murder Mysteries*. Londres: Stanley Paul, 1924.

GRAVADO NA RETINA

EMMA JACKSON

TNB

c. 1835—1863

E se fosse possível ver o rosto do assassino com os olhos da vítima? Essa era a pretensão da optografia, uma técnica pseudocientífica que alegava ser possível revelar a última imagem que a pessoa viu antes de morrer.

No final da era vitoriana, várias experiências científicas na Itália e na Alemanha foram resumidas com entusiasmo na imprensa internacional. Alimentados pelo advento relativamente recente da fotografia, os resultados relatados deram origem a um dos mitos mais difundidos desse período: a crença de que a última imagem vista por uma pessoa antes da morte seria gravada em sua retina e, portanto (a suposição seguida) poderia ser revelada caso os olhos da vítima fossem fotografados. Se a pessoa tivesse sido assassinada, talvez a imagem de seu assassino pudesse ser descoberta. Isso, então, poderia ser o fim de todos aqueles casos de assassinatos insatisfatórios e não resolvidos?

No caso, é claro, não foi. Um correspondente do *Medical Times and Gazette*, em 1860, referiu-se de forma depreciativa ao autor de uma sugestão de que a técnica deveria ser julgada em relação ao "misterioso assassinato perto de Frome" (uma presumível referência ao assassinato de Samuel Kent por sua irmã, Constance Kent) como um "sabichão".

O desprezo e a estupidez científica, no entanto, pouco fizeram para desencorajar os apelos para que o uso da fotografia da retina fosse renovado três anos depois, após o assassinato de Emma Jackson em um "quarto sujo e esquálido" na notória área de St. Giles, Londres, em 9 de abril de 1863.

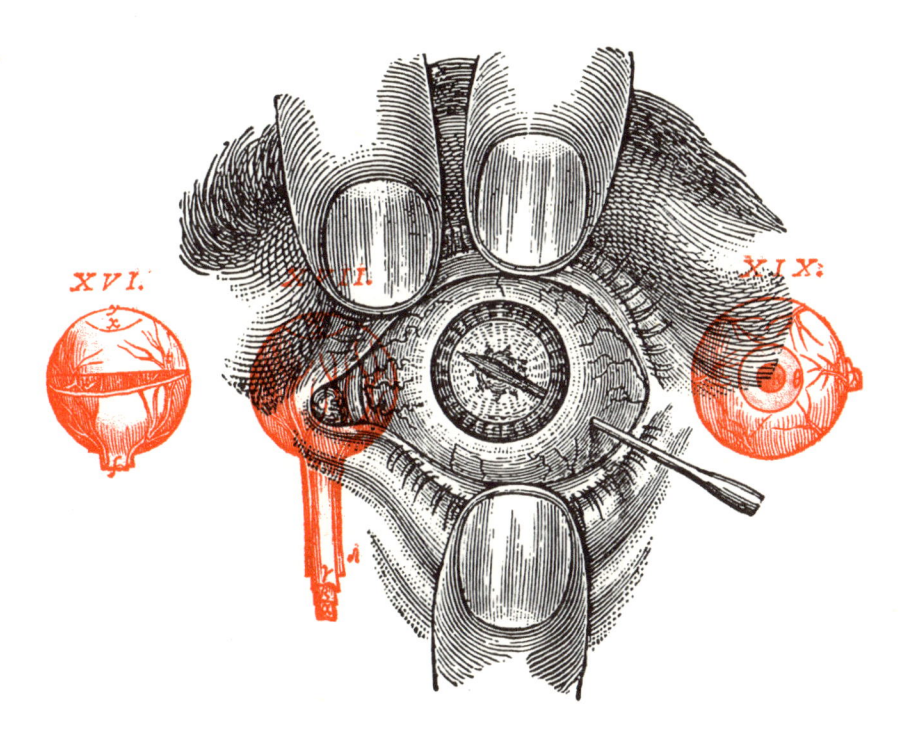

O corpo de Jackson foi encontrado deitado em uma pensão na George Street; a vítima e os móveis estavam cobertos de sangue. Com 28 anos de idade, Jackson morava com o pai, a mãe e o irmão na vizinha Berwick Street, mas costumava deixar seu alojamento e se aventurava em outro lugar; seu irmão, John Jackson, contaria no inquérito subsequente que quatro dias antes tinha visto a mulher viva pela última vez e, ainda, que ela estivera na companhia de um grupo de homens. Ela estivera na Berwick Street na manhã antes de sua morte. É muito provável que Jackson estivesse trabalhando como prostituta, pelo menos de forma esporádica; a insistência de seu irmão de que ela quase nunca bebia álcool também gerou ceticismo.

Os ferimentos de Jackson foram descritos no inquérito pelo cirurgião John Weekes, mas sua lista parece incompleta. Weekes menciona cinco feridas, mas identifica apenas quatro: duas na nuca e duas no pescoço; as últimas foram consideradas suficientes para precipitar a morte. O corpo de Jackson estava vestido apenas com uma camisa. Parece possível que a ferida faltante tivesse como alvo os órgãos sexuais, um detalhe não divulgado pela imprensa da época devido a preocupações com a decência pública.

Um fotógrafo, William H. Warner, escreveu à polícia sugerindo que o contratassem para fotografar os olhos de Jackson; ele também escreveu à imprensa avisando-os sobre sua oferta. Isso não provocou a reação que ele esperava. A polícia recusou, embora mais com base na praticidade do que na possibilidade (as razões apresentadas foram três: os olhos de Jackson estavam fechados no momento de sua morte; considerava-se que qualquer imagem só seria gravada por um determinado período; e o corpo já havia sido enterrado).

O *Cincinnati Lancet and Observer* logo publicou uma carta depreciando toda a ideia: "Uma correspondência absurda circulou nas edições impressas e foi aceita em alguns setores como uma forma de transmitir uma verdade solene de séria importância". O esforço foi descrito como "uma impossibilidade absurda", semelhante a uma tentativa de "tirar um som de flautas de uma tonelada de carvão". A questão do tempo foi descartada como uma pista falsa, visto que "uma fotografia tirada mais de 24 horas após a morte teria tanto sucesso quanto se fosse tirada dois minutos depois". Em outras palavras, não funcionaria.

Durante as últimas décadas do reinado de Vitória, no entanto, a ideia de que a optografia poderia ajudar a detectar assassinos voltava às pessoas, adicionando um bocado de ciência moderna duvidosa aos contos de casos sombrios em lugares obscuros. Em 1888, foi sugerido, mais de uma vez, como possível solução no caso de Jack, o Estripador — proposta descrita pelo próprio cirurgião divisionário da polícia como "inútil, especialmente neste caso". No início do mesmo ano, o *New York Tribune* teria afirmado que uma aplicação bem-sucedida da técnica levou a uma condenação na França, mas é difícil rastrear a raiz dessa afirmação.

Mais evidências verificáveis estavam se acumulando no lado oposto do debate. Em 1866, os experimentos com os olhos do assassino em massa Anton Probst, executado na Filadélfia, se mostraram inconclusivos. As experiências da polícia alemã em 1877 também foram inúteis. A extração dos globos oculares de um prisioneiro executado perto da fronteira entre a França e a Alemanha em 1880 produziu resultados interessantes, mas inconclusivos. Talvez o mais condenável seja o fato de o professor Wilhelm Kühne, o pioneiro de grande parte da pesquisa na qual a teoria se baseia, pronunciar-se contra a própria sugestão de que seu trabalho pudesse ter alguma utilidade na resolução de crimes.

Uma melhor compreensão da fisiologia do olho acabaria por destruir qualquer crença persistente nos benefícios detetives da fotografia retiniana, e novas técnicas revolucionárias em medicina forense conduziriam a luta contra o crime no próximo século. O assassinato de Emma Jackson permanece sem solução, apesar de uma ladainha muito familiar de acusações e falsas confissões, incluindo a prisão de um homem em Cardiff, informações sobre quem poderia ter uma grande dívida a ser paga pela quantia de 100 libras, oferecida como recompensa. O anonimato duradouro do assassino de Jackson também abriu a porta para sugestões recentes de que ela morreu pelas mãos de Jack, o Estripador, um quarto de século antes de seus crimes mais famosos.

Leitura adicional | BOLLER, F.; FINGER, S.; STILES, A. (org.). *Literature, Neurology, and Neuroscience: Historical and Literary Connections*. Philadelphia: Elsevier, 2013.

VOLUNTÁRIO EM PERIGO

HARRIET BUSWELL

KC

1845—1872

A polícia encontrou Karl Wohlebbe, suspeito do assassinato da prostituta Harriet Buswell, em um navio rumo ao Brasil e foi levado para que as testemunhas o vissem. Como era padrão, havia outras pessoas na fila de identificação, junto do suspeito. Um dos passageiros que se voluntariou a ajudar, o ministro luterano Gottfried Hessel, por pouco não foi condenado.

Às 22h da véspera de Natal de 1872, Harriet Buswell, 27 anos, também conhecida como Clara Burton, pediu emprestado 1 xelim de uma amiga e deixou o alojamento na Great Coram Street, Russell Square. Com vestido de seda preta, casaco de veludo e vistoso chapéu verde adornado com uma pena vermelha, ela caminhou até o Alhambra Theatre, na Leicester Square de Londres. Embora dissesse que trabalhava dançando, na época ela se prostituía (ou pelo menos fazia um extra), promovendo negócios nas ruas do West End. Ela tinha muitas dívidas e, além disso, precisava pagar pelos cuidados da filha de oito anos. Ela voltou para o alojamento na madrugada seguinte, acompanhada por um homem. Ela carregava um saco de nozes e frutas e, indo para o quarto, parou e pagou o aluguel da semana à senhoria com 10 xelins, recebendo o troco de um xelim antes de se juntar ao homem no andar de cima.

Quando Harriet não apareceu na tarde do dia de Natal — embora uma empregada tenha visto o cliente sair de casa por volta das 7h —, arrombaram a porta, trancada por fora e sem a chave. Eles encontraram Harriet na cama com a garganta cortada. Faltavam um par de brincos emprestados e a bolsa com o troco. Na mesa de cabeceira havia uma maçã mordida. Testes mostraram que o estômago de Harriet não continha maçã, logo ela fora consumida por seu assassino. Os inquéritos policiais localizaram dois homens, um verdureiro chamado Fleck e um garçom chamado Stalker — que tinha visto Harriet em companhia de homens na última noite de sua vida. A polícia ofereceu 200 libras como recompensa por informações e divulgou a seguinte descrição do homem que procuravam interrogar:

25 anos, 1,75 metro de altura, pele morena, manchas vermelhas no rosto, cabelo preto, sem bigode, barba sem fazer por dois ou três dias, corpo robusto; vestido com um casaco escuro justo e chapéu-coco escuro, estrangeiro (supostamente alemão).

Em Ramsgate, a embarcação alemã *Wangerland* ancorou e sofreu reparos depois de ficar presa nas areias de Goodwin. Um tal Karl Wohlebbe, boticário que navegou para a Inglaterra no navio atingido, chamou a atenção da polícia, que agora suspeitava que ele fosse o assassino de Harriet. Uma fileira de identificação foi organizada na prefeitura e, entre outros passageiros, o dr. Gottfried Hessel se ofereceu para ajudar. Ele era ministro luterano a caminho do Brasil para cumprir designação missionária de dez anos; sua oferta de ajuda na fileira de suspeitos foi apenas cortesia, estendida voluntariamente; mas, para seu espanto, foi apontado sem hesitação por Fleck e Stalker. Embora Hessel, sua esposa e Wohlebbe tivessem se hospedado no Knoll's Hotel em Londres no período do Natal, ele negou com veemência qualquer envolvimento no assassinato. Na terça-feira, 21 de janeiro, puxado para um pesadelo, ele compareceu perante magistrados do Tribunal de Polícia da Bow Street, acusado do assassinato de Harriet Buswell. No entanto, enquanto as testemunhas de acusação deram provas vagas e conflitantes, a equipe do Knoll's Hotel confirmou que os Hessel permaneceram no hotel na noite da morte de Harriet. Depois de beber chá de camomila, Hessel foi para a cama, sofrendo de infecção no peito, e deixou as botas do lado de fora da porta. Na quinta-feira, 30 de janeiro, a acusação contra ele foi retirada.

Os jornais ficaram indignados com a prisão injusta do dr. Hessel e publicaram seu relato do tempo que ele passou sob custódia policial. Ele e a esposa embarcaram para o Brasil, levando 1.200 libras, valor arrecadado pelo *The Daily Telegraph*, e as comiserações de William Gladstone.

A identidade do assassino de Harriet Buswell permanece um mistério. Há pouco tempo, foi sugerido (sem fundamentação) que sua morte foi a primeira atrocidade de Jack, o Estripador. H.L. Adam, escrevendo sobre o caso na década de 1930, pensava diferente e anunciou que Hessel "era, na verdade, o assassino e que seu álibi era falso". Supostamente, Adam baseou-se em "fatos subsequentemente revelados", e ele é conhecido por ter sido amigo de vários policiais que poderiam, em teoria, ter fornecido a ele informações, mas sua conclusão continua difícil de comprovar.

Leitura adicional | ADAM, H.L. *Murder by Persons Unknown*. Londres: W. Collins Sons & Co., 1931.

PLAYBOY INOCENTADO

JANE MARIA CLOUSON

KC

1854—1871

Um exemplo clássico de feminicídio em que o principal suspeito mal foi investigado. Jane Maria Clouson, 17 anos, foi mortalmente ferida com um martelo, na noite em que deveria se encontrar com Edmund Pook, o filho do patrão da casa em que era empregada. Jane Clouson perdera recentemente um bebê no segundo mês de gravidez. Apesar da pressão popular e da imprensa, a polícia descartou várias pistas importantes e Edmund se livrou dessa.

Nas primeiras horas da quarta-feira, 26 de abril de 1871, o policial Donald Gunn patrulhava perto de Kidbrook Lane, na orla de Eltham Common, quando se deparou com uma jovem de joelhos. Ela tinha ferimentos terríveis na cabeça, mas conseguiu suplicar a Gunn que segurasse sua mão antes de gritar: "Oh, deixe-me morrer!". Depois, ela perdeu a consciência e, cinco dias depois, morreu no Guy's Hospital. A vítima era uma empregada de 17 anos, Jane Maria Clouson, que até duas semanas antes da morte trabalhava para um impressor de Greenwich, Ebenezer Pook. Ele tinha dois filhos que trabalhavam na empresa da família, o mais jovem era Edmund, de 20 anos, que cortejava secretamente uma garota de Lewisham. Apesar de sofrer graves episódios epilépticos, Edmund tinha um estilo de vida animado e se juntava ao irmão para fazer "leituras performáticas" em casas de apresentações locais. De acordo com um amigo, Jane disse que ia encontrar Edmund na noite em que foi morta. Ele foi, portanto, preso, mas negou qualquer envolvimento no crime. Um inquérito estabeleceu que Jane estava grávida de dois meses, embora o feto tivesse morrido quinze dias antes do assassinato. Seu funeral, no cemitério de Brockley e Ladywell, em 8 de maio, atraiu grandes multidões; o caixão foi carregado por carruagem puxada por jovens vestidas como criadas.

Uma pedra memorial, de uma criança ajoelhada em oração, foi encomendada por residentes; parte da inscrição diz: *Que a grande piedade de Deus toque seu coração e leve meu assassino a confessar seu terrível ato...*

O julgamento de Edmund Walter Pook foi aberto em Old Bailey em 10 de julho pelo chefe de justiça William Bovill, cujas disputas turbulentas com o advogado principal — o procurador-geral para a acusação e o sr. Huddleston para a defesa — foram criticadas pela imprensa. A investigação policial também foi examinada: pegadas no local não foram investigadas; um apito encontrado perto do corpo foi desconsiderado, embora tenha se estabelecido que Edmund Pook usava um objeto semelhante para se comunicar secretamente com a namorada em Lewisham. Um medalhão, supostamente dado a Jane por Edmund, era, na verdade, um presente de outro dos ex-serviçais de Pook. Duas vendedoras de ferramentas deram evidências conflitantes, mas embora uma tenha testemunhado a venda do martelo de estucador (semelhante ao do assassino), ela não conseguiu identificar Edmund. O comprador do martelo, ela insistiu, vestia calças claras, que não foram encontradas entre as roupas do acusado. Edmund foi visto perto da casa da namorada em Lewisham às 20h30, o horário estimado do ataque a Jane (embora os ferimentos fossem tão graves que parecia improvável que ela sobreviveu até 4h15 da manhã, quando Gunn a encontrou). O assassino de Jane, o tribunal continuou a ouvir, teria se encharcado de sangue durante o ataque. O dr. Henry Letheby, professor de química do Hospital de Londres, encontrou pequenas manchas de sangue nas roupas de Edmund, mas elas podem ter sido causadas por morder a língua durante um ataque epiléptico. Edmund Pook foi absolvido em 15 de julho, mas muitos dos que acompanharam o caso nos jornais acharam que deveria ter havido o veredicto de culpado. Logo após o julgamento, Ebenezer Pook acusou a polícia por "perjúrio intencional e corrupto", e Edmund moveu uma ação por difamação contra o editor e o autor do panfleto *The Eltham Tragedy Review*, no qual deixaram a culpa de Edmond implícita.

O motivo que a família Pook deu para dispensar Jane foi que ela era preguiçosa e desleixada, uma descrição em desacordo com a de outras pessoas que a conheciam. É possível que ela tenha sido demitida por causa de uma associação secreta com Edmund — que pode ter chegado a um ponto crítico quando ela anunciou a gravidez. Não apenas a reputação da família estava em jogo, mas um escândalo poderia arruinar a chance de Edmund de um bom casamento. Parece provável que, embora o feto tenha morrido, o agressor de Jane decidiu silenciá-la. Como os registros do crime vitoriano prontamente testemunham, não teria sido a primeira vez que um jovem libidinoso recorreu ao assassinato para encobrir uma relação inadequada.

Leitura adicional | SMITH-HUGHES, J. *Unfair Comment upon Some Victorian Murder Trials*. Londres: Cassell, 1951.

PESCARIA DE CORPOS

O MISTÉRIO DO TÂMISA

1873

O rio Tâmisa já era considerado muito sujo no século XIX, e apenas na metade final do século seguinte ele passaria por um processo de despoluição eficiente. Mas se o rio não estava pra peixe, não era tão incomum achar corpos humanos ou, mais frequentemente, partes deles.

TNB

Com um comprimento total de mais de duzentas milhas, não é surpresa que o rio Tâmisa tenha se mostrado um receptáculo muito conveniente para as evidências de assassinato (entre outros crimes e contravenções).

Em 1857, por exemplo, a imprensa relatou com avidez a descoberta de uma bolsa contendo vários ossos e uma pequena quantidade de carne, depositada junto ao rio em um dos suportes de pedra da ponte Waterloo. Notícias de supostas pistas para o "mistério da Waterloo Bridge" continuaram a ser publicadas por bem mais de uma década e, em 1872, foi alegado que um soldado servindo na Índia havia confessado o crime. No entanto, o caso estava destinado a permanecer oficialmente sem solução — embora, em suas memórias de 1910, *The Lighter Side of my Official Life*, o ex-comissário assistente da Polícia Metropolitana, Sir Robert Anderson, alegasse que a vítima havia sido identificada como um policial italiano cuja missão embutida tornou-se conhecida dos revolucionários republicanos com os quais ele se insinuou.

Em 1873, no entanto, o "Thames Carpet Bag Mystery", como também era conhecido, estava prestes a se tornar notícia velha. Em 5 de setembro de 1873, um oficial da Polícia do rio Tâmisa localizou, na lama da costa do Tâmisa em Battersea, aquilo que foi posteriormente identificado como o lado esquerdo do torso sem membros de uma mulher. Pelo menos uma parte da metade oposta (alguns relatos apenas afirmam "um seio direito") foi logo recuperada perto da estação ferroviária de Nine Elms, e depois da análise do cirurgião assistente da polícia da divisão no asilo local, o par foi declarado compatível. O sentimento de horror do público só teria aumentado à medida que outras partes da pobre vítima fossem localizadas: uma pélvis em Woolwich, um segmento do braço esquerdo, novamente em Battersea, e uma parte do couro cabeludo e rosto em Limehouse, no coração de estaleiros do leste de Londres.

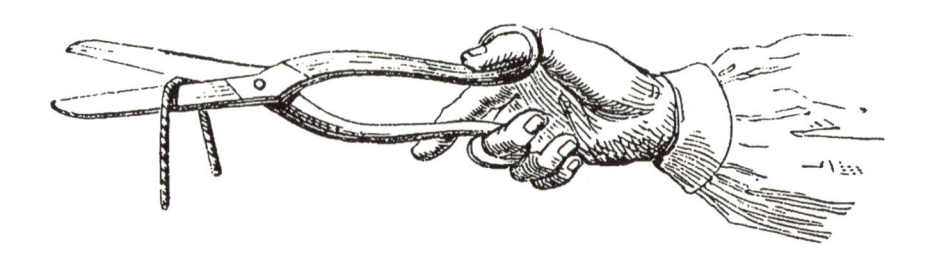

O exame das várias partes do corpo (sob a orientação do dr. Thomas Bond) elicitou pouco mais do que as conclusões de que elas "correspondiam" umas às outras e que pareciam ter sido "nitidamente desarticuladas". Além da breve sugestão de que uma "'associação de lunáticos fugitivos" pode ter sido responsável pelo "Mistério do Tâmisa", a identidade da vítima, de seu assassino e a causa — e o motivo — de sua morte permaneceriam desconhecidos. Os jornais acabariam por seguir em frente, mas este não seria o último enigma terrível.

Sete meses depois, em junho de 1874, outro torso feminino foi arrastado do rio não muito longe a oeste de Battersea, em Putney. O torso, desta vez com uma perna remanescente no local, teria sido parcialmente dissolvido em cal clorada (que, afinal, é na verdade bastante ineficiente para tal tarefa); mas o inquérito subsequente não chegou a um veredicto de "homicídio doloso" e, portanto, nenhuma investigação criminal foi iniciada.

Seguiu-se uma calmaria de quase cinco anos antes do próximo assassinato comparável, quando partes do corpo de Julia Martha Thomas foram atiradas na Richmond Bridge por Kate Webster, em 4 de março de 1879.

O Tâmisa continuaria a oferecer oportunidades aos criminosos, mas a próxima série de descobertas sequenciais para chamar a atenção do público de uma maneira semelhante ao "Mistério do Tâmisa" estava a uma década de distância.

Leitura adicional | FITZGERALD, P. *Chronicles of Bow Street Police Office*. Londres: Chapman and Hall, 1888.
WHITTINGTON-EGAN, R. *Mr Atherstone Leaves the Stage*. Stroud: Amberley, 2015.

PURÊ DE CÉREBRO

SARAH MILLSON

MWO

c. 1812—1866

Sarah Millson desceu para atender a campainha e não voltou mais. Seu corpo foi encontrado sem vida, a cabeça esmagada. A polícia se concentrou em pistas erradas, e insistiu em acusar um homem que tinha manchas em sua roupa (spoiler: não era sangue). Seu julgamento foi considerado uma piada na época.

O assassinato não resolvido de Sarah Millson, uma viúva de pouco mais de 50 anos, provou ser um dos principais mistérios de sua época e o catalisador de uma reação pública contra a aparente incompetência da polícia. Um jornal reclamou de sua "obliquidade mental e incapacidade profissional" sob o título "Inteligência policial tem culpa".

Para começar pelo final: um julgamento em Old Bailey terminou na quinta-feira, 14 de julho de 1866, com a absolvição do único suspeito do assassinato da sra. Millson, um certo William Smith. O réu, encantado com o resultado, anunciou ao tribunal que era "tão inocente quanto um bebê", e o juiz, barão Bramwell, concordou, dizendo: "Devo dizer ao prisioneiro que eu também penso assim. Ele com toda certeza é inocente."

O júri — que não considerou necessário se retirar para tomar uma decisão, apenas virando-se uns para os outros em seus lugares mesmo — teve a mesma opinião. "Não temos dúvidas sobre isso, meu senhor", disse o representante do júri. Para a polícia, tudo aquilo era muito constrangedor.

Em meio à loucura, a identidade da vítima ficou bastante esquecida. Até mesmo *The Era*, que havia criticado a forma como a polícia administrou a investigação, referiu-se a ela como "Milsom" e "Milson", ambos no mesmo artigo; e é verdade que nunca se chegou a um consenso sobre a grafia de seu sobrenome. Outro jornalista escreveu que "a mulher infeliz [...] era a heroína de um daqueles dramas obscuros da vida real que são chamados de irreais e sensacionalistas quando aparecem nas páginas de ficção. A séria e idosa matrona [...] tinha uma história de vida própria, não desprovida dos elementos da paixão". Isso parecia excitante, mas a verdade é que pouquíssimo se sabia sobre a sra. Millson, e nada do que havia sido estabelecido no tribunal deu qualquer razão para supor que ela fosse mesmo a heroína de um romance quixotesco.

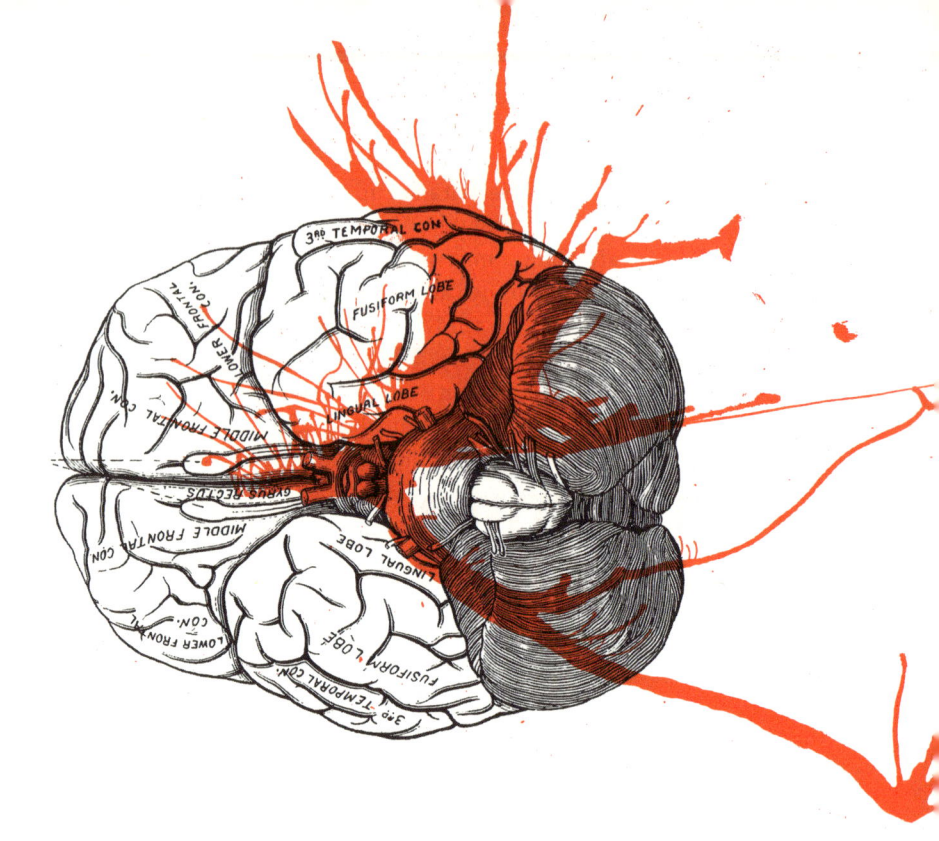

Ela deixou sua marca, como tantos outros, apenas quando encontrou sua morte. Isso ocorreu na quarta-feira, 11 de abril de 1866, na construção do armazém cujos andares superiores ela ocupava na Cannon Street, na cidade de Londres. Elizabeth Lowes, uma cozinheira que morava com a sra. Millson — essa dupla era de funcionárias de segurança baratas, vigiando os produtos de couro na seção do armazém abaixo delas —, lembrou-se da noite chuvosa. Às 20h50, a campainha tocou e a sra. Millson disse que era para ela e que iria descer para atender. Quase uma hora e meia depois, ela não havia retornado; a sra. Lowes sabia que a sra. Millson gostava de bater papo na porta e fofocar com os visitantes, mas até ela começou a se perguntar o que teria acontecido. Descendo com cuidado e à luz de velas, ela descobriu o corpo da sra. Millson ao pé da escada. Havia uma mulher na porta da frente — "como eu supus, parada lá em busca de abrigo" —, mas ela não quis entrar para ajudar e logo desapareceu. Por fim, um policial passou e correu para buscar um médico. Mas a sra. Millson já estava morta, seu crânio esmagado por um instrumento achatado e apresentando outras feridas diferentes produzidas por algo mais pontiagudo. Muita atenção foi dada a um pé de cabra encontrado nas proximidades, mas era um item comum no armazém e não estava coberto com sangue e fios de cabelo, como a verdadeira arma deveria estar.

Smith acabou sendo detido em Eton. Ele era conhecido por estar envolvido em uma operação de extorsão de dívidas à sra. Millson, que havia contraído empréstimos inadimplentes por motivos confusos. As roupas de Smith estavam salpicadas de uma substância escura com aparência de sangue, mas logo se descobriu que era goma-laca; Smith era chapeleiro de profissão, e descascá-las era um ócio do ofício. A polícia desapontada, no entanto, continuou a perseguir Smith — Charles E. Pearce descreve suas táticas como "inescrupulosas, injustas e estúpidas". No julgamento, a defesa teve um prazer triunfante em chamar testemunha após testemunha que poderia provar, além de qualquer dúvida, que Smith estava em Windsor na noite do crime.

Havia dois indícios de algo a ser descoberto. Um deles, disponível antes do julgamento, era a sugestão de que o armazém havia sido alvo de repetidos roubos, com o sumiço de dinheiro e bens. Será que a sra. Millson estava ligada ao caso de alguma forma — pegando o dinheiro e a propriedade para ela mesma ou permitindo que outra pessoa o fizesse? Nada disso jamais foi provado.

Talvez o assassinato tenha sido mais pessoal do que parecia. A segunda sugestão — publicada após o julgamento — dependia da compreensão da história da sra. Millson. "Sabe-se que a sra. Milson [sic] foi casada duas vezes", dizia o artigo supracitado no *The Era*:

O primeiro marido, um sujeito dissoluto e ocioso, logo a abandonou e, como se supunha, emigrou para a Austrália. Anos se passaram e nenhuma notícia de sua existência chegou à sua esposa, foi dado como certo que ele havia morrido, e sua suposta viúva se casou com Milsom [sic]... O primeiro marido agora é conhecido por não ter morrido, e é mais do que suspeito de ter voltado para a Inglaterra.

Nessa interpretação, o marido pródigo pode — quem sabe? — ter extorquido dinheiro de sua ex-esposa, assustando-a com a compreensão tardia de que ela era, de fato, uma bígama, e partido para o assassinato quando — devido ao problema que ela teve para pagar o empréstimo inadimplente — não havia mais dinheiro para tirar dela. A teoria desafia a corroboração, mas nos perguntamos se a abordagem do jornal, que pelo menos tentou enxergar através dos aspectos anuviados da história da sra. Millson, poderia ter sido frutífera se tivesse sido adotada, muito antes do desastre, pela polícia.

Leitura adicional | PEARCE, C.E. *Unsolved Murder Mysteries*. Londres: Stanley Paul, 1924.

INS

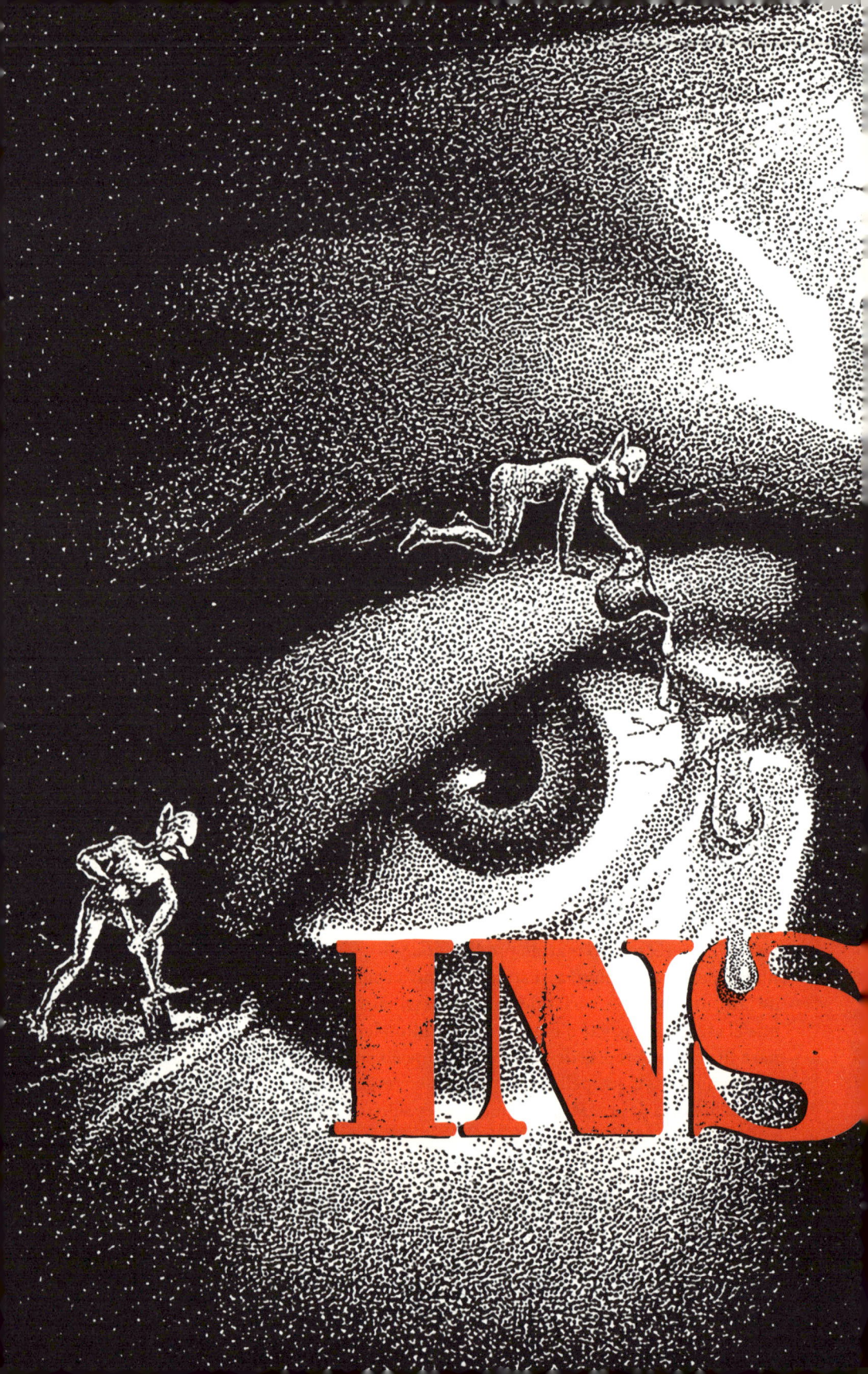

CRIMES ANOS

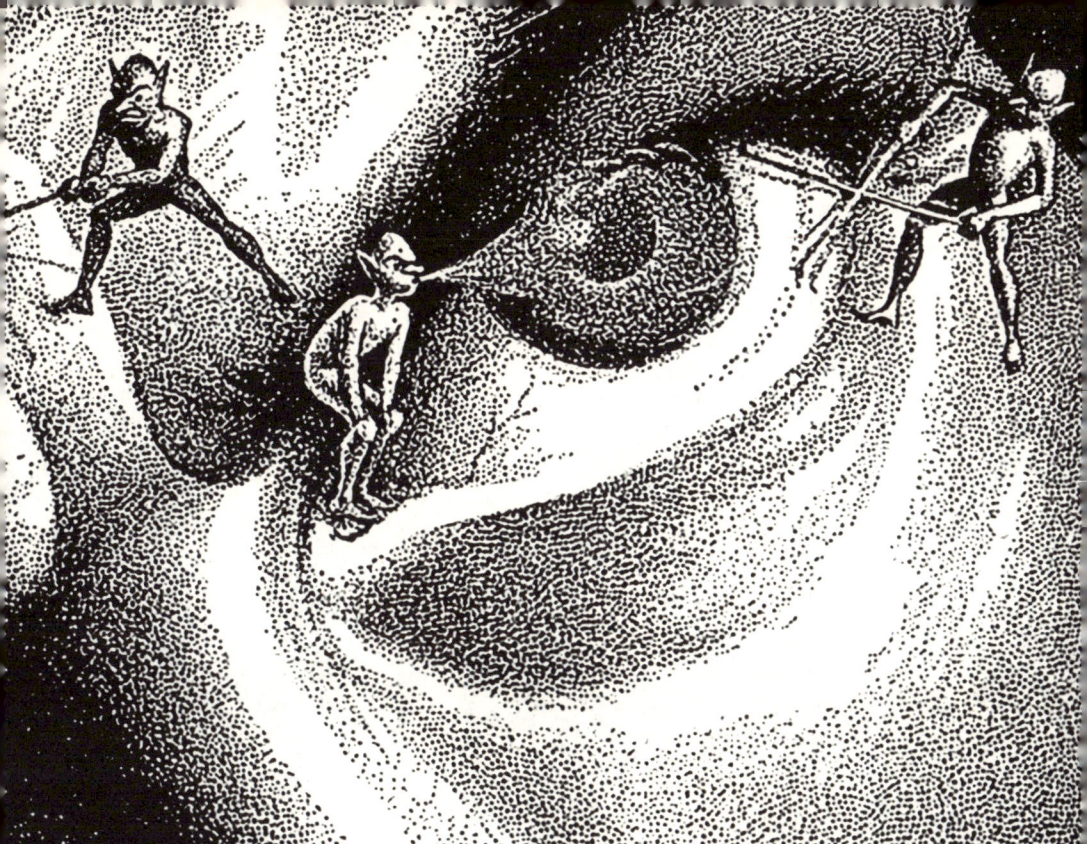

CASOS VITORIANOS MACABROS · PARTE 05

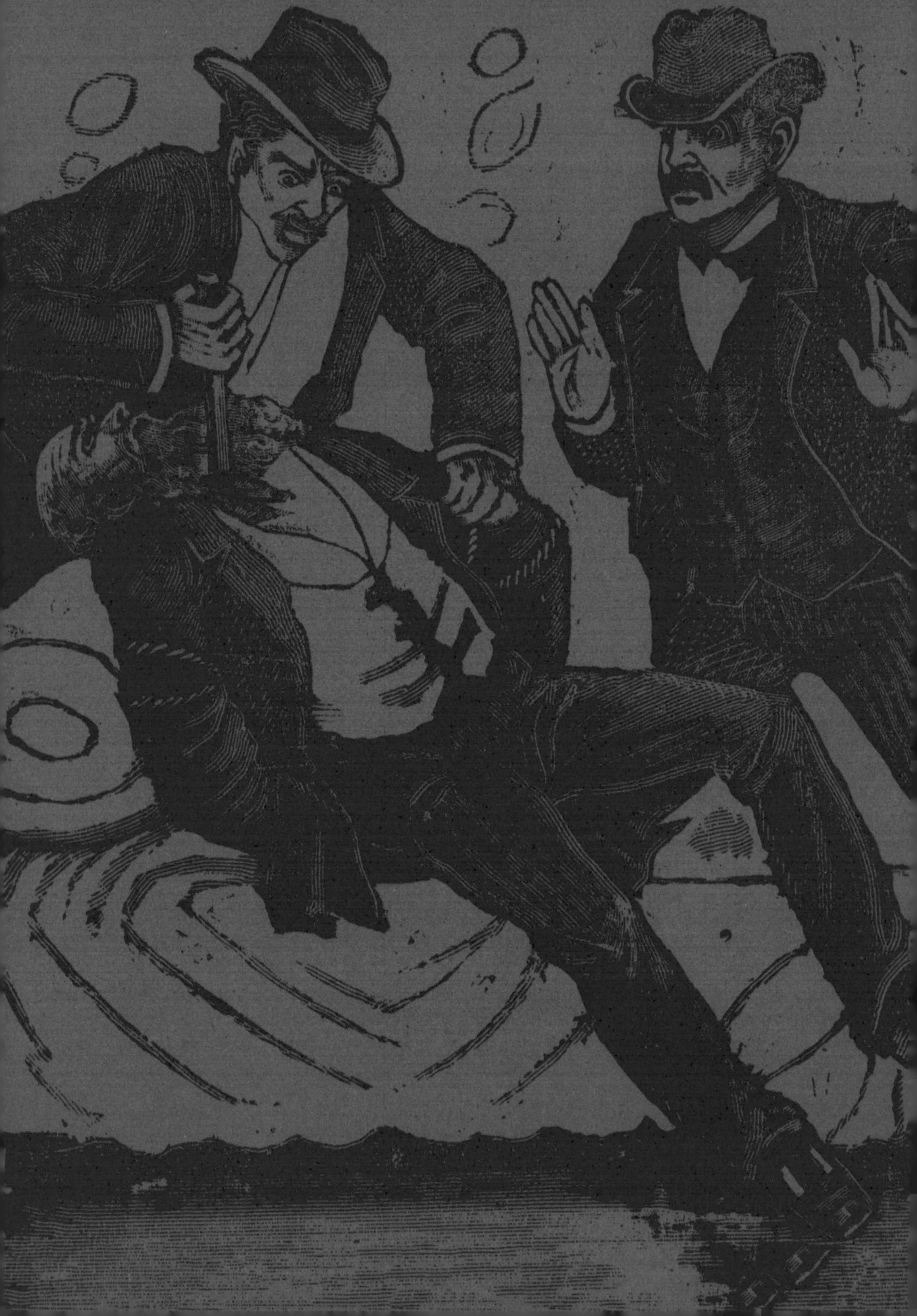

CRIMES VITORIANOS MACABROS · PARTE 05

Eles eram verdadeiros **lunáticos**. Cometiam crimes **sem motivação** aparente ou com razões muito fora do comum. Ouviam **vozes**, **deliravam**, viviam entre anjos e demônios, **pintavam** quadros, recebiam mensagens do além e **escreviam** até dicionários... Conheça as **loucas** histórias de alguns dos criminosos mais **insanos** daqueles tempos, e vislumbre a tenebrosa e precária **instituição** onde boa parte deles passou o resto de suas **vidas**.

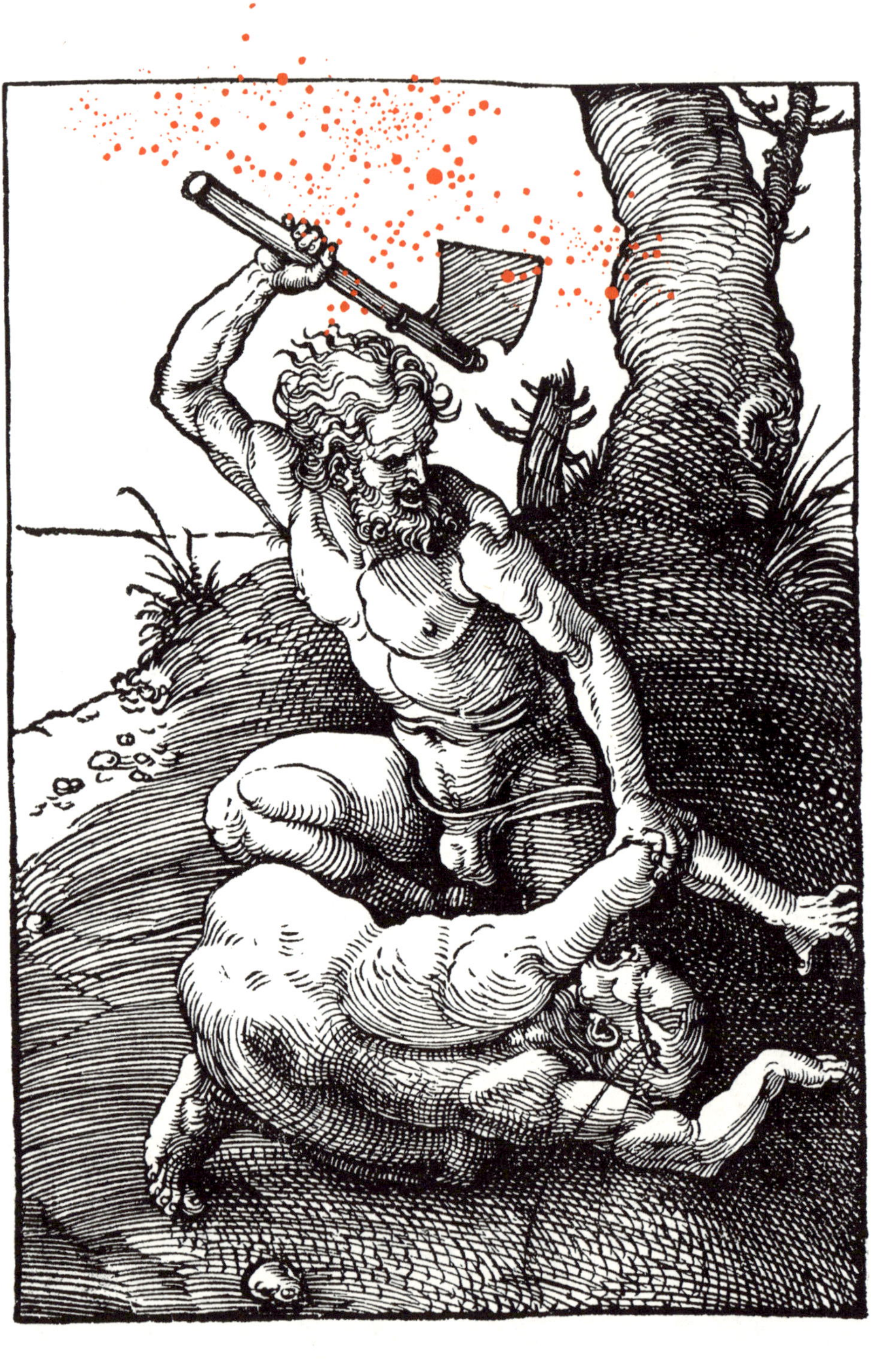

ARKHAM É AQUI
BROADMOOR

Muitos personagens deste livro passaram por aqui: o maldito asilo Broadmoor para lunáticos criminosos. A opinião pública da época achava que o local era uma forma de criminosos escaparem da prisão, mas a verdade é que as sentenças não tinham fim previsto.

TNB

Localizado na vila de Crowthorne, em Berkshire, o Asilo para Lunáticos Criminosos (agora Hospital Broadmoor) foi inaugurado em 27 de maio de 1863. Hoje faz parte de um trio de hospitais psiquiátricos britânicos que oferecem o mais alto nível de segurança. Os outros dois — Hospital Rampton, perto de Lincoln, e Hospital Ashworth, a aproximadamente dezesseis quilômetros de Liverpool — foram inaugurados no século XX para lidar com o aumento do número de pacientes em Broadmoor. Substituindo a antiga instituição de caridade do Hospital Royal Bethlehem, Broadmoor foi o principal destino para "criminosos lunáticos" durante as últimas quatro décadas da era vitoriana: em um belo exemplo de simetria histórica, era, por sua vez, a pressão crescente sobre lugares em "Bedlam" — para dar a corruptela popular — que levou à criação de Broadmoor, em primeiro lugar.

Os notáveis residentes vitorianos de Broadmoor incluíam não apenas o artista que virou patricida, Richard Dadd, o médico que virou assassino e lexicógrafo, William Chester Minor, e James Kelly (internado pela primeira vez em 1883, ele fugiu em 1888 e internado de novo a seu próprio pedido em 1927), mas também Daniel M'Naghten, que assassinou Edward Drummond em 1843, bem como os arquitetos de duas tentativas de assassinato contra a rainha Vitória — Edward Oxford, o primeiro a cometer tal ultraje em 1840, e seu companheiro de traição Roderick McLean, que o fez em 1882. Na verdade, foi o julgamento de McLean, em 1883, que levou à invenção da tautologia legal pela qual certas pessoas podiam ser consideradas "culpadas, mas insanas". Por último (nesta lista), mas não menos importante, foi Christiana Edmunds, que, conforme foi descoberto em 1872, envenenou vários colegas residentes de Brighton com arsênico e estricnina inseridos em chocolates.

Do lado de fora, a ideia de que o confinamento em Broadmoor era preferível ao encarceramento em uma prisão convencional não era impopular; embora todos os presos de Broadmoor tenham sido detidos indefinidamente, eles tinham que ser libertados quando recuperassem a sanidade. Para algumas pessoas

— aquelas com ambições criminosas e um certo grau de confiança em sua capacidade de agir —, isso parecia uma aposta interessante a se considerar, mas era fácil subestimar as dificuldades de provar a sanidade em um asilo (um truísmo com durabilidade comprovada pelo experimento de David Rosenhan, em 1973). Na prática, muitos pacientes nunca foram liberados, pois era difícil prever as consequências de reintegrá-los à sociedade: como era possível dizer se as características de sanidade que eles começaram a exibir dentro do ambiente controlado de Broadmoor permaneceriam no dinamismo do mundo livre? Em 1897, um homem de Kent chamado Rollo Richards foi julgado em Old Bailey por causar uma explosão em um correio em Lewisham. O oficial que prendeu Rollo testemunhou que o prisioneiro havia dito a ele: "Eu preferiria cumprir cinco anos em Broadmoor do que em Portland", uma aparente referência à Prisão de Portland, em Dorset. O desejo de Rollo não foi realizado — ele foi condenado a sete anos em uma prisão convencional, mas é possível entender a equação que sustentava seu pensamento. Talvez, considerando tudo que fez, ele tenha se dado bem.

Depois, havia a questão do diagnóstico e do planejamento do tratamento. Os vitorianos se viram presos entre os avanços filosóficos pós-Iluminismo — em que a insanidade foi humanamente reclassificada como uma doença, em vez de um fracasso moral — e um ambiente farmacêutico e terapêutico antiquado que não podia fazer quase nada para controlar os sintomas dos pacientes. Em 1884, uma mulher de 25 anos de Notting Hill, chamada Annie Player, foi internada após atirar seu filho de sete meses de uma janela; o depoimento do superintendente de Broadmoor, dr. William Orange, que afirmou ter "chegado à concreta opinião de que ela possuía a mente doentia", foi influente para impedir a imposição de uma sentença de prisão ou algo pior. No entanto, Annie com certeza ainda estava em Broadmoor em 1911 e talvez tenha morrido lá, em 1929. Hoje em dia, ela seria diagnosticada com algum transtorno pós-parto, acompanhada de perto por parteiras, agentes sanitários e assistentes sociais, e tratada por médicos e psicólogos, provavelmente da comunidade (presumindo, pelo menos, que essas intervenções profiláticas fossem suficientes para evitar tragédias). Na década de 1880, no entanto, quase 79% das mulheres que foram consideradas loucas por um tribunal e internadas em Broadmoor chegaram depois de um assassinato de crianças — isso totalizou 74 casos. De maneira semelhante, índices alarmantes foram registrados até a década de 1950, mas na década de 1980 a proporção havia caído para menos de 4%, representando três casos.

Leitura adicional | GORDON, H. *Broadmoor*. Londres: Psychology News Press, 2012. STEVENS, M. *Broadmoor* Revealed. Barnsley: Pen and Sword, 2013.

É LOUCO OU NÃO É?

DANIEL M'NAGHTEN

MWO

1813—1865

O nome dele virou lei. As Regras de M'Naghten, criadas em 1843, até hoje ajudam a definir os casos em que um criminoso pode ou não ser considerado incapaz por insanidade. Daniel M'Naghten matou o secretário particular do primeiro-ministro não por motivos políticos, mas alegando conspirações que envolviam a igreja, espiões e demônios.

Daniel M'Naghten foi o anti-herói homônimo por trás da influente orientação da insanidade, cujo tratamento humano contrastava de maneira forte com as experiências de alguns de seus antepassados.

Sua história começou com um tiroteio, no crepúsculo, em Charing Cross, em janeiro de 1843. A vítima, Edward Drummond, era o secretário particular do primeiro-ministro, Sir Robert Peel, e, por uma dessas ondulações ocasionais no tecido histórico, Drummond era aquele que morava na Downing Street, com Peel preferindo quartos em Jardins Privados próximos. O assassino de Drummond, Daniel M'Naghten, foi visto nas proximidades da Downing Street várias vezes desde a virada do ano, vagando pelas esquinas e, em certa ocasião, mentindo que era um policial disfarçado. Em 20 de janeiro de 1843, ele se esgueirou por trás de Drummond, atirou no abdômen dele e foi por pouco impedido de disparar um segundo tiro pela intervenção corajosa de um policial próximo.

Em 25 de janeiro, o assunto se tornou um inquérito de assassinato, com Drummond morrendo em grande dor, um buraco atravessando o seu corpo das costas até a frente. Tornou-se logo evidente que Peel era o alvo pretendido de M'Naghten, mas o caso parecia não ter as características usuais de um assassinato político. O acusado não era um incendiário político; em vez disso, ele conversou de forma amigável com a polícia, e então revelou em um comunicado as origens de sua hostilidade para com Peel. "Os conservadores da minha cidade natal", disse ele, "levaram-me a isso e seguiram-me na França, Escócia e outras partes; o sistema me persegue sem descanso; acredito que sou conduzido ao desgaste por causa deles; eles desejam me matar. Isso é tudo que desejo dizer no momento; eles me desordenaram por completo, e eu era um homem bem diferente antes de começarem a me irritar." M'Naghten estava nas garras de uma ilusão psicótica. Enquanto sua defesa era compilada com paciência, a extensão dessa ilusão foi descoberta: os conservadores eram apenas os mais recentes e mais sinistros dos conspiradores contra M'Naghten, tendo sido precedidos pela Igreja Católica, jesuítas, demônios e espiões.

Examinado à distância, não há dúvida sobre a insanidade de M'Naghten, embora tenha sido notado em seu julgamento que nem todos os seus conhecidos detectaram os sintomas. Às vezes, a natureza intrusiva de seus pensamentos se manifestava em suas expressões faciais; seus padrões de sono foram interrompidos; ele experimentou instabilidade de humor; ele tinha doenças psicossomáticas e era conhecido, nas palavras de seu advogado de defesa, por "se jogar nas águas do Clyde a fim de buscar algum alívio da torturante febre pela qual seu cérebro estava consumido". Ele tinha uma visão metafórica paranoica, dizendo que "tudo era feito por sinais": na visão, um de seus perseguidores, que lhe apareceu agitando alguns fios de palha, pressagiava um futuro de pobreza, ou alternando com momentos de encarceramento nas condições subumanas de um asilo. Quando se aproximou das autoridades civis escocesas para reclamar do assédio a que foi sujeito, ninguém pôde ajudá-lo. A razão para isso era que a coisa toda estava acontecendo apenas na cabeça de M'Naghten; para ele, era a confirmação da complacente aquiescência dos que ocupavam cargos de poder aos malévolos caprichos de seus inimigos.

> **Se ele era louco, não sabemos, mas que loucura essa história.**

M'Naghten foi considerado inocente por sua insanidade e removido para o Hospital Royal Bethlehem e, depois, para Broadmoor. Claramente, esforços foram feitos para evitar a pressa no julgamento que se seguiu ao assassinato do primeiro-ministro Spencer Perceval em 1812: o assassino de Perceval, Henry Bellingham, fora enforcado em uma semana, antes que aqueles que o conheciam como louco pudessem chegar de Liverpool para argumentar a seu favor. No entanto, a absolvição irritou a rainha Vitória, que não conseguia se livrar da sensação de que os M'Naghtens deste mundo estavam escapando impunes de tudo, incluindo assassinato. Em junho de 1843, a Câmara dos Lordes consultou os juízes a fim de esclarecer os limites da responsabilidade legal, e os resultados disso — as Regras de M'Naghten — continuam a orientar a prática judicial até hoje. A mais famosa das respostas dos juízes às investigações dos Lordes sustentava — e sustenta — que a insanidade seria provada se fosse estabelecido que "a parte acusada estava trabalhando sob tal defeito de razão, por doença mental, de não saber a natureza e qualidade do ato praticado; ou, se soubesse, que não sabia que estava fazendo algo errado". Os detalhes do caso de M'Naghten se encaixam nessa estrutura com certo desconforto, mas seu nome — dado aqui na grafia usada e popularizada pelos Lordes, embora alternativas estejam disponíveis — foi impelido para a imortalidade.

Leitura adicional | KEETON, G.W. *Guilty but Insane*. Londres: Macdonald & Co. Ltd., 1961.

PURA LOUCURA

INSANIDADE

MWO

De perto, ninguém é normal. Mas será que a insanidade justifica atos terríveis cometidos por criminosos? A rainha Vitória, vítima de inúmeros atentados, achava que não, e criou um veredicto contraditório: culpado mas insano. E fica uma provocação: será que os índices tão altos de loucura não seriam frutos de uma época tão desigual e opressora?

Durante a maior parte do período vitoriano, as regras que governavam o crime e a insanidade eram bastante fáceis de entender. Após as decisões influentes no caso de Daniel M'Naghten, a insanidade legal foi estabelecida e seria identificada por um teste quase aforístico para medir a capacidade do réu de saber o que estava fazendo e se o que estava fazendo estava errado. Quem não conseguisse atingir as marcas em uma ou em ambas as categorias era criminosamente insano, perdendo a responsabilidade por suas ações. Somente a intercessão da rainha Vitória poderia mover os paus da canoa — e foi o que ela fez. Cansada de ser alvo de pretensos regicidas que mais tarde foram absolvidos pelos tribunais por insanidade, ela inventou um veredicto novo e ilógico — culpado mas insano. Isso atropelou o princípio legal estabelecido de que a culpa implica um conhecimento seguro e racional das ações de uma pessoa.

Mesmo assim, para aqueles que chegaram aos tribunais, os protocolos em torno da insanidade pareceram diretos. Se você estivesse louco quando cometeu a ofensa pelo qual foi acusado, esperava-se que mostrasse algum bom senso e o dissesse logo no início. O ônus da prova passaria então para a defesa, e especialistas e testemunhas leigas poderiam ser chamados para provar que você não estava no controle total. Se isso fosse provado, entretanto, você estaria fadado a passar por um período indefinido em um manicômio com a recuperação como condição de soltura, e muitos réus, temendo nunca mais sair, preferiam não correr esse risco. Consequentemente, não era inédito para os réus, sobretudo em casos de homicídio, subverter o sistema, declarando-se inocente, testando as provas da acusação contra quaisquer provas que tenham compilado em sua defesa e, então, se fossem condenados, apelando contra a sentença de morte legal, assumindo a própria loucura no momento do crime. Isso fez com que o Ministério do Interior ganhasse uma vida relutante — eles enviavam seus especialistas para avaliar o prisioneiro, e havia a chance de uma comutação, trocando a morte física iminente pela meia-vida indesejável de encarceramento em um asilo. Em 1890, Mary Pearcey tentou exatamente essa tática, e o ministro do Interior, Henry Matthews, fez anotações mal-humoradas em seu arquivo a fim de mostrar que a tática, em sua opinião, estava se tornando "muito comum".

Sem dúvida, Matthews estava certo, mas essa era apenas uma das maneiras pelas quais o comportamento criminoso dos insanos perturbava os vitorianos. Às vezes, era possível que pessoas mentalmente perturbadas agissem de maneiras que traíam uma boa dose de consistência interna. Richard Dadd e Christiana Edmunds eram ambos insanos, mas as pinturas de Dadd — evocativos mundos de fadas — eram caracterizadas por todas as coisas pelas quais as pinturas de pessoas sãs também eram: unidade de composição, estrutura, perspectiva. Edmunds, por sua vez, adquiriu veneno com um nome falso porque desejava evitar ser descoberta. Essas pessoas estavam se comportando de maneiras irracionais em geral, mas compostas de partes aparentemente bastante sãs quando examinadas de maneira individual. A abrangência de suas ilusões era responsável pelo paradoxo, mas sente-se que o desencanto de Vitória com as implicações legais precisas da insanidade deve ter sido compartilhado por outros. Poderiam os pais de Sidney Barker — a criança vítima de Edmunds — sentirem que a justiça havia sido feita com sua internação em Broadmoor? Ela havia testemunhado no inquérito de Sidney, apresentando-se como mais um alvo do envenenador anônimo e indiscriminado (e, na época, não identificado) de Brighton, e isso fez parecer que, tendo privado a família do menino de quatro anos, ela também desejava privá-los de uma explicação adequada para sua morte. Era suficiente dizer que essa pessoa não era culpada por motivos de insanidade? Alguns daqueles que foram afetados de forma direta pelas ações dos insanos devem ter achado essa conclusão desprovida de empatia, difícil de suportar.

Além disso, havia aqueles cuja conduta era tão ultrajante que parecia difícil acreditar que não eram loucos. Será que os repetidos assassinatos de Amelia Dyer, a *baby farmer* mais famosa do século, foram ações de alguém de mente sã? O conceito de transtornos de personalidade — condições para toda a vida, que não devem ser confundidas com crises de saúde mental agudas e tratáveis — ainda estava um pouco distante, mas parece bastante antinatural tolerar de forma tão neutra uma destruição generalizada. Dyer foi enforcada e quase não houve lamento, mas hoje sua mentalidade seria melhor compreendida.

Talvez a verdade seja que o verdadeiro escopo da insanidade na sociedade vitoriana continua impossível de avaliar. A própria sociedade foi, diretamente ou não, a causa do abuso generalizado, com grupos marginalizados e sub-representados, em especial mulheres e crianças, sendo vulneráveis a traumas psicológicos. Como vítima de considerável abuso doméstico (físico, emocional e assim por diante), Florence Maybrick poderia, se seu caso fosse ao tribunal hoje, alegar responsabilidade diminuída e aceitar tratamento, mas na época havia pouco escrúpulo moral sobre os maus-tratos às esposas por seus maridos, e não houve mitigação para a pobre Florence. Deve ser lembrado que o castigo corporal judicial não foi removido dos livros de leis até o final dos anos 1940; a pena de morte foi aplicada pela última vez em 1964; o estupro marital não se tornou ilegal na Inglaterra e no País de Gales até a década de 1990. Em uma sociedade que faz da experiência traumática um aspecto da vida cotidiana, ninguém pode se surpreender quando um subconjunto da população se retira, seja por desígnio ou por defeito, para um mundo interior.

UM MARIDO INFELIZ

JOHN SELBY WATSON

MWO

1804—1884

Assim foi descrito John Selby Watson numa matéria sobre seu crime. Bem, sua esposa Anne é que não teve a felicidade de achar coisa melhor. Recém-aposentado, o professor estudioso do período clássico deu um basta no seu casamento. Ocultou o cadáver da mulher, tentou o suicídio, e deixou uma carta pedindo que Anne fosse enterrada com dignidade. O veneno não matou John, e ele escapou da forca devido à idade.

Em 1922, Herbert Rowse Armstrong trouxe algo novo para o setor jurídico quando se tornou o primeiro — e único — advogado britânico a ser enforcado por assassinato. Todas as profissões tiveram seus pioneiros, embora algumas com mais membros que outras: os médicos, por exemplo, sempre foram tentados a transgredir, sem aprender nada com o exemplo de seus falecidos. O reverendo John Selby Watson foi pioneiro no pequeno conjunto de classicistas homicidas e no conjunto ainda menor de classicistas homicidas em ordens sagradas. Um escritor entusiasta, as traduções de Watson de grego e latim ainda são bastante fáceis de obter (algumas até em formato digital). Ele também demonstrou interesse em história religiosa, biografias e assim por diante; seu título mais interessante foi *Reasoning Power in Animals*, de 1867.

Uma publicação alemã após o crime de Watson resumiu sua história de maneira discreta, descrevendo-o como "ein unglücklicher Ehemann" — um marido infeliz. Isso, no entanto, era apenas parte da história. O casamento de Watson com Anne Armstrong havia se desviado para a familiaridade e o desprezo em 1870, e rumores afirmavam que sua esposa era "capaz de importunar de forma tão contundente que nem a idade pudera apagar seu costume". Mas o tema das queixas amargas era quase sempre financeiro. Watson era diretor da Stockwell Grammar School, no subúrbio sul de Londres, desde 1844, mas o salário não era bom e a escola estava em "sério declínio" há algum tempo. No Natal de 1870, os diretores decidiram que já bastava e o liberaram para a aposentadoria indesejada. Havia pouco em que se apoiar: seu único livro lucrativo foi a biografia do bispo Warburton, publicada em 1863, que lhe rendeu "algo abaixo de 5 libras". Em situação precária, e com apenas uma criada, Eleanor Pyne, deixada para proteger o lazer da infeliz esposa, Watson se lançou ao trabalho, preparando a "história completa dos papas até a Reforma, que teria preenchido dois livretos".

Às 16h do dia 9 de outubro de 1871, um domingo comum na casa de Watson, Eleanor saiu, deixando os patrões na biblioteca e em "termos muito amigáveis"; na verdade, ela considerava que esse era o estado normal de relações do reverendo e da sra. Watson. No momento em que Eleanor voltou para casa, às 21h daquela noite, no entanto, a sra. Watson estava ausente e "viajara" à noite. Watson chamou a atenção de Eleanor para algumas manchas no tapete perto da porta da biblioteca. "Sua senhora derramou um pouco de vinho do Porto", disse ele, indiferente "e caso esteja se perguntando qual era, eu mostrei a você."

A sra. Watson não reapareceu na segunda-feira e, na terça-feira, Watson mudou os arranjos, e anunciou que a esposa só voltaria em dois ou três dias. Nesse ínterim, Eleanor ficou desconcertada com as dicas oraculares de Watson sobre os médicos — "Se eu ficar doente ou se encontrar algo errado, chame o dr. Rugg [...] Posso precisar de remédios pela manhã" — e, enfim, ao meio-dia da quarta-feira, ela ouviu seu mestre gemendo no quarto. Chegando lá, percebeu que ele estava inconsciente, tendo engolido uma pequena quantidade de ácido prússico.

Quando o dr. Rugg chegou, uma carta (na caligrafia de Watson) o direcionou para o quarto da sra. Watson, ao lado da biblioteca. "Eu matei minha esposa em um acesso de fúria", dizia a nota, "que ela me provocou; muitas vezes já me provocou antes, mas nunca perdi o controle até a presente ocasião, quando permiti que a fúria me levasse embora [...] Espero que ela seja enterrada com a atenção devida a uma senhora de bom nascimento." O próprio corpo estava coberto por um cobertor e exibia oito ferimentos na cabeça, ao que parece causados com a coronha de uma pistola. O ataque parece ter sido executado por trás; as poucas escoriações descobertas nos braços da sra. Watson não eram marcas de luta, mas provavelmente causadas quando Watson arrastou o cadáver para o esconderijo.

Watson se recuperou da dose de veneno e foi julgado no início do ano seguinte. Seu caso correu em paralelo ao de Christiana Edmunds, e muita discussão foi gerada na imprensa sobre os limites da responsabilidade criminal. Era difícil saber como interpretar as ações atípicas de Watson, a menos que alguém acreditasse que ele estivesse louco, mas o júri não pôde ser persuadido: foi considerado culpado de homicídio, com recomendação de misericórdia por conta da idade e boa-conduta anterior; o ministro do Interior desistiu do enforcamento e Watson, por fim, se livrou dessa espiral mortal em 1884, depois de cair do beliche na Prisão de Parkhurst, na ilha de Wight.

PAPEL DE DOIDO

RICHARD ARCHER PRINCE

MWO

1858—1937

Richard Archer Prince era um ator fracassado, com pinta de esquisito. Obcecado com o galã dos teatros londrinos, William Terriss, Prince o apunhalou três vezes. A faca fora comprada com um dinheiro que o próprio Terriss lhe dera, por piedade. No julgamento por assassinato, Prince demonstrou insanidade, chegando a dizer que era Jesus Cristo e, sua mãe, a Virgem Maria. Foi internado num manicômio — Prince seria canastrão demais para se fingir de louco.

Na década de 1890, poucos atores eram mais ilustres ou celebrados do que William Terriss. Sua brilhante carreira no palco o levou até os principais teatros de Londres, muitas vezes em conjunto com as protagonistas londrinas mais importantes. No inverno de 1897, no auge de sua fama, ele se apresentava no Adelphi Theatre, representando o Capitão Thorne em *Secret Service*, de William Gillette; junta a ele estava a srta. Jessie Millward, a principal atriz feminina de sua época.

Essas posições eram capazes de provocar ciúme profissional em alguns setores, e o antagonista particular de Terriss era um ator escocês chamado Richard Archer Prince. Comparado com Terriss, entretanto, Prince era um homem de características bem diferentes: nada atraente fisicamente, enquanto Terriss era bonito e robusto; não convincente, enquanto Terriss era plausível; malsucedido e pobre, enquanto Terriss era elogiado e rico. A principal causa de suas fortunas contrastantes era facilmente compreendida — um era talentoso e desejável, e o outro não —, mas explicações desse tipo não valiam para Prince, que suspeitava que Terriss estava conspirando contra ele em uma tentativa de proteger seu exaltado status.

A verdade não poderia ser mais diferente. As nomeações profissionais de Prince eram sempre insignificantes (aumentando as cenas de multidão e assim por diante), e seu comportamento errático garantia que os produtores raramente o convidassem uma segunda vez; a ideia de miná-lo não poderia ter ocorrido a Terriss, para quem ele não era nenhuma ameaça. Na verdade, Terriss foi muito generoso com Prince. Na quarta-feira, 15 de dezembro de 1897, Terriss esbarrou com ele na rua e, como costumava fazer, deu a Prince uma pequena quantia. A estrela parecia mesmo ciente das circunstâncias financeiras muitas vezes perigosas daqueles que não estavam brilhando.

Na ocasião, Prince gastou a gratificação comprando uma faca e, preso em uma vingança ilógica, passou o início da noite de quinta-feira, 16 de dezembro, espreitando do lado de fora da porta do palco de Terriss. Quando viu seu inimigo imaginário se aproximando, ele o golpeou, apunhalando Terriss duas vezes nas costas e uma vez no peito; e então, com sua vítima morrendo depressa, ele não fez nenhuma tentativa de escapar. De dentro do teatro, Jessie Millward correu para a porta para embalar seu coprotagonista, mas ele não pôde ser salvo, e a autópsia determinou que qualquer um dos ferimentos infligidos por trás teria sido fatal mesmo se a lâmina de Prince não tivesse penetrado o coração de Terriss.

O julgamento de Prince em Old Bailey foi breve, e a defesa apresentada por seus advogados (a quem ele foi bastante inútil) testou os limites da competência do réu. Não havia dúvida de que Prince — que se tornou conhecido nos círculos teatrais como "Arqueiro Louco" — era um indivíduo excêntrico com um senso inflado de suas próprias habilidades. Sua mãe, cujo característico sotaque escocês Prince interpretou para o benefício do júri, acreditava que ele havia "nascido louco". Ele já havia concebido outras conspirações contra Terriss e expressou a opinião de que ele mesmo era "o Senhor Jesus Cristo" e sua mãe, por inferência, "a Virgem Maria". A opinião médica o considerou louco, e nenhuma testemunha parecia pensar que ele era um ator bom o suficiente para fingir loucura com tal verossimilhança. Prince foi enviado para Broadmoor, para nunca mais ser libertado.

Pouco antes de sua própria morte (natural), Jessie Millward fez um relato romantizado do assassinato, no qual "sonhou com a morte do sr. Terriss três vezes em três semanas, antes que ocorresse [...] Eu informei o sr. Terriss sobre isso. Nenhum de nós previu seu cumprimento." O fantasma de Terriss divide seu tempo entre o Adelphi e, curiosamente, a próxima estação de metrô Covent Garden, que só foi inaugurada em 1907. Ao que parece, os avistamentos não são tão comuns como antes.

Leitura adicional | GOODMAN, J. *Acts of Murder*. Londres: Futura, 1987.
BRANDON, D.; BROOKE, a. *Haunted London Underground*. Stroud: The History Press, 2008.

A ARTE DO DESASTRE

RICHARD DADD

TNB

1817—1886

Richard Dadd foi um dos maiores pintores de sua época. Fundador do movimento independente "The Clique", sua obra reunia seres míticos e sentimentos perturbadores, e hoje se encontra no acervo de instituições como o Tate Museum e o Hospital Royal Bethlehem, onde esteve preso por 42 anos, após matar seu próprio pai.

Em agosto de 1844, Richard Dadd, de 26 anos, foi listado como "criminalmente insano", era o paciente número 235, nos registros do Hospital Royal Bethlehem, a notória instituição mental localizada em Southwark.

Apenas seis anos antes, Dadd, nascido em Kent, era considerado um artista promissor. Seu talento para desenhar foi reconhecido durante sua adolescência e, aos vinte anos, foi admitido na prestigiosa escola Royal Academy de Londres. Seus alojamentos na Great Queen Street se tornaram o centro de um movimento artístico progressivo, agora lembrado pelo apelido "The Clique", ao lado de gênios como William Frith e Augustus Egg.

No entanto, sua carreira aos olhos do público foi interrompida por um evento trágico — Dadd assassinou seu pai em 1843.

Em "Bedlam", ele teria sido contemporâneo do regicida malsucedido Edward Oxford, bem como de seu próprio irmão George — um sinal precoce de que uma doença mental bastante virulenta estava afetando a família. Na verdade, a irmã de George e Richard, Maria, em breve se casaria com outro artista da Royal Academy, John Phillip, mas o casamento foi muito afetado pelas próprias dificuldades mentais de Maria, o que acabou levando, onze anos depois, à certificação de um terceiro irmão de Dadd.

A papelada para a internação de Dadd no hospital é esparsa, para dizer o mínimo. Ele fora internado na Prisão de Maidstone; era um homem solteiro; e um artista. Questões aparentemente importantes, como a natureza de quaisquer episódios anteriores de insanidade, detalhes de "delírios particulares", sua propensão (ou não) para tentar o suicídio, seu "temperamento e disposição" e seus "hábitos de vida ou memória" foram deixados sem resposta, as lacunas correspondentes no formulário não preenchidas. Apenas um outro detalhe é registrado: seu "estado de saúde corporal" é considerado bom.

Escrito uma década após sua internação, em 1854, a página seguinte do registro de Dadd oferece mais detalhes. "Por alguns anos após sua internação", declara, "ele foi considerado um paciente violento e perigoso, pois poderia desferir um golpe violento a qualquer hora, sem demonstrar agravamento, e então pediria perdão pelo ato". Além disso, ao falar do assassinato de seu pai "ou qualquer outro [evento] associado a ele", dizia-se que ele ficava "animado em sua maneira de falar", divagando do assunto até se tornar "totalmente ininteligível".

No entanto, o escritor também observou que Dadd era bem-educado e "muito informado em todos os detalhes de sua profissão". Uma nota posterior, de janeiro de 1860, observa que "ele ainda se dedica todos os dias ao pincel, mas é mais lento para concluir qualquer obra". Com 42 anos nessa época, o espírito de pintor parecia estar diminuindo. Pensa-se, no entanto — como o escritor anterior acrescentou —, que o jovem artista teria "se destacado por excelência" em sua arte, "se as circunstâncias não se opusessem".

Eis as circunstâncias: em 1842, o advogado e político Sir Thomas Phillips contratou Dadd para acompanhá-lo em viagem pela Europa e o Oriente Próximo. Em maio do ano seguinte, eles discutiram e Dadd voltou para a Inglaterra. Lá, ele conheceu melhor Egg, que dizia ter visto Frith em grande angústia e declarou que o amigo em comum estava, de fato, "louco".

No início, a doença de Dadd foi vista com otimismo como mero efeito de insolação, e sua família esperava que um período no interior de Kent ajudasse-o a se recuperar. Em vez disso, ele matou o pai a facadas e fugiu para o continente, com a intenção de matar o imperador da Áustria.

Outro viajante foi vítima dos delírios cada vez mais violentos de Dadd — atacado com navalha (Dadd disse que decidiu "operá-lo"). A vítima sobreviveu, mas Dadd foi condenado a doze meses de prisão na França. De lá, ele foi extraditado de volta para a Grã-Bretanha e enviado para "Bedlam" via Prisão de Maidstone. Uma vez no hospital, Dadd também alegou que, enquanto estava em Roma com Phillips, planejara matar o Papa. Ao vasculhar seus quartos em Londres, a polícia descobriu uma série de retratos dos amigos — todos com a garganta cortada.

Deixando de lado essa imagem assustadora, o que emerge da leitura das anotações do caso é alguém que alternava momentos de muita polidez com violência imprevisível, certamente de mente doentia e depressivo. Preocupado com as consequências dos crimes, hoje Dadd pode parecer uma figura digna de pena.

Mais de cinquenta registros adicionais seguem a avaliação de 1854, e cobrem os próximos vinte anos da vida de Dadd no hospital. A grande maioria é superficial e repetitiva — "nenhuma mudança". Em julho de 1864, foi transferido para o recém-construído Asilo para Criminosos Lunáticos Broadmoor, onde foi uma das primeiras internações masculinas.

Richard Dadd morreu em Broadmoor em 1886, aos 68 anos. Hoje, sua reputação artística — em grande parte pelas pinturas extraordinárias que ele criou durante 42 anos de institucionalização — passou por uma redescoberta, e suas obras estão em galerias de Londres, Lancashire e vários outros lugares, além de adornarem as paredes do museu no mais recente local do Hospital Royal Bethlehem.

Leitura adicional | TROMANS, N. *Richard Dadd: The Artist and the Asylum*. Londres: Tate Publishing, 2011.

O LOUCO DO DICIONÁRIO
WILLIAM CHESTER MINOR

MWO

1834—1920

Ele foi médico durante a Guerra Civil Americana, e um dos principais colaboradores de um famoso dicionário. Mas entraria na história por seus surtos paranoicos. Em 1872, ele matou um operário durante um delírio, imaginando que a vítima era um terrorista que o ameaçava. Sua história foi recontada no filme O Gênio e o Louco, com Mel Gibson e Sean Penn.

William Chester Minor era um paranoico e assassino cuja aposentadoria forçada, nos aposentos mal-assombrados de Broadmoor, deu-lhe tempo suficiente para desenvolver um profundo interesse pelo masoquismo. Ele passou a expressar isso de duas maneiras principais: por um lado, amputando de propósito seu próprio pênis, dezoito anos antes de sua morte; e, por outro lado, contribuindo com entusiasmo para a coleta de citações da primeira edição do *Oxford English Dictionary*.

Assim como o de John "Babbacombe" Lee, o crime de Minor é, portanto, ofuscado pela ação pós-homicídio, por assim dizer. Sua erudição — sobretudo no contexto de sua indubitável insanidade — desafia nossos preconceitos daqueles indivíduos que escapam do óbvio, arrastando-se para as bordas indistintas da narrativa humana usual; mas vinha com as características de uma paixão ou de uma atividade de deslocamento. Como os recitais de violino apresentados por Charles Peace, as ofertas culturais de Minor continuam a provocar curiosidade (na década de 1970, K.M. Elisabeth Murray disse que a história de Minor tinha "sido contada com frequência"); mas em 1872, três dias após o Dia de São Valentim, havia uma cadeira vazia à mesa de alguém.

A ofensa em si era uma das propriedades estranhamente superficiais. Minor, cuja mente começou a se desenrolar na era da reconstrução da América após uma experiência traumática fornecendo ajuda médica às tropas da União durante a Guerra Civil — ou talvez secundária a uma infecção venérea — residia na Tenison Street, em Lambeth, no sul de Londres. Sua senhoria, sra. Jane Fisher, logo percebeu o medo patológico que seu inquilino tinha dos irlandeses (junto de outras excentricidades) e implorou a seu marido que subisse as escadas para falar com ele. Foi o que o sr. Fisher fez, descobrindo para sua grande satisfação que Minor era "bastante inteligente e familiarizado com as obras de muitos autores ingleses e americanos". Ainda assim, os jornais — talvez com uma visão retrospectiva perfeita — mais tarde alegaram que o hábito de Minor de carregar armas e instrumentos cirúrgicos sempre que saía também causava consternação.

Ao mesmo tempo, a Polícia Metropolitana também percebeu as aversões exageradas de Minor. O inspetor "Dolly" Williamson disse durante o julgamento — realizado em Kingston, Surrey, em 4 de abril de 1872 — que Minor havia visitado a Scotland Yard para explicar que "ele veio a este país a fim de evitar os fenianos, e que eles o incomodaram em seu quarto, mas eram invisíveis". Minor também expressou medo de ser assassinado e pensou que seus perseguidores (se tivessem sucesso em seu esquema oculto) fariam com que sua morte parecesse um suicídio, enganando-o mesmo postumamente. Isso estava longe de ser um caso de polícia, mas da mesma forma ninguém parece ter desafiado os delírios floreados de Minor.

Nas primeiras horas de 17 de fevereiro de 1872, Minor estava nas ruas perto de sua acomodação e no meio de uma tempestade paranoica. Agora, seus perseguidores estavam por toda parte, aproximando-se dele, e quando avistou um homem perto da parede da fábrica de chumbo local, percebeu que chegara a hora de agir. Ele sacou sua arma, mirando em seu nêmesis, e atirou no pescoço dele enquanto ele fugia. A vítima estava, de fato, caminhando para o trabalho, pronta para seu turno noturno na cervejaria Red Lion, desarmada e, claro, sem saber nada de Minor. Não houve cerimônia; não havia história de fundo criada nas fantasias de Minor; o próprio Minor não fez nenhum movimento para escapar da cena. O julgamento durou menos de um dia, pois era óbvio que o réu estava louco. Edward Clarke, que alcançou grande fama após suas façanhas no julgamento de Adelaide Bartlett, representou Minor — mas o caso não é descrito na biografia de Derek Walker-Smith, *The Life of Sir Edward Clarke*.

> **Faltavam palavras no dicionário para definir quem era esse insano.**

Se esse conto triste e fatalista não tivesse terminado em — de todas as coisas — lexicografia, provavelmente teria sido esquecido há muitos anos. Minor rondava a vizinhança, psicótico, defendendo-se de nada e preparado para atirar — em nada ou em alguma coisa; quase não importava — se ele achasse necessário. Talvez os Fisher, que estavam criando uma ninhada de Fisher menores na modesta casa da Tenison Street, tivessem sorte: Minor poderia facilmente tê-los confundido com os tão temidos fenianos.

Simon Winchester, simpático aos paradoxos às vezes desconfortáveis do caso de Minor, dedica seu livro, *The Professor and the Madman*, à "memória de G.M.". Este era George Merrett, vítima de Minor e, na análise de Winchester, "um homem absolutamente desconhecido"; ou, talvez melhor dizendo, enfim obscurecido pela linguagem.

Leitura adicional | WINCHESTER, S. *The Professor and the Madman*. Nova York: HarperPerennial, 1999.

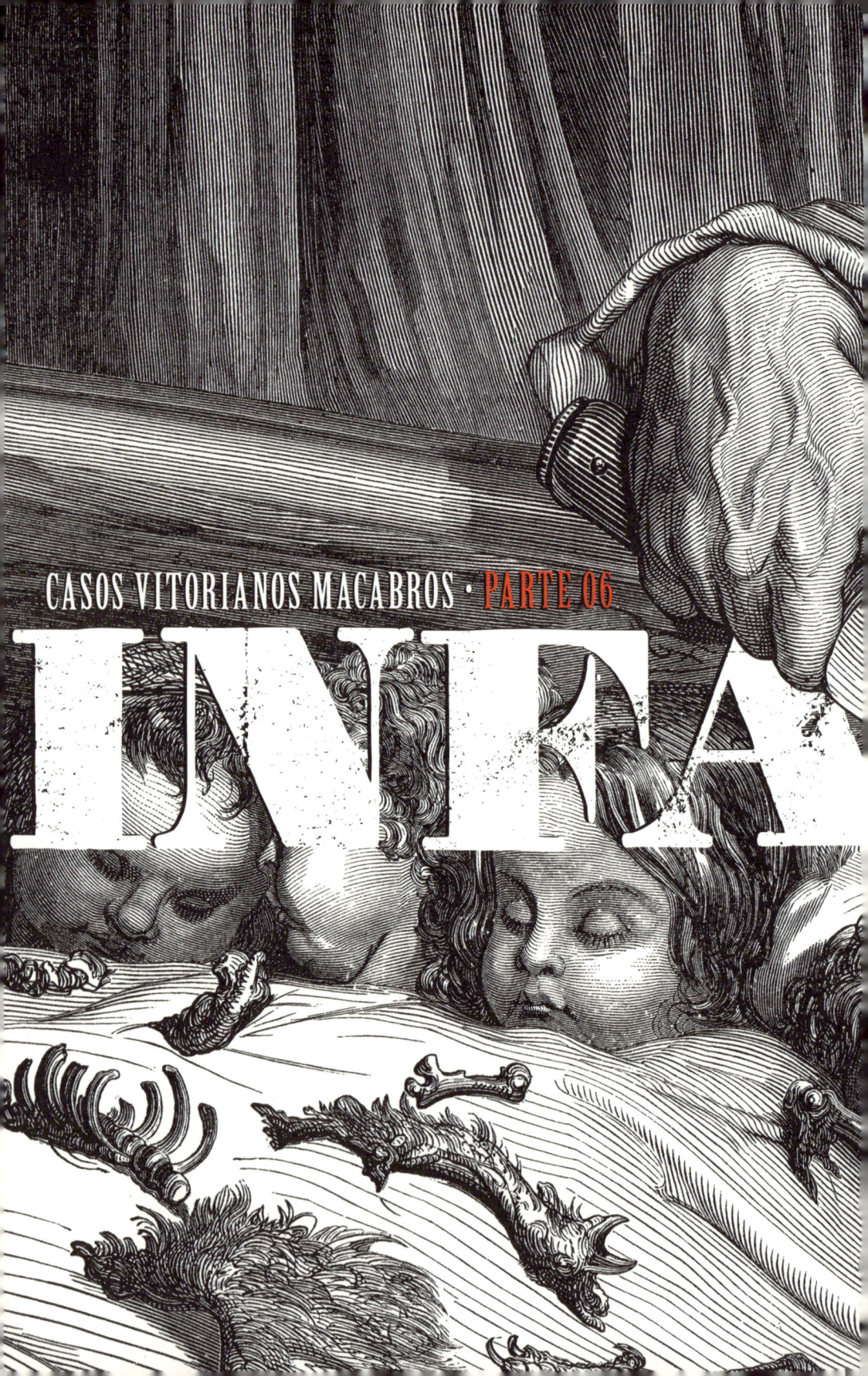

CASOS VITORIANOS MACABROS · PARTE 06

INFRA

ÂNCIA ROUBADA

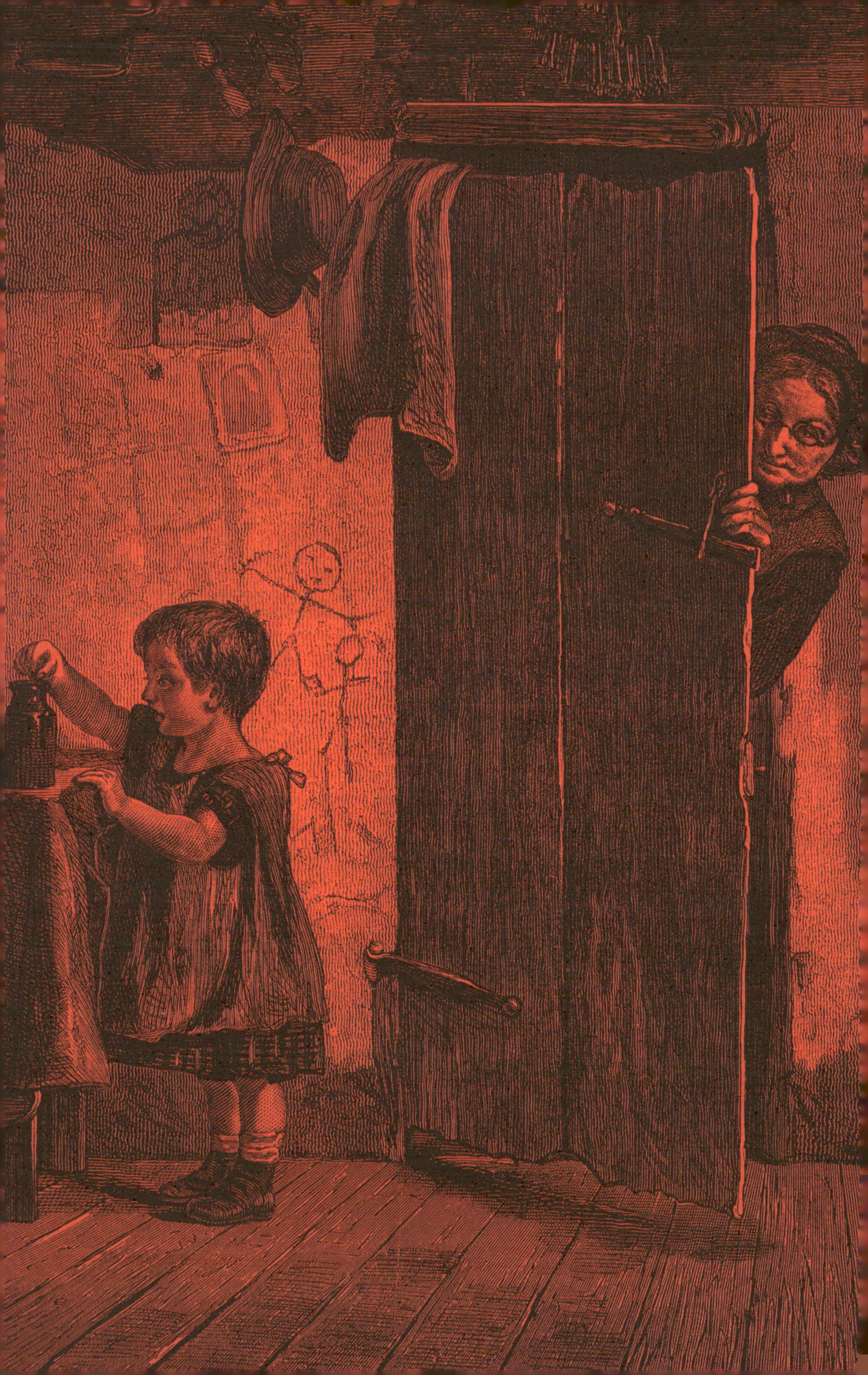

Quem conhece a obra de **Charles Dickens** já sabe: era bastante arriscado ser **criança** naquela época. Os abusos vinham de todos os lados, do **trabalho** infantil limpando chaminés até a **exploração** nas "fazendas de bebês", orfanatos geridos por tutores **corruptos** que não cuidavam dos pequenos. O **infanticídio** era comum, com frequência, praticado pela própria família. Um capítulo **triste** do livro (e da história), porém, necessário.

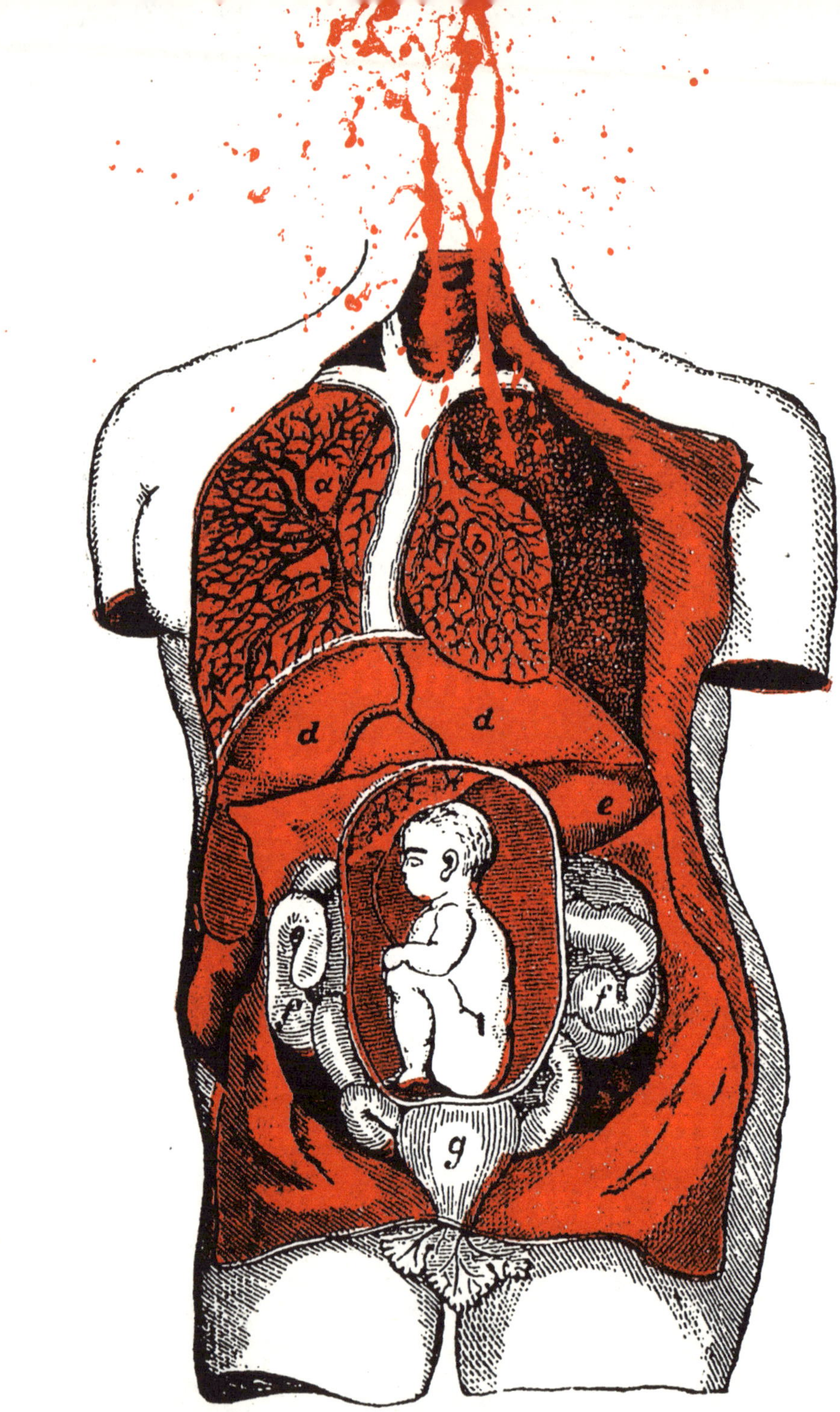
a
b
d
d
e
f
f
g

CRIANÇAS EM PERIGO
ABUSO INFANTIL

Condições insalubres de trabalho em fábricas e na limpeza de chaminés, violência doméstica naturalizada, tabagismo e prostituição infantil... A dura realidade de muitas crianças na era vitoriana, ainda mais terrível que nas páginas de Charles Dickens.

MWO

Já em 1827, era possível colocar as palavras "abuso" e "infantil" juntas para evocar um conceito notável. Em 19 de dezembro daquele ano, enquanto o país se preparava para o Natal, uma reunião na prefeitura de Portsmouth considerou os benefícios de interromper a atividade dos "Climbing Boys", meninos que varriam chaminés por dentro, e adotar uma alternativa automatizada referida (de forma um tanto ameaçadora) como "a Máquina". O *Hampshire Telegraph* anunciou o consenso: "Agora, é preciso apenas uma resolução decidida por parte do público para insistir que a Máquina seja usada, em vez de crianças, para efetuar um abandono gradual de um sistema de abuso infantil, algo reprovável para uma comunidade civilizada e cristã".

Claro, as alusões ao Natal, Portsmouth e abuso infantil direcionam os pensamentos do estudante da cultura vitoriana para o maior romancista do período, Charles Dickens. No início da década de 1840, Dickens ficou muito comovido com a crueldade detalhada em dois relatórios governamentais a respeito das condições de trabalho das crianças. As histórias individuais foram, de fato, chocantes, e alguns exemplos, selecionados mais ou menos ao acaso, são suficientes: na fábrica de tabaco de Patrick M'Laughlin, em Belfast, crianças de apenas oito anos trabalhavam durante quase 54 horas por semana no inverno, e um pouco mais no verão, quando o céu estava mais claro; todas elas fumavam ou mascavam tabaco, apenas "por curiosidade". Em Upper Sedgley, West Midlands, o operário de doze anos William Hartil não era apenas analfabeto, mas "atordoado por conta do trabalho" e "surdo devido ao ato de martelar com frequência"; Thomas Rishter, que também tinha doze anos, trabalhava doze horas por dia em uma forja de pregos — salário: 2 xelins por semana — e era "muito pequeno para sua idade", "fraco e de aparência pouco saudável" e "maltrapilho". Crianças como essas foram personificadas nas figuras de Ignorância e Miséria, que emergem de manto do Espírito do Natal Presente em *Um conto de Natal*. Dickens, é claro, sobrevivera à sua própria infância traumática, incluindo o triste trabalho industrial; suas próprias memórias dolorosas encontraram ecos sobrenaturais em sua leitura sombria dos deprimentes relatórios.

> **Acho que nessa época, ficar em casa não era mais seguro do que estar na rua.**

A exploração econômica infantil desse tipo foi primordial para estimular a consciência popular. Era bem visível, e quase todos os adultos viviam ou trabalhavam com crianças cuja educação, saúde ou bem-estar haviam sido afetados pelo trabalho. Quando as portas se fechavam, no entanto, as coisas eram diferentes. Então, assim como agora, a casa de cada inglês era seu próprio castelo, e a maioria dos pais — mesmo aqueles que condenavam amargamente os maus-tratos de crianças — reservavam-se ao direito de tratar seus próprios filhos exatamente como quisessem. O assassinato de Fanny Adams, por exemplo, provocou choque geral e indignação, e com razão; mas suas características eram, na verdade, bastante incomuns. Pouquíssimas crianças seriam mortas por predadores aleatórios, então havia, estatisticamente, pouco a se temer quanto a isso; por outro lado, um grande número morreria pelas mãos de seus pais, que muitas vezes agiam por conta de seus próprios traumas infantis. Em outubro de 1843, Edward Dwyer estava bebendo em um pub, agora inexistente perto da Tooley Street em Southwark, quando sua esposa e sogra entraram para chamá-lo com vários insultos e tratá-lo de forma bastante rude; eles então o deixaram encarregado de seu filho de três meses, James. Edward ficou chateado com o comportamento desagradável de sua esposa e de sua sogra, e começou a resmungar de forma sombria a respeito da criança, dizendo, como George Stead — outro cliente do pub — lembrou, que "ele a mataria antes de amanhecer". Stead deu um tapinha no ombro de Edward e "disse-lhe para seguir o conselho de um tolo e não se vingar de um pobre bebê inocente". Mas Edward, já desesperançoso, agarrou James pelas pernas e bateu sua cabeça no balcão.

O uso predominante de castigos corporais para impor disciplina doméstica também aumentou as chances das crianças morrerem nas mãos dos pais. Incontáveis surras, sem dúvida, cessaram antes das consequências fatais, mas algumas tiveram resultados mais graves. Mary Ann Seago foi condenada por homicídio culposo em Old Bailey, em julho de 1854, após a morte do filho Billy em casa na York Street (atual Myrdle Street, Whitechapel). Ela pretendia lhe ensinar a não brigar com o irmão, Tommy, mas Billy — pouco antes de seu sexto aniversário — pode ter morrido antes mesmo que a punição (em que foi espancado, golpeado, humilhado, chutado e depois jogado no quarto) acabasse. A principal testemunha de acusação foi a meia-irmã de Tommy (e enteada de Mary Ann), Annie, que se descreveu no tribunal com "nove anos no mês passado". O próprio interrogatório parecia provar o abuso sofrido por ela. "Às vezes eu era travessa e inventava coisas", confessou, inocente, ao advogado da mãe.

Mas ela não estava inventando e levara seu juramento a sério. "Fui ensinada a fazer minhas orações", disse ela. "Eles me ensinaram na workhouse." Mary Ann Seago recebeu condenação perpétua, mas cumpriu apenas uma curta pena (primeiro em Millbank e depois em Brixton) antes de ser libertada por motivos médicos, em 13 de junho de 1859.

Outras formas de abuso eram permitidas por um sistema de valores sociais em que o direito da criança era secundário. A exploração sexual, por exemplo, foi exposta pelo caso Maiden Tribute e energizada pela ideia de que prostitutas adultas eram um risco de infecção. A sífilis, em particular, era endêmica na Grã-Bretanha vitoriana, e representava, como Michael Pearson coloca, "uma enorme vantagem de mercado" para as meninas cuja virgindade prometia experiência sexual livre de doenças — mas apenas para o homem. O consentimento não foi introduzido na transação, mesmo que a vítima tivesse idade legal para concedê-lo (ou seja, treze anos de idade antes de 1885, e doze anos antes de 1875), e "meninas muito jovens às vezes eram cloroformizadas" para garantir. Além de considerações de saúde pessoal, os abusadores vitorianos também exibiam uma paixão por "chegar primeiro": muita pornografia vitoriana evoca a teoria e a prática da defloração, como se fosse o equivalente paroquial da exploração contemporânea da África subsaariana, ou de as regiões polares. No talvez mais notável livro pornográfico publicado no período — *My Secret Life*, do pseudônimo Walter —, a *terra incognita* do narrador e protagonista, meticulosamente documentada, seria descrita como as mulheres e crianças das ruelas do West End e os porões do East End.

Às vezes, crianças abusavam de outras crianças, mas esse fenômeno era mal-compreendido. No caso notável da babá Emily Newber, de quinze anos, que envenenou Ray Maude Myers com ácido acético em 1893, o motivo permaneceu obscuro. A idade de Emily — em uma época de menarca posterior — possibilitou a especulação a respeito da histeria, mas ela apresentava histórico de perda de vagas em creches devido à crueldade com que tratava as crianças sob seus cuidados. Hoje, seu comportamento seria considerado no contexto de sua própria infância, e o tratamento, em oposição ao castigo, poderia ajudá-la.

Leitura adicional | PEARSON, M. *The Age of Consent*. Newton Abbot: David & Charles, 1972.

BABY FARMERS

AMELIA DYER

KC

1839—1896

Ela pode ter matado mais de quatrocentas crianças em vinte anos. Amelia Dyer cobrava dinheiro para adotar filhos indesejados de outras mulheres, uma prática conhecida na época como baby farming. Depois, ela simplesmente eliminava os bebês e, de tempos em tempos, mudava de endereço e usava pseudônimos para não atrair a atenção da polícia. Sua história de impunidade acabou quando três de suas vítimas foram encontradas no rio Tâmisa.

O que é preciso para estrangular um bebê? Com certeza não é força, mas um grau assustador de insensibilidade — mesmo em uma época em que a morte de crianças era uma ocorrência comum em muitas famílias. Recém-nascidos indesejados eram com frequência despejados em canais, latrinas e becos, ou enterrados sob montes de esterco. As mães que não conseguiam matar seus bebês representavam uma oportunidade de negócio lucrativa para as *baby farmers* implacáveis que viam qualquer criança indesejada como um artigo descartável. Essas mulheres exibiam um verniz de bondade, muitas vezes posando como modelos de respeitabilidade, mas é atordoante o número de crianças envolvidas e o horror casual de seus destinos. Em 1868, por exemplo, a sra. Jagger de Tottenham, que anunciava seus serviços no *Daily Telegraph*, foi exposta no *Pall Mall Gazette* depois de ter matado de fome entre quarenta e sessenta bebês em um espaço de três anos. Além disso, diversificar os serviços de aborto sempre foi uma tentação: a sra. Martin, da Dean Street, no Soho, teria se livrado de 555 bebês e fetos em dez meses; e Mary Hall, em Brixton, dirigia um estabelecimento "falso" e era suspeita de alimentar gatos da vizinhança com fetos abortados. Em 1865, Charlotte Winsor foi condenada sob a acusação de matar um bebê indesejado por uma taxa de 5 libras.

Uma das *baby farmers* mais notórias foi Amelia Dyer, apelidada de "Criadora de Anjos", que anunciava cuidar de adoções, sabendo que haveria sempre mães desesperadas em sua porta, dispostas a entregar seus bebês ilegítimos por algo entre 5 e 10 libras. Algumas podem ter acreditado na promessa de Dyer de encontrar uma família para adotar a criança (e oferecer a ela uma chance de vida melhor); mas outras, embora suspeitassem da natureza nefasta do negócio, não tiveram escolha.

Após aperfeiçoar seu regime de matar por anos, escapando impune, Amelia Dyer enfim foi apreendida por seu descuido. Em 1895, os corpos de três crianças foram dragados do Tâmisa e jaziam envoltos em embrulhos de papel, e a fita métrica branca usada para estrangulá-los ainda estava nos pescoços. O papel que envolvia um dos minúsculos cadáveres trazia um endereço que levou a polícia à casa de Amelia Dyer, que, embora usasse pseudônimos e mudasse de endereço para não ser encontrada, vivia então na Kensington Road, 45, em Reading. Alta e corpulenta, com poucos dentes remanescentes que eram cotos escuros, ela foi detida e, em 4 de abril, acusada de matar uma criança.

A prisão preventiva de Dyer, apenas precipitou a investigação completa de suas atividades. Um dos corpos encontrados foi identificado como Doris Marmon, de quatro meses, e Dyer foi acusada por seu assassinato. Durante uma busca na casa dela, pilhas de roupas de bebê — fornecidas pelas mães — foram encontradas, prontas para penhorar, e Dyer havia retido com frequência a papelada de centenas de "adoções". Estima-se que ela tenha matado até quatrocentos bebês em um período de mais de vinte anos. Alguns estavam tão drogados com Godfrey's Cordial, opiáceo à base de láudano, que morreram de fome, incapazes até de chorar, enquanto outros foram estrangulados poucos dias depois de chegarem. A filha de Dyer, Mary Ann (conhecida como Polly) e o marido dela também foram presos, suspeitos de conivência com os crimes hediondos.

Amelia Dyer foi julgada em Old Bailey, em 21 e 22 de maio de 1896, perante o juiz Hawkins; a principal testemunha de acusação foi Polly, trazida da Prisão de Reading. O combinado entre Dyer e a mãe de Doris Marmon, Evelina, foi divulgado e ilustra a transação típica, repetida por *baby farmers* em todo o país. Evelina, solteira, morava em Cheltenham, colocou o seguinte anúncio no *Bristol Times and Mirror*:

PROCURA-SE MULHER RESPEITÁVEL
PARA ASSUMIR UMA CRIANÇA PEQUENA.

No mesmo jornal apareceu um anúncio colocado por Amelia Dyer, usando o nome de sra. Harding:

CASAL SEM FAMÍLIA ADOTA CRIANÇA SAUDÁVEL,
BELA CASA DE CAMPO. TERMOS: 10 LIBRAS.

Evelina contatou a "sra. Harding" e recebeu uma longa resposta, parte da qual dizia:

Eu ficaria muito feliz em receber uma garotinha, uma que eu pudesse criar e chamar de minha... Somos pessoas simples, em circunstâncias decentes. Eu não quero um filho por causa do dinheiro, mas para ter companhia e conforto no lar [...] Eu e meu marido gostamos muito de crianças. Eu não tenho nenhum filho. Uma criança comigo terá um bom lar e amor de mãe.

Cada palavra era uma cruel mentira, mas Evelina, satisfeita com esses sentimentos, arranjou o possível para confiar Doris à "sra. Harding". A intenção de Evelina era que o acordo fosse temporário, mas Dyer a persuadiu a fazer um pagamento único de 10 libras e, posteriormente, renunciar a qualquer chance de exigir sua filha de volta. Pegando a criança, Dyer foi para Londres e para a casa de sua filha, Polly. Estrangularam a pequena Doris. No dia seguinte, 2 de abril, Dyer se encarregou de outra criança, Harry Simmons; mas, como sua fita métrica tinha acabado, ela removeu o pedaço do pescoço sem vida de Doris e o usou para estrangular o menino. Feito isso, ela embrulhou os dois corpos e os levou de trem para Reading em uma bolsa de carpete, com tijolos dentro. Ela então o empurrou contra a grade perto de Caversham Lock, para ser engolido pelo rio Tâmisa. Assim que essa história se tornou aparente, Dyer foi adicionalmente acusada de matar Simmons.

No tribunal, Amelia Dyer se declarou inocente de assassinato. Seu advogado de defesa ofereceu uma alegação de insanidade por conta de vários períodos de grave instabilidade mental (pelos quais ela foi detida em asilos) e frequentes tentativas de suicídio, com certeza causadas por seu vício em álcool e láudano. O júri, que deliberou por menos de cinco minutos, considerou-a culpada, apesar dos esforços de seu advogado, e ela foi condenada à morte. Ela foi enforcada por James Billington em 10 de junho de 1896, depois de passar grande parte do dia anterior na Prisão de Holloway, de onde foi levada para garantir sua ausência enquanto William Seaman, Albert Milsome e Henry Fowler eram executados em Newgate. Os jornais registraram que "após o recebimento de um telegrama enviado depois que os túmulos dos assassinos executados pela manhã foram preenchidos e pavimentados, ela foi levada de volta para Newgate. Antes de chegar à sua cela, ela precisou caminhar sobre as sepulturas recém-feitas". Ela se retirou para a cama pela última vez em um "estado de espírito miserável e agitado".

Polly e seu marido continuaram a operar como *baby farmers* após a execução da mãe dela. Dyer havia insistido na inocência da filha e do genro, e eles tiveram, de fato, sorte de serem libertados por falta de provas. Mas era, e continua sendo, impossível acreditar que eles estavam de fato alheios ao que estava acontecendo.

Leitura adicional | RATTLE, A.; VALE, A. *The Woman who Murdered Babies for Money*. Londres: Andre Deutsch, 2011.

ABRIGO DO MAL

BARTHOLOMEW PETER DROUET

KC

c. 1795—1849

Entre todos as formas de abusos sofridos por menores na era vitoriana, destaca-se o tratamento negligente e desumano de instituições que deveriam cuidar de crianças abandonadas. Uma das piores era Surrey Hall, administrada pelo insensível Peter Drouet. Sob sua supervisão, crianças morriam de fome e maus tratos e inúmeros casos de cólera. Mesmo denunciado na imprensa pelo massacre, Peter Drouet não foi incriminado.

A Emenda da Lei dos Pobres de 1834, e em particular sua Cláusula de Bastardia, fez com que o número de crianças pobres nas workhouses de paróquias atingisse proporções incontroláveis no início do período vitoriano. Para resolver o problema, muitas crianças foram internadas em instituições ou asilos; e embora alguns tenham prestado cuidados adequados, outros foram bastante negligentes. Caindo na última categoria, estava Surrey Hall, em Tooting, no sul de Londres.

Surrey Hall era administrada por Bartholomew Peter Drouet, que acolhia crianças pobres largadas em várias workhouses londrinas, incluindo os sindicatos Holborn e St. Pancras. Drouet cobrava 4 xelins e 6 centavos por semana dos Guardiões da Lei dos Pobres para cada criança, e estimava-se que, no final de 1847, cerca de 850 crianças com idades entre seis e catorze anos viviam em Tooting. Para atender às expectativas dos Comissários da Lei dos Pobres, foi entendido que as crianças receberiam uma educação básica; os meninos também seriam treinados para trabalhar em pequenas oficinas e as meninas aprenderiam as habilidades necessárias para o trabalho doméstico. Na verdade, eles foram espancados, quase morreram de fome e sofreram diversas humilhações. Quando inspecionado pela primeira vez pelos Guardiões do St. Pancras, o estabelecimento foi considerado perfeito e adequado; mas, em maio de 1848 — altura em que o número de crianças no local tinha aumentado para algo como 1.400 —, os Guardiões Holborn fizeram uma nova inspeção (acompanhados por Drouet), durante a qual notaram que alguns dos meninos pareciam doentes e tinham sarna, membros finos e distensão abdominal. Quando questionados se desejavam reclamar da maneira como estavam sendo tratados, vários meninos tiveram a ousadia de levantar a mão. A generosidade de Drouet logo evaporou: ele os chamou de "mentirosos e canalhas" e ameaçou, na presença dos Guardiões, açoitá-los ali mesmo. Relutantes em interferir, caso Drouet retaliasse e mandasse as crianças para as workhouses, os Guardiões partiram e emitiram um relatório timidamente satisfatório a respeito do estabelecimento.

Em janeiro de 1849, um surto de cólera forçou os Guardiões a agirem. A maioria das 155 crianças doentes que se mudaram para o Royal Free Hospital sobreviveram, mas um garoto muito magro, de sete anos de idade, James Andrews, morreu no dia seguinte. A desnutrição, a superlotação e a falta de higiene básica tornaram as crianças suscetíveis à infecção, e as que ficaram para trás logo morreram. O dr. Richard Grainger, inspetor do Conselho de Saúde, foi enviado a Surrey Hall. Seu relatório foi horripilante. Crianças que sofriam de cólera eram amontoadas em quartos frios, fedorentos e mal iluminados, sem ventilação adequada; um quarto abrigava 150 crianças ao lado de um quintal imundo onde os animais, incluindo vacas e porcos, eram mantidos; nas proximidades, havia valas abertas cheias de efluentes tóxicos. As crianças doentes recebiam apenas os cuidados de enfermagem mais rudimentares, alguns dos quais prestados por crianças carentes mais velhas que ainda estavam livres da doença. Quando questionado, Drouet insistiu que a causa do surto era uma névoa pairando sobre a área — era uma crença comum que a cólera era causada pela inalação de ar "ruim" —, mas, embora houvesse cólera em outras partes de Londres, Tooting foi, na época, livre da doença.

Várias investigações sobre as mortes das crianças foram iniciadas por Thomas Wakley, o Legista de Middlesex e editor do *The Lancet*. Suas descobertas detalhavam a extensão da privação e exploração das crianças pobres. Em 13 de abril de 1849, Drouet foi julgado em Old Bailey sob a acusação de "matar criminosamente" o menino James Andrews; três outros encargos semelhantes foram mantidos na reserva. A evidência clara de negligência criminosa foi rejeitada pelo registrador, sr. Baron Platt, que argumentou que não era possível provar que James e as outras crianças haviam morrido devido a maus-tratos por parte de Drouet; uma vez infectados com cólera, ele pensou, eles teriam morrido de qualquer maneira. Peter Drouet foi absolvido e morreu três meses depois, em 19 de julho, de doença cardíaca e hidropisia, aos 55 anos.

A imprensa, de forma nada surpreendente, apelidou a história de "O Massacre dos Inocentes". Artigos acusatórios no *The Examiner* (provavelmente redigidos em anonimato por Charles Dickens, sempre vociferante em questões de pobreza e desigualdade) afirmavam que a epidemia de cólera ocorrera porque a "fazenda para crianças" de Drouet era "conduzida de maneira brutal, mal mantida, ridiculamente inspecionada, desonestamente defendida, uma desgraça para uma comunidade cristã e uma mancha sobre uma terra civilizada". O romance *A casa soturna*, de Dickens, que foi serializado em 1852 e 1853, apresentava uma jovem criada chamada Guster que foi "cultivada ou contratada durante seu tempo de crescimento por um amável benfeitor de sua espécie residente em Tooting".

Os esforços a fim de prevenir a negligência em instituições como a de Drouet continuaram, mas com diferentes graus de sucesso. Ernest Hart, editor do *British Medical Journal*, liderou uma longa campanha a respeito da crueldade contra crianças (concentrando-se sobetudo na prática generalizada de *baby farming*); mas a Sociedade de Proteção à Vida Infantil apenas se formou em 1870, quando as investigações secretas de um policial na Scotland Yard levaram à denúncia e processo de duas *baby farmers* de Brixton, Margaret Waters e Sarah Ellis. *The Spector* comentou:

Devemos mostrar, por meio de um rígido exercício de severidade, que os baby farmers não têm permissão para exercer o tráfico infantil, e que o assassinato, que já é assustador quando surge da paixão, é infinitamente mais repugnante e mais criminoso quando reduzido a um negócio.

Seguindo o caso chocante de Amelia Dyer em 1896, a Lei de Proteção Infantil foi alterada para dar às autoridades mais poder para supervisionar os estabelecimentos de cuidado infantil, tanto domésticos quanto institucionais. No entanto, revelou-se impossível erradicar por completo essas práticas nefastas e, junto do alto índice de infanticídio, recém-nascidos, bebês e até crianças mais velhas continuaram em risco. A Sociedade Nacional para a Prevenção da Crueldade contra Crianças, que recebeu sua Carta Real em 1895, permanece em operação até hoje.

A FOME E O POÇO
ELIZA ADKINS

[DATAS DESCONHECIDAS]

Conheça a terrível história de Eliza Adkins, a mãe que afogou seu próprio filho de quatro anos porque não tinha o que lhe dar de comer. A autópsia mostrou que a última refeição do pequeno Zadock fora algumas poucas frutinhas selvagens.

KC

O trágico caso de Eliza Adkins é um exemplo pungente não apenas do efeito devastador da pobreza, mas do abismo entre ricos e pobres na época. Na manhã de sábado de 30 de julho de 1865, o corpo de um menino foi encontrado no fundo do poço comunitário em Pegg's Green, perto de Ashby-de-la-Zouch, Leicestershire. A autópsia revelou que a criança de 4 anos, Zadock Adkins, estava viva antes de ser empurrada para o poço: morreu afogada. Seus pés estavam cheio de bolhas e não tinha nada no estômago além de algumas groselhas silvestres.

A mãe do menino, Eliza, foi presa e acusada pelo assassinato. Em sua perturbadora confissão subsequente, ela explicou que, depois da morte do marido, ela havia ficado desamparada e, com uma criança em sua total dependência, ela não conseguia trabalhar como empregada doméstica. Por conta disso e em busca de se qualificar para receber um auxílio paroquial, ela se viu obrigada a se mudar para a Loughborough Union Workhouse, onde ficou apenas alguns dias, já que recebera um tratamento severo e ainda foi separada do filho por uma grade de ferro, segundo as regras do abrigo. Incapaz de suportar ouvi-lo chorar constantemente, ela conseguiu agarrá-lo e, juntos, eles escaparam do falso amparo, caminhando sem destino pelas estradas. "Eu não sabia o que fazer com a criança. Eu não tinha casa, nada para comer e nenhum amigo para quem pedir ajuda. Se eu não tivesse a criança, poderia dar um jeito de sobreviver. Não sabia o que fazer com tudo isso", disse ela em depoimento. Eliza explicou que afogara seu filho por desespero e para salvá-lo de mais sofrimento, além de estar convencida de que ele "iria para o céu". É angustiante considerar que o desamparo dela não fora secundário à juventude ou inexperiência; foi relatado pelos jornais que Eliza tinha 42 anos de idade, e poderia ser até mesmo mais velha.

Eliza Adkins foi julgada pelo assassinato de seu filho na Leicester Assizes no sábado do dia 16 de dezembro de 1865, perante o juiz Mellor. Entre sua prisão e o julgamento, a imprensa publicou várias cartas e artigos comentando sobre a trágica situação de Eliza, e houve muita empatia por sua situação. Seu advogado de defesa propôs que o estresse de suas terríveis circunstâncias tivesse, talvez, desencadeado um estado temporário de insanidade que a levou a cometer o assassinato. Rejeitando esse apelo, o júri condenou Eliza à pena de morte. Diante da pressão da opinião pública, no entanto, o ministro do Interior, Sir George Gray, emitiu uma prorrogação, e a sentença de Eliza foi substituída para prisão perpétua. Se ela tivesse sido condenada alguns anos antes, provavelmente teria sido desterrada para as colônias penais na Austrália, onde a vida teria sido insuportavelmente cruel para uma mulher tão frágil e desgastada pelo sofrimento.

O Conselho da Lei dos Pobres instigou uma investigação sobre as alegações de Eliza quanto à crueldade na Loughborough Union, mas, talvez até de forma bem previsível, a equipe da Workhouse fez declarações em benefício próprio, que foram publicadas no *Pall Mall Gazette*. Eles refutaram as acusações com indignação, negaram qualquer culpabilidade na tragédia e insistiram que, enquanto estiveram no asilo, Eliza e seu filho foram tratados com humanidade.

> **Quem pode julgar o desespero de uma mãe?**

A respeito dos últimos momentos da vida de Zadock, só é possível certa especulação. Será que Eliza, mental e fisicamente exausta, teria lutado para chegar ao poço no topo da colina em Pegg's Green naquela noite, carregando nos braços a criança adormecida? Será que o menino conseguiu segurar as poucas groselhas silvestres com as mãos porque aquela seria a única comida que ele comeria o dia todo? As groselhas teriam sido derrubadas quando ele caiu nas turvas profundezas do poço? Ou Eliza o ergueu para que ele pudesse, assim, espiar por cima da borda do poço, e lançou abaixo as poucas frutas restantes para ouvir o barulho delas assim que tocassem as águas — um jogo tragicamente macabro para divertir o garotinho prestes morrer?

Leitura adicional | CLARKE, K. *Deadly Dilemmas*. Londres: Mango Books, 2014.

MAMÃE É DE MORTE

ELIZA BOUCHER

1825—1878

A estranha coincidência — ou seria maldição? — da mulher que via seus bebês recém-nascidos morrerem logo após o parto. E o escândalo envolvendo seu patrão, um ricaço que deu chibatadas no cirurgião que insinuou que ele seria o pai dos bebês.

KC

Em 1854, Eliza Boucher, uma empregada com quase trinta anos, trabalhava para John Barnard e sua esposa, Susan, em Myrtle Cottage, perto de Barnstaple, Devon. No início da manhã de 18 de outubro, Eliza deu à luz gêmeos prematuros; a criança do sexo masculino morreu logo após o parto, mas a do sexo feminino, embora fraca e abaixo do peso, viveu por algumas horas. Ao ser banhada em água quente, ela abriu os olhos e choramingou, mas morreu logo depois. Um inquérito foi realizado e foi relatado que "os dois pequenos cadáveres eram lamentáveis de se ver". Charles Morgan, um cirurgião local, confirmou que havia marcas de hematomas em ambos os lados das traqueias, como se as gargantas tivessem sido espremidas entre o indicador e o polegar.

Em março de 1855, Eliza Boucher foi enviada para julgamento, acusada de infanticídio. Um apelo em sua defesa sugeriu que os ferimentos no pescoço dos bebês foram causados durante o parto e "não foram a consequência do ato deliberado de assassinato da prisioneira". Depois de ouvir a conclusão do juiz, os jurados deram o veredicto de inocente sem sequer deixarem o tribunal.

Após a absolvição superficial de Eliza, houve rumores de que John Barnard poderia ter sido o pai das crianças mortas; a fonte do boato deveria ser o cirurgião Morgan, repetindo alguns comentários depreciativos feitos por Eliza. Nesta versão, Barnard "aproximou-se vergonhosamente" de Eliza logo depois que ela se juntou à família, e houve um "acontecimento nojento" — talvez uma tentativa de aborto forçado — em Myrtle Cottage três semanas antes do nascimento fatídico. Barnard ficou muito ressentido com essas insinuações e atacou Morgan ferozmente com um chicote. Algum tempo depois, ele foi acusado de agressão e multado em 25 libras. Como um homem de posses, ele logo pôde pagar a multa e, assim, evitar a prisão; um homem de menos recursos teria, é claro, ido direto para o xadrez.

O histórico de Eliza é intrigante. Em 1853, dois curtos anos antes de seu julgamento por assassinato, ela cumpriu uma sentença de seis meses por "ocultar o nascimento" de um recém-nascido, cujo corpo ela admitiu ter queimado em um forno de lavanderia. Não se sabe se ela teve mais filhos, mas, tendo em vista a ausência de métodos anticoncepcionais eficientes na época, é provável que sim. Ela morreu em 1878, com cerca de cinquenta anos, cheia de segredos.

Leitura adicional | Clarke, K. *Deadly Dilemmas*. Londres: Mango Books, 2014.

CHAME O ADVOGADO
ESTHER PAY

KC

1846—?

O desaparecimento da pequena Georgina Moore, de sete anos, comoveu a Inglaterra. Testemunhas a viram conversando com Esther Pay, amante do pai de Georgina, antes de sumir. O corpo da menina foi encontrado no rio Medway, perto da cabana dos pais de Esther. Levada a julgamento, Esther foi absolvida graças à defesa do famoso advogado Edward Clarke, e apesar de todas as evidências.

Foi na terça-feira, 20 de dezembro de 1881, que a jovem Georgina Moore desapareceu. Naquela manhã, sua mãe, Mary, levou-a com seu irmão para a casa de um amigo na Westmoreland Street, Pimlico, e de lá as crianças foram para a escola. Eles voltaram para casa na hora do almoço e, pouco antes das 14h, Georgina saiu para retornar à escola — e desapareceu. Quando ela não voltou naquela tarde, uma busca frenética foi empreendida por amigos e familiares (incluindo o pai da menina, Stephen), mas sem sucesso. Jornais relatando seu desaparecimento descreveram Georgina Moore como uma criança encantadora, de sete anos e meio e alta demais para sua idade, ela era dona de olhos azuis e cabelos claros com uma franja. Quando foi vista pela última vez, ela estava com um vestido azul-escuro, um casaco com duas fileiras de botões pretos, um chapéu de palha branco debruado com veludo preto, meias de malha azul-escuro e botas de botão.

Houve, no entanto, um avistamento confiável — um jovem se lembra de ter visto Georgina conversando com uma mulher bem alta naquela hora do almoço e, além disso, ele foi capaz de identificar uma mulher local, Esther Pay, em uma batida policial subsequente. Fofocas locais logo revelaram que o relacionamento dos pais da menina estava longe de ser harmonioso: Stephen Moore costumava se envolver em casos extraconjugais, um dos quais com Esther, de 35 anos. Ela morava na mesma rua, conhecia bem Georgina e usava um casaco semelhante ao que consta na descrição testemunhada pelo rapaz. Seu relacionamento ilícito com Moore pelo visto havia terminado apenas alguns meses antes, embora mais tarde tenha sido provado que eles ainda estavam em contato e em termos afetuosos.

Mary Moore, provocada por essas circunstâncias sugestivas, confrontou Esther em sua casa, perguntando se ela sabia alguma coisa sobre o desaparecimento de Georgina, mas a mãe, perturbada, foi dispensada e levada para a porta. O inspetor Henry Marshall, da Scotland Yard, designado para o caso, também questionou Esther, mas com o mesmo resultado negativo.

Lá as coisas ficaram paradas até 15 de janeiro de 1882, quando um gorro infantil branco, semelhante ao que Georgina usava quando desapareceu, foi encontrado nas margens do rio Medway, perto da estação ferroviária de Yalding, em Kent. Os pais de Esther moravam em uma cabana próxima ao rio, e foi seu tio, James Humphreys, quem encontrou o chapéu; mas ainda assim não houve acusação formal.

Seis semanas após seu desaparecimento, o corpo de Georgina foi enfim retirado do rio Medway por um barqueiro. O cadáver em decomposição foi preso a um pedaço de arame, enrolado várias vezes em volta do peito, com um tijolo pesado na ponta. As mãos da criança estavam cerradas, os joelhos dobrados e os ferimentos na garganta correspondentes a estrangulamento, em vez de afogamento.

O inspetor Marshall correu para Yalding acompanhado por Stephen Moore, que identificou o corpo. Eles seguiram para a casa dos pais de Esther, ao saber que ela estava hospedada lá. Embora continuasse a negar qualquer conhecimento do crime, ela foi presa sob suspeita do assassinato de Georgina Moore; voltando-se com raiva para Stephen Moore, ela o acusou de matar sua filha e, em seguida, plantar o corpo perto da casa de seus pais em uma tentativa desprezível de implicá-la.

Com um bom advogado, a culpa não importa.

A partir daí, o ritmo aumentou. Esther foi devolvida a Londres de trem e, na quarta-feira, 1º de fevereiro, foi levada perante os magistrados do Tribunal da Polícia de Westminster para ouvir o caso. Naquela mesma tarde, o inquérito da morte de Georgina Moore foi aberto em Yalding e suspenso para dar tempo à autópsia. O enterro de Georgina ocorreu sábado, 4 de fevereiro, no cemitério de Brompton. Tamanha era a hostilidade para com Stephen Moore que os enlutados ameaçaram linchá-lo e, para sua própria proteção, foi trancado na capela mortuária até o fim do enterro e que a multidão se dispersasse.

O julgamento de Esther Pay pelo assassinato de Georgina Moore aconteceu no Lewes Assizes na quarta-feira, 26 de abril, perante o barão Pollock. Harry Poland liderou a acusação e Esther foi defendida pelo conselheiro da rainha Edward Clarke. A ré foi descrita como "bonita e bem-vestida" e com muita calma se declarou inocente. Quando questionada, disse que passou o dia do desaparecimento de Georgina com duas amigas, mas ambas negaram tê-la visto naquele dia.

Conforme o julgamento avançava, ficou claro que a única prova contra Esther Pay era circunstancial. O depoimento prestado pela maioria das testemunhas de acusação estava longe de ser convincente e, embora houvesse vários relatos que descreviam uma mulher e uma criança viajando entre Londres e Spalding nas horas após o sequestro de Georgina, eles eram vagos. Ninguém sobreviveu ao escrutínio de Clarke. No discurso de encerramento, reiterou a natureza duvidosa dos relatos — feitos por testemunhas em ruas mal-iluminadas ou bebendo em cervejarias fétidas — com o objetivo de fomentar a dúvida na mente dos jurados. Funcionou, pois o júri deliberou por menos de vinte minutos antes de absolver Pay. Esse foi outro exemplo da astuta defesa de Edward Clarke, mas deixou o assassino de Georgina Moore em liberdade.

Leitura adicional | TAYLOR, B.; KNIGHT, S. *Perfect Murder*. Londres: Grafton, 1987.

GÍRIA MACABRA

FANNY ADAMS

1859—1867

Fanny Adams só tinha oito anos quando foi morta e esquartejada por um escrivão psicopata. O crime abalou a Inglaterra, mas o nome da vítima logo viraria gíria, usada até hoje, para expressar algo inútil.

KC, MWO

Os relatos contemporâneos do assassinato de Fanny Adams são angustiantes e impossíveis de esquecer. É difícil compreender um ato de tão absurda barbaridade.

Fanny, de oito anos, conheceu a morte em uma tarde de verão de 1867, em campos não muito distantes de sua casa na cidade de Alton, em Hampshire. Ela estava brincando com sua irmã de sete anos, Lizzie, e a amiga delas, Minnie Warner. Por volta das 13h30, elas foram abordadas por Frederick Baker, um escrivão de 29 anos; alto e bem barbeado, ele usava um chapéu preto, um sobretudo e calças de cor clara. Parecia ter bebido. Puxando as meninas para uma conversa, ele ofereceu uma moeda a Minnie e a Lizzie para que comprassem doces, mas apenas sob a condição de que fossem embora, deixando-o sozinho com Fanny. As duas meninas pegaram o dinheiro e fugiram; Fanny também aceitou a moeda, mas — mesmo quando lhe foi prometido um incentivo adicional (talvez dois centavos) — ela se recusou a acompanhar Baker ao longo de uma estrada conhecida como The Hollows. Frustrado, ele a agarrou e a carregou para um campo de lúpulos perto dali.

Lizzie e Minnie brincaram até às 17h e voltaram para casa sem Fanny. Elas contaram à mãe de Fanny, Harriet, o que tinha acontecido, e ela e uma vizinha foram em busca da criança. Na beira de uma campina bem próxima, eles encontraram Frederick Baker, que vinha da direção de The Hollows. Interrogado pelas duas mulheres, Baker admitiu com muita tranquilidade ter dado dinheiro às meninas para que comprassem doces. Ele disse que costumava fazer isso ao conhecer crianças.

Naquela noite, por volta das 19h, um grupo de busca formado antes do anoitecer não levou muito tempo até se deparar com uma cena de carnificina no campo de lúpulos. O assassino de Fanny havia trucidado a menina, cortando sua cabeça e espalhando outras partes de seu corpo por uma ampla área. Sua cavidade abdominal foi saqueada e as vísceras foram descartadas. Seus olhos foram arrancados e jogados em um riacho próximo. Uma pedra ensanguentada, encontrada mais tarde, foi considerada o objeto usado para desmaiar a criança.

O superintendente William Cheyney prendeu Frederick Baker nos escritórios de um procurador local, William Clements. Baker foi encontrado com dois pequenos canivetes e vestígios de sangue em suas roupas. Ele foi acusado de matar Fanny Adams e levado para a Prisão de Winchester. Uma busca posterior em sua mesa revelou um diário no qual a anotação do sábado, 24 de agosto, revelava: "Matei uma menininha. Foi bom e excitante."

Tamanha era a animosidade dirigida a Baker que, durante o inquérito subsequente no pub e pensão Duke's Head e a audiência dos magistrados na prefeitura, a polícia precisou conter a multidão que do lado de fora reunia-se em ameaças de linchamento. O juiz Mellor presidiu o julgamento do assassinato, aberto em 5 de dezembro no Hampshire Assizes, em Winchester. Baker foi facilmente identificado no tribunal e, ainda, evidências convincentes foram fornecidas por Harriet Adams e vários outros que o viram na área do crime naquela tarde de sábado. Um jovem rapaz tinha de fato visto Baker lavando o sangue de suas mãos em uma fonte perto da cena do crime. O colega de trabalho de Baker, Maurice Biddle, foi capaz de confirmar que, no dia do assassinato, Baker havia deixado o escritório logo após o meio-dia e retornado por volta das 15h30. Mas ele saiu de novo por volta das 17h, ao que tudo indicava, para distribuir as partes do corpo de Fanny pelos campos, em uma tentativa de impedir a identificação da vítima. Depois de satisfeito ao completar essa tarefa, ele retornou ao escritório. Nesse ponto, ele foi confrontado pela mãe de Fanny, visivelmente perturbada, e pela vizinha.

Em defesa de Baker, um apelo de incidente de insanidade mental foi levantado com base na premissa de que nenhuma pessoa sã poderia ter trucidado uma criança inocente de maneira tão brutal. Chamou-se atenção para o fato de que vários membros da família de Baker eram mentalmente instáveis, e ele mesmo ameaçou cometer suicídio uma vez. No entanto, as evidências contra ele eram tão contundentes que o júri levou apenas quinze minutos para emitir o veredicto de culpado. Condenado à morte, ele deixou o tribunal sem demonstrar qualquer emoção.

Enquanto aguardava sua execução, Baker fez uma confissão nauseantemente detalhada. Ele também escreveu ao pai de Fanny, pedindo perdão — o assassinato, disse ele, não foi planejado — por ter ficado "furioso com o choro dela", mas que tudo fora "feito sem dor ou luta". Ele também enfatizou que não havia violado sexualmente a criança e nem tentado fazê-lo.

Na véspera do Natal daquele ano, Frederick Baker foi enforcado fora da Prisão de Winchester por William Calcraft. Uma multidão de mais de 5 mil pessoas assistiu a tudo. Foi relatado que Baker dormiu bem na noite anterior à sua execução e tomou um farto desjejum na manhã seguinte. Ele não demonstrou medo até ser imobilizado, encapuzado e posicionado no patíbulo com o laço em volta do pescoço. Quando ouviu o capelão entoar a última oração — só então seus joelhos começaram a tremer de forma violenta.

Os restos mortais de Fanny foram enterrados no cemitério de Alton, em 1874, sob uma lápide elaborada e financiada por doações públicas. Mas talvez o epitáfio mais triste à memória de Fanny Adams seja que a expressão "Doce Fanny Adams" — usada primeiramente pela Marinha, em 1869, para expressar desgosto quando o cardápio era composto por pedaços de carneiro pouco apetitosos — tenha se tornado de uso popular como um ofensa irrisória, que denota algo sem qualquer valor, *nada*.

FÁBRICA DE ANJOS
INFANTICÍDIO

KC

Condições miseráveis, métodos anticoncepcionais arcaicos, abortos clandestinos, demonização de mães solteiras, hipocrisia religiosa e até mesmo fraudes em seguros funerários inflaram os números de abandono e assassinato de crianças durante a era vitoriana. Segundo uma ativista da época, a polícia recolhia bebês e gatos mortos com a mesma indiferença.

O infanticídio durante o século XIX foi tão difundido, clandestino e, na maioria dos casos, tão tipicamente não relatado que seria impossível estimar os verdadeiros números envolvidos. Com o objetivo de envergonhar mães solteiras e puni-las por produzir filhos ilegítimos, a Cláusula de Bastardia na Emenda da Lei dos Pobres de 1834 as deixou demonizadas como irresponsáveis e moralmente deficientes, e as únicas responsáveis por seus filhos ilegítimos até a idade de dezesseis anos (embora isso fosse alterado em 1872 a fim de estender uma medida de responsabilidade mais uma vez aos supostos pais). Os métodos de contracepção usados pelos pobres eram primitivos e ineficazes, e as mulheres sobrecarregadas por uma gravidez indesejada tinham de recorrer a tentativas de aborto com remédios caseiros, como a agulha de tricô ou o banho de gim. Quando esses métodos falhavam, havia poucas opções: se solteira ou sem o apoio da família, a workhouse era a opção mais notável; lá, a mãe seria separada de seu filho e, quando o número de pessoas se tornasse incontrolável, a criança poderia ser transferida para instituições de má reputação, como a administrada por Bartholomew Peter Drouet em Tooting.

Muitas mulheres jovens engravidavam enquanto trabalhavam como empregadas domésticas, e suas situações costumavam resultar em demissão instantânea. Se não conseguissem ou não quisessem, por convicção religiosa, abortar o feto, muitas vezes tentavam esconder a gravidez — até mesmo de outros empregados — e davam à luz sem supervisão em quartos de sótão, latrinas ou porões. Uma mulher desesperada para manter seu emprego poderia recorrer a entregar o bebê a uma babá genuína, como Nelly Gentle (uma figura no caso Louise Masset), embora na periferia dessa prática espreitem as *baby farmers*. Essas mulheres faziam anúncios em jornais usando mensagens codificadas perfeitamente compreendidas pela maioria dos leitores para indicar que estavam dispostas a "se desfazer" de uma criança indesejada por uma taxa e sem questionamento algum. Além disso, anúncios de acomodações no estilo de pousadas também mascaravam um serviço secreto de aborto e descarte. Algumas dessas transações podem ter sido realizadas com ingenuidade por jovens vulneráveis, mas muitas em plena consciência devem ter sido cúmplices do assassinato de bebês. Algumas mães deixavam um recém-nascido na porta de um vizinho bondoso ou do lado de fora de um centro filantrópico como o Foundling Hospital ou qualquer estabelecimento de caridade semelhante — embora muitos deles só aceitassem crianças "geradas legalmente". Mesmo assim, esses orfanatos muitas vezes eram pouco mais do que um trampolim para o asilo, onde as crianças pobres, caso sobrevivessem por tempo suficiente, seriam enviadas para trabalhar desde tenra idade como aprendizes, trabalhadores ou empregadas domésticas em serviço.

> **Malícia e desespero é sempre uma combinação mortal.**

A única outra opção era o infanticídio. Embora a definição tenha sido comprometida pela lei e pela opinião pública, é geralmente aceito que esse crime consiste na morte de uma criança com menos de um ano de idade pela mãe. Muitas mulheres devem ter rezado por um natimorto ou decidido que, se o recém-nascido respirasse, ele seria largado e ignorado na esperança de que, sem atenção, morresse logo — como Eliza Boucher. Se o bebê sobrevivesse, poderia ser estrangulado ou sufocado com facilidade e depois descartado, escondido em montes de esterco, de cinzas e latrinas, ou jogado em canais ou rios; alguns foram apenas embrulhados em trapos ou papel e deixados na rua. Na década de 1860, Mary Anne Baines, uma ativista contra o infanticídio, escreveu que a polícia "não mais diferenciava o cadáver de uma criança do de um gato ou cachorro morto na rua".

A lei era caprichosa ao lidar com mães que matavam os filhos. Talvez até de modo surpreendente, na maioria das vezes os juízes e jurados exclusivamente homens foram brandos nas avaliações de um caso de infanticídio, considerado bem menos hediondo do que outros assassinatos; mas foi apenas com as Leis do Infanticídio de 1922 e 1938 que a pena de morte para o infanticídio foi abolida.

Nas três décadas anteriores à ascensão da rainha Vitória, apenas dezenove mulheres foram enforcadas diante do público por "matar uma criança bastarda" — a última em 1834. A acusação era muitas vezes comutada para "ocultação de nascimento", que acarretava uma pena máxima de dois anos de prisão. Na prática, a maioria das mulheres cumpria três meses ou menos (em 1860, Sarah Gough cumpriu apenas um mês em Newgate). Em alguns casos, a mulher foi considerada como portadora de "psicose puerperal" ou "insanidade temporária" e foi detida em asilos para lunáticos. Mas quando a morte de uma criança era registrada e logo seguida por uma reclamação de um pai ou membro da família sobre o seguro — oferecido por um dos muitos "clubes funerários" que proliferaram na era vitoriana —, o infanticídio mercenário era sempre suspeito, e a lei reagia com mais firmeza. Em alguns casos, a última adição à família era considerada dispensável, pois o dinheiro do seguro proveria o sustento dos irmãos. Esses clubes assegurariam a vida de uma criança — embora alguns, já que a taxa de mortalidade infantil no nascimento fosse tão alta, não antes da idade de três meses — à taxa de 1 centavo ou menos por semana. Essa prática, junto da fácil disponibilidade de arsênico, contribuiu para a paranoia pública em torno de uma enxurrada de mortes por envenenamento na década de 1850, sobretudo aquelas de crianças excedentes.

Thomas Wakley e o dr. Edwin Lankester (o sucessor de Wakley como legista da Central Middlesex) foram ativos em suas tentativas de resolver o problema do infanticídio e da criação de bebês, com campanhas pela extensão dos poderes dos executores da lei; adicionando vozes ao coro, estavam o dr. William Burke Ryan, o dr. John Curgenven, Ernest Hart e muitos outros.

Por fim, esses esforços culminaram na Lei de Proteção à Vida Infantil de 1872, que buscava supervisionar e regulamentar as instituições que abrigavam crianças abandonadas.

Leitura adicional | CLARKE, K. *Deadly Dilemmas*. Londres: Mango Books, 2014.
CLARKE, K. *Bad Companions*. Stroud: The History Press, 2013.
ROSE, L. *Massacre of the Innocents: Infanticide in Great Britain, 1800—1939*. Londres: Routledge and Kegan Paul, 1986.

AU REVOIR, MEU BEM

LOUISE MASSET

1863—1900

Mãe solo, Louise Masset buscou o filho com sua cuidadora para levá-lo à França — o pequeno Manfred iria morar com os avós. Só que mãe e filho nunca embarcariam para o país vizinho. Louise regressou a Londres, e Manfred foi encontrado morto na estação ferroviária. Ela alegou inocência, mas acabou sendo executada.

KC

Em 1899, Louise Masset, de 36 anos, trabalhava como professora de francês no norte de Londres, enquanto vivia com a irmã e o marido. Ela engravidou de seu amante francês e, segundo os costumes intolerantes de sua família e da sociedade em que viviam, aquilo era considerado vergonhoso. Como não lhe faltava dinheiro, logo depois do nascimento de Manfred em 1896, Louise providenciou para que fosse cuidado por Nelly Gentle, visitando-o com regularidade para passeios no parque. Esse arranjo, um luxo da classe média, funcionou bem — até que Louise anunciou que levaria o menino para morar com a família paterna na França.

Ao meio-dia de sexta-feira, 27 de outubro de 1899, ela o tirou dos cuidados de Nelly e viajou para a estação ferroviária de London Bridge. Por volta das 18h30 daquela noite, o corpo de uma criança foi encontrado no chão do banheiro público da estação de Dalston Junction. O menino foi despido, atordoado com um golpe de tijolo e, logo, sufocado. Na segunda-feira seguinte, quando Nelly leu um relato do horrível assassinato em um jornal, ela foi à polícia e, bastante triste, identificou o menino morto como seu ex-pupilo, Manfred Masset, de três anos. Os movimentos de Louise foram rastreados até um hotel em Brighton, onde ela passou o fim de semana com um jovem amante,

Eudore Lucas, antes de retornar a Londres na noite de domingo e, ao que tudo indica, cumprir suas funções de professora no dia seguinte — sem quaisquer sinais evidentes de luto ou estresse. Um pacote contendo algumas das roupas sobressalentes de Manfred foi encontrado na estação de Brighton, enviado de volta para a London Bridge e identificado por Nelly como o mesmo que ela havia entregue a Louise para levar para a França. Nelly também pôde confirmar que a criança carregava algumas balanças de brinquedo quando o entregou à mãe — essas balanças foram encontradas em uma gaveta do quarto do hotel que havia sido ocupado por Louise e Lucas.

Louise Masset foi presa e acusada do assassinato de seu filho. Seu julgamento foi aberto em Old Bailey na quarta-feira, 13 de dezembro de 1899, perante o ao juiz Bruce; a acusação foi liderada pelo sr. Charles Matthews e pelo sr. Richard Muir, com Lord Coleridge aparecendo para a defesa. O interesse público no caso era intenso; a cada dia, grandes multidões se reuniam do lado de fora do tribunal e a cobertura do jornal registrava o depoimento das testemunhas de forma literal. Louise comparecia ao tribunal todos os dias, com sua roupa da moda encimada por um chapeuzinho elegante — um jornal comentou sobre sua "aparência atraente", acrescentando que "em nenhum momento durante o processo ela demonstrou a menor apreensão ou nervosismo". Ela sentou-se com calma e ouviu todas as evidências, conversando com seu advogado apenas de vez em quando.

Quando foi chamada ao banco das testemunhas, Louise decidiu explorar a publicidade contemporânea em torno de várias *baby farmers* notórias que operavam na cidade, mulheres que matavam crianças sob seus cuidados: mulheres como a malvada Amelia Dyer, que tinha sido enforcada em Newgate em 1896. Ela esperava, portanto, que os jurados dessem algum crédito à história complicada que ela inventou sobre entregar Manfred a duas mulheres chamadas Browning, pagando por um ano de pensão e educação na escola delas, recém-inaugurada, em Chelsea. A implicação era que elas eram *baby farmers* e a haviam enganado a fim de receber o dinheiro pelos cuidados de seu filho, apenas para matá-lo poucas horas depois, prontas para repetir o golpe com qualquer outra mãe desesperada. As investigações policiais não encontraram nenhuma evidência dos misteriosos Brownings ou da escola, embora dois membros do público mais tarde jurassem que tinham visto duas mulheres e uma criança — que, portanto, assemelhavam-se às mulheres Browning e Manfred — a bordo de um ônibus na tarde em que o menino foi morto. Ambas as testemunhas (se é que existiram) disseram que o menino parecia angustiado e inquieto na companhia delas.

Uma atendente em uma das salas de espera da estação London Bridge testemunhou ter visto Louise e seu filho por volta das 14h30 daquela tarde. Quando questionada, Louise disse que não ia pegar o trem, mas estava esperando por alguém. Uma atendente na outra sala de espera jurou que havia falado com Louise Masset pouco antes das 19h daquela noite, enquanto ela lavava as mãos no vestiário. Ela estava sozinha. Depois de terminar, correu para pegar o trem das

19h20 para Brighton. Foi pouco mais de uma hora antes de o corpo espancado da criança ser encontrado mais adiante na linha de Dalston Junction. Mesmo assim, Louise jurou que a atendente estava enganada, insistindo que, depois de deixar Manfred com as Browning, ela havia pegado um trem mais cedo — às 16h02, de London Bridge a Brighton.

Lord Coleridge, o advogado de defesa de Louise, optou por não divulgar o conteúdo das cartas que ela escrevera havia pouco tempo ao pai da criança, pois o texto deixava claro que ela estava bastante chateada, já que o afeto dele foi usurpado por outra. Coleridge achava que as cartas teriam fornecido um forte motivo para o assassinato; por outro lado, elas poderiam trabalhar a favor de Louise, obtendo a simpatia do júri composto apenas por homens — talvez um veredicto mais brando pudesse ter surgido. Tal como aconteceu, Louise foi culpada e condenada à morte. Seu advogado, Arthur Newton, foi persistente em tentar salvá-la da forca, produzindo algumas evidências de última hora para apoiar a versão de Louise. Uma petição dirigida à rainha Vitória foi assinada por 20 mil francesas e enviada ao ministro do Interior, Sir Matthew Ridley, pelo editor da publicação feminina, *La Fronde*. Vários apelos também foram feitos pelos parentes de Louise, citando evidências de insanidade em vários membros da família — como no caso de Christiana Edmunds em 1871 —, mas sem sucesso. Louise Masset foi enforcada por James Billington dentro da Prisão de Newgate na manhã de terça-feira, 9 de janeiro de 1900. Foi a primeira execução na Inglaterra no século xx. Suas últimas palavras foram ambíguas: "O que estou prestes a sofrer é justo. E agora minha consciência está limpa".

Louise foi enterrada na prisão. No ano seguinte, o reinado da rainha Vitória terminou e ela realizou seu maior desejo: ser enterrada no mausoléu em Frogmore, para descansar por toda a eternidade ao lado de seu amado príncipe Albert.

Enquanto Louise Masset estava sentada com o jovem Manfred na sala de espera da estação de London Bridge naquela tarde, ela estava se preparando para executar seu plano de matá-lo? E ela decidiu fazer isso na estação de Dalston Junction, muito menor, onde ela teria muito menos chance de ser observada? Podemos apenas imaginar a razão desse assassinato cruel e brutal. Com certeza não foi um súbito e incontrolável ataque de insanidade, pois foi premeditado — na verdade, planejado com imenso cuidado — e Louise parecia não ter nenhum remorso ou angústia pelo que fizera. Isso por si só pode sugerir, se não insanidade, um transtorno de personalidade extremo. Nunca saberemos se foi rancor, vingança, ressentimento profundo ou loucura o que levou Louise Masset a assassinar seu filho e agravar ainda mais a atrocidade quando deixou, de forma tão cruel, seu corpo ensanguentado no chão de um banheiro público.

Leitura adicional | CLARKE, K. *Deadly Dilemmas*. Londres: Mango Books, 2014.
EDDLESTON, J.J. *A Century of London Murders and Executions*. Stroud: The History Press, 2008.

ÓPIO ANGELICAL

MARGARET WATERS

KC

1835—1870

Margaret Waters é mais um exemplo da terrível prática vitoriana de baby farming. Para muitos desses tutores, era mais lucrativo pegar o dinheiro e deixar que as crianças morressem logo. Margaret drogava os bebês com ópio, para que definhassem rapidamente, sem sequer chorar.

Foi em junho de 1870, durante as investigações policiais de várias mortes de bebês em Brixton, que Margaret Waters, 35 anos, surgiu como uma das muitas mulheres envolvidas na prática nefasta de *baby farming*. Viúva em 1864, ela tentou ganhar a vida de forma honesta como costureira, mas quando seus planos falharam e caiu em desgraça com os agiotas, ela abriu um negócio para abrigar mulheres no pós-parto. Em pouco tempo, ela se voltou para o *baby farming*, uma versão mais lucrativa de negócio semelhante. Ela anunciou no *Lloyd's Weekly Newspaper* e não foi difícil arrancar dinheiro de mulheres desesperadas para despachar seus bebês indesejados.

No início, ela adquiriu atestados de óbito para os bebês que morreram sob seus cuidados — a morte infantil era endêmica por doença e desnutrição —, mas, como médicos e agentes funerários eram caros, ela optou por se desfazer dos corpos em becos ou sob pontes ferroviárias. Alertado das atividades dela, um policial vasculhou a casa de Waters na Frederick Terrace, 4, e mais tarde descreveu a cena horrível: havia um cheiro insuportável e "cerca de meia dúzia de crianças pequenas, todas juntas em um sofá, imundas, famintas e drogadas com láudano". Margaret Waters e a irmã de 28 anos, Sarah Ellis, foram presas e acusadas do assassinato de cinco crianças, embora o caso tenha se baseado na morte de John Walter Cowen, que, em 17 de maio, com três dias de vida, havia sido deixado com Margaret pelo avô (a mãe do bebê dera à luz aos 16 anos, desgraçando a família).

John nasceu bonito e saudável, mas, depois de apenas três semanas com Waters, foi descrito que parecia um esqueleto, fraco demais até para chorar, ele mal parecia humano, mais como um macaco enrugado. Na tentativa de reanimá-lo, ele foi levado a uma ama de leite, mas morreu em 24 de junho. Das onze crianças encontradas na casa, as cinco "adotadas" estavam moribundas, enquanto as mais velhas, que rendia uma taxa semanal a Waters, pareciam razoavelmente bem e foram enviadas à Lambeth Workshouse. Ao contrário de Amelia Dyer, que, em 1896, foi suspeita de estrangular até quatrocentas crianças, Margaret Waters optou por usar opiáceos para que morressem de fome aos poucos, ficando fracos até para choramingar. Ela admitiu que cuidou de quarenta crianças ao todo, e estima-se que tenha deixado pelo menos dezenove bebês morrerem de fome.

O julgamento foi aberto em Old Bailey na quarta-feira, 21 de setembro, perante Fitzroy Kelly, o lorde barão do Tesouro, com o sargento Ballantine processando em nome do procurador-geral. Os detalhes do caso foram angustiantes, e a cobertura da imprensa extensa. De acordo com um relatório, a mulher no banco dos réus não era uma monstra rude e obstinada, mas uma mulher com traços regulares e expressão agradável. Outro afirmou que "recebeu boa educação; ela não apenas sabe bem inglês, mas está perfeitamente familiarizada com o francês, escreve bem e, dizem, é uma boa musicista e toca piano com desenvoltura". Ellen O'Connor, uma empregada de treze anos que morava na casa, testemunhou que Waters e Ellis saíam à noite com uma criança (dizendo que a levariam para casa) e voltavam de mãos vazias ou com um filho diferente. Enquanto os jurados se retiravam para considerar o destino de Margaret Waters, sua irmã, Sarah Ellis, foi absolvida da acusação de assassinato; em vez disso, foi culpada de obter dinheiro sob falsos pretextos e condenada a dezoito meses de trabalhos forçados. Em contraste, as provas horríveis e incriminatórias fornecidas durante o julgamento deixaram poucas dúvidas quanto à culpa de Margaret Waters, e ela foi condenada à morte. Enquanto aguardava a execução, ela escreveu uma longa declaração na qual admitia a fraude, mas negava qualquer intenção de homicídio, culpando os pais por quererem se livrar dos bebês. O crime inicial foi deles, argumentou, e sem eles o negócio de *baby farming* deixaria de existir. Ela foi enforcada por William Calcraft na terça-feira, 11 de outubro de 1870 na Prisão de Horsemonger Lane. Foi para o cadafalso com calma, com um belo vestido xadrez e um manto de seda. Enunciou com eloquência uma prece improvisada e apertou a mão do capelão da prisão, de Calcraft e, ainda, de um dos carcereiros — antes que o ferrolho fosse fechado. Ela morreu sem lutar e foi enterrada na prisão. Ela foi a primeira *baby farmer* executada na Inglaterra, mas não foi a última; muitas outras estariam por vir.

MÁ EDUCAÇÃO
O HOMICÍDIO CULPOSO DE EASTBOURNE

MWO

1860

Reginald Cancellor, um menino de catorze anos com deficiência de aprendizado, morreu em consequência do "método de ensino" de seu professor. O mestre, Thomas Hopley, foi acusado de hipocrisia, já que ele era um ativista contra as condições desumanas de trabalho infantil, mas não se preocupou de castigar o aluno até a morte. Cumpriria uma pena branda, já que a justiça considerou que sua pedagogia não tinha intenção de matar.

O homicídio culposo de Eastbourne foi uma causa célebre do período vitoriano. A vítima, um estudante de catorze anos chamado Reginald Channell Cancellor, foi espancado até a morte por seu professor, que tinha apenas o trabalho de ensiná-lo.

Thomas Hopley, o professor em questão, residia em Eastbourne, Sussex, e em seu tempo livre era um agitador que buscava acabar com as condições horríveis enfrentadas por crianças que trabalham em fábricas. Quando descobriram que o falecido Reginald — que tinha uma deficiência de aprendizagem congênita, talvez ligada à hidrocefalia — foi encontrado brutal e gravemente ferido após ser espancado com "um castiçal de latão e outras armas", os jornais se sentiram à vontade para comentar a hipocrisia descarada de Hopley. O *Wells Journal* conferiu um dos panfletos de Hopley, intitulado *Wrongs which Cry for Redress*, ressaltando esta passagem provocativa:

Agora, leitor, de nada adianta medir as palavras. Olhe para isso com calma; pondere bem o assunto; e tenha a honestidade para chamá-lo pelo nome correto; e o que é isso? Assassinato em massa — assassinato por ouro.

"E o que Thomas Hopley fez", perguntou o jornal, retoricamente, "foi espancar um menino até a morte porque ele não quis ou não pôde repetir a tabuada? Chame isso pelo nome correto; e o que é isso? (...) Se ele quer encontrar um homem bruto, não precisa procurar em nossas fábricas. Ele só precisa se olhar no espelho."

O próprio comportamento de Hopley serviu para despertar suspeitas contra si. Ele disse que havia descoberto na cama o cadáver de Reginald na manhã de 22 de abril de 1860, mas os criados da casa ouviram o ataque, que durou de "21h45 até quase 23h30" da noite anterior. Quando Hopley anunciou a morte de Reginald, a casa estava decorada com peças de roupa suja que pareciam ter sido lavadas recentemente; mesmo assim, o sangue era visível no tapete, e no castiçal, e na pedra da lareira, e na roupa íntima do menino, e no lençol, e em alguns lenços de bolso e no casaco. Hopley — muito ocupado tentando se limpar — esqueceu-se de chamar um médico em tempo útil e atrasou o envio de um telegrama para o pai do menino.

O julgamento ocorreu em Lewes na segunda-feira, 23 de julho. A sala do tribunal estava cheia antes do início do processo. Os testemunhos foram variados em melancolia: de acordo com Hopley, ele havia pedido a permissão do pai de Reginald para usar punições corporais, e o reverendo John Cancellor — que, com o coração partido, havia seguido seu filho no além em junho — consentiu com a ideia. O júri não hesitou em declarar Hopley culpado de homicídio culposo e ele foi condenado a quatro anos de prisão. Uma vez que a morte de Reginald foi causada por uma estratégia educacional — embora equivocada e mal utilizada — não poderia ser descrita como assassinato.

Em 1863, a esposa de Hopley deu início ao processo de divórcio, descrevendo um padrão de maus-tratos que datava quase do início de seu casamento (em 1855) e continuando durante a gravidez até o encarceramento de Hopley. Ela também o acusou de infligir violência aos filhos deles. Quando seu primeiro filho, Edward, tinha apenas quinze dias, Hopley o espancou de forma muito violenta; pode não ter sido coincidência que Edward se tornou "um idiota", como os vitorianos expressaram. Hopley, por sua vez, identificou duas estranhas linhas de defesa e as conduziu simultaneamente, dizendo, por um lado, que ele não havia sido cruel com sua esposa e, por outro, que ela havia conspirado em qualquer crueldade que tivesse ocorrido. Por mais surpreendente que possa parecer, isso funcionou para ele, e a ação de divórcio foi frustrada. Hoje, ele assemelha-se a um perpetrador clássico de violência doméstica; um homem cujo "temperamento diabólico", como foi descrito por um jornal, era contido, se é que era, apenas pelos fios mais frágeis; e muito possivelmente incentivado por um transtorno de personalidade.

MONDO CANE

THE MAIDEN TRIBUTE

MWO

1885

Uma série de reportagens expôs a venda de meninas para bordéis. A repercussão foi tão grande na sociedade inglesa que exigiu a criação de uma emenda na lei criminal, aumentado a idade mínima para sexo consensual e dando maior proteção às vítimas de abuso. Mas os métodos da reportagem seriam no mínimo questionáveis hoje em dia: o editor das matérias chegou a "comprar" uma garota de treze anos de sua mãe.

O "Maiden Tribute", mais formalmente "The Maiden Tribute of Modern Babylon", foi um termo criado pelo editor da *Pall Mall Gazette*, W.T. Stead. Dominado pela culpa sexual após ter tido um caso extraconjugal, Stead resolveu arrancar o véu da inocência que obscurecia o tráfico de prostituição infantil de Londres. Até Howard Vincent, o ex-chefe do Departamento de Investigação Criminal da Scotland Yard, admitiu a Stead que o problema havia saído do controle. Uma adolescente vítima de abuso sexual não tinha como recorrer à lei: "Quem ela deve processar? Ela não sabe o nome do agressor… Mesmo se soubesse, quem acreditaria nela? Uma mulher que perdeu sua castidade é sempre uma testemunha desacreditada."

O título em si mesclava suas referências clássicas da maneira mais infeliz — "maiden" se referia ao dote da donzela na mitologia grega pago por Atenas a Cnossos, sem a participação da Babilônia —, mas, nunca envolvido nesse tipo de sofisticação intelectual, Stead apontou-se como Teseu e entrou no labirinto de Lisson Grove, em Marylebone, em busca de seu caso índice. Isso ele encontrou, no *Derby Day* 1885, e depois de uma série de falsos começos, em uma tal Eliza Armstrong, uma pobre garota de treze anos de idade, mas pelo visto bastante virtuosa para os padrões da época. Operando por meio de uma procuradora — Rebecca Jarrett, que havia sido vítima de sexualização precoce, mas depois se converteu à causa salvacionista —, Stead adquiriu Eliza de sua mãe, Elizabeth, pela soma de 5 libras, o dinheiro a ser dividido entre os pais e uma alcoviteira que intermediou o negócio, com parte do pagamento "a gosto": nesse caso, é claro, a questão do "gosto" seria determinada por um exame interno para verificar a veracidade da prometida virgindade de Eliza.

Stead foi o mais longe que pôde sem exigir que Eliza fosse sujeita a estupro. No submundo do Soho, ele a exibiu para uma mulher que por acaso confirmou que Eliza era "pura"; a apresentou a um bordel; averiguou se alguém estaria preparado para aplicar clorofórmio nela, caso não estivesse disposta a cumprir seu terrível destino; levou-a embora novamente; teve seu estado imaculado confirmado por um médico qualificado; e a mandou para o exterior. Este não era um destino incomum para meninas inglesas, já que as fronteiras da Babilônia Moderna não paravam na costa; mas, em vez de ir para um bordel estrangeiro, Eliza foi levada para o quartel-general do Exército de Salvação, em Paris, e de lá foi enviada para o serviço doméstico solidário em Loriol, no sul da França. A ideia de devolvê-la para a mãe — que, afinal de contas, estivera disposta a vendê-la, em primeiro lugar — não foi exatamente considerada.

Só quando Stead escancarou o assunto em seu jornal é que a sra. Armstrong decidiu levantar uma objeção. O artigo, no qual Eliza aparecia sob o pseudônimo "Lily", ainda assim continha pistas a respeito de sua verdadeira identidade, e a sra. Armstrong viu que ela mesma havia sido retratada em termos nada lisonjeiros (mas talvez não imprecisos) como "pobre, dissoluta e indiferente a tudo com exceção da bebida". A opinião popular foi polarizada, e os co-conspiradores de Stead — figuras em prol da reforma social como Bramwell Booth, o Chefe do Estado-Maior do Exército de Salvação — começaram a achar a pressão desconfortável, embora continuassem comprometidos com a visão radical de Stead. Em pouco tempo, Eliza estava voltando para sua terra natal, e Stead, Booth e Jarrett estavam entre um pequeno e notório círculo no banco dos réus em Old Bailey, acusados de sequestro e agressão indecente.

Muito dependia da compreensão da sra. Armstrong sobre a venda da própria filha, e aqui a intenção da denúncia tornou-se dificultada pelas características da sociedade na qual ocorreu. As meninas da classe trabalhadora muitas vezes eram "vendidas" para o serviço doméstico, e não era verdade que esta convenção social sempre mascarou uma realidade mais prejudicial. A sra. Armstrong jurou ter pensado que Eliza trabalharia em Croydon, mas nos perguntamos se essa distinção importava para Stead. Nenhuma tentativa foi feita pela sra. Armstrong para estabelecer as credenciais dos possíveis empregadores de sua filha, e isso dificilmente poderia ser confundido com uma maternidade responsável. Além disso, as consequências pessoais de sua trama foram, em sua opinião, evitadas pelo impacto social: para introduzir outra alusão clássica, Eliza era Ifigênia em Áulis, sacrificada pelos guardiões do poder no interesse de sua ambição abrangente.

Stead e seus colaboradores foram considerados culpados, o que serviu apenas para dar mais oxigênio à sua causa. A Emenda à Lei Criminal de 1885 — exigida após esses eventos — aumentou a idade de consentimento heterossexual para dezesseis anos e trouxe muitas jovens vulneráveis sob a proteção da lei. Mais tarde na vida, a própria Eliza teria escrito "uma carta de agradecimento a Stead, dizendo-lhe que ela se casou com um bom homem e era mãe de seis filhos".

Leitura adicional | PEARSON, M. *The Age of Consent*. Newton Abbot: David & Charles, 1972. PLOWDEN, A. *The Case of Eliza Armstrong*. Londres BBC, 1974.

POSTAL BABY
SARAH DRAKE

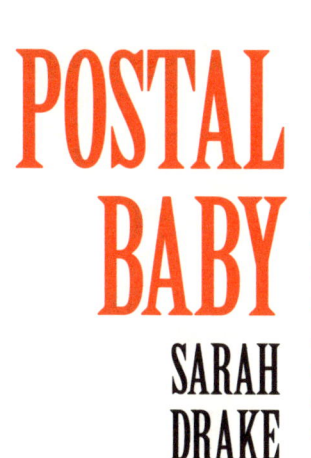

c. 1815—1891

Acusada de infanticídio, a inglesa Sarah Drake teria matado três filhos em oito anos, incluindo dois recém-nascidos e uma criança de dois anos. Ela tinha por hábito enviar os corpos desfalecidos pelo correio. Sarah foi considerada incapaz e cumpriu dez anos num hospital psiquiátrico.

KC

Outro caso trágico de uma mãe pobre e solteira matando seu filho foi o de Sarah Drake, de 36 anos, que foi julgada em Old Bailey na quinta-feira, 10 de janeiro de 1850. Experientes advogados haviam tomado seus lugares no tribunal, o júri estava reunido, e os dois juízes, resplandecentes em perucas brancas e vestes escarlates, prepararam-se para ocupar suas posições. A galeria pública estava lotada de espectadores ansiosos e impacientes aguardando pelo início do drama. Sentada agachada no banco dos réus, estava uma mulher bastante magra, com a cabeça baixa enquanto pressionava um lenço contra o rosto em uma tentativa de se esconder da vista do público. Ela foi descrita na imprensa como "uma mulher de estatura média, muito magra, quase emaciada", e um repórter observou, com certa crueldade, que "ela nunca poderia ter tido nada de atraente". Ela foi acusada do assassinato intencional de seu filho de dois anos, Lewis.

Um exame da vida de Sarah Drake até este ponto terrível pode ajudar a explicar sua situação, embora as circunstâncias de seu nascimento e criação na zona rural de North Leverton, Nottinghamshire, não sejam notáveis. Mesmo assim, na década anterior ao seu julgamento pelo assassinato de Lewis, houve dois incidentes chocantes, cada um aparentemente ecoado pelo que se seguiu. O primeiro foi em 1842, quando o corpo de uma criança foi colocado em uma caixa e enviado ao porteiro do Union Workhouse em Knutsford, uma nota anexa dizendo: "Você fará um favor à sua esposa enterrando isto". No inquérito subsequente sobre a morte dessa criança, um cirurgião, após encontrar uma marca de polegar no lado direito do pescoço do bebê e outras marcas de dedo no lado esquerdo, concluiu que a criança havia nascido viva. Sarah foi enviada para julgamento em Old Bailey em 9 de maio de 1842, acusada de infanticídio, por "assassinato intencional de um ilegítimo", mas foi considerada culpada de "ocultação de nascimento" — que acarretou uma sentença máxima de dois anos — e foi presa por seis meses.

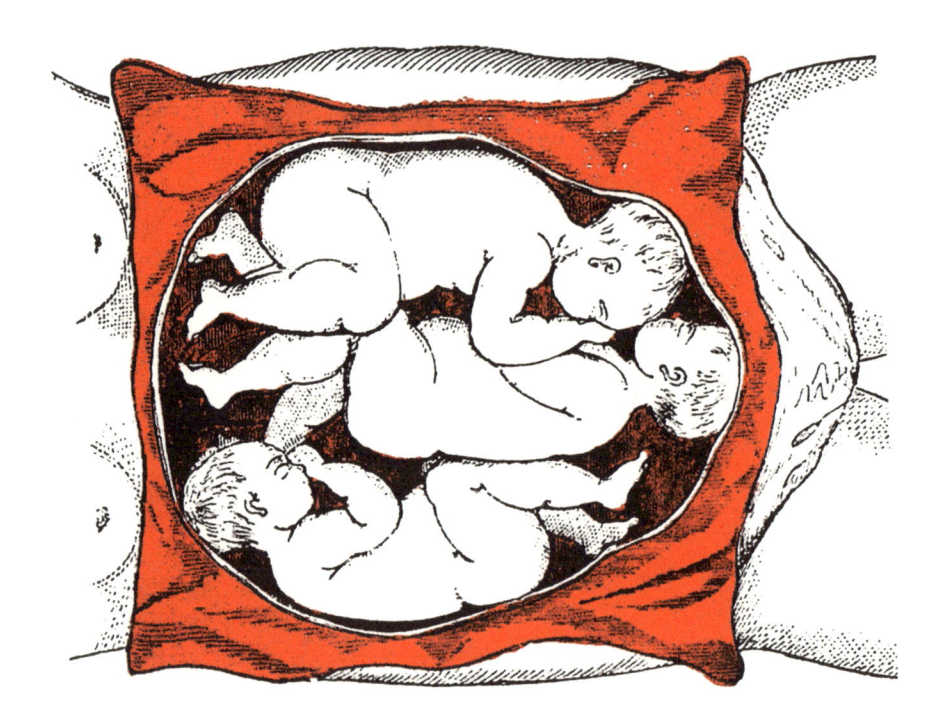

Dois anos depois, em 1844, o corpo de um menino recém-nascido foi enviado para a família de Sarah em North Leverton. No inquérito a respeito dessa segunda morte infantil, transpareceu que o corpo havia sido enviado em anonimato da estação ferroviária de Euston em Londres. O júri apresentou um veredicto inespecífico, incapaz de dizer se a criança "estava viva antes, durante ou depois de seu nascimento".

No ano seguinte, Sarah foi viver como criada com a sra. Ramsay, em Oxfordshire, onde permaneceu até engravidar do mordomo francês e ser forçada a partir. Lewis nasceu em 9 de outubro de 1847, e Sarah pagou à sra. Johnson, em Peckham, para cuidar dele por 6 xelins por semana; mas, em 1850, quando começou como governanta da sra. Huth na Upper Harley Street, Londres, Sarah já estava com pagamentos em atraso. Quando a sra. Johnson recebeu uma carta de Sarah dizendo que estava indo para o exterior, ela não acreditou em uma palavra e, em 28 de novembro, correu para a Upper Harley Street com o pequeno Lewis a reboque. Ela disse a Sarah que seu marido se recusou a deixá-la ficar com a criança. Sarah implorou que ela mudasse de ideia, mas a sra. Johnson recusou e deixou o pequeno Lewis com sua mãe. No dia seguinte, Sarah enviou uma caixa pesada da estação Euston, endereçada a sua família. Quando viram que continha o corpo de uma criança, logo o entregaram à polícia. As descobertas *post mortem* indicaram que golpes na cabeça foram suficientes para causar a morte, e havia evidências de estrangulamento pelo lenço amarrado ao pescoço da criança.

O fato de Sarah Drake ter sido julgada uma vez em Old Bailey, em 1842, e presa pela morte de um bebê — e de ela ter sido *suspeita* de ser responsável, mas não julgada ou condenada pela morte de outro, em 1844 — era de conhecimento geral na época de seu julgamento pelo assassinato de Lewis.

Durante todo o processo, Sarah sentou-se no banco dos réus, balançando seu corpo para a frente e para trás de forma compulsiva, e às vezes "todo o seu corpo se convulsionava com a dor, mas ela nunca, nem por um momento, levantou a cabeça ou demonstrou a menor curiosidade sobre o que estava acontecendo ao seu redor". Após um julgamento árduo e um resumo bastante justo pelo juiz Patteson, os jurados consideraram Sarah "não culpada, com base em insanidade temporária" e ela foi condenada a "ser detida em custódia segura durante a vontade de sua majestade". Houve leves aplausos no tribunal, mas, enganando o carrasco, Sarah desmaiou. Ela foi enviada para o Hospital Royal Bethlehem e foi registrada no censo nacional de 1851 como uma "lunática criminosa" residente, mas os arquivos não revelam nenhum registro posterior dela durante seu encarceramento.

É preciso dizer que Sarah — que era suspeita de matar, se não provado ter matado, três de seus filhos — teve a sorte de receber uma sentença indeterminada a ser cumprida em um hospital em vez de na prisão. Os outros serviçais atestaram que ela era uma mulher religiosa, que orava e lia a Bíblia com regularidade. Por sinal, ela insinuou que, depois de matar seus dois últimos bebês, ela enviou os corpos para sua família no interior a fim de garantir "um enterro decente". Em 1861, ela estava de volta ao seu povoado, aos 46 anos, e, mais uma vez, morando com os pais. Ela morreu em 1891, com quase setenta anos de idade.

Leitura adicional | CLARKE, K. *Bad Companions*. Stroud: The History Press, 2013.

POBRE ABANDONO
WORKHOUSES

TNB

As workhouses foram instituições de acolhimento a pessoas em dificuldades financeiras ou de saúde. Na prática, eram grandes abrigos para pobres que, em alguns casos, assemelhavam-se a prisões, devido à rigidez com que seus moradores temporários precisavam se submeter. Crianças também frequentavam as workhouses vitorianas. Entre elas, um garoto chamado Charles Chaplin.

Faça uma curta caminhada a oeste da rotatória do Elephant and Castle em Londres e vire para a Renfrew Road. O prédio de tijolos vermelhos e marrons à sua direita significava que você havia chegado à Lambeth Workhouse. Parte do local restante agora abriga um museu do cinema — apropriadamente, visto que uma criança local chamada Charles Spencer Chaplin passou um tempo nesse asilo durante a década de 1890.

Na era vitoriana, se você fosse pobre, doente ou vulnerável — em outras palavras, se você fosse exatamente o tipo de pessoa com maior probabilidade de considerar cometer um crime ou, alternativamente, com maior probabilidade de ser vítima de um —, então você provavelmente teria se familiarizado com o interior de lugares como a Lambeth Workhouse. Longas entrevistas com os pobres e necessitados eram realizadas nas admissões. Quaisquer pertences seriam levados para o depósito, o banho (em todo tipo de conotações) seria obrigatório e as roupas seriam removidas para desinfecção, e substituídas por uniformes emprestados com a logo da workhouse. Presumia-se que ninguém consideraria esses itens dignos de se manter, mas nem sempre foi esse o caso. Mary Ann Nichols, convencionalmente considerada a primeira vítima de Jack, o Estripador, foi identificada pela primeira vez por meio das anáguas da Lambeth

Workhouse que ela ainda usava na noite de sua morte. Nichols havia passado o Natal de 1887 na instituição parceira mais antiga da Renfrew Road, situada em Black Prince Road.

As iniquidades da vida nas workhouses quase sempre se cristalizavam nas experiências das crianças, que muitas vezes parecem ter sido tratadas como se pertencessem ao sindicato dos pobres governantes, e não à própria mãe. Um sistema de adoção, ou "embarque" desenvolvido, e a colocação de anúncios em busca de novos lares para crianças carentes levaram, de forma inevitável, à oportunidades para atividades nefastas. Em 1891, Joseph e Annie Roodhouse foram considerados culpados de uma fraude de *baby farming* envolvendo crianças adotadas (eles haviam se rebelado contra o inspetor Frederick Abberline); embora a extensão das atividades dos Roodhouse permaneça de difícil avaliação, práticas como essas se concentraram em crianças nascidas, vivendo em asilos ou destinadas a eles. Amelia Dyer com certeza explorou as inadequações de proteção do sistema das workhouses em seus próprios esquemas.

Para os pais, o medo dos traumas emocionais e físicos proporcionados pela vida em uma workhouse também poderia ser um poderoso fator de motivação. Em 1876, Lucy Lowe foi considerada culpada pelo assassinato de seu filho recém-nascido. Aos 37 anos de idade na época do assassinato, ela já havia ficado viúva uma vez e abandonada desde então, e tinha dois outros filhos morando na Bedford Workhouse. O ministro do Interior aceitou os pedidos de misericórdia de seus apoiadores e ela foi condenada à prisão perpétua em vez de execução. Em 1865, Eliza Adkins fora animada por sentimentos maternos semelhantes, afogando o filho em um poço porque não suportava o tormento de estar separada dele (por uma grade de ferro, através da qual podia ouvi-lo chorar) na Loughborough Workhouse.

Em abril de 1842, um caso muito curioso foi apresentado ao Old Bailey. Envolvia Mary Ann Dunn, acusada de sequestrar uma criança de três semanas cuja mãe o entregou — mas não para sempre — em um bar perto de Covent Garden. Dunn levou a criança para a um orfanato em Croydon e declarou (incorretamente) que ela deu à luz enquanto estava na workhouse em Lambeth. A mãe de Dunn afirmou que a ré (cuja resistência no tribunal foi robusta) sofreu de "ataques", e que estes pioraram desde a morte de seu irmão; seja por causa disso, ou apenas por causa da confusão que pairava sobre todo o caso, o júri achou por bem absolver Dunn. A criança foi devolvida a seus pais legítimos, que esperançosamente tentaram ter mais cautela a partir de então.

Leitura adicional | FOWLER, S. *The Workhouse: The People, the Places, the Life behind Doors.* Barnsley: Pen and Sword, 2014.
HIGGINBOTHAM, P. *The Workhouse Encyclopedia.* Stroud: The History Press, 2014.

LADY KID

LER

CASOS VITORIANOS MACABROS · PARTE 07

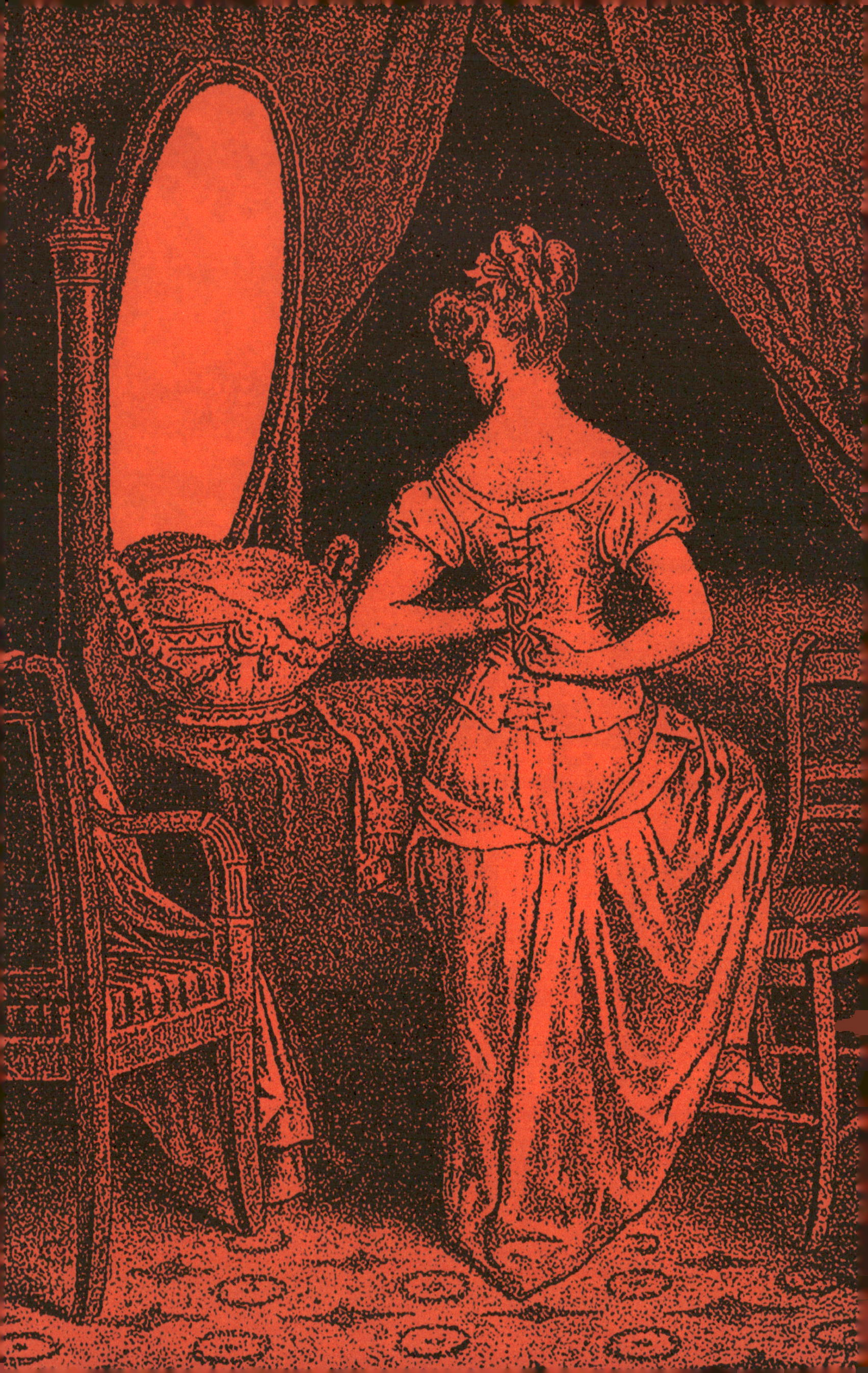

CRIMES VITORIANOS MACABROS · PARTE 07

Mulheres simples, inteligentes e acima de qualquer **suspeita**. Muitas **delas** levavam uma vida comum mas eram **assassinas** frias e **calculistas**, motivadas por inveja, ciúmes ou o desejo de colocar a mão em **heranças** e seguros de **vida**. Outras não encontraram alternativas para se livrarem de abusos, e se **defenderam** como puderam. Algumas talvez até fossem verdadeiras **psicopatas**. Em comum, todas eram fatais. Conheça agora as **súditas** mais **perigosas** da rainha Vitória.

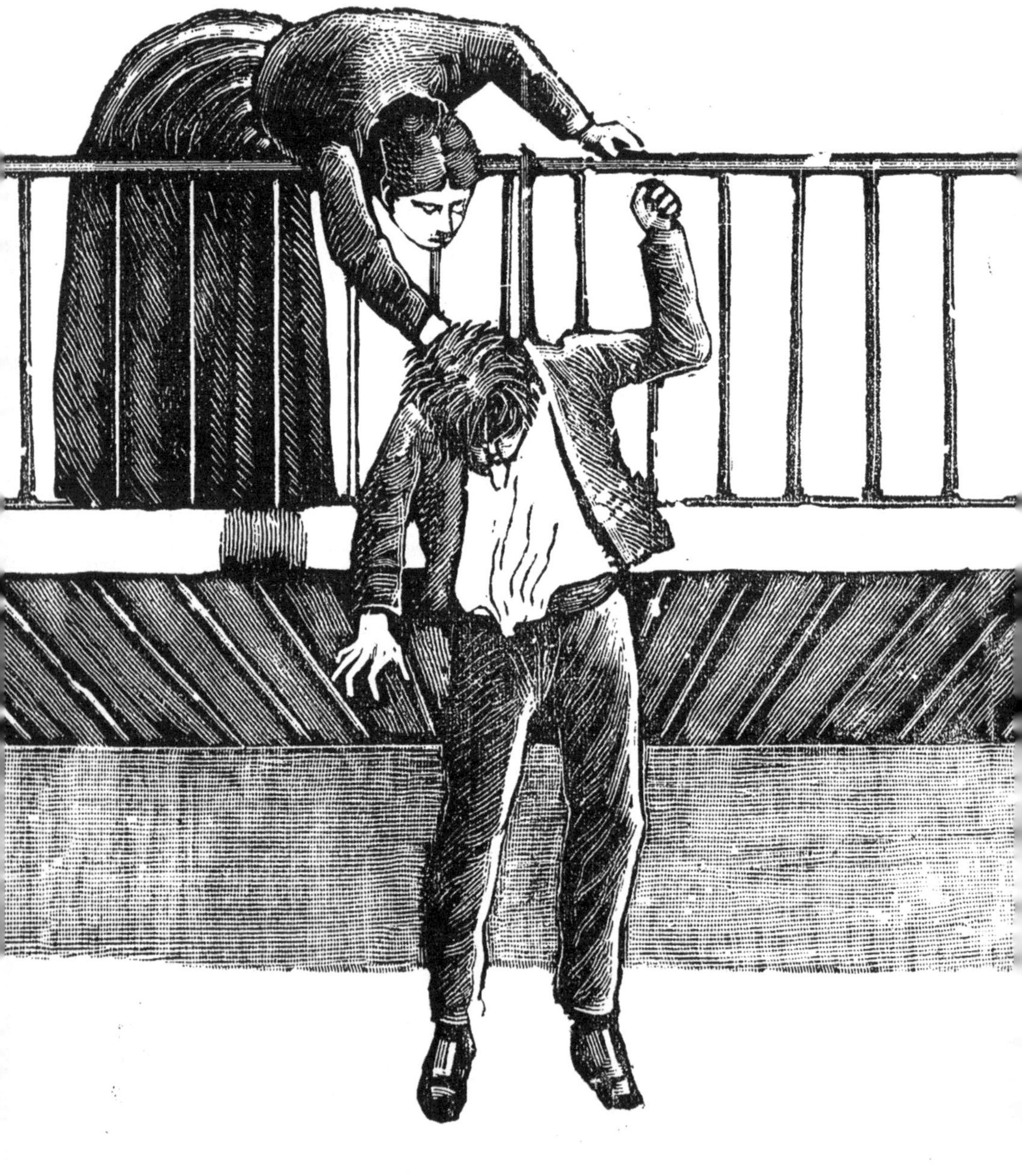

MARIDO SUICIDADO

ADELAIDE BARTLETT

KC

1855—?

Um triângulo amoroso. O marido provavelmente sabia do caso e parecia não se importar. Ele adoece, com indícios de envenenamento lento por chumbo, mas a esposa consegue um médico que não acerta o diagnóstico. Mais tarde, ela pede ao amante que compre clorofórmio, substância responsável pela morte do marido. Adelaide é inocentada, para o delírio do público.

O que poderia ser mais intrigante do que um crime não resolvido envolvendo uma jovem atraente suspeita de assassinar seu marido — e, para completar, o frisson adicional de um caso extraconjugal? A era vitoriana viu dois desses mistérios: o envenenamento de Charles Bravo em 1876, cuja esposa, Florence, era suspeita, mas não acusada, de seu assassinato; e, dez anos depois, a história de Adelaide Bartlett, que foi julgada por matar o marido com clorofórmio líquido, uma morte quase sempre associada ao suicídio.

Adelaide Blanche de la Tremoille nasceu em Orléans em setembro de 1855; o nome de seu pai foi dado como Adolphe Collet de la Tremoille, conde de Thouars d'Escury, um viúvo de 35 anos; sua mãe era Clara Chamberlain, a filha de dezenove anos de um escriturário da Bolsa de Valores de Londres. No entanto, de acordo com as memórias de Edward Clarke, publicadas em 1918, Adelaide era a "filha não reconhecida de um inglês de boa posição social" que financiou sua defesa quando, cerca de trinta anos depois, foi acusada de assassinato. Essa figura paterna sombria também arranjou o casamento de Adelaide com Edwin Bartlett, um dono de mercearia do sul de Londres, em 1875. Depois de passar dois anos em uma escola em Stoke Newington, Adelaide começou a vida de casada com Edwin em um apartamento sobreloja em Herne

Hill. Eles eram um casal incompatível e, depois de se mudar para a zona rural de Merton, Adelaide teve um caso com um jovem pregador wesleyano, o reverendo George Dyson. Edwin o contratou para ser tutor de sua jovem esposa e, ao que parecia, não guardou nenhum ressentimento quando a amizade deles se tornou íntima.

Em 1885, Edwin e Adelaide mudaram-se para a Claverton Street, Pimlico, onde as aulas de Adelaide com Dyson continuaram. Quando Edwin ficou cansado e deprimido, e uma linha azul começou a aparecer ao longo de suas gengivas, Adelaide chamou um jovem médico ingênuo, o dr. Alfred Leach (ele morreu em 1896 enquanto fazia experiências imprudentes com gás de esgoto). Influenciado pela bela jovem francesa, ele não conseguiu reconhecer os sintomas de envenenamento lento por chumbo e prescreveu, em vez disso, mercúrio para a sífilis. Conforme o caso de Adelaide com Dyson se acelerava, a saúde de Edwin piorava. Tendo convencido o jovem pregador de que ela precisava de um pouco de clorofórmio para borrifar em um lenço e acenar sob o nariz de Edwin para desviar seus avanços amorosos, Dyson fez o favor de comprar uma quantidade da droga em duas farmácias em Putney, aparentando ser para "fins de limpeza".

Na tarde de 31 de dezembro, Edwin passou por algumas extenuantes extrações de dentes, mesmo assim foi capaz de desfrutar de um jantar aconchegante com Adelaide, que pediu alguns de seus petiscos favoritos — nozes, bolo de frutas e conhaque. As risadas estridentes das pessoas que comemoravam o Ano-Novo enchiam o ar. Durante a noite, em uma cena mais privada, Edwin ficou inquieto, e Adelaide passou várias horas ao lado da cama, massageando-lhe o dedão para acalmá-lo. Quando ela acordou na manhã seguinte, Edwin estava morto, e havia um cheiro forte de clorofórmio e uma pitada de conhaque em seu travesseiro e no pijama. A garrafa de clorofórmio estava em seu lugar habitual na lareira, embora Adelaide tenha dito mais tarde que, após a morte de Edwin, ela esvaziou o conteúdo e jogou a garrafa vazia da janela de um trem, nas águas do lago Peckham Rye. Isso era, na verdade, uma mentira, já que o lago estava congelado naquele dia: a garrafa nunca foi encontrada.

Tanto Adelaide quanto Dyson foram presos e julgados em Old Bailey pelo assassinato de Edwin Bartlett na segunda-feira, 12 de abril de 1886. O juiz presidente foi o sr. Wills; o procurador-geral, Sir Charles Russell, compareceu à acusação, e Edward Clarke, à defesa. Os jornais garantiram que seus leitores recebessem relatos detalhados do drama, completos com ilustrações dos protagonistas. Houve uma disputa por assentos na galeria pública e muitos foram recusados; aqueles que tiveram a sorte de obter acesso à sala do tribunal esperaram ansiosamente pelo início do processo. Adelaide, já considerada escandalosa pelo público, aumentou sua notoriedade ao aparecer no banco dos réus não apenas sem chapéu, mas com o cabelo cortado; ambas as demonstrações de espírito independente foram consideradas chocantes, mas mesmo a severidade do corte não conseguiu disfarçar seus encantos femininos. Dyson, embora tenha adquirido o clorofórmio que causou a morte de Edwin Bartlett (e talvez eliminado a garrafa vazia), foi logo solto, culpado apenas de credulidade e confiança estupidamente perdida.

Adelaide, portanto, enfrentou a acusação sozinha. A misteriosa escolha de Edward Clarke feita por seu pai foi, no entanto, fortuita, pois ele a defendeu de forma apaixonante. Sua retórica era hipnotizante e seu discurso de encerramento foi monumental. O ponto crucial para a acusação era que, embora as descobertas da autópsia tivessem revelado que o estômago de Edwin estava cheio de clorofórmio líquido, não havia bolhas em sua boca ou esôfago. Sugeriu-se, portanto, que o clorofórmio chegasse ao estômago por meio de um tubo. Adotando a postura de um grande ator no palco, Clarke se dirigiu ao júri, certo da atenção extasiada de todos os presentes. Como, argumentou ele, Adelaide poderia ter administrado o veneno? Como, sem nenhum conhecimento médico, ela poderia ter inserido um tubo pela boca do marido e em seu estômago? Até mesmo os profissionais tentariam um procedimento tão complicado e potencialmente perigoso com receio. Como, então, a jovem no banco dos réus conseguiu realizar uma tarefa tão tecnicamente difícil?

Clarke conduziu o júri até a sugestão de que o suicídio era uma explicação mais plausível. O frasco de clorofórmio foi deixado ao alcance do paciente — com toda a probabilidade, angustiado por sua doença crônica, cheio de ansiedade por ter vermes rastejando dentro de si e, além disso, excluído do afeto de sua esposa, ele não conseguia dormir. Em desespero, ele engoliu a dose fatal.

Essa foi a defesa; no entanto, alguns podem sugerir um cenário mais sinistro. Será que Adelaide havia começado a achar a perspectiva de uma vida inteira casada com Edwin, com suas noções peculiares e dentes podres, repugnante demais? Ela sabia que seu estado de espírito era bastante frágil, e ele já era suscetível à ideia de ser hipnotizado: então ela sugeriu que ele deveria acabar com seu sofrimento engolindo a dose letal de clorofórmio — talvez com um pouco de conhaque para ajudar a mascarar o gosto doentio e o impacto da dor excruciante?

Houve grande alegria quando o júri deu seu veredicto de inocente. Milhares de espectadores empolgados alinharam-se nas estradas fora de Old Bailey, e um Edward Clarke triunfante, em uma visita ao teatro naquela noite, foi saudado com aplausos tumultuosos — de fato, sua lucrativa carreira como advogado de defesa floresceu devido ao seu sucesso em garantir a absolvição de Adelaide. Em outros lugares, a curiosidade sobre o que de fato aconteceu permaneceu viva. Lord Coleridge, que defendeu Louise Masset sem sucesso em 1899, registrou a observação muito citada feita por Sir James Paget, cirurgião-sargento da rainha Vitória, ao deixar Old Bailey naquele dia: "A sra. Bartlett foi sem dúvida absolvida com bastante propriedade, mas agora, no interesse da ciência, espera-se que ela nos conte como fez isso!".

As conexões familiares de Adelaide devem ter sido fundamentais para garantir que seus movimentos daquele dia permanecessem desconhecidos. Ela pode ter voltado para a França, onde viveu sua infância, ou pode ter viajado para a América, mas, até o momento, nenhuma prova de seu paradeiro foi encontrada. Quanto a George Dyson, pesquisas recentes sugerem que ele foi para a América, mudou seu nome para John Bernard Walker, tornou-se editor da *Scientific American*, casou-se com uma socialite e morreu em 1928.

Leitura adicional | CLARKE, K. *In the Interests of Science*. Londres: Mango Books, 2015.
HALL, SIR J. *Trial of Adelaide Bartlett*. Edimburgo: William Hodge and Company, 1927.
CLARKE, SIR E. *The Story of My Life*. Londres: John Murray, 1918.

VADE RETRO!
BERTHA PETERSON

KC

1853—1921

Filha de um reverendo protestante, Bertha Peterson assassinou John Whibley, um ex-professor da escola dominical, porque ele seria a encarnação do diabo. O assassinato, em suas palavras, era a vontade de Deus. Ao ser detida pela polícia, seu único arrependimento era ter esquecido o guarda-chuva no local do crime.

O assassinato de John Whibley parece até uma obra de ficção policial. No domingo, 5 de fevereiro de 1899, na igreja paroquial do tranquilo vilarejo de Biddenden, Kent, o serviço da manhã foi conduzido pelo o reverendo Walter Raven. Entre a congregação estava uma formidável solteirona de 45 anos, srta. Bertha Peterson, que acompanhava o cântico no hinário. Seu pai idoso, o reverendo William Peterson, já fora reitor lá, e Bertha estava visitando sua antiga casa. Logo após o serviço religioso, ela correu para uma sala na escola infantil próxima, onde combinou um encontro com John Whibley, de 39 anos, que era sapateiro, e também um repórter ocasional de jornais locais e ex-professor da escola dominical. O objetivo da reunião, na qual o reverendo Raven também estava presente, foi a reconciliação de Bertha e Whibley, que tinham uma longa história de animosidade. Foi em 1893, tendo como pano de fundo um boato malicioso — talvez iniciado por Bertha —, que ela acusou Whibley pela primeira vez de agredir moralmente uma jovem; ela ficou tão furiosa que o submeteu a um julgamento simulado na Reitoria, e depois enviou cartas difamatórias sobre ele a vários clérigos, incluindo o arcebispo de Canterbury. Agora, seis anos depois, uma trégua foi prometida. No entanto, enquanto Whibley olhava hipnotizado para uma imagem religiosa intitulada *The Good Shepherd* fixada por Bertha na parede da sala de aula, ela sacou um revólver e atirou na nuca dele. A bala perfurou seu crânio e ele morreu na hora; Bertha não tentou fugir e logo foi presa. Em seu caminho para a delegacia de polícia de Cranbrook, ela parecia imperturbável; estava muito mais preocupada por ter deixado seu guarda-chuva na igreja e ordenou que a polícia "cuidasse disso".

Apresentada a magistrados e acusada de assassinato sob seu nome completo — Bertha d'Spaen Haggerston Peterson — ela era uma figura imperiosa. Seu grande chapéu estava envolto em extravagantes penas pretas e seus ombros estavam cobertos por uma capa de pele. Carregava um buquê de violetas e lírios-do-vale, e olhou através de seus óculos sem hastes para os aldeões escandalizados reunidos no tribunal, sorrindo para eles "com a condescendência assegurada de uma mulher rica e generosa". Foram apresentadas evidências de que Bertha era uma mulher bastante excêntrica, propensa à histeria e conhecida por ter opiniões religiosas fanáticas. Sua linda e jovem amiga, srta. Alice Gould, de 27 anos, com quem ela havia vivido, falou em sua defesa e era claramente devotada à Bertha. Nas cartas que Bertha enviou da Prisão de Maidstone — onde estava encarcerada em um grau incomum de conforto —, ela se dirigia a Alice como "Minha Querida Pequena", entre outras palavras de carinho igualmente melosas. Alice parecia compartilhar a mania religiosa da mulher mais velha, e elas haviam concluído entre si que John Whibley era a encarnação do diabo: para a proteção de crianças inocentes, ele deveria morrer. Bertha estava tão obcecada com essa ideia que escreveu, em uma carta a um amigo: "Parece-me que o destino de Sodoma e Gomorra está pairando sobre Biddenden". Corria o boato de que, às vezes, ela era cruel com seu pai idoso, enquanto eles estavam morando na Reitoria, embora ela tenha ficado histérica quando soube de sua morte (em março, enquanto ela ainda estava em prisão preventiva).

O julgamento do assassinato foi realizado no Kent Assizes em Maidstone em 10 de junho de 1899, perante o juiz Mathews; a cobertura da imprensa foi extensa como previsto. Embora houvesse evidências abundantes de que Bertha Peterson fosse mentalmente instável (se não louca), ela foi considerada apta para ser julgada. Foi insinuado que havia loucura na família; sua mãe sofreu um ataque epilético catastrófico, durante o qual ela caiu no fogo e "queimou até virar cinzas". Por um breve período em 1898, Bertha havia trabalhado na Casa de Lady Somerset para Embriagados, em Duxhurst, mas a equipe de lá expressou dúvidas sobre sua sanidade. Embora Bertha admitisse ter atirado em John Whibley, ela negou qualquer responsabilidade. O assassinato, ela argumentou, era a vontade de Deus, não dela. Descobriu-se, no entanto, que um mês antes do assassinato ela comprou o revólver em uma loja do Exército e da Marinha por 27 xelins e 6 centavos e foi vista em várias ocasiões aperfeiçoando seu tiro.

O júri deu o veredicto de culpada mas insana, e ordenou que Bertha fosse detida por tempo indefinido. Ela foi enviada para Broadmoor, onde outra excêntrica e homicida senhora vitoriana, Christiana Edmunds, já estava residindo.

O julgamento de Bertha quase coincidiu com o de uma jovem criada, Mary Ann Ansell. Mary Ann foi considerada culpada de envenenar sua irmã com deficiência mental e enforcada em St. Albans em 19 de julho. Sua sanidade também foi questionada e foi tema de debate no Parlamento, mas mesmo uma petição de misericórdia assinada por uma centena de deputados foi rejeitada pelo ministro do Interior. A opinião pública ficou dividida quanto ao fato de a justiça ter sido feita em ambos os casos: Silas Hocking — uma voz entre muitas — publicou uma polêmica na qual ele não apenas se opunha ferozmente à pena de morte em si, mas afirmava que Bertha Peterson havia escapado da forca apenas porque ela era filha de um reitor e nascera em uma camada privilegiada da sociedade. Mary Ann, ao contrário, era apenas uma copeira semianalfabeta.

MOSCA MORTA

CATHERINE FLANAGAN & MARGARET HIGGINS

1829—1884 & 1843—1884

As irmãs Catherine e Margaret agiam juntas num golpe de seguro funerário que consistia basicamente em assassinar parentes e uma inquilina. Para despistar, não compravam arsênico diretamente com o químico — seu método era extrair o veneno de papel pega-mosca. Acusadas de quatro assassinatos, as parceiras no crime também foram parceiras no cadafalso.

Quando alcançaram a notoriedade, Catherine Flanagan, de 55 anos, e Margaret Higgins, de 41 — também conhecidas, não injustamente, como as Viúvas Negras de Liverpool — foram descritas como "esquálidas" e "ignorantes", e exibindo aquele "mau humor do tipo bruto" associado à vida nos apinhados cortiços da cidade. Elas foram acusadas do assassinato do marido de Margaret, Thomas Higgins, um carregador de materiais de construção, de 36 anos; sua filha de dez anos, Mary; o filho de 22 anos de Flanagan, John; e uma inquilina, Maggie Jennings, de dezoito anos de idade. Cada um deles foi envenenado com arsênico.

Ambas as mulheres eram de baixa estatura, mas implacáveis em suas ambições assassinas, que eram forjadas com o objetivo de reivindicar o pagamento do seguro de vários clubes funerários. Essas organizações tinham como objetivo fornecer dinheiro aos pobres — na verdade, pequenos pagamentos de alguns centavos por semana — para financiar um enterro "decente" e fornecer algum auxílio após a morte de um cônjuge ou chefe de família. Estima-se que, dessa forma, as irmãs coletaram o equivalente a vários milhares de libras na moeda atual. Era um negócio lucrativo para aqueles inclinados a despachar qualquer pessoa que considerassem dispensável em troca de dinheiro. No entanto, ficou claro durante os processos judiciais que algumas agências eram bastante relaxadas em seus negócios, facilitando reivindicações fraudulentas e até mesmo permitindo que uma pessoa segurasse a vida de outra sem consentimento. Catherine Flanagan e Margaret Higgins aproveitaram ao máximo a situação para garantir cinco apólices contra a vida de Thomas Higgins sem seu conhecimento.

O inimigo delas era o irmão, Patrick Higgins, que, suspeitando da morte de Thomas em outubro de 1883 — atribuída à disenteria por um médico —, alertou as autoridades; o funeral foi interrompido. Margaret Higgins foi presa, mas Flanagan permaneceu foragida por dez dias. Depois que uma autópsia revelou a presença de arsênico no corpo de Thomas, a atenção se voltou para as mortes anteriores de membros da família e da inquilina, Maggie Jennings. Seus corpos foram exumados e, na análise das vísceras, o arsênico foi encontrado de modo similar.

Em meio a grande clamor, o julgamento das Viúvas Negras começou no St. George's Hall de Liverpool em 14 de fevereiro de 1884, perante o juiz Batt. Embora a acusação tenha oferecido um caso plausível contra as duas mulheres, as evidências eram apenas circunstanciais, apesar dos vestígios de arsênico encontrados no "tecido e poeira" do bolso do avental de Higgins e a descoberta de uma garrafa de líquido contaminado no alojamento das irmãs. Embora elas e outros tivessem cuidado das vítimas durante suas doenças finais, não havia prova de que elas tivessem administrado arsênico, e o advogado de defesa sugeriu que o arsênico nos corpos pudesse ter vazado do solo no cemitério. Apesar do experimento surpreendente do analista local dr. Campbell Brown — relacionado no tribunal, e envolvendo a extração de arsênico por meio de adesivos para capturar moscas —, a acusação foi incapaz de provar que as mulheres já haviam comprado tais adesivos. O arsênico que matou Thomas Higgins e as outras vítimas, no entanto, não foi fornecido por um químico. Se tivesse sido comprado de forma legítima para matar vermes, teria sido colorido com fuligem ou índigo — de acordo com a Lei do Arsênico de 1851 — para evitar ingestão acidental. O arsênico extraído dos adesivos para moscas, entretanto, não teria sido colorido dessa forma. Nenhum traço de coloração foi encontrado durante as autópsias.

> **Esse marido estava entregue às moscas, literalmente!**

O júri considerou as duas mulheres culpadas do assassinato de Thomas Higgins, mas considerou-se que elas foram responsáveis por muitas outras mortes além das quatro pelas quais foram indiciadas. A dupla foi tão difamada que nenhuma petição de adiamento foi apresentada, embora a opinião pública fosse vociferante em sua indignação contra as práticas negligentes dos clubes funerários que haviam fornecido (para mentes distorcidas dessa forma) um motivo mercenário para assassinato. Flanagan tentou colocar a culpa em sua irmã e insistiu que havia uma rede de mulheres envolvidas — ela até deu vários nomes à polícia, mas nenhuma outra acusação foi feita. Enquanto aguardavam a execução, as duas mulheres receberam bem os cuidados do capelão católico romano, mas nenhuma apresentou uma confissão por escrito de seus crimes. Bartholomew Binns foi nomeado carrasco e, na manhã de 3 de março de 1884, na Prisão de Kirkdale, Flanagan e Higgins foram enforcadas simultaneamente por Binns e seu assistente, e seus corpos foram enterrados no recinto da prisão.

Leitura adicional | BRABIN, A. *The Black Widows of Liverpool*. Lancaster: Palatine Books, 2003.

A VIÚVA PRECOCE

CATHERINE FOSTER

1829—1847

Dezessete anos, três semanas de casada, nenhum motivo aparente. Catherine Foster simplesmente fez um bolinho com arsênico pro marido e enviuvou. Até as galinhas que ciscaram os farelos do bolinho caíram mortas. A jovem confessou seu crime, mas nunca explicou sua motivação.

KC

É comum que, quando uma jovem assassina seu marido, ela já esteja decidida a substituí-lo. Mas, às vezes, parece não haver tal incentivo, nenhuma promessa de uma ligação apaixonada esperando nos bastidores. Um desses casos foi o de Catherine Foster, de 17 anos, que, em 17 de novembro de 1846, apenas três semanas após o casamento, envenenou seu marido, John, preparando um bolinho com arsênico. Eles moravam na casa da mãe dela no vilarejo de Acton, perto de Sudbury, em Suffolk. Embora posteriormente descrita como "taciturna", Catherine foi considerada a mais bela da aldeia; ela esteve em serviço desde que deixou a escola aos 14 anos, e John era um esforçado trabalhador rural, "tão feliz quanto o dia era longo".

Quatro dias depois de ela e John se casarem, Catherine viajou para Bury St. Edmunds para ficar com uma tia. Ao voltar, ela decidiu envenenar o marido. Observada por seu irmão de oito anos, Thomas, ela preparou o jantar e, enquanto comiam a refeição de bolinhos e batatas, ela separou um bolinho especial para John saborear quando voltasse da fazenda. Ele sofreu terrivelmente durante a noite e, no dia seguinte, morreu em agonia. Várias galinhas criadas pelos vizinhos ciscaram no quintal comunal e caíram mortas depois de comer os restos do bolinho feito para John, o que parecia apontar a culpa para Catherine. Depois de sua prisão, o arsênico foi detectado no pano de musselina no qual ela enrolou o bolinho suspeito.

Catherine foi julgada por assassinato no Shire Hall, Bury St. Edmunds, no sábado, 27 de março de 1847, perante o chefe de justiça Pollock. O *The Times* a descreveu como "bem bonita, mas muito simples" e, após um breve julgamento, Catherine foi considerada culpada de assassinato e condenada à morte. Ao longo de tudo isso, ela permaneceu "calma e recomposta". Enquanto aguardava a execução, entretanto, ela foi submetida às vigorosas ministrações do padre de Acton e de seus colegas clérigos, e acabou confessando o crime. Ela foi executada por William Calcraft, fora da Prisão Norwich, no domingo, 18 de abril, na frente de uma vasta multidão de espectadores. Disseram que ela "caminhou até a queda com a mais extraordinária deliberação. Sua aparência jovem criou a mais terrível sensação entre a multidão reunida." Ao testemunharem a última luta da garota, algumas pessoas na multidão gritaram: "Vergonha, vergonha; assassinato, assassinato".

> **Se todas as esposas arrependidas da época tivessem esses dotes culinários...**

Catherine não conseguiu explicar por que matou o marido. Talvez o vislumbre de outro tipo de vida em Bury St. Edmunds a tivesse mudado; na época, era uma próspera cidade mercantil com abundância de lojas, oportunidades de entretenimento e, o mais importante, uma recém-construída conexão ferroviária com Londres e outras grandes cidades. Talvez a ideia de voltar a viver pelo restante de sua vida em uma pequena cabana em Acton, suportando anos de trabalho enfadonho e mal pago com a companhia de um marido nada excitante, fosse uma perspectiva muito assustadora.

É perturbador imaginar o espetáculo de um ser humano pendurado na forca — ainda mais trágico, talvez, se a pessoa, homem ou mulher, fosse jovem demais para resistir ao impulso de aniquilar a causa de sua frustração, como Catherine fez em um dia fatídico, apenas salpicando alguns grãos mortais de arsênico em uma tigela.

Leitura adicional | CLARKE, K. "A Dodgy Dumpling and a Clutch of Dead Hens". In: EDWARDS, M. (org.). *Truly Criminal*. Stroud: The History Press, 2015.
HARDY, S. *Arsenic in the Dumplings*. Stroud: The History Press, 2010.

AOS CUIDADOS DE...

CATHERINE WILSON

KC

1817—1862

Às vezes o remédio pode ser amargo demais. Catherine Wilson foi uma envenenadora contumaz. É fácil até se perder na contagem, mas acredita-se que pelo menos sete pessoas tenham morrido aos seus cuidados. A desconfiança só começou quando uma de suas pacientes cuspiu o medicamento que Catherine havia lhe dado, e o líquido corroeu as roupas de cama. Isso é que é efeito adverso.

Catherine Wilson nasceu em Lincolnshire em 1817. Sua vida no crime começou cedo quando, aos 14 anos, ela foi considerada culpada de um pequeno roubo. Ela saiu de casa logo depois e, como dizem, "abertamente viveu uma vida solta". Seu estilo de vida errático a levou a Boston, Lincolnshire, e em 1853 ela se tornou governanta de Peter Mawer, um capitão do mar aposentado, que morreu em circunstâncias suspeitas, deixando-lhe dinheiro e propriedades.

Dois anos depois, Catherine Wilson, 38 anos, foi para Londres com um homem chamado James Dixon. Eles foram morar na casa da sra. Maria Soames no número 27 da Alfred Street, Bedford Square, e, no ano seguinte, Dixon adoeceu gravemente e morreu sentindo fortes dores. Em outubro de 1856, a sra. Soames, com quem Catherine agora mantinha relações muito amigáveis, adoeceu com sintomas semelhantes e morreu pouco depois. Visto que mesmo essas três mortes não levantaram suspeitas, Catherine Wilson envenenou uma sra. Jackson, passando-se por amiga e confidente, e roubando 120 libras dela como garantia. A sra. Jackson, é claro, sofreu todos os sintomas já familiares.

Um ano depois, em 1860, Catherine encontrou outra vítima, a sra. Ann Atkinson, uma amiga rica de Kirby, em Westmoreland, que veio ficar com ela em

Kennington e que logo sucumbiu aos mesmos sintomas. Em seguida, Catherine tentou envenenar seu amante, o sr. Taylor, com quem ela havia morado por quatro anos, mas, talvez por ser mais forte do que suas vítimas anteriores, ele sobreviveu. Na primavera de 1862, Catherine encontrou emprego com o sr. Carnell como enfermeira de sua esposa, Sarah. Já com a saúde debilitada, Sarah logo ficou muito doente e foi tratada com muita solicitude por Catherine Wilson. No entanto, achando o medicamento que lhe foi dado muito repulsivo para engolir, a sra. Carnell cuspiu-o e se recusou a tomar mais. Esta reação instintiva marcou o início da queda de Catherine, e em pouco tempo a envenenadora em série, sem coração e manipuladora, foi exposta. Os Carnell ficaram horrorizados ao ver que o líquido que a sra. Carnell ejetara havia feito um buraco na roupa de cama.

Suspeitou-se de algum tipo de veneno corrosivo e a polícia foi alertada. Catherine fugiu, mas foi presa seis semanas depois e foi julgada pela tentativa de assassinato de Sarah Carnell. A análise química determinou que o medicamento que Catherine deu a Sarah continha ácido sulfúrico suficiente para matar cinquenta pessoas, mas seu advogado de defesa, o conselheiro da rainha sr. Montagu Williams, argumentou que o farmacêutico deve ter prescrito a receita errada e que Catherine a administrou em boa-fé. Por incrível que pareça, ela foi absolvida; talvez para tranquilizá-la, porque não demorou para que ela fosse presa de novo e acusada do assassinato de Maria Soames.

O novo julgamento foi aberto em Old Bailey na segunda-feira, 22 de setembro de 1862, perante o juiz Byles e, como na maioria dos casos de envenenamento, a acusação foi liderada pelo procurador-geral. O tribunal logo soube a extensão da traição a que Catherine Wilson havia cometido uma vez que foi instalada na casa da sra. Soames. Versada na arte de fazer amizade por seus próprios motivos ocultos, Catherine fez o possível para estreitar a relação com sua senhoria. Elas passaram muito tempo conversando na sala da frente. Embora estivesse atrasada com o aluguel após a morte de James Dixon, Catherine permaneceu na casa, sem dúvida já conspirando maneiras de resolver seus problemas financeiros, empregando o ofício que havia aperfeiçoado. Durante a doença de Maria, Catherine parecia ansiosa para fazer tudo o que pudesse para aliviar seu sofrimento; mas, ainda assim, sempre que Maria recebia sua medicação, ela se queixava de dores extremas e vômitos. Quando sua vítima enfim morreu, Catherine recorreu ao truque clássico de sugerir que Maria havia cometido suicídio, preocupada com uma dívida que ela não poderia pagar. Como a morte de Maria Soames ocorreu logo após a de James Dixon, e como ambos haviam sofrido sintomas semelhantes, uma autópsia de seu corpo foi ordenada. Mas nenhum vestígio de veneno foi encontrado, e o corpo da sra. Soames apresentou resultados igualmente negativos.

💬 Remedinho difícil de engolir esse, hein?

De acordo com as evidências médicas do professor Alfred Swaine Taylor, entretanto, havia certos venenos vegetais que não deixariam nenhum vestígio perceptível por mais do que 48 horas após a morte. Ele sugeriu que o veneno administrado tinha sido Colchicum e pensou que uma série de pequenas doses haviam sido ingeridas — uma grande dose tinha maior probabilidade de ser expelida do corpo por vômitos violentos e purgação. Na verdade, o médico que atendeu James Dixon encontrou um frasco com Colchicum no quarto de Catherine. Quando questionada sobre seu propósito, ela disse que tinha o hábito de administrá-lo a Dixon como tratamento para reumatismo e gota.

No final de um longo julgamento, Catherine Wilson foi considerada culpada. Ao ouvir a sentença de morte, ela não demonstrou qualquer emoção. Nenhuma simpatia foi expressa pelos repórteres do jornal, e a opinião pública foi contra ela. Enquanto aguardava a execução, ela escreveu um apelo pessoal por misericórdia à rainha Vitória, mas este foi, previsivelmente, rejeitado e, na segunda-feira, 20 de outubro de 1862, diante de uma multidão de milhares, Catarina entrou para a história como a última mulher a ser enforcada em público em Londres. Mesmo em seus últimos momentos, ela protestou por sua inocência.

Após a execução, um artigo particularmente condenatório foi publicado na *Harper's Weekly*:

Dos catorze anos aos 43 [sic] sua carreira foi de vícios complexos, mas constantes [...] Ela era suja na vida e sangrenta nas mãos, e parece não ter poupado a poção de veneno até mesmo para seus parceiros de adultério e sensualidade. Sua carreira foi preenchida com os vícios pessoais mais repulsivos e os assassinatos mais sanguinários e sistemáticos, bem como roubos deliberados e traiçoeiros [...] Sete assassinatos conhecidos, se não provados judicialmente, afinal de contas, talvez, não completem a carreira maligna de Catherine Wilson. E se alguém quisesse encontrar algo a fim de aumentar a magnitude desses crimes, seria possível achar não apenas na habilidade astuta e diabólica com que ela se entregou à confiança da viúva e dos desprotegidos — não apenas na maneira lenta e gradual com que ela primeiro sugou a substância de suas vítimas antes de administrar, com frieza diabólica, as sucessivas taças da morte sob o caráter sagrado de amiga e enfermeira [...]

Catherine Wilson parece não ter nada da vaidade apaixonada de Christiana Edmunds, a sedução elegante de Adelaide Bartlett ou a bondade induzida pelo álcool de Kate Webster. No entanto, ela era uma talentosa atriz capaz de desempenhar o papel de enfermeira reconfortante ou amiga especial com facilidade e plausibilidade. Os motivos para o envenenamento são em geral ciúme, vingança ou ódio absoluto — mas Catherine Wilson parece ter matado apenas por dinheiro. Ela havia aperfeiçoado seu estilo ao longo de muitos anos, e foi com extrema astúcia que conseguiu envenenar a sra. Soames bem debaixo do nariz de suas duas filhas adultas. Ela era uma envenenadora clássica, sem coração o suficiente para ficar parada e assistir suas vítimas sofrerem enquanto dava a impressão de que ela estava fazendo o possível para efetuar uma cura, solícita e cruelmente dúbia em igual medida.

Leitura adicional | CLARKE, K. *Bad Companions*. Stroud: The History Press, 2013.

IMAGENS LUNÁTICAS

CELESTINA SOMMER

KC

1827—1859

Celestina Sommer é mais um exemplo de alguém que passou os últimos anos de sua vida numa instituição mental, após ter sua pena de morte revogada. Seu triste destino começou cedo. Aos 18 anos, engravidou do próprio irmão. Depois casou-se com Charles Sommer, um marido violento. Aos 29, sem motivos aparentes, ela cortou a garganta de sua filha. Celestina morreria pouco tempo depois, aos 31 anos.

O caso de Celestina Sommer, de 29 anos, causou considerável controvérsia na Inglaterra vitoriana. Embora o crime cometido por ela tenha sido particularmente brutal e, apenas por sua natureza, garantisse a fúria do público, foi a questão de sua sanidade que disparou opiniões generalizadas e muito defendidas, veiculadas na imprensa por meio de artigos e cartas e até mesmo mencionadas durante debates nas Casas do Parlamento.

Muitos aspectos do drama foram bastante semelhantes aos do caso de Louise Masset; ambas as mulheres eram educadas, musicais e tinham dado à luz um filho ilegítimo que impôs restrições reais ou imaginárias na busca pelo modo de vida respeitável, conforme consideravam. Ambas viveram em Londres e criaram seus filhos com babás. O pai de Celestina, William Christmas, era um ourives, e a família morava em King Square, Islington. Em 20 de dezembro de 1845, quando tinha 18 anos, Celestina deu à luz sua filha ilegítima, Celestine, na casa da sra. Julia Harrington, em Hackney, e a criança permaneceu lá até os dez anos de idade, por 10 xelins mensais.

Em 12 de agosto de 1854, na Igreja de St. Mary, Islington, Celestina casou-se com Charles Sommer, um homem prussiano que trabalhava como gravador. Dezoito meses depois, às 22h de 16 de fevereiro de 1856, Celestina levou a filha para sua casa no número 18 da Linton

Street, em Islington, desceu com a criança até a cozinha do porão e de lá para um depósito de carvão, onde cortou sua garganta. Charles Sommer não estava em casa na época, mas a jovem criada, Rachel Munt, acordada e deitada em sua cama na cozinha, ouviu o crime sendo cometido e mais tarde testemunhou ter ouvido os gemidos abafados da menina em agonia.

Alertada pela irmã de Rachel, a polícia descobriu o corpo no porão e prendeu Charles e Celestina Sommer; como Charles não estava em casa no momento do assassinato, depois ele foi libertado sem qualquer acusação. Os primeiros relatos da imprensa estimaram a idade da menina assassinada em catorze anos e afirmaram que Celestina tinha, a princípio, dito que o pai da menina era seu irmão falecido sem nome. Ela confessou o assassinato logo após sua prisão.

O julgamento de Celestina Sommer em Old Bailey foi realizado na quinta-feira, 10 de abril de 1856, perante o juiz Cresswell e o juiz Crampton; ela foi defendida por William Ballantine. Celestina foi descrita no *Daily Telegraph* como tendo "a aparência de uma garota de quinze anos. Ela é de estatura muito baixa e seu semblante não exibe a menor aparência de ferocidade".

A jovem empregada, Rachel Munt, foi capaz de descrever o assassinato da menina em detalhes, até mesmo recordando seus apavorados gritos de misericórdia enquanto sua mãe se preparava para cortar sua garganta. Ela também testemunhou que a relação entre Celestina e seu marido, Charles, era de desarmonia. "Ele costumava bater nela", explicou a jovem. "Ela parecia muito infeliz. Eu costumava vê-la chorando."

Foram apresentadas evidências de que, enquanto estava sob custódia policial, o comportamento de Celestina havia sido bastante bizarro. Ela falava consigo mesma sem parar, comparando as performances teatrais de dois atores shakespearianos contemporâneos — Charles, filho de Edward Kean, e Samuel Phelps.

Embora os jurados tivessem recebido uma profusão de provas contundentes contra Celestina, William Ballantine instou-os a considerar a possibilidade de que, no momento do assassinato, ela não fosse responsável por seus atos. Os jurados rejeitaram este argumento e consideraram-na culpada da acusação: ela foi condenada à morte.

Uma petição de suspensão da pena foi encaminhada ao ministro do Interior, Sir George Grey, pelo sr. A.H. Dymond, Secretário da *Society for the Abolition of Capital Punishment* (SACP) "Sociedade para a Abolição da Pena Capital", com o resultado de que a sentença de morte foi comutada primeiro para desterro penal e depois para detenção perpétua. O caso de Celestina Sommer permaneceu controverso, e sua prorrogação foi ferozmente contestada pela imprensa e estudada por "alienistas", um termo dado a psiquiatras especializados no campo da loucura e culpabilidade em atos de violência. Alguns comentaristas sugeriram que ela foi poupada da forca por ser uma jovem atraente, e o ministro do Interior foi vigorosamente desafiado a esse respeito.

Celestina passou seis meses em Newgate antes de ser transferida para a Prisão de Millbank em outubro. Em 26 de dezembro do ano seguinte, ela foi enviada para a prisão de mulheres notoriamente cruéis em Brixton. Durante seu tempo lá, sua saúde física e mental foi exacerbada pelos rigores e privações da vida na prisão, contrastando de forma cruel com o conforto da classe média a que ela estava acostumada na casa de família bem equipada no norte de Londres. Seu comportamento tornou-se cada vez mais excêntrico; ela sempre cantava muito alto e dava respostas inapropriadas durante os serviços religiosos da capela e, claro, tornou-se um objeto de diversão para os outros internos. Ela costumava passar mal e ficar confinada à enfermaria da prisão e, com sua sanidade prejudicada, foi enviada em 9 de novembro de 1859 para o Fisherton House Lunatic Asylum, de propriedade privada, perto de Salisbury, onde entre 1850 e 1870, antes da construção de Broadmoor, muitos dos "pacientes" foram condenados por assassinato e classificados como "criminosos lunáticos".

A essa altura, Celestina havia desenvolvido incontinência: sujava suas roupas e lençóis. Ela também estava angustiada e chorava com frequência. Ela morreu em Fisherton, em 11 de abril de 1859, aos 31 anos, apenas três anos após ter matado sua filha. Não houve vencedores neste caso trágico: o nascimento de uma criança que foi indesejada ao longo de sua curta vida, brutalmente assassinada por sua mãe nos recessos escuros de um porão de carvão. A vida de Celestina também foi arruinada e interrompida — seu sofrimento no corpo e na mente após o assassinato foi sem dúvidas tão punitivo e doloroso quanto qualquer um que ela poderia ter sofrido nas mãos do carrasco.

Leitura adicional | CLARKE, K. *Deadly Dilemmas*. Londres: Mango Books, 2014.

DOCE AMARGO

CHRISTIANA EDMUNDS

KC

1829—1907

Apaixonada por um homem casado, Christiana tentou envenenar a esposa dele, sem sucesso. Depois, fez outros doces com ingredientes secretos e os colocou à venda numa confeitaria. Vários clientes passaram mal, e um menino de quatro anos morreu. A doceira venenosa passaria o restante de seus dias numa instituição psiquiátrica.

Christiana Edmunds era uma solteirona de 43 anos bastante nervosa e um pouco excêntrica, que vivia com sua mãe viúva em Grand Parade, Brighton. Sua vida começou a sair de controle quando, em 1870, ela se apaixonou por seu médico, Charles Izard Beard, um homem casado. Se seus sentimentos foram correspondidos ou não, é incerto, mas Christiana, em uma visita social à sua casa, colocou um chocolate envenenado na boca de Emily, a esposa do médico. Por sorte, ela cuspiu o doce, mas a situação assumiu uma dimensão mais sinistra quando, na esperança de desviar as suspeitas do dr. Beard, Christiana pediu a ajuda de alguns meninos para comprar sacos de cremes de chocolate na confeitaria de Maynard na West Street, Brighton. Usando um nome falso e alistando uma testemunha aleatória para assinar no registro de venda de venenos, ela também conseguiu obter suprimentos de arsênico e estricnina de um químico local, alegando o pretexto de precisar se livrar dos gatos selvagens. Em seguida, ela misturou alguns dos chocolates com veneno e os levou de volta para a loja, deixando-os para serem revendidos para clientes desavisados. Em uma situação trágica, um jovem londrino de férias com sua família, Sidney Barker, de quatro anos, comeu um dos chocolates e morreu. Para disfarçar sua parte na morte, Christiana enviou pacotes de bolos envenenados e frutas para vários moradores proeminentes — até mesmo mandando um para ela. Felizmente, os destinatários que experimentaram os doces, embora tenham ficado muito doentes, sobreviveram. No entanto, a suspeita logo recaiu sobre a mulher iludida e apaixonada, e ela foi acusada não apenas do assassinato de Sidney Barker, mas também da tentativa de homicídio de outras três pessoas.

O interesse regional no caso foi tão voraz que, buscando a imparcialidade, seu julgamento por assassinato foi realizado em Old Bailey, em Londres; no tribunal local em Lewes, todos os aspectos dos eventos que levaram à onda de envenenamento se tornaram de conhecimento comum e uma rica fonte de boatos e fofocas. Durante a viagem de trem da Prisão de Lewes para Newgate, Christiana começou a exibir um comportamento bizarro. Ela gritou pelo dr. Beard e ameaçou se jogar da janela da carruagem. Ao chegar a Newgate, ela reclamou amargamente de ter que dividir uma cela com um "criminoso".

O julgamento foi aberto na segunda-feira, 15 de janeiro de 1872; o juiz presidente foi o chefe de justiça Martin, com o sr. William Ballantine na acusação e os Srs. Parry, Poland e Worsley na defesa. No banco dos réus estava Christiana Edmunds, descrita como uma "mulher franzina e de rosto pálido" vestindo "um manto de veludo preto com um pequeno lenço de pele ao redor do pescoço; e a única peculiaridade perceptível em sua aparência era uma grande tiara de cabelo sobrepujando as mechas lisas trançadas, de uma forma agora há muito tempo desatualizada". Muitas testemunhas foram chamadas, entre elas vários dos meninos usados por Christiana para adquirir os chocolates que ela envenenou, e o sr. John Maynard, o difamado proprietário da loja de doces na West Street. Parry, para defesa dela, apresentou um apelo apaixonado de insanidade, dando detalhes de membros da família de Christiana que foram certificados como loucos — evidência que foi reconhecida em lágrimas por sua mãe idosa, Ann Edmunds, quando ela foi levada ao tribunal. O dr. William Wood, que já havia sido médico do Royal Bethlehem Hospital, descreveu o encontro com Christiana em Newgate, concluindo que acreditava que ela era incapaz de compreender sua posição ou de distinguir o certo do errado — uma das definições de insanidade listadas nas regras de M'Naghten, um teste para a insanidade criminosa. O dr. Lockhart Robertson, um dos Visitantes do Tribunal de Chancelaria, considerou-a "moralmente insana", uma opinião endossada pelo dr. Henry Maudsley.

Segundo o extenso e escrupulosamente justo resumo de Martin, Christiana sentou-se no banco dos réus "impassível e despreocupada". Percebeu-se que "seu penteado cuidadoso se repartia em dobras em torno de sua cabeça". Enquanto esperava que o júri retornasse para o veredicto, o juiz foi visto lendo uma cópia do *The Times*, enquanto outros oficiais foram ouvidos discutindo os encantos de algumas das espectadoras reunidas na galeria pública. Os jornais publicaram descrições das cenas dramáticas no tribunal *ad infinitum*, em especial quando, tendo sido considerada culpada e condenada à morte, Christiana anunciou que estava grávida — um estratagema adotado por muitas mulheres que enfrentariam a execução, incluindo Kate Webster. Depois de ordenar que um grupo de mulheres casadas a examinasse, esse apelo foi rejeitado pelo tribunal, causando grande angústia a Christiana.

Várias petições foram apresentadas à rainha Vitória por meio do ministro do Interior, sr. Henry Bruce, implorando por um indulto misericordioso. O juiz, movido por sua situação, convenceu Bruce a providenciar para que o eminente médico dr. William Gull e o dr. William Orange, o oficial médico em Broadmoor, avaliassem o estado mental de Christiana. Depois de examiná-la, eles chegaram à conclusão de que ela possuía, de fato, problemas mentais e, portanto, estaria isenta de execução. Claro que as reações da imprensa foram voláteis, tanto a favor quanto contra o julgamento. Christiana foi enviada para Broadmoor e, na chegada, o dr. Orange notou que ela era "muito vaidosa", com bochechas vermelhas e muitos cabelos falsos (tempo depois descobriu-se que Christiana, durante seus anos de residência no asilo, persuadiu sua irmã, Mary, a contrabandear roupas e mechas de cabelo). Registros mostram que Christiana era quase sempre bem-comportada e "obediente", gastando muito do seu tempo costurando, pintando, jogando croquet ou caminhando pelos extensos jardins. Em 1876, no entanto, observou-se que ela nutria grande prazer em "atormentar, com bastante engenho, vários dos pacientes mais irritantes" e, em seguida, reclamar com a equipe sobre o uso de linguagem imprópria. No ano seguinte, observou-se que ela exibia "uma aparência jovial" e "seus modos e expressões denotavam pensamentos sexuais e apaixonados".

> **Christiana só queria distribuir doces, pois de amarga já basta a vida.**

Em 1880, após oito anos em Broadmoor, Christiana escreveu ao Ministério do Interior implorando por sua libertação, mas o recurso foi rejeitado. Os registros mostram que em 1906 sua visão estava falhando e ela mal conseguia andar — pouco antes do Natal ela estava na enfermaria —, mas também foi ouvida perguntando a outro paciente se suas sobrancelhas estavam bonitas. Tranquilizada, ela anunciou que no baile de Natal se levantaria e dançaria, declarando: "Eu era uma Vênus antes e serei uma Vênus novamente!". Será que Christiana conseguiu ir ao baile naquele ano, com maquiagem pesada e os cabelos, falsos ou não, elaborados com muito estilo? Será que ela se levantou e dançou para impressionar os pacientes menos extravagantes e os membros masculinos da equipe? Ela morreu nove meses depois, em 19 de setembro de 1907, aos 78 anos.

Leitura adicional | CLARKE, K. *Fatal Affairs*. Londres: Mango Books, 2016.
STEVENS, M. *Broadmoor Revealed*. Barnsley: Pen and Sword, 2013.
APPIGNANESI, l. *Trials of Passion*. Nova York: Pegasus Books, 2015.

CONFISSÃO SAGRADA

CONSTANCE EMILY KENT

1844—1944

Constance era a principal suspeita da polícia pelo brutal assassinato de seu meio-irmão Saville, de apenas três anos. Por falta de provas, ela foi liberada. Constance se mudou para França, entrou num convento e, anos mais tarde, confessou seu crime ao reverendo e o autorizou a informar às autoridades.

KC

Era tarde da noite de sexta-feira, 29 de junho de 1860, quando os moradores da grande casa do sr. Samuel Saville Kent, na aldeia de Road, no West Country, foram para a cama. O sr. Kent, um subinspetor de fábricas presunçoso e libidinoso, e sua segunda esposa, a ex-governanta Mary Pratt — que estava grávida de 8 meses — ocupavam um quarto com sua filha de 5 anos, Amelia. A enfermeira das crianças, Elizabeth Gough, 22 anos, dividia o quarto com Eveline, 1 ano, e Saville, 3 anos, uma criança robusta de cabelos cacheados muito apreciada pela família. Em outro lugar da casa estavam os quatro filhos do primeiro casamento de Samuel Kent com Mary Windus: Mary Ann e Elizabeth, 29 e 28 anos de idade, respectivamente, Constance, 16 anos, e seu irmão, William, 14 anos. Mary morrera, humilhada e em desespero, em 1852.

A cena estava posta para o drama terrível que se seguiria. Às 7h15 da manhã de sábado, Elizabeth Gough deu o alarme — o jovem Saville estava desaparecido. Ele havia sido retirado de seu berço; a marca de seu corpo permaneceu, mas as cobertas não mostraram nenhum sinal de perturbação. Uma busca frenética foi feita na casa e no terreno, e então a criança foi encontrada presa contra a placa de solo da latrina externa, sua garganta cortada quase a ponto de decapitá-la; uma punção fora feita em seu peito por uma lâmina afiada e pontuda, e em sua mão esquerda havia dois pequenos cortes. A evidência de pressão na boca conferida na autópsia sugeriu que a criança havia sido sufocada antes da mutilação, e o ferimento no peito pode ter sido causado pela tentativa do agressor de empurrar o corpo sem vida para debaixo da placa no chão.

Quando a polícia local não conseguiu fazer qualquer progresso em suas investigações, a Scotland Yard enviou um de seus homens, o detetive inspetor Jonathan Whicher, um oficial bastante conceituado e experiente. Trabalhando contra o ressentimento local por sua intervenção — da família Kent e nativos suspeitos —, ele logo concluiu que uma das camisolas de Constance Kent havia desaparecido e postulou que a vestimenta e seu dono detinha a chave do assassinato. Constance era uma menina obstinada e rebelde que, após a morte da mãe, foi transferida para uma sucessão de internatos. Ela havia desenvolvido um ressentimento apaixonado contra a mulher que usurpou a primeira sra. Kent muito antes de ela se tornar a segunda; mas também havia algumas evidências que sugeriam que suas emoções eram mais conflitantes e menos fáceis de categorizar. Seu ódio pela madrasta, por exemplo, era tingido de culpa pela maneira como ela inicialmente contribuiu para a exclusão vergonhosa de sua mãe, e não se estendeu a Saville ou suas duas irmãs.

Embora Constance e mais tarde Elizabeth Gough tenham sido levadas perante magistrados para Trowbridge acusadas do assassinato de Saville, ambas foram libertadas por falta de provas, e Jonathan Whicher voltou, derrotado e castigado, às suas funções em Londres. Constance, usando o nome de Emilie, foi enviada para uma escola de boas maneiras em Dinan, na França, para evitar a notoriedade acumulada sobre ela e sua família. Os jornais foram implacáveis em sua cobertura, informando os leitores sobre todos os aspectos do caso e transmitindo detalhes íntimos sobre todos os participantes do drama. No entanto, o mistério ainda permanecia — quem havia matado o menino na madrugada de sábado, 30 de junho?

Em julho de 1863, Constance entrou no St. Mary's Home, um convento em Brighton, onde ficou sob a influência espiritual do coadjutor da igreja St. Paul, o reverendo Arthur Wagner. Em 6 de fevereiro de 1865, Constance confessou sua culpa e autorizou Wagner a informar o ministro do Interior, Sir George Gray. No mês seguinte, ela viajou para Tribunal de Magistrados da Bow Street, onde mais uma vez confessou o assassinato de seu meio-irmão. Se Constance divulgou mais informações no confessionário, não podemos saber: quando o reverendo Wagner mais tarde testemunhou no tribunal, ele se recusou a responder a quaisquer perguntas sobre o diálogo privado que ocorreu entre eles. Os comentaristas jurídicos, claro, consideraram isso uma barreira injustificável à justiça, e a questão foi levantada no parlamento.

Constance foi julgada em 19 de julho, em Salisbury, perante o senhor juiz Willes. Ignorando os apelos de sua equipe de defesa, ela se declarou culpada e se recusou a pedir leniência por conta de sua idade na época. Nem estava disposta a alegar insanidade temporária, embora sua mãe e outros membros da família tivessem sofrido de fragilidade mental, por medo de que o estigma da loucura pudesse afetar adversamente a futura carreira de seu irmão William como biólogo marinho. O julgamento, portanto, durou apenas alguns minutos, e o juiz proferiu com certa relutância uma sentença de morte. Numerosas petições foram apresentadas ao ministro do Interior, e a sentença foi comutada para prisão perpétua. Apesar dos pedidos frequentes para sua libertação, Constance permaneceu confinada pelos próximos vinte anos, principalmente na Prisão de Millbank. Durante seu encarceramento, ela se tornou dócil, reservada e adquiriu motivação religiosa. Ela foi libertada em 18 de julho de 1885 e, um ano depois, juntou-se a William e suas duas meias-irmãs, Amelia e Eveline, na Austrália. Como Ruth Emilie Kaye, ela trabalhou como enfermeira até se aposentar em 1932, aos 88 anos. Ela morreu em Sydney em 10 de abril de 1944, aos 100 anos.

Apesar da confissão de Constance, os teóricos ainda especulam se ela recebeu a ajuda de alguém para assassinar Saville naquela noite. Alguns sugeriram que seu irmão, William, pode tê-la ajudado, embora ela sempre negasse seu envolvimento. Outros propuseram que, quando a criança foi carregada, Samuel Kent estava em outro quarto com a babá, Elizabeth Gough; e que, ao voltar para o berçário, encontrou a cama vazia. Nessa versão, o pai perturbado descobriu o corpo do filho preso dentro da privada, logo suspeitou que Constance estava sufocando a criança e, para fazer parecer obra de um intruso enlouquecido, com discrição levantou a janela da sala antes de abrir a garganta de seu filho amado.

Leitura adicional | SUMMERSCALE, K. *The Suspicions of Mr Whicher*. Londres: Bloomsbury, 2008.
TAYLOR, B. *Cruelly Murdered*. Londres: Souvenir Press, 1979.

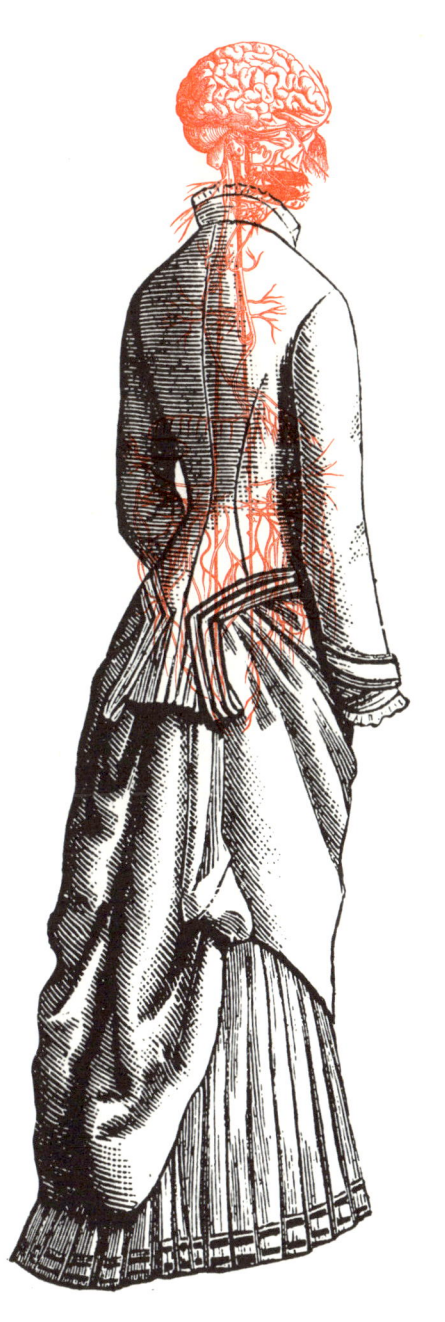

CARTAS NA MANGA

1868—1958

EDITH MAY HALLOWELL CAREW

MWO

Walter Carew morreu envenenado por arsênico. A viúva, Edith, tentou jogar as suspeitas sobre uma misteriosa "mulher de preto". Seria uma ex-namorada de seu marido, que lhe mandara cartas. Mas a polícia achou que as cartas eram falsificadas, e descobriu que a própria Edith trocara correspondências incriminatórias com um amante. Conseguiria ela escapar da pena de morte?

Em 1897, a sra. Edith Carew foi condenada à morte pelo envenenamento de seu marido, Walter, no que viria a ser conhecido como o "Caso Maybrick Japonês".

Depois de se casar em Somerset em 1889, Walter e Edith Carew partiram para o Extremo Oriente. Walter aspirava tirar o melhor proveito da pouca sagacidade empresarial que possuía, sustentando-se com uma sensibilidade genuinamente gregária; Edith tinha uma disposição semelhante, capaz de atrair homens e desfrutar da atenção deles. Cada parceiro parecia disposto a ignorar os flertes anteriores, e Edith, pelo menos, continuou a escrever bilhetes para o marido nos termos mais afetuosos. Os Carew eram a vida e a alma da festa no bairro de expatriados em Yokohama, no Japão, uma cidade cosmopolita na qual os interesses britânicos eram supervisionados por um consulado.

Nos bastidores, entretanto, o turbilhão social começou a sair de controle. Henry Dickinson, supostamente o funcionário do banco de Edith, desenvolveu uma forte ligação com ela, demonstrada por meio de cartas de amor, muitas das quais ela tolamente reteve. Ela deu a ele a impressão de que Walter a tratou com violência e, por isso, Dickinson a incentivou a pedir o divórcio. Outros também começaram a tomar partido: Mary Jacob, a governanta que cuidava dos dois filhos dos Carew, parecia ter suspeitado do amante e, com a hábil ajuda de um de seus amigos, chegou até uma das cartas de Dickinson, retirada da cesta de lixo e remendada a partir dos pedaços que Edith havia rasgado.

A pressão começou a falar mais alto no outono de 1896. Edith relatou a presença de uma "mulher de preto" que invadiu a propriedade dos Carew esperando uma audiência com Walter; por notas quase anônimas, parecia ser Annie Luke, com quem Walter, quando solteiro, tivera um caso. Walter se esforçou para encontrar Annie, embora ela não tenha dado nenhuma indicação por escrito de seu paradeiro e — curiosamente, em uma pequena comunidade anglófona — não tivesse chegado ao conhecimento de ninguém. Enquanto Walter investigava esse mistério, que se recusava a ser desvendado, ele adoeceu, exibindo dolorosos sintomas gástricos. Em 22 de outubro, depois de uma breve trégua de seus sintomas, ele teve uma recaída e morreu.

Logo ficou claro que Edith havia obtido uma grande quantidade de arsênico de um farmacêutico local. Ela argumentou que Walter tinha o hábito de se automedicar para uma doença hepática, e — fugazmente — um inquérito inconclusivo fez parecer provável que ela escaparia do destino de Florence Maybrick. No entanto, um inquérito criminal culminou em um julgamento, realizado, bem no estilo britânico, perante um juiz consular britânico. As cartas de Dickinson foram lidas em tribunal aberto, e o fascínio local se espalhou com intensidade pelo mundo todo. Annie Luke — que, pelo visto, continuou a escrever para todos, mesmo após a morte de Walter — não pôde ser encontrada ou obrigada a comparecer; nada era mais provável do que o fato de que ela nunca tivesse estado no Japão, e que o boato de que ela estava lá, e todas as cartas associadas a ela, haviam sido inventadas pela ré. Edith foi a pior representante de seu caso improvável e, durante a audiência pré-julgamento, um de seus advogados devolveu seu relatório quando ela tentou esconder uma das cartas de Dickinson, apresentada como evidência, dentro do punho de seu casaco.

Edith foi considerada culpada de assassinato e sentenciada à morte, mas o veredicto dividiu opiniões, e as memórias do escândalo Maybrick foram logo lembradas. Como Walter Carew, James Maybrick teve relacionamentos extraconjugais (ou pré-maritais); Maybrick tinha sido violento, assim como Carew também teria sido — embora as evidências disso estivessem longe de ser inequívocas; talvez Edith, da mesma forma que Florence, fosse uma esposa maltratada e pressionada além dos limites de sua resistência. Ela teve a sorte de receber uma comutação, emitida pelo ministro britânico e plenipotenciário para o Japão, Sir Ernest Satow. A prática do Ministério do Interior, que assumiu a responsabilidade pelos casos internos, nunca foi conceder comutações para envenenadores sãos — a comutação de Florence tinha sido um esquisito acordo para o qual nenhum precedente legal estava disponível. Acontece que Edith foi repatriada para a Grã-Bretanha e aprisionada em Aylesbury, ao lado de Florence.

Em 1910, Edith foi libertada. Ela passou grande parte do meio século seguinte afastando-se das fofocas ainda associadas a ela. Não se pode deixar de perceber que ela teve bastante sorte; as circunstâncias que tornaram o caso Maybrick um assunto de indignação pública, de fato, estavam presentes apenas em miniatura no caso de Edith Carew — se é que estavam presentes —, e a ideia de que ela poderia ter sido maltratada por seu marido recebeu muita atenção. Molly Whittington-Egan, inspecionando os diários de Edith muito depois do evento, descobriu que não havia motivos para duvidar da justiça feita naquele veredicto do tribunal.

Leitura adicional | WHITTINGTON-EGAN, M. *Murder on the Bluff*. Glasgow: Neil Wilson Publishing, 1996.
WYNDHAM, H. "The Carew Case". In: GOODMAN, J. (org.). *The Lady Killers*. Londres: Sphere Books, 1991.

LADY MACHETTE

ELIZABETH MARTHA BROWN

1811/12—1856

Não foi uma noite de bebedeira nem uma outra mulher — nem mesmo um coice do seu cavalo — que quase fizeram John Brown perder a cabeça. Só não entrou na cabeça da justiça que a esposa agiu por legítima defesa.

KC

Quando Martha Bearnes, de 41 anos, casou-se com John Brown, de 21, em Wareham, Dorset, em janeiro de 1852, foi um segundo casamento para ambos. Tempos depois, ela foi descrita como "uma mulher de aparência serena e tranquila, com cachos pretos curtos", e John foi retratado como "um jovem legal e de boa aparência, com quase 1,8 metro de altura" e "cabelo muito comprido e grosso". Os dois se conheceram enquanto trabalhavam na fazenda Blackmanston, na ilha de Purbeck. Depois de casados, eles se mudaram para Birdsmoorgate, a cerca de sete milhas de Beaminster. Com as 50 libras que Martha herdara de seu ex-marido, John se equipou com um cavalo e uma carroça e, enquanto trabalhava como transportador de mercadorias, Martha abriu uma pequena mercearia. John viajava muito em seu trabalho e era do conhecimento geral que ele sempre parava para uma ou duas bebidas em vários pubs antes de voltar para casa. Na noite de 5 de julho de 1856, John se separou de outro transportador, George Fooks, depois de concluir a entrega de mastros em Beaminster, e foi para casa.

Na manhã seguinte, um parente que morava perto foi acordado por Martha, que estava batendo na janela de seu quarto e implorando para que ele fosse até sua casa; o cavalo de John, ela disse, havia chutado a cabeça dele. Ele encontrou John morto, caído no chão com um ferimento catastrófico na nuca. Após um inquérito, realizado no dia seguinte na pousada Rose and Crown, Martha Brown — agora conhecida como Elizabeth — foi presa, acusada do assassinato de John Brown, e levada para a Prisão de Dorchester. Seu subsequente julgamento por assassinato foi realizado no Dorchester Crown Court em 21 de julho de 1856, perante o juiz, sargento William Fry Channell, e um júri que representava uma corte de artesãos locais — um alfaiate, um impressor, um fazendeiro e um sapateiro entre eles. Depoimentos de testemunhas demonstraram que, durante a viagem para Beaminster naquele dia, John e George Fooks encontraram Mary Davis, uma rival do matrimônio. Não estava claro, entretanto, se Mary os havia deixado na estrada ou se ela se juntou a eles no bar mais tarde, bebendo e jogando boliche até meia-noite. Embora Elizabeth ainda negasse o assassinato de seu marido, as evidências médicas contradisseram sua afirmação de que ele tinha sido morto por seu cavalo, e ela foi considerada culpada de assassinato e condenada à morte.

Em 7 de agosto, enquanto aguardava a execução na Prisão de Dorchester, Elizabeth fez uma confissão completa. Ela descreveu seu marido voltando para casa bêbado às 2h. Quando ela o acusou de se ver às escondidas com Mary Davis, ele reagiu com violência, e a discussão aumentou: ele a surpreendeu com um golpe na cabeça antes de atacá-la com um chicote, por fim desferindo um chute violento na lateral de seu corpo e ameaçando esmagar seu cérebro. Quando ele se abaixou para desabotoar as botas, ela, em uma "revolta ingovernável por ser sido violentada e agredida", agarrou uma machadinha e deu-lhe vários golpes violentos na cabeça. Ao primeiro golpe, ele caiu inconsciente no chão. "Assim que fiz isso," ela confessou, "eu teria dado o mundo para não ter feito. Nunca tinha batido nele antes, depois de todos os seus maus-tratos; mas quando ele me bateu com tanta força naquele momento, eu quase perdi o juízo e mal sabia o que estava fazendo."

> **A justiça tarda, mas o machado não falha.**

Nenhum esforço foi suficiente para fazer com que o ministro do Interior, Sir George Gray, adiasse a decisão. Elizabeth foi executada no portão da Prisão de Dorchester no sábado, 9 de agosto, diante de uma grande multidão que, apesar da chuva, reuniu-se para assistir ao terrível espetáculo. Ao saírem da cela dos condenados, as duas carcereiras que a acompanhavam ficaram bastante perturbadas; mas Elizabeth, perfeitamente composta, até fez uma pausa para apertar a mão dos funcionários da prisão. Ela subiu os degraus da forca para encontrar seu carrasco, William Calcraft, que, tendo colocado o laço em seu pescoço e coberto o rosto com um capuz branco, desceu do cadafalso. Ele havia esquecido, entretanto, de prender suas pernas e teve que voltar para fazê-lo — a essa altura, a chuva havia umedecido tanto o tecido do capuz que ele grudava em seu rosto, parecendo uma máscara fantasmagórica. Recuando mais uma vez, Calcraft retirou o ferrolho; o corpo de Elizabeth despencou e, depois de lutar por alguns momentos, ficou imóvel.

Não há dúvida de que nos tribunais de hoje Elizabeth seria tratada com leniência, pois ela foi claramente uma vítima dos maus-tratos cruéis de seu marido e agiu em legítima defesa contra seu ataque sob influência do álcool. Thomas Hardy, um rapaz de dezesseis anos, testemunhou o enforcamento e ficou tão comovido que, mais tarde na vida, ainda conseguia se lembrar da cena: "Lembro-me da beleza dela, oposta ao céu, enquanto pendia na chuva, e como o apertado vestido preto de seda mudou sua forma enquanto seu corpo se mexia".

Leitura adicional | THORNE, N. *In Search of Martha Brown*. Plymouth: The Dashwood Press, 2000 e 2014.

ELA E A SACOLA

KATE WEBSTER

KC

1847—1897

Kate Webster bateu na porta de antigos vizinhos. Trouxe o filho a tiracolo, além de uma pesada sacola de compras, e uma garrafa de uísque para celebrar os velhos tempos. Os amigos saem para mais uns tragos, e Kate não largava sua sacola. O que tinha lá dentro? A cabeça de Julia Thomas, sua ex-patroa. Dias depois, o assassinato foi descoberto e Kate tentou fugir, mas acabou presa e condenada. A cabeça da vítima, desaparecida, só seria encontrada 130 anos depois.

Na tarde de terça-feira, 4 de março de 1879, uma mulher alta e magra dobrou a esquina em Rose Gardens, Hammersmith — uma rua no oeste de Londres que era, na época, pouco mais do que uma trilha acidentada flanqueada por fileiras de casas de trabalhadores. Kate Webster conhecia a rua, pois já havia morado lá. Seis anos depois, ela revisitou velhos amigos — Harry Porter e sua esposa, Ann. Ela estava acompanhada por um menino, carregando uma sacola de lona preta do tipo que uma mulher usava para carregar vegetais do mercado.

Nascida em Killane, Irlanda, em 1847, Kate foi criada como católica e se casou ainda na adolescência. Ela teve quatro filhos, mas todos morreram na infância. Recorrendo ao crime para sobreviver ao início da precoce viuvez, ela se tornou uma prisioneira experiente com uma série de condenações por fraude e roubo. Ela também era uma mentirosa compulsiva, mudando os detalhes de sua vida muitas vezes para se adequar às suas circunstâncias.

Desde que saíra de Hammersmith, Kate havia perdido o contato com Annie Porter — até que uma batida ressoou na porta. Lembrando-se de Kate como uma maltrapilha, sua amiga mal a reconheceu. Ela agora estava bem-vestida, segura de si e ansiosa para contar a notável mudança em sua sorte. Ela também tinha ido preparada: de um bolso bem fundo nas dobras de sua saia, Kate tirou uma garrafa de uísque, e as duas mulheres se acomodaram para preencher a lacuna dos anos intermediários com um ou dois copos. Desde que os Porters a viram pela última vez, disse Kate, ela havia se casado de novo. Seu nome agora era sra. Thomas, e tinha um filho pequeno chamado Johnny. Ela ficou viúva mais uma vez, mas, como confidenciou, ela teve sorte, pois uma tia a havia deixado uma casa, no número 2 de Vine Cottages, Park Road, Richmond. Mal sabiam seus anfitriões que dentro da sacola de compras de aparência inofensiva que seu convidado colocara com tanto cuidado sob a mesa estava a cabeça recentemente decepada da sra. Julia Thomas, a ex-empregadora de Kate, embrulhada com cuidado em papel pardo.

Mais tarde naquela noite, Harry Porter e seu filho, Robert, acompanharam Kate à estação ferroviária de Hammersmith. No caminho, pararam em vários bares, com Robert carregando a sacola de lona, que era surpreendentemente pesada, de hospedaria em hospedaria. Durante um intervalo para o lanche, Kate disse que ela havia combinado levar a bolsa para um amigo em Barnes, e ela desapareceu, sozinha na escuridão sombria que pairava sobre a ponte Hammersmith. Vinte minutos depois, ela estava de volta ao pub, sem a bolsa. Naquela noite, quando ela e Robert chegaram ao endereço em Vine Cottages, Kate mostrou uma pesada caixa de madeira que levaria para um amigo que a aguardava na ponte Richmond. Uma vez lá, Kate pegou a caixa de Robert e, momentos depois, ele ouviu um barulho quando algo atingiu a água abaixo.

Na manhã seguinte, um carvoeiro encontrou uma caixa de madeira presa na lama perto da ponte Barnes. Ele deu um bom chute, mas ficou horrorizado quando a caixa se abriu, revelando uma espécie de massa de carne congelada. Um cirurgião local confirmou que o conteúdo era, de fato, partes do corpo de uma mulher, embora a cabeça e um pé estivessem faltando. A cor e a textura da carne pareciam indicar que havia sido fervida. Na segunda-feira, 10 de março, um pé humano foi encontrado em um monte de esterco em alguns lotes em Twickenham.

Enquanto isso, Kate e seus amigos estavam no número 2 de Vinc Cottages supervisionando a remoção dos móveis. A vizinha, Elizabeth Ives, era dona dos dois chalés, mas fazia duas semanas que não via sua inquilina, Julia Thomas. Ela sabia que Kate, a empregada ranzinza da sra. Thomas, ainda estava lá — mas onde estava Julia? Quando confrontada, Kate ficou nervosa e fugiu. Depois de pegar seu filho na casa dos Porters, ela viajou para a Irlanda, refugiando-se na fazenda de seu tio em Killane. As buscas subsequentes da polícia em Vine Cottages revelaram alguns ossos carbonizados, manchas de sangue e uma "substância gordurosa"; o mandado de prisão de Kate Webster logo foi emitido. Não demorou muito para localizá-la, e ela foi presa e acusada do assassinato de Julia Thomas. Em julho de 1879, ela foi julgada e condenada em Old Bailey, embora tivesse jurado que o culpado era na verdade um homem chamado Strong, o pai de seu filho. Então, tentando evitar a pena de morte, ela anunciou que estava grávida, sabendo que a lei não permitiria a morte de um nascituro. Após o exame, no entanto, sua alegação comprovou-se falsa e ela foi condenada à forca. Na Prisão de Wandsworth, em 29 de julho de 1879, William Marwood cumpriu a lei.

O encontro entre a excêntrica Julia Thomas e a volátil Kate Webster estava fadado a terminar em desastre. Não acostumada a um emprego legítimo, Kate foi incapaz de lidar com os modos perversos de Julia e, quando a velha senhora voltou da igreja na noite de domingo, 2 de março, algo aconteceu que transformou o ressentimento latente de Kate em uma violência terrível. Depois de matar a sra. Thomas, ela começou a desmembrar seu corpo e ferver os pedaços nas panelas da cozinha. Não se pode negar que o crime de Kate Webster foi um dos mais insensíveis já registrados — mas o que fazer com o comportamento de seus amigos supostamente legítimos, que tomaram o conteúdo de Vine Cottages como vermes sobre um cadáver em decomposição, nunca questionando o direito de Kate à recompensa? Até a própria Kate tinha seus enigmas. Ela era, sem dúvida, uma escroque nata e, no entanto, apoiava obstinadamente o filho e, apesar de seus modos torpes, sempre garantiu que ele fosse bem cuidado durante suas frequentes sentenças de prisão. Precisando se manter um passo à frente da polícia, ele acabou se tornando uma pedra em seu sapato — ela poderia tão facilmente tê-lo vendido para uma *baby farmer* —, mas, mesmo sabendo que sua prisão era iminente, ela não o abandonou, optando por levá-lo para um local seguro na Irlanda.

O desfecho deste caso é extraordinário. Em outubro de 2010, enquanto operários escavavam parte do jardim pertencente a Sir David Attenborough, na Park Road, Richmond, eles desenterraram um crânio. Sugeriu-se que esta poderia ter sido a cabeça desaparecida de Julia Thomas: o local ficava perto de sua antiga casa e estendia-se até o local abandonado do bar Hole in the Wall, que era frequentado por Kate Webster e seus conhecidos. O crânio foi submetido a testes forenses com os resultados apresentados em um inquérito na terça-feira, 5 de julho de 2011. A legista de West London, Alison Thompson, identificou formalmente o crânio como sendo de Julia Thomas e registrou um veredicto de homicídio ilegal. Esse desenvolvimento tardio atormenta o pesquisador do caso Webster. Em sua confissão, Kate disse que deu a bolsa contendo a cabeça para alguém na Hammersmith Bridge. Seria essa pessoa o pai da criança — o homem chamado Strong? Estaria ele envolvido no assassinato ou, pelo menos, no descarte de partes do corpo? Kate lhe entregou a cabeça antes de se juntar a seus amigos no pub em Hammersmith, e ele a levou de volta para a Park Road para enterrá-la atrás do Hole in the Wall, onde permaneceu intacta por cerca de 130 anos?

Leitura adicional | O'DONNELL, E. *Trial of Kate Webster*. Edimburgo: William Hodge and Company, 1925.
CLARKE, K. *Deadly Service*. Londres: Mango Books, 2015.

SUGAR BABY

LOUISA JANE TAYLOR

KC

1846—1883

Não se sabe ao certo a causa da morte do seu marido de 72 anos, mas a recém-viúva de 36 logo se aproximou de William Tregillis, de 85. O problema para Louisa Taylor é que o pretendente era casado, pra piorar, fiel. Louisa não perdeu tempo e se pôs a cuidar da saúde da sra. Tregillis. Que, por coincidência, piorou muito de uma hora pra outra. A senhora de 81 anos morreria por envenenamento, e a coisa ficou muito na pinta — não havia como inocentar Louisa Taylor.

Após a morte de seu marido de 72 anos em março de 1882, Louisa Taylor, 36 anos, não demorou muito para encontrar um "vale-refeição" substituto. Em agosto, ela se insinuou na casa de William Tregillis, 85 anos, e de sua esposa de 81, Mary Ann, em seu apartamento de dois cômodos em Plumstead, sudeste de Londres. Como velhos amigos de seu falecido marido, o casal ofereceu a Louisa — descrita como uma morena atraente — alimentação e hospedagem em troca de cuidados para Mary Ann, que era bastante frágil. William, que há pouco tempo havia passado um período no asilo, era geralmente um indivíduo crédulo e confiante; mas ele percebeu que — logo depois de Louisa entrar na casa — a saúde de sua esposa piorou de forma inesperada e vários itens tinham desaparecido. Louisa estava espoliando com frequência o casal de idosos e até sugeriu que, assim que Mary Ann morresse, ela e William — e seu fundo de pensão — poderiam fugir juntos. Quando o velho protestou que sua esposa ainda estava viva, Louisa previu que Mary Ann morreria em breve. Seu amante habitual, um vendedor de agrião chamado Edward Martin, não parecia entrar na equação.

Em três semanas, Mary Ann ficou tão doente que um médico local, o dr. Smith, precisava ligar para ela todos os dias. Louisa o convenceu a prescrever um suprimento regular de açúcar de chumbo (acetato de chumbo), que ela disse precisar para sua pele. Enquanto isso, Mary Ann começou a vomitar tanto que o médico pediu a Louisa que fornecesse amostras para análise, mas ela continuou dando desculpas, dizendo que isso seria "nauseante e nojento". A descoberta da traição de Louisa veio depois que ela abordou William assim que ele saiu do correio, tendo sacado cerca de 10 libras em pagamentos atrasados de sua pensão; ela o convenceu a entregá-lo, dizendo que o daria à esposa dele, mas foi vista mais tarde na rua com o dinheiro na mão. Isso pareceu acender uma luz no cérebro de William Tregillis e, na sexta-feira, 9 de outubro, ele chamou a polícia, acusando Louisa de roubo. Um médico da polícia também foi convocado e, examinando Mary Ann, encontrou uma linha azul ao redor de suas gengivas — um claro sinal de envenenamento. A descoberta causou um grande constrangimento ao dr. Smith: a aparência atraente de Louisa parece tê-lo distraído do sofrimento de sua paciente.

Em 10 de outubro, Mary Ann fez uma declaração formal acusando Louisa de envenená-la; um magistrado foi conduzido ao leito da senhora idosa especialmente para esse fim. Depois, Louisa foi levada ao Tribunal de Magistrados de Woolwich, acusada de "administrar com regularidade açúcar de chumbo ou algum outro veneno". Ela conseguiu se livrar de outras tentativas de envenenamento, mas, embora estivesse longe de Louisa, Mary Ann não conseguiu recuperar a saúde e morreu em 23 de outubro. No inquérito subsequente, foi confirmado que a autópsia realizada pelo analista do Ministério do Interior, dr. Thomas Stevenson, revelou a presença de acetato de chumbo. Quatro dias depois, Louisa apareceu no tribunal mais uma vez, desta vez sob a acusação do assassinato intencional de Mary Ann Tregillis.

O julgamento de Louisa Taylor foi aberto e ocorreu em Old Bailey em 14 de dezembro de 1882, perante o juiz Stephen (que, sete anos depois e em estado de sanidade precária, presidiu o julgamento de Florence Maybrick). A defesa se opôs à declaração de cabeceira de Mary Ann sendo lida no tribunal, mas o juiz Stephen a considerou admissível. Na sexta-feira, 15 de dezembro, o júri deu o veredicto de culpado; ao condenar Louisa, a juíza descreveu seu crime como "um assassinato cruel, traiçoeiro e hipócrita". Ela foi enforcada por William Marwood em Maidstone em 2 de janeiro de 1883 — a última mulher a ser executada naquela prisão.

Muitas mulheres, temendo a miséria, eram levadas a recorrer a todo tipo de crime — prostituição, *baby farming*, roubo e fraude —, mas Louisa parece ter escolhido um caminho diferente. Seu meio de sobrevivência era ganhar a confiança dos idosos antes de roubá-los; suspeitou-se que ela pode ter apressado a partida de seu marido do mundo antes de se dirigir aos Tregillis. No entanto, as recompensas estavam longe de ser lucrativas. Se ela tivesse conseguido colocar as mãos na pensão de William Tregillis, teria realizado uma soma irrisória, no valor de menos de 1 libra por semana na moeda de hoje. Suspeita-se que ela era uma mulher sem coração que usava pessoas apenas a fim de obter qualquer ganho monetário e não conseguiu formar relacionamentos duradouros — nisso, ela lembrava outra envenenadora desonesta de idosos, Catherine Wilson, que fazia amizade com suas vítimas e, enquanto aparentava cuidar delas, assistia-as morrerem em agonia. O público sentiu que Louisa Taylor merecia a morte: não houve debates acalorados na imprensa ou pedidos fervorosos de clemência. Tampouco havia sinal de Edward Martin, o vendedor de agrião, que admitiu com pesar que, em certa ocasião, comprara açúcar de chumbo para Louisa sem questioná-la. Enquanto aguardava a execução, seus únicos visitantes eram o capelão e a enfermeira-chefe da prisão. Não foi encontrado um único amigo, e a execução não conseguiu atrair a grande multidão que sempre se reunia nessas ocasiões. Apenas alguns pedestres se deram ao trabalho de olhar para a bandeira preta hasteada sobre a prisão após sua morte.

Leitura adicional | SMITH-HUGHES, J. *Eight Studies in Justice*. Londres: Cassell, 1953.

É DISSO QUE O POVO GOSTA

MADELEINE SMITH

KC, MWO

1835—1928

Sexo, traição, envenenamento: os ingredientes envolvendo a morte de Pierre Emile L'Angelier causaram furor na sociedade vitoriana. A suspeita era sua amante. Pierre morreu por ingestão de arsênico comprado por Madeleine. Mas surgiram boatos de que a vítima tomava o veneno com frequência, como fonte de virilidade. Para o deleite do público, que acompanhava os detalhes mais picantes, Madeleine foi inocentada.

Não é de se admirar que o caso de Madeleine Smith tenha se tornado uma causa célebre nos anais do crime vitoriano, e que seja fascinante até hoje. Madeleine possuía muitos dos atributos de uma jovem mulher dos dias atuais — forte, obstinada e aberta a aventuras sexuais — mesmo nascida em uma família típica do século XIX bastante imersa nos costumes calvinistas escoceses da época. Seu pai, James, era um arquiteto próspero e, além de ocupar uma grande casa na Blythswood Square de Glasgow, a família também tinha uma vila campestre, Rowaleyn, com vista para o rio Clyde. O caso escandaloso de Madeleine com Pierre Emile L'Angelier — um funcionário elegante e bigodudo que se via como um mulherengo — deu ecos ao tema de muitos romances melodramáticos, com a luxúria indulgente levando inexoravelmente à queda feminina. L'Angelier deve ter percebido que, sujeita ao sistema restritivo de classes da época, Madeleine estava fora de sua casta. Ele também estava com ciúmes, e não sem um bom motivo: quando a paixão de Madeleine por ele começou a diminuir (alguns meses antes da morte de L'Angelier), ela ficou noiva de outro pretendente mais adequado, o sr. William Minnoch. No entanto, o caso dela com L'Angelier, durante o qual se deleitaram em audaciosas reuniões clandestinas, durou até a morte dele, que, conforme foi revelado judicialmente, fora causada por uma alta dose de arsênico.

Tendo combinado um encontro com Madeleine na noite de domingo, 22 de março de 1857, L'Angelier voltou para seus aposentos nas primeiras horas do dia seguinte sentindo-se muito indisposto e vomitando profusamente. Ele suportou um sofrimento intenso e às 11h15 estava morto. Uma busca entre os pertences de Madelaine revelou as cartas de amor — e seu diário —, e ela foi presa e acusada de seu assassinato. Ao longo de sua conexão, numerosas cartas foram trocadas; aquelas escritas por Madeleine foram assinadas por "Mimi" e eram sedutoras, apaixonadas e sexualmente explícitas. Quando ela foi levada a julgamento por três acusações criminais — uma vez que a dose fatal foi administrada no clímax de uma longa campanha homicida —, seu conteúdo foi divulgado ao público e tornou-se objeto de interesse lascivo.

O julgamento foi aberto na terça-feira, 30 de junho, no Tribunal Superior da Justiça, em Edimburgo. Três juízes presidiram o processo, que durou nove dias; todas as palavras e nuances das provas fornecidas pelas testemunhas de acusação e defesa foram relatadas. Não contente em ler sobre a ação judicial, enormes multidões se reuniam todos os dias ao redor do tribunal na esperança de ter um vislumbre da notória libertina quando ela entrasse e saísse do prédio. Aos 21 anos, Madeleine era uma mulher morena e atraente, com olhos cinzentos portadores de uma presença magnética, como costumavam dizer. Ela usava um vestido de seda marrom, um chapéu de palha branco com fitas e um véu preto que ela levantou, sem qualquer tentativa de esconder o rosto. Com suas luvas de pelica cor de lavanda, ela segurava um pequeno frasco de sal volátil e um lenço. Ao contrário da impressão transmitida pelo fraseado sentimental de suas cartas ao amante, ela sentou-se com bastante calma no banco dos réus; não houve crises de choro ou explosões histéricas. Seu autocontrole era tal que ela se sentou com os olhos secos enquanto ouvia os detalhes da morte agonizante de L'Angelier — o homem a quem ela se dirigiu tão apaixonadamente como "meu querido marido, meu amor, meu tudo, meu melhor amado". Madeleine não teve permissão para falar, mas foi defendida pelo habilidoso John Inglis, o reitor da faculdade, que em seu discurso de encerramento admitiu que sua cliente *havia* comprado arsênico, embora ela o tivesse feito abertamente — para uso como loção de pele ou para matar ratos.

Quando os jurados deram o veredicto de inocente em uma das acusações e não comprovado nas outras duas, o tribunal reagiu com aplausos estrondosos, ecoados pela multidão do lado de fora. Argumentos a favor e contra o veredicto foram discutidos *ad infinitum*, não apenas na imprensa, mas nas cervejarias e clubes e nas casas. Mas a questão permaneceu — foi um caso de suicídio ou assassinato? Ficou estabelecido que L'Angelier era um neurótico hipocondríaco, sujeito a acessos de melancolia quando ficava desapontado com suas paixões e falava em suicídio com frequência. Embora não haja evidências de que ele tenha comprado arsênico, também foi sugerido que, além do arsenal de drogas que tomava para indisposições reais ou imaginárias, ele também era, na crença de que isso aumentaria sua virilidade, viciado em ingerir arsênico (não tão incomum quanto se poderia supor). Embora a sra. Mary Perry, sua senhoria e intermediária, tivesse testemunhado que seu diário continha referências a outras ocasiões em que ele tinha sofrido dores de estômago depois de visitar Madeleine (causadas, talvez, não por xícaras de cacau envenenado, mas por sua ingestão de pequenas doses de arsênico antes de fazer amor), essa evidência foi considerada inadmissível. Se ele suspeitou que Madeleine o havia envenenado com uma grande dose de arsênico naquela noite de domingo — a medida tomada foi estimada em 82 grãos — então por que não se pronunciou? Queria bancar o galã? Ou foi apenas uma relutância em admitir que ele próprio administrou a dose de forma intencional ou por acidente?

Eis os riscos da automedicação!

Era óbvio que Madeleine estava cansada de L'Angelier e tinha como objetivo um casamento mais aceitável com Minnoch. Mas ela teria ousado matá-lo? Ela sabia que ele tinha um estoque de cartas incriminatórias que revelariam a natureza escandalosa de sua relação. Tal exposição não apenas excluiria ela e sua família da sociedade — e daria a Minnoch todos os motivos para cancelar o noivado —, mas também arruinaria qualquer chance que ela tivesse de entrar em um casamento respeitável na sociedade em que vivia, mergulhada em dogmas religiosos e entre fortes laços de uma tal respeitabilidade.

Após sua libertação, Madeleine viveu uma vida sem escândalos, embora nada convencional. Em Londres, em 1861, ela se casou com um artista, George Wardle, com quem teve dois filhos. Por um tempo ela se envolveu com a vanguarda e a Irmandade Pré-Rafaelita. Mais tarde, ela morou em Nova York com seu segundo marido, sob o nome de Lena Wardle Sheehy. Relatos detalhados de sua vida podem ser encontrados em vários livros; ela morreu em 12 de abril de 1928, aos 93 anos, e foi enterrada no cemitério Mount Hope.

Leitura adicional | TENNYSON JESSE, F. (org.). *Trial of Madeleine Smith*. Edimburgo: William Hodge and Company, 1927.
BLYTH, H. *Madeleine Smith: A Famous Victorian Murder Trial*. Londres: Gerald Duckworth, 1975.

CORDA CURTA

MARY ANN BRITLAND

KC

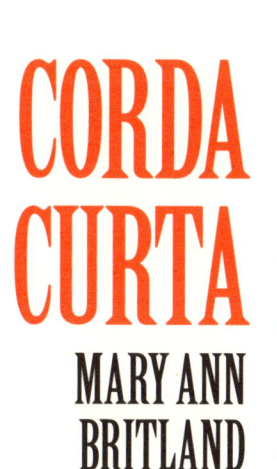

c. 1847—1886

Primeiro ela comprou um veneno para pragas. Três meses e três mortos depois, o resultado foram prêmios resgatados do seguro de vida, dois chapéus novos e o caminho livre para que ela e o vizinho, ambos viúvos recentes, pudessem se casar. Será que existe uma conexão aí?

Em 1886, a operária de fábrica Mary Ann Britland, 39 anos, seu marido, Thomas, e suas duas filhas adolescentes moravam na cidade de Ashton-under-Lyne, em Lancashire. Mary Ann foi descrita como "uma mulher organizada e diligente que sempre cumpria seus deveres para com a família de maneira louvável". Como a casa que eles alugaram em Turner Lane estava supostamente tomada por vermes, Mary Ann comprou uma quantidade de "chumbinho", vendido como vermicida Harrison, em um pacote por três centavos com catorze grãos de estricnina e 10,5 grãos de arsênico (ainda que meio grão de estricnina ou menos de quatro grãos de arsênico possam ser fatais para os seres humanos). Na entrega das substâncias, o químico fez uma piada macabra de perspicácia involuntária, aconselhando Mary Ann que, para evitar a detecção e conseguir dinheiro do "clube" funerário, ela só deveria dar à vítima pretendida uma série de pequenas doses.

Em 9 de março, a filha mais velha, Elizabeth, 19 anos, morreu de repente — pelo visto de causas naturais —, e seus pais reivindicaram 10 libras de seu seguro de vida. Há pouco tempo, Mary Ann tinha ido pessoalmente ao corretor de seguros, pagando 1 xelim e 8 centavos adiantados pelo seguro do marido e da filha, em vez de esperar em casa pela visita habitual do agente que recolhia o pagamento de alguns centavos a cada semana. Thomas Britland gastou parte do dinheiro comprando um novo chapéu para usar no funeral de sua filha, sem saber que seria a próxima vítima. Em 3 de maio, ele morreu após sofrer uma série de crises epilépticas catastróficas. No dia seguinte, Mary Ann, na companhia do vizinho chamado Thomas Dixon, de 25 anos, foi reivindicar 11,17 libras do seguro de vida de seu marido. A dupla trocou o chapéu do falecido por um que servia em Thomas Dixon e era de "melhor qualidade", a transação sendo concluída por Mary Ann mediante o pagamento de 5 xelins extras.

Já havia rumores de que Mary Ann e Thomas Dixon tinham uma "conexão" ilícita, e foi observado que Dixon passava muito tempo na casa de Mary Ann sempre que seu marido estava trabalhando. Ele até disse que gostaria de ter se casado com alguém como Mary Ann, e fez comentários depreciativos sobre Mary, sua esposa por seis anos e mãe de seus dois filhos; ela, entretanto, não sabia ou não sabia se a fofoca a incomodava, pois, tendo pena da recém-enlutada Mary Ann, convidou-a com sua filha, Susannah, para dormir na casa de Dixon. Previsivelmente, quando Mary Dixon morreu, em 14 de maio, e Thomas Dixon prontamente recebeu 19,17 libras da Union Friendly Society, suspeitou-se de jogo sujo em todas as três mortes. A polícia interrogou Mary Ann, e uma autópsia subsequente no corpo de Mary Dixon confirmou a presença de estricnina e arsênico. Os corpos de Thomas e Elizabeth Britland foram exumados, e descobriu-se que continham evidências dos dois venenos.

Mary Ann Britland foi presa, apresentada perante os magistrados e acusada de três homicídios. Inicialmente, Thomas Dixon também foi acusado de cumplicidade no assassinato de sua esposa, mas foi libertado após convencer as autoridades de sua inocência. O julgamento do assassinato foi aberto na quinta-feira, 22 de julho de 1886, perante o juiz Cave em Manchester Assizes e, embora Mary Ann negasse as acusações, ela foi considerada culpada e sentenciada à morte. Seus gritos agudos ecoaram pela sala do tribunal e, uma vez confinada à cela dos condenados, ela estava perturbada e mal conseguia comer ou dormir. Não havia esperança de prorrogação, e Mary Ann passou sua última noite na Terra cantando hinos. Quando instada a confessar os três assassinatos, Mary Ann negou ter matado Mary Dixon, mas baixou a cabeça à menção de seu marido e sua filha. Ela foi enforcada em 9 de agosto por James Berry, tornando-se a primeira mulher a ser executada na Prisão de Strangeways. Ela teve que ser arrastada, chorando lamentavelmente, para o cadafalso, mas, uma vez presa nele, ela morreu na hora.

Ainda há um mistério em torno do motivo desses assassinatos, mas havia rumores de que Elizabeth foi morta porque ameaçou expor a ligação adúltera de sua mãe com Thomas Dixon. Parece inexplicável que Mary Ann, que, ao que parece, levou uma vida normal sem exibir nenhum comportamento bizarro ou criminoso, de repente infligisse uma morte agonizante a três pessoas. Alguns relatórios contemporâneos sugeriram que Mary Ann e Thomas Dixon, apesar da diferença de idade, pretendiam se casar assim que estivessem livres de seus respectivos cônjuges.

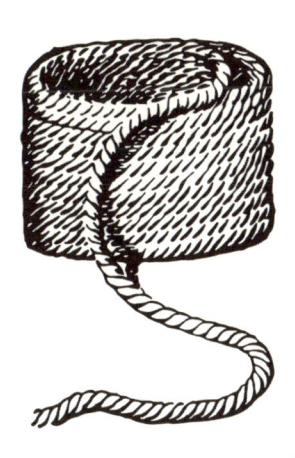

Leitura adicional | BERRY, J. *My Experiences as an Executioner.* Editado e com introdução de Jonathan Goodman. Londres: David & Charles, 1972.

MORTE SEGURA

MARY ANN COTTON

KC, MWO

1832—1873

Acusada formalmente pela morte de quatro pessoas, Mary Ann Cotton pode ter sido responsável pelo envenenamento de mais de vinte pessoas, incluindo filhos, enteados, maridos, amantes, uma cunhada e sua própria mãe. Seu modus operandi era mudar de cidade após receber as indenizações dos seguros de vida. Uma hora alguém acabaria desconfiando.

Nascida em Durham, Mary Ann Cotton era extremamente perversa, uma mulher sem coração e sem piedade que estava preparada para administrar arsênico a qualquer pessoa — homem, mulher ou criança (inclusive as dela) — e vê-las morrer em agonia. Suas vítimas eram aquelas pessoas que ela considerava dispensáveis, seja quando desejava trocar um marido por outro ou quando precisava da sinistra fonte de renda dos seguros. Embora fosse alfabetizada e, às vezes, trabalhasse como costureira, governanta ou enfermeira, logo viu no assassinato uma opção muito mais lucrativa.

Seu primeiro marido foi o mineiro William Mowbray, com quem ela se casou em 1852, quando tinha dezenove anos. Em busca de trabalho na mina, eles se mudaram para o West Country e tiveram, dizem, quatro ou cinco filhos, dos quais todos, exceto uma — Isabella — morreram. Retornando ao nordeste do país em 1856, tiveram mais quatro filhos, dois dos quais também morreram, assim como Isabella (de febre gástrica, ou assim se dizia). Quando o próprio Mowbray morreu, em 1865, Mary Ann reivindicou 35 libras — o salário de meio ano de um trabalhador — da seguradora.

Naquele mesmo ano, ela se casou com seu segundo marido, George Ward, após transferir um de seus dois filhos restantes para os cuidados de sua mãe (o outro, é claro, morreu). Em questão de meses, Ward bateu as botas, e mais uma vez Mary Ann reivindicou o seguro. Antes do fim de 1866, ela namorou o homem que se tornaria seu terceiro marido — um viúvo e pai de cinco filhos, James Robinson; sua filha mais nova, como Katherine Watson comenta tristemente, "morreu dentro de oito dias" após a chegada de Mary Ann na casa da família. Em 1867, a mãe de Mary Ann morreu depois da visita de sua filha, assim como mais dois filhos de Robinson e o único filho restante de William Mowbray (aos cuidados de Mary Ann após o falecimento de sua mãe). Mary Ann então deu à luz outra filha que morreu logo depois; um segundo filho de Robinson sobreviveu, embora mais tarde fosse abandonado por sua mãe. Mesmo tendo essa agenda prolífica, com os pagamentos de seguro acontecendo com frequência, ela não resolvia suas dívidas; quando ela não conseguiu persuadir Robinson a criar um seguro de vida, o casamento terminou e Mary Ann ficou desamparada. Três anos depois, Mary Ann foi morar com um mineiro de 39 anos, Frederick Cotton, e deu-lhe um filho, Robert Robson Cotton. Em setembro de 1871, Frederick e sua irmã Margaret estavam mortos.

Mary Ann voltou para um ex-amante, Joseph Nattrass de 35 anos, mas quando viu uma proposta mais adequada — John Quick-Manning, especialista em impostos de cervejaria que a contratou para ajudá-lo a se recuperar da varíola —, chegou a hora de Nattrass e o restante da família Cotton partirem. Quando um dos enteados (Frederick, de 10 anos), seu próprio filho (Robert, 14 meses) e Joseph Nattrass morreram, restou apenas um a eliminar, o outro enteado de Mary, Charles, de 7 anos. A princípio, Mary tentou fazer com que ele fosse internado no asilo, mas um oficial local, Thomas Riley, disse que ela precisaria acompanhá-lo, então ela recorreu novamente ao assassinato.

Em julho de 1872, o menino estava morto, tudo indicava que havia sido vítima de febre gástrica súbita — uma morte súbita que, por fim, alimentou fofocas suficientes para levar as autoridades a investigar. A seguradora também suspeitou e se recusou a honrar a reivindicação de Mary Ann pelo seguro de vida do menino. Felizmente, o médico que atendeu Charles retirou amostras e, aplicando o Teste de Reinsch, comprovou a presença de arsênico. Mary Ann foi presa em 18 de julho de 1872 e acusada do assassinato de Charles. As descobertas do médico levaram à exumação do corpo do menino em 26 de julho e, mais tarde, dos de seu irmão Frederico e do pequeno Robert — os restos mortais de todos os três continham arsênico. É seguro dizer que, por ter passado tanto tempo sem ser detectada, ela pode muito bem ter envenenado mais de vinte vítimas em um período de vinte anos. Antes da refrigeração, de uma nutrição aprimorada, cuidados de saúde e até mesmo uma compreensão mais completa quanto à higiene alimentar, a taxa de mortalidade infantil era alta e muitas dessas mortes eram consideradas como resultado de febre gástrica. Os médicos não costumavam manter a vigilância e apenas aceitavam a versão dos eventos de um parente para emitir um certificado identificando as causas naturais de morte.

Os riscos da falta de curiosidade oficial já eram conhecidos, mas as salvaguardas da sociedade não acompanhavam o ritmo. Em Essex, duas décadas antes, Sarah Chesham escapou de uma série de envenenamentos semelhantes — incluindo os de seus dois filhos — cometidos com a intenção expressa de fazer reivindicações de seguro à Prudential Insurance Company. Rebecca Smith, que matou pelo menos sete de seus filhos (embora não por causa do seguro), e Elizabeth Berry, que assassinou sua filha de onze anos, Edith, e era suspeita de despachar outros membros da família, atuavam de forma semelhante e operaram com liberdade por muitos anos. Elas foram finalmente executadas em 1849 e 1887, respectivamente, mas em cada caso o dano generalizado e trágico já havia sido feito. Mary Ann Cotton, refinando seu método para tirar o máximo proveito da inação daqueles com quem ela entrou em contato, foi ainda mais isolada de suspeitas pelo fato de que ela se manteve em movimento, de uma vila a outra, garantindo que seus vizinhos fossem alheios às mortes ocorridas em seus endereços anteriores.

Mary Ann foi acusada de quatro assassinatos — Frederick Cotton, júnior, Robert Robson Cotton, Joseph Nattrass e Charles Cotton —, mas foi julgada pela morte de Charles. O julgamento foi iniciado em 5 de março de 1873, em Durham Crown Court, perante Sir Thomas Dickson Archibald. A acusação foi liderada por Charles Russell. Mary Ann foi defendida pelo sr. Thomas Campbell Foster, que propôs que o jovem Charles tivesse morrido ao inalar gases venenosos que emanavam do arsênico usado no processamento da tinta do papel de parede verde que decorava a casa dos Cotton. Ele admitiu que seu cliente mantinha um estoque de arsênico (embora apenas na forma de "sabonete" para matar percevejos), mas, apesar dessas imaginações legalistas, os fatos indiscutíveis estavam se aproximando de Mary Ann. Para surpresa de todos, o júri levou até noventa minutos para retornar o veredicto de culpada; a sentença de morte teve de ser adiada, entretanto, até que ela desse à luz ao bebê que carregava. Durante esse tempo, o ministro do Interior recebeu petições pedindo um adiamento, todas as quais foram rejeitadas. Ela deu à luz uma menina, filha de Quick-Manning, na prisão, e o bebê foi adotado. Da cela, condenada, Mary Ann escreveu muitas cartas insistindo em sua inocência, algumas das quais estão preservadas em uma coleção particular.

Atormentada, mas impenitente, Mary Ann Cotton foi despachada por William Calcraft às 8h da manhã de 24 de março de 1873 na Prisão do condado de Durham. Como a corda era muito curta, ela sofreu por vários minutos antes de morrer sufocada.

Leitura adicional | WATSON, K. *Poisoned Lives*. Londres: Hambledon and London, 2004.

ALMA NO INFERNO

MARY BALL

1818—1849

Após a autópsia no marido confirmar a presença do veneno, a viúva mudou sua versão duas vezes. Teve sua mão queimada pelo capelão da penitenciária, para que experimentasse o fogo do inferno, e acabou condenada à forca em 1849.

KC

É duvidoso que Mary Ball, de 31 anos, tenha sido a única mulher que enganou seu infiel marido fazendo-o se matar inadvertidamente com uma pitada de arsênico em uma época em que a presença do elemento era comum nas residências e, também, era fácil de ser obtido com o intuito de matar todos os tipos de pragas. Thomas Ball se casou com Mary em 1838 e, em doze anos, eles tiveram seis filhos — apenas uma filha, Mary Ann, sobreviveu. A família morava em Nuneaton, em uma comunidade coesa de tecelões de fitas que incluía vários outros membros da família; o pai de Mary dirigia uma cervejaria conhecida como White Hart e Thomas trabalhava como operário, então eles não estavam destituídos de forma alguma. Mary deixou claro que seu marido era um valentão bêbado e mulherengo, e ela muitas vezes ameaçou matá-lo. Seus flertes com outras mulheres pareciam a causa provável de sua raiva, embora houvesse rumores de que ela mesma estava tendo um caso com um parente, Will Bacon, de dezenove anos. Quer ela pretendesse ou não se livrar de Thomas, a oportunidade perfeita surgiu na sexta-feira, 18 de maio, quando ele retornou de uma pescaria com amigos. Ele tinha bebido muito no White Hart e, quando voltou para casa cambaleando, sentia-se "muito esquisito por dentro". Claramente, o remédio usual era uma dose de "sais" mantida, ao que parece, atrás de um bule sobre a cornija da lareira.

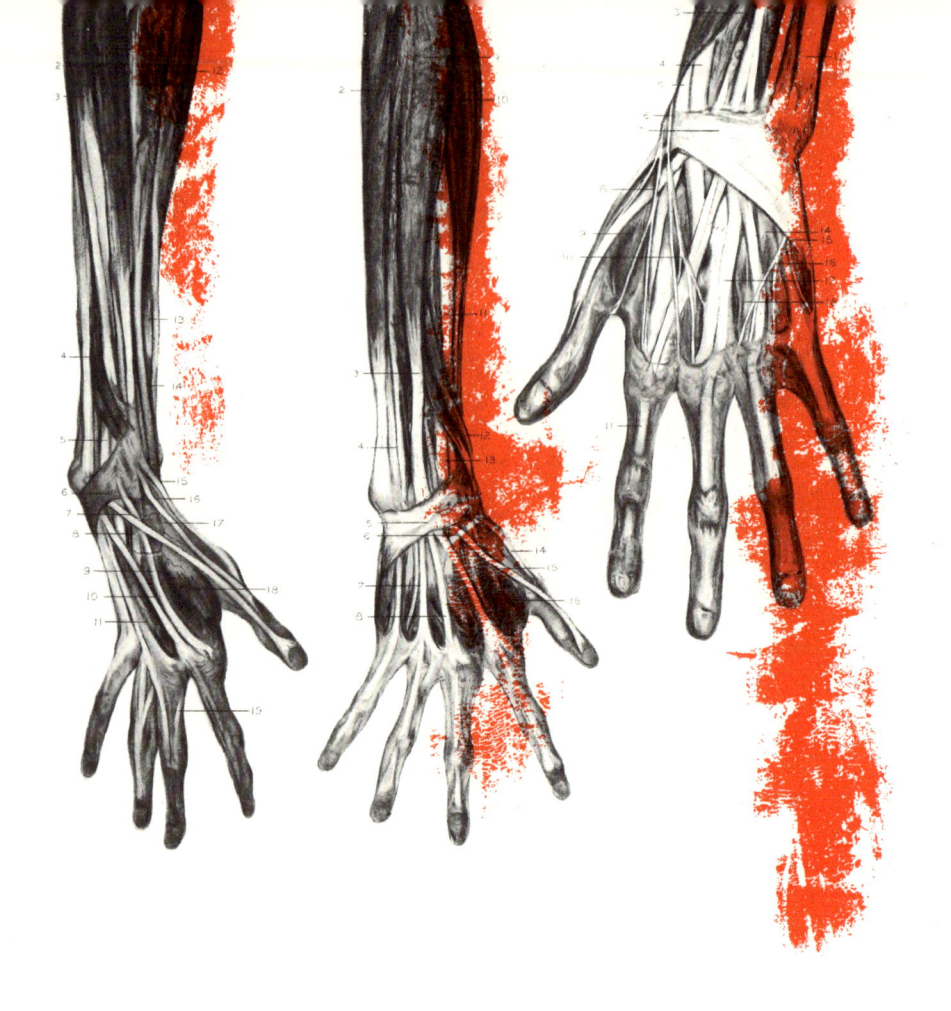

Duas semanas antes, em 4 de maio, Mary comprou um centavo de arsênico "para matar os insetos" da casa, deixando o pacote sobre a lareira. Agora, ela deu a Thomas, que sentia náuseas, um pouco de pão e mingau, e saiu de casa. Ao retornar, ela descobriu que a condição dele havia piorado; ele estava vomitando violentamente. Um médico fez duas ligações e, depois que Thomas Ball morreu no domingo, 20 de maio, emitiu um atestado que indicava a causa da morte como inflamação do estômago. A fofoca local, no entanto, alimentou a necessidade de uma autópsia; isso revelou que o corpo de Thomas continha de três a quatro grãos de arsênico. Mary foi presa sob suspeita de envenenar seu marido. Estranhamente, ela fez três declarações conflitantes. Na primeira, ela disse que havia misturado o veneno em um copo (como inseticida), jogado o copo fora e queimado o papel de embrulho. Quando nenhum copo foi encontrado, ela mudou sua história, dizendo que tinha ficado confusa e podia ter misturado um pouco do pó de arsênico no mingau de Thomas. Em sua terceira declaração, ela admitiu que tinha adicionado um pouco do arsênico ao mingau — mas apenas como um purgante.

Em 22 de maio, ela foi acusada do assassinato de seu marido. O caso foi apresentado ao juiz Coleridge no Warwickshire Assizes, realizado no County Hall, Coventry, em 28 de julho de 1849. Embora ela se declarasse inocente e fosse habilmente defendida pelo sr. Miller (que sugeriu que o "esquecimento", e não a malevolência, de Mary fosse culpável), ela foi condenada à morte. As petições foram enviadas ao Ministro do Interior, Sir George Grey, implorando à rainha que sancionasse uma prorrogação, mas nenhuma foi dada. Enquanto estava na cela dos condenados, Mary foi submetida às fervorosas (alguns diriam excessivamente zelosas) ministrações do capelão da prisão que, em 4 de agosto, na tentativa de extrair uma confissão, colocou sua mão sobre uma vela acesa para que ela pudesse compreender totalmente o fogo da danação eterna; esse ato de entusiasmo religioso o fez perder o emprego. Mary, no entanto, fez uma declaração final na qual admitiu que havia colocado o arsênico na prateleira sabendo que Thomas iria confundi-lo com os "sais" para aliviar suas dores de estômago. Se ela tivesse dito, quando foi presa pela primeira vez, que ele tomou por engano enquanto ela estava, convenientemente, fora de casa — e, portanto, absolvida da culpa —, ela poderia ter sido libertada sem acusação ou, na pior das hipóteses, considerada culpada de homicídio culposo, não assassinato.

Mary Ball foi executada na quinta-feira, 9 de agosto, por William Calcraft, em um patíbulo em frente ao salão do condado, em Cuckoo Lane. Diz-se que milhares se reuniram para vê-la morrer; muitos teriam comprado uma cópia de um artigo intitulado "Life, Trial and Awful Execution of Mary Ball". Foi feita uma máscara mortuária do rosto de Mary, que permanece em exibição no Museu da Polícia de West Midlands, em Coventry. Sua execução pública foi a última a ser realizada na cidade, e uma placa com essa informação está colocada na parede do County Hall.

O assassinato de Thomas Ball não foi um dos casos mais sensacionalistas do reinado de Vitória, mas serve para ilustrar a situação de milhares de mulheres acorrentadas a parceiros insatisfatórios em um momento em que o divórcio não era uma opção; sem o apoio de um assalariado do sexo masculino, a workhouse tornava-se a opção mais atrativa. A maioria das mulheres optava pela tolerância e, apesar da paranoia de meados do século sobre o aumento no número de mulheres acusadas de envenenar seus maridos (que culminou no Ato do Arsênico de 1851), comparativamente poucas recorreram ao assassinato. Por outro lado, os homens que desejavam se livrar de suas esposas não precisavam recorrer ao assassinato furtivo; eles podiam usar, e usavam, a força bruta para matar ou subjugar as mulheres que eram classificadas como meros bens móveis.

Leitura adicional | MUSCUTT, R. *The Life, Trial and Hanging of Mary Ball*. Dereham: Broadlands Books, 2011.

MORTE INOCENTE
O MISTÉRIO DE BALHAM

1876

A misteriosa morte por envenenamento do advogado Charles Bravo. As suspeitas caíram sobre sua esposa e a governanta da casa, que poderiam ou não ser cúmplices. Ou ainda, como preferiu a justiça, inocentes.

KC

Não é de admirar que o mistério em torno da morte de Charles Bravo, em 1876, tenha se tornado um dos casos mais intrigantes do período vitoriano. Ele tem todas as características da ficção policial: de um lado, o belo advogado de trinta anos, Charles; do outro, sua rica e bela esposa, Florence — que, antes do casamento, tivera um caso escandaloso com o dr. James Gully, de 62 anos, o famoso hidropata, em sua moderna clínica em Malvern. Depois de conhecer Bravo ao passear por Brighton, Florence logo abandonou Gully e se juntou a Charles — agora seu marido — em Priory, uma pitoresca casa de campo pseudogótica na zona rural de Balham, com estábulos e extensos jardins. Eles empregaram um mordomo, um cozinheiro, uma criada e um cavalariço para os cavalos da carruagem; também residia uma ex-governanta viúva, a sra. Jane Cox, que fizera amizade com Florence durante seu caso com Gully. Ela recebia um salário anual de 80 libras e tratamento preferencial muito além do de qualquer um dos outros empregados da casa. Com a ajuda financeira do padrasto de Charles, Joseph Bravo, ela até investiu em propriedades e matriculou seus três filhos em uma escola particular.

Em 17 de abril, enquanto Charles cavalgava em Tooting Common, seu cavalo, Cremorne, fugiu; Charles voltou para Priory de mau humor. A sra. Cox se juntou a seus patrões para jantar, depois de passar o dia na costa sul procurando um local onde Florence pudesse convalescer após sofrer um aborto recente. Charles falou muito pouco durante a refeição e, assim que acabou, retirou-se para dormir, ocupando o quarto de hóspedes, pois Florence, que não se sentia bem, decidira dividir a cama com a sra. Cox. Tendo consumido uma boa quantidade de vinho durante o jantar, Florence logo adormeceu profundamente, com a sra. Cox sentada devotamente ao lado de sua cama. De repente, Charles abriu a porta de seu quarto e gritou: "Florence! Florence! Água quente! Água quente!". Cambaleando de volta para o quarto, ele vomitou pela janela antes de desabar no chão.

A sra. Cox assumiu o controle de uma maneira tão laboriosa e deliberada que a deixou vulnerável a suspeitas, como se ela pretendesse que a irritação de Charles permanecesse em seu organismo tempo suficiente para matá-lo. Quando Florence finalmente acordou e viu a condição de seu marido, ela ficou histérica e gritou para que Rowe, o mordomo, chamasse um médico local; a sra. Cox, por outro lado, sugeriu alguém que morava um pouco longe.

Charles Bravo sofria a mais terrível agonia enquanto o veneno se espalhava, mas repetidas vezes negava ter tentado suicídio. A sra. Cox (novamente destoando dos Bravos) insinuou que Charles não foi capaz de superar seu ciúme do caso pré-marital de Florence com o dr. Gully. Em desespero, Florence mandou chamar o célebre médico, dr. William Gull, que confirmou que Charles havia sido envenenado e morreria em breve. Só então a sra. Cox mencionou o vômito nas telhas. Se essa informação estivesse disponível antes, uma análise poderia ter sido feita e um antídoto encontrado. Mas o prognóstico de Gull se mostrou correto, e Charles morreu na manhã de 21 de abril de 1876.

Vários dos amigos de Charles estavam convencidos de que ele nunca teria cometido suicídio, e expressaram sua inquietação depois que essa conclusão improvável foi alcançada pelo discreto inquérito realizado no Priorado na sexta-feira, 28 de abril. A preocupação deles foi reafirmada por Joseph Bravo, sobretudo depois que uma análise do vômito nas telhas identificou que o veneno era antimônio. O veículo mais provável parecia ser a garrafa de água da qual Charles sempre bebia antes de dormir. Florence e a sra. Cox eram cada vez mais suspeitas. Elas logo foram aconselhadas a fazer declarações voluntárias ao Tesouro, mas o que quer que tenha sido dito durante essa reunião causou uma divisão catastrófica. A família se dissolveu e elas seguiram caminhos separados, a sra. Cox para Birmingham, e Florence (por meio de Brighton) para a residência rural de sua família.

Um segundo inquérito foi ordenado. Joseph Bravo garantiu os serviços de George Lewis, um interrogador legal destemido, e o pai de Florence, Robert Campbell, contratou o conselheiro da rainha Sir Henry James, um antigo procurador-geral, para representar Florence. Os procedimentos foram realizados no salão de bilhar do andar superior do Bedford Hotel, em Balham, e duraram 23 dias. A cobertura da imprensa foi extensa, com jornais publicando relatórios diários da audiência; multidões surgiram na tentativa de entrar, e a sala estava tão lotada que um topógrafo teve de ser trazido para verificar se o piso suportava o peso. Membros das famílias Bravo e Campbell foram interrogados; o mesmo acontecia com os serviçais do Priorado, incluindo o ex-cavalariço George Griffiths, que admitiu usar antimônio nos cavalos de Florence para manter a pelagem saudável e fazer o mesmo quando trabalhava para o dr. Gully em Malvern. Tanto Florence Bravo quanto a sra. Cox foram interrogadas intensamente — Cox, tranquila, bloqueou com eficácia as perguntas que lhe foram feitas, mas Florence sofreu a humilhação de ter seu caso com o dr. Gully tornado público e chorou amargamente o tempo todo. Apesar de tudo, o júri decidiu que, embora Charles tivesse morrido por envenenamento (em vez de suicídio ou acidente), era impossível "culpar qualquer pessoa ou pessoas". A sra. Cox retirou-se para Birmingham. Florence, rebatizando-se de sra. Turner, foi morar em Southsea, onde, dezoito meses depois, em 17 de setembro de 1878, morreu, tendo literalmente bebido até a morte aos 33 anos de idade.

Pouco antes da morte de Charles Bravo, a sra. Cox, ao saber que receberia algumas propriedades na Jamaica, perguntou a Joseph Bravo se ela deveria viajar para o Caribe a fim de consolidar seus negócios. Sabendo que seu filho estava pensando em se livrar dela para economizar dinheiro, ele a incentivou a ir, mas ela desistiu. Não era o momento. Ela não estava pronta para desistir de sua vida de luxo como confidente de Florence e estava determinada a fazer com que seus filhos concluíssem sua educação de elite inglesa. Ela sabia que se tivesse feito aquela visita, Charles nunca a teria aceitado de volta. No entanto, poucos meses após a morte de Charles e a interrupção abrupta das relações amigáveis com Florence, a sra. Cox viajou para as Índias Ocidentais para cuidar de sua herança. Ela e seus filhos se estabeleceram por muitos anos na Jamaica mas, por fim, ela retornou para a Inglaterra, morrendo em 1917, seu nonagésimo ano, em Lewisham.

Talvez nunca saibamos quem derramou a dose letal de antimônio na jarra de água de Charles Bravo naquela noite. Florence suspeitava que a sra. Cox tivesse envenenado Charles — ou as duas estavam envolvidas? A questão permanece sem solução. Mas se houvesse uma conspiração, teria Florence mantido a sra. Cox, sua amiga íntima e confidente de status privilegiado, unida a ela por sua cumplicidade no crime? O fato de Florence ter optado por romper todos os vínculos com sua antiga companheira parece indicar sua inocência e a culpa da sra. Cox. Mas o mistério permanece, e alguns autores sobre caso ainda precisam ser convencidos.

Leitura adicional | CLARKE, K.; TAYLOR, B. *Murder at the Priory: The Mysterious Poisoning of Charles Bravo*. Londres: Grafton, 1988.
RUDDICK, J. *Death at the Priory*. Londres: Atlantic Books, 2001.

SALLY ARSÊNICO

SARAH CHESHAM

KC, MWO

1809—1851

Sarah Chesham envenenou dois filhos e o marido, e ainda teria aconselhado duas mulheres a matar outras vítimas, incluindo mais uma criança. Levaria cinco anos para ser condenada. Ganhou um apelido maldito e foi enforcada. Seu cadáver foi exibido para curiosos e pedaços de sua roupa e cabelos, vendidos como souvenir. Os crimes de Sarah influenciaram a Lei do Arsênico, que regulamentava a venda do veneno mais popular da era Vitoriana.

Sarah Parker, de 19 anos, de Clavering, Essex, casou-se com Richard Chesham, um trabalhador rural, em 1828. Eles tiveram seis filhos no período de uma década. Em 1845, dois dos filhos, Joseph e James, morreram após sofrer fortes vômitos e dores de estômago. A causa da morte foi dada como cólera inglesa — uma doença generalizada na época — e eles foram enterrados no cemitério Clavering. A suspeita foi levantada apenas quando, no ano seguinte, uma terceira criança morreu na cidade. Seu nome era Solomon, filho ilegítimo de Lydia Taylor, que morava em um vilarejo próximo.

Lydia Taylor foi questionada por magistrados sobre conversas que teve com Sarah Chesham — conversas sobre o uso de veneno — e isso levou à exumação dos corpos de Joseph e James. Quando o conteúdo de seus estômagos foi analisado no Guy's Hospital, em Londres, e o arsênico foi encontrado, Sarah foi acusada de assassinato. Em março de 1847, no Essex Lent Assizes, ela foi julgada em três audiências separadas — pelas mortes de Joseph, James e de Solomon Taylor. No entanto, como não havia provas de que ela havia administrado veneno a alguma das crianças, foi absolvida.

Em 24 de maio de 1850, após uma longa doença, o marido de Sarah morreu. Ela logo foi presa. Ela disse a vizinhos que, em pelo menos uma ocasião, ela mandou ao marido uma torta de carne moída envenenada enquanto ele estava trabalhando no campo, e após isso, Richard adoeceu gravemente. O conteúdo do estômago de Richard foi enviado ao Guy's Hospital para análise, assim como um pouco de arroz descoberto durante uma busca subsequente na casa de Sarah. Ambas as amostras continham vestígios de arsênico. Antes de seu primeiro julgamento por assassinato, o *Times* criticou os apáticos locais que "viram os filhos dela serem enterrados sem comentários ou protestos, embora estivessem claramente convencidos de que tivesse existido um crime"; agora, a ira da imprensa era dirigida a Sarah. Ela foi descrita como uma conhecida envenenadora de "fama odiosa", taxada como um "demônio", recebeu o apelido de "Sally Arsênico" e ainda mais demonizada por ser descrita como uma "mulher de aparência masculina".

> **Era um talento na cozinha, mas o tempero que ela usava sempre descia mal.**

Sarah foi julgada no Essex Assizes de março de 1851. Foi apresentada uma evidência de que ela não permitiu que ninguém mais cuidasse de seu marido durante a doença fatal dele e, durante o período, alimentou-o com leite engrossado com arroz. Os jurados também foram informados de que Sarah aconselhou uma mulher local, Hannah Philips, sobre o uso de arsênico para acabar com um casamento infeliz. Embora Richard Chesham sofresse de tuberculose, as descobertas da autópsia sugeriam que Sarah vinha lhe dando pequenas doses de arsênico com regularidade, agravando a inflamação de seus pulmões e acelerando sua morte. Sarah foi considerada culpada de administrar veneno com a intenção de matar e, como se tratava de um crime com pena de morte, ela foi levada para a prisão do condado em Chelmsford para aguardar a execução. Em 25 de março de 1851, William Calcraft enforcou Sarah Chesham e Thomas Drory (condenado pelo assassinato de sua namorada) na forca erguida acima do portão da casa. Milhares de pessoas, na maioria mulheres, reuniram-se para assistir ao espetáculo horrendo, alegrando os batedores de carteira. Sarah foi a última mulher a ser enforcada em público em Chelmsford.

Assassinos perigosíssimos tiveram que ser enterrados debaixo do chão das prisões, mas como a condenação de Sarah foi por um crime menor, os membros da família foram autorizados a tomar o corpo e enterrá-lo em outro lugar. O corpo de Sarah demorou dois dias até retornar para Clavering — durante a noite, o caixão parou na pousada Lion Inn, em Dunmow, "onde atraiu um grau considerável de atenção pública, e muitas ofertas foram feitas para espiar o cadáver". A família, ansiosa para obter todos os lucros possíveis com sua situação, não ficou indiferente a essas abordagens terríveis, chegando a vender "partes do cabelo e das roupas, compradas como relíquias pelos morbidamente curiosos". No dia seguinte, na própria Clavering, foi descoberto que o clérigo local não estava disposto a permitir que o corpo descansasse no cemitério e havia escrito à diocese expressando sua inquietação. Enquanto a discussão continuava, uma cova rasa e temporária foi aberta e o caixão foi colocado nela e coberto por tábuas. Depois de anoitecer, o corpo de Sarah foi roubado, tudo indica que por ressurreicionistas, e não foi visto novamente.

Sarah era conhecida em sua vizinhança como alguém que dava conselhos venenosos, mesmo que a pessoa estivesse sobrecarregada com muitos filhos ou perturbada por maridos enfadonhos ou excessivamente libidinoso. Se ela fosse mesmo essa pessoa, teria Lydia Taylor seguido seu conselho para se livrar do pequeno Solomon, apenas para se voltar contra sua ex-amiga durante seu julgamento por assassinato?

Talvez a sinistra influência pública de Sarah tenha se espalhado ainda mais. Em 1848, um ano depois de Sarah ter sido absolvida por envenenar os três meninos, uma mulher chamada Mary May foi executada em Chelmsford por matar seu meio-irmão com arsênico — o motivo dela: para reivindicar o seguro funerário. Na época, a taxa de mortalidade infantil era alta, mas dizia-se que, dos dezesseis filhos dela, apenas um sobreviveu. Relatórios como esses muitas vezes exageravam os números envolvidos, mas o sentimento público estava ficando quente. Também havia rumores de que May era uma pupila das façanhas de Sarah Chesham; e Hannah Southgate, uma amiga íntima de Mary May, teve a sorte de ser absolvida em Chelmsford do envenenamento de seu marido em 1849. As histórias dessa rede de envenenadoras (supostamente ligadas por conhecidas ou apenas inspiradas por notícias da imprensa ou fofocas locais, e encorajadas por seus próprios sucessos ou pelos de suas predecessoras — ou, em outra leitura, nenhuma das opções acima, a coisa toda poderia ter uma pitada de *As Bruxas de Salem*) provocaram uma ansiedade moral considerável e, no dia antes da execução de Sarah, a Câmara dos Lordes ratificou a Lei do Arsênico (1851). Essa legislação introduziu uma série de medidas destinadas a regular o varejo de arsênico e incluía uma cláusula vetando sua venda às mulheres — passível de interpretação apenas no contexto da atmosfera de escândalos que se desenvolveu na onda de envenenamentos de Essex — que foi removida com prudência pouco antes do projeto virar lei.

Leitura adicional | AINSLEY, J.L. *The Ordeal of Sarah Chesham*. Universidade de Victoria, Canadá: dissertação de mestrado. Não publicada.

PEDIDO DE DEMISSÃO

SARAH HARRIET THOMAS

KC

1831—1849

Não era fácil agradar a velha Elizabeth Jeffries. Tanto que nenhum empregado doméstico aguentava o serviço por muito tempo. Mas a jovem Sarah Thomas podia ter simplesmente pedido pra sair. Num ato de fúria, despachou a patroa e sobrou até pro coitado do cachorro. Sarah teria que enfrentar o carrasco, que nesse caso não era um apelido para chefe exigente.

Em fevereiro de 1849, uma jovem de dezoito anos chamada Sarah Harriet Thomas (que foi descrita em uma reportagem de jornal como possuidora de "grandes atrativos pessoais") arranjou emprego em Bristol como empregada doméstica de uma senhora já idosa chamada srta. Elizabeth Jeffries. A rica solteirona de 69 anos era conhecida por ser bastante rabugenta e excêntrica, além de evitar a vida em sociedade. Seu mau humor e os frequentes maus-tratos aos criados tornavam-na incapaz de mantê-los no trabalho por longos períodos.

Em pouco tempo, a velha senhora foi encontrada espancada até a morte em sua cama. A pedra usada no ataque foi encontrada na lareira, e muitos itens valiosos da casa foram saqueados, como joias e prata. O corpo do cachorro da vítima foi encontrado primeiro, com a cabeça mergulhada na privada. A polícia encontrou Sarah, que havia se ausentado de seu local de trabalho, escondida no depósito de carvão da cabana de sua mãe; não houve nenhuma tentativa de esconder os objetos de valor perdidos. Ela foi presa, acusada do assassinato de sua patroa e levada para a Prisão de Bristol.

Enquanto estava presa, Sarah tentou acusar outra criada dos crimes, mas o júri no inquérito subsequente emitiu um veredicto de culpada contra ela, e ela foi transferida para a Prisão de Gloucester a fim de aguardar julgamento. A mãe de Sarah foi acusada de receber bens roubados e detida sob custódia até que ela pudesse ser chamada como testemunha.

Em 3 de abril, o julgamento foi aberto perante o juiz Platt no Shire Hall, Gloucester; multidões enormes se reuniram para o evento. Depois que Sarah foi considerada culpada e sentenciada à morte, ela foi encaminhada para aguardar sua execução na Prisão de Bristol. Sua mãe logo exigiu as roupas de Sarah, um pedido abruptamente recusado. Guardada na cela dos condenados por quatro carcereiras, Sarah recebeu uma caneta e um pouco de papel e passou a maior parte do tempo rabiscando e desenhando grandes letras do alfabeto. Várias petições por um adiamento — contendo milhares de assinaturas de grupos religiosos e residentes de Bristol — foram encaminhadas ao ministro do Interior, mas todos os pedidos foram recusados.

As descrições da execução de Sarah Harriet Thomas são angustiantes ao extremo. Ela lutou desesperadamente durante todo o caminho de sua cela e precisou ser arrastada para o pátio de execução por seis carcereiros. O capelão da prisão enfim conseguiu acalmá-la um pouco sussurrando em seu ouvido e conduzindo-a para a forca com sua mão algemada na dele. O temido carrasco, William Calcraft, ergueu o cadafalso no topo da entrada da prisão, à vista da multidão uivante abaixo. Assim que ela foi içada, ainda lutando e gritando, ele puxou o capuz sobre o rosto dela e retirou o ferrolho. O comportamento da multidão era desprezível, com muitas zombarias, palavrões e lançamentos de blocos de lama. Depois de pendurado por uma hora, o corpo de Sarah foi colocado em um caixão reutilizado contendo os restos mortais de Mary Ann Burdock, que havia sido enforcada por Calcraft em 1835.

As cenas degradantes da execução geraram longos protestos na imprensa contra a barbárie da pena capital, mas outros aspectos do caso foram um tanto mais equívocos do ponto de vista moral. Claro que a srta. Jeffries tinha sido uma mulher bastante desagradável e tratou seus criados com severidade, mas Sarah escolheu retaliar com violência em vez de apenas ir embora e encontrar emprego em outro lugar. Sem uma referência de caráter, isso teria sido bem difícil.

Se ainda fosse necessária alguma prova de que a mãe de Sarah não era apenas moralmente deficiente, mas também carente de quaisquer sentimentos maternos, isso foi enfim demonstrado pelo fato de que ela e uma de suas outras filhas estavam na multidão que se reuniu para assistir à agonia de Sarah enquanto ela era arrastada, gritando para sua vergonhosa morte na forca.

TERRORISMO CRI]

CASOS VITORIANOS MACABROS · PARTE 08

AIDS POLÍTICOS

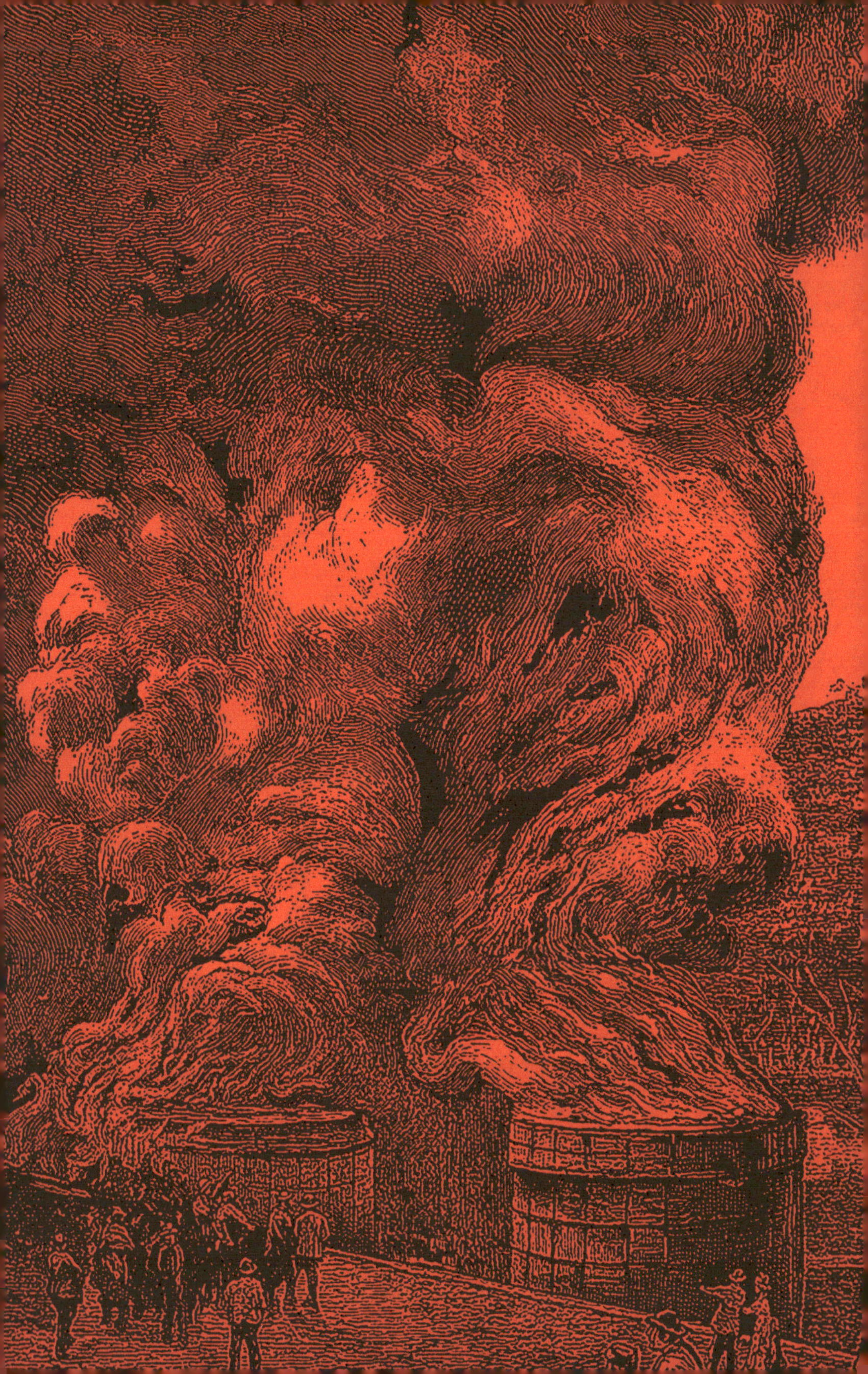

CRIMES VITORIANOS MACABROS · PARTE 08

Manchetes sensacionalistas de esquartejadores de mulheres e envenenadoras de crianças dividiam espaço nos jornais vitorianos com outro tipo de crime, em alguns casos mais assustadores: o terrorismo. A grande maioria das explosões, tiroteios e atentados em espaços públicos tinha ligação direta com os fenianos, um grupo separatista irlandês. Afinal, os terroristas de um lado podem ser os guerreiros da liberdade do outro.

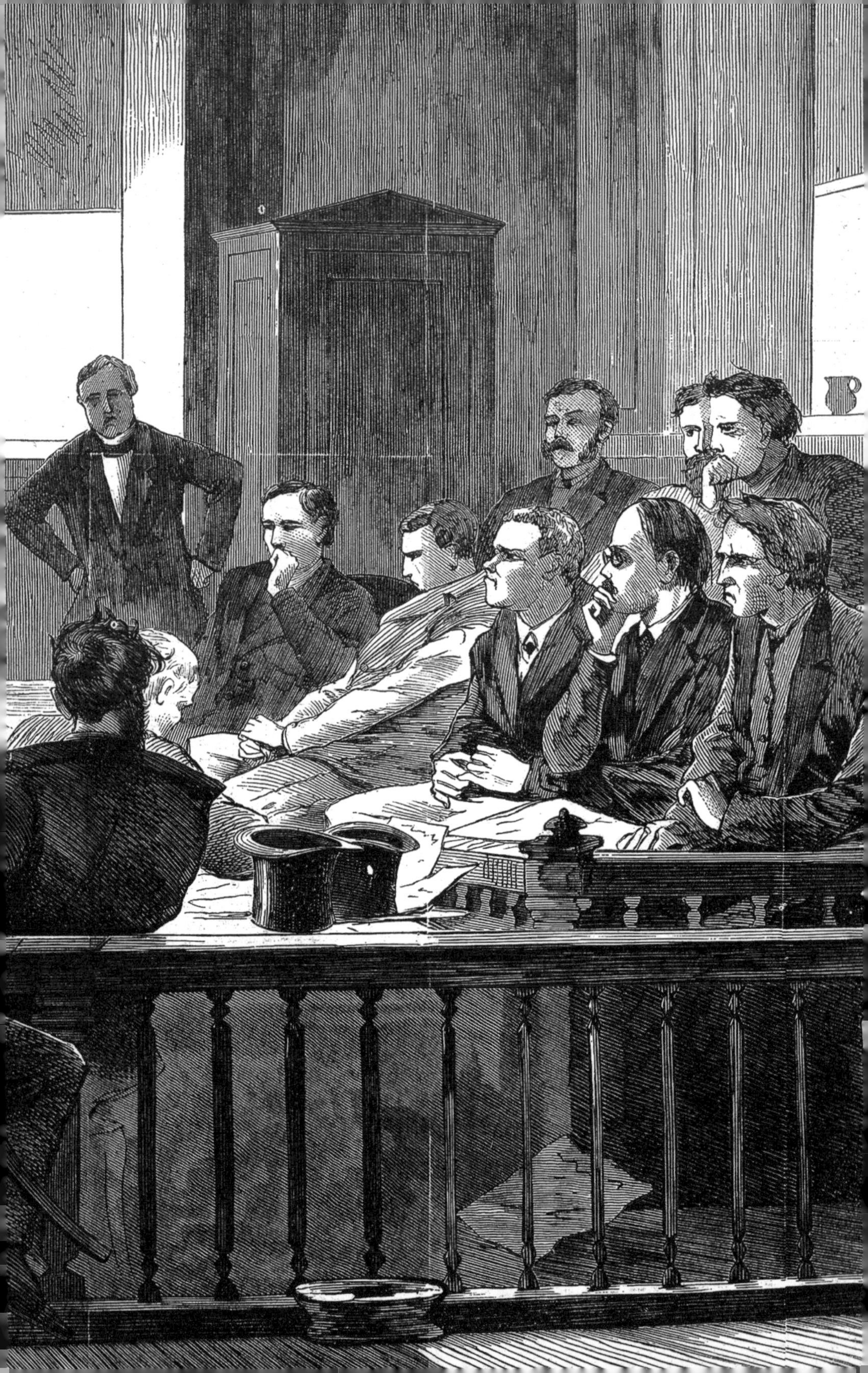

1867

A desastrosa tentativa de resgate do terrorista Richard Burke da prisão resultou em 120 feridos e pelo menos doze mortos, sem falar em mulheres grávidas que perderam seus filhos nos dias subsequentes. E a matança foi em vão: Burke não conseguiu escapar, e Michael Barret, responsável pela explosão, tornou-se o último homem a ser enforcado na Grã-Bretanha.

BOOM!
A EXPLOSÃO DE CLERKENWELL

MWO

Por mais que seja difícil acreditar nisso hoje, a Grã-Bretanha vitoriana foi governada por uma classe política restrita, cujas desventuras quase sempre tinham o efeito de provocar a animosidade de partidários marginalizados. Em nenhum lugar isso era mais verdadeiro do que na Irlanda, onde, de forma bastante intolerável, ainda diziam que o representante de Deus na Terra residia em Roma, e não no Palácio de Buckingham.

No final de 1867, um grande e nebuloso grupo de terroristas fenianos — isto é, de acordo com o terrorista Patrick Mullany, aqueles que desejavam "estabelecer uma república na Irlanda e derrubar o domínio inglês" — começou a se articular para libertar seu confrade, Rickard Burke, da Casa de Detenção Clerkenwell. Burke havia sido originalmente preso por sua participação em um ousado resgate prisional em Manchester e, em 12 de dezembro, enquanto os prisioneiros desfilavam silenciosos no pátio da prisão, ele atraiu a atenção de um dos guardas quando saiu da fila para ajustar seu calçado, enquanto isso, ficou olhando por cima da parede em direção às casas na adjacente Corporation Lane.

Do lado de fora, entretanto, as coisas não caminhavam como o planejado. A quadrilha havia adquirido uma quantidade enorme de pólvora, empacotando-a em um velho barril de petróleo e posicionando-a contra a parede da prisão, mas o capitão James Murphy, o homem nomeado para detonar a bomba, trabalhou em vão para acender o pavio. Não haveria nenhuma explosão naquele dia, e os terroristas, desapontados, não precisaram usar suas armas.

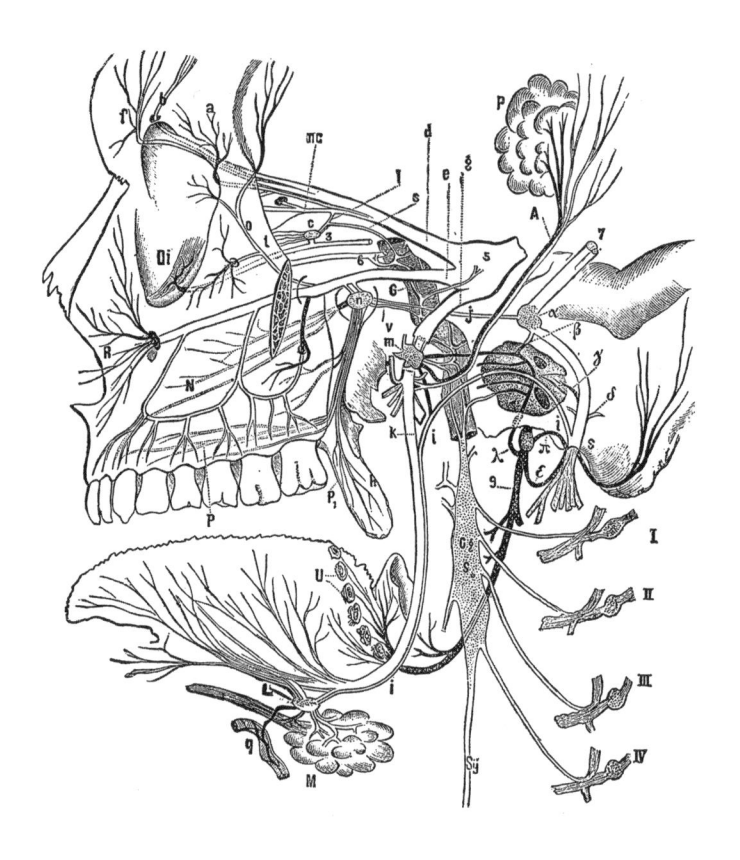

O dia seguinte chegou com uma promessa renovada. Michael Barrett, um membro inteligente e articulado da Irmandade Feniana, decidiu assumir as tarefas de ignição, e assim todos voltaram para uma nova tentativa na Corporation Lane. Desta vez, o fusível ganhou vida; os terroristas se espalharam (Barrett praticamente entrou e já foi logo raspar seu bigode característico); e uma grande explosão abriu um buraco na parede da prisão e despedaçou a Corporation Lane. No bloco 3A, parte do telhado foi destruído; o bloco 2 foi "terrivelmente destruído — causando total insegurança"; as portas e janelas dos números 4, 5, 6 e 7 foram explodidas, "e as instalações tornaram-se perigosas"; os números 1, 1A, 2A e 3 perderam suas janelas e foram "bastante danificados"; outros não escaparam dos efeitos da explosão. Por ter ocorrido no meio da tarde, em uma área de propriedades domésticas, a explosão afetou de maneira desproporcional mulheres e crianças e, além das doze mortes, também foram relatados efeitos colaterais de longo prazo sobre aqueles que foram capturados no incidente:

Uma jovem está em um hospício; quarenta mães foram confinadas prematuramente e vinte de seus bebês morreram devido aos efeitos da explosão em suas mães; outras crianças são anãs e nada saudáveis, e uma mãe agora é uma lunática delirante. Das 120 pessoas feridas, cinquenta foram encaminhadas para os hospitais St. Bartholomew's, Gray's Inn Lane e King's College; quinze estão permanentemente feridas, com perda de olhos, pernas, braços etc.

Vários suspeitos foram identificados, mas, após um julgamento de seis dias, apenas Barrett foi considerado culpado (a acusação — assassinato — estava relacionada à morte por hemorragia e sufocamento da pobre Ann Hodgkinson no número 3A, que havia sido terrivelmente ferida por estilhaços de vidro; ela se engasgou em parte com um coágulo de sangue formado em sua garganta). Montagu Williams, um advogado que representa dois dos corréus de Barrett, comentou que não se lembrava de ter visto alguém com "o semblante de um assassino como o de Barrett"; e Williams estava longe de ser a única pessoa a sentir alguma simpatia pelo condenado, embora o sentimento popular estivesse bem dividido. Houve até uma sugestão de que ele estava em Glasgow no momento da explosão e que as testemunhas de Clerkenwell o identificaram de forma incorreta, mas sua condenação foi mantida e, em 27 de maio de 1868, ele se tornou o último homem a ser executado publicamente em solo britânico, pelo carrasco William Calcraft.

💬 Quem um atentado tenta, pela tentativa será punido.

Um ultraje na escala de Clerkenwell teve o efeito de alienar as massas, que agora se voltaram com firmeza contra a causa dos republicanos e sua metodologia. Na verdade, o atentado nem havia alcançado seu objetivo principal: Burke fora levado para se exercitar na *manhã* de 13 de dezembro, talvez — não está muito claro — porque as autoridades penitenciárias perceberam que algo estava acontecendo e decidiram que era desejável uma mudança no itinerário de Burke. Ele estava de volta ao prédio muito antes da explosão acontecer e não poderia ter escapado pelo buraco de dezoito metros na parede da prisão, mesmo se quisesse. Posteriormente, ele foi condenado a quinze anos de prisão por "delinquência criminosa para destituir a rainha da Coroa Imperial da Grã-Bretanha e Irlanda".

Leitura adicional | WILLIAMS, M. *Leaves of a Life*. Londres: Macmillan, 1896.

MIRANDO NA COROA
RAINHA VITÓRIA EM RISCO

A toda-poderosa que deu nome à era vitoriana estava longe de ser tão amada assim. Confira as sete tentativas de assassinato sofridas pela soberana do império britânico. Pelo jeito, nem todos concordavam com "Vida Longa à Rainha".

TNB

Por mais que o século XIX tenha começado com o assassinato do primeiro-ministro britânico Spencer Perceval na Câmara dos Comuns (em 1812), o reinado subsequente da rainha Vitória foi relativamente livre de tentativas de assassinato no alto escalão; exceto para aqueles que visaram a própria monarca. Depois de assumir o trono em 1837, Vitória foi alvo de nada menos que sete atentados durante seu reinado de 64 anos.

O primeiro aconteceu com apenas três anos de seu reinado e se tornou o mais conhecido devido a uma representação bastante ficcional no filme de 2009, *Young Victoria*. Quando Vitória, com 21 anos e grávida, passou por Green Park acompanhada de seu marido, o príncipe Albert, foi atacada por um maconheiro desempregado de dezoito anos, chamado Edward Oxford, que disparou dois tiros de pistola na direção de sua carruagem, antes de ser dominado por membros do público.

Em um julgamento bem estranho, mais atenção foi dada ao comportamento anterior do pai e do avô de Oxford, ambos alcoólatras, do que às suas próprias ações, enquanto a promotoria não conseguiu provar que as pistolas haviam sido carregadas. Após ter a insanidade mental alegada, ele foi absolvido, mas foi detido por vontade de sua majestade.

De sua parte, a rainha Vitória não parece ter apreciado a decisão. Mais tarde, declararia-se convicta de que, se Oxford tivesse sido enforcado, seu destino teria servido como um impedimento para os "atos supostamente involuntários" cometidos por futuros aspirantes a assassinos, fossem eles de mente sã ou de "cérebros doentes". Seu cinismo sobre o veredicto, que ela exigiu que fosse removido como opção judiciária nos anos posteriores, é claro, e sua opinião sobre o assunto, extraída de uma carta ao primeiro-ministro William Gladstone cerca de 42 anos depois, poderiam ser vistos como um indicativo de sua atitude em relação à manutenção da paz em geral. "A certeza de que [tais homens] não escaparão da punição", escreveu ela, "os aterrorizará e os levará a uma atitude pacífica para com os outros."

Oxford foi enviado para o Hospital Royal Bethlehem, onde permaneceu por 24 anos antes de, em 1864, ser transferido para o asilo de criminosos lunáticos em Broadmoor, tornando-se um dos primeiros pacientes do sexo masculino daquela instituição (em ambas as instituições, ele teria sido contemporâneo do patricida Richard Dadd). As anotações sobre seu caso revelam um homem estudioso e bem-comportado, que na chegada a Broadmoor foi considerado "aparentemente são".

Por fim, aos 45 anos, Oxford foi libertado de Broadmoor e autorizado a começar uma nova vida na Austrália, com a condição de que seria imediatamente preso se tentasse retornar para a Grã-Bretanha. Ele morreu em 1900, aos 78 anos, oito meses antes da própria rainha Vitória.

Não foram apenas as conspirações envolvendo violência real que os encarregados de proteger o monarca tiveram de enfrentar. Durante o mesmo período, um policial foi enviado a Margate para observar um homem que escrevera coisas ameaçadoras para o palácio (bem como para o duque de Wellington e para o ministro do Interior). Mais tarde, um ex-tenente chamado Frederick Mundell monopolizou uma quantidade significativa de atenção policial, com uma série de guardas determinados em segui-lo, de maneira ocasional, por um período de sete anos. A certa altura, em 1849, dois policiais designados para observá-lo mantiveram a perseguição, sem assumir quaisquer outras funções, por um período ininterrupto de 229 dias. Impedida pela legislação recente, que significava que não podiam mais prender "lunáticos" suspeitos sem evidências de um crime planejado, a polícia foi forçada a realizar buscas diárias nas casas de Mundell e a questionar continuamente seus amigos e conhecidos. Depois de rastreá-lo em todo o país, a polícia enfim o deixou em paz em 1853.

> **Tentaram de tudo, mas no final a vitória foi da rainha.**

No fim das contas, a rainha foi alvo de outros sustos em 1842, em duas ocasiões distintas — em maio, de novo em Green Park, por John Francis (que também apontou uma pistola para ela no dia anterior, representando o número às vezes citado de oito atentados contra sua vida), e também em julho, por John William Bean, desta vez no St. James's Park, talvez provocado ou inspirado pela notícia do dia anterior: a substituição da sentença de prisão perpétua inicial de Francis para uma sentença de desterro penal. A pistola de Bean, no entanto, continha apenas pólvora e tabaco. Bean foi condenado a dezoito meses de prisão após a intervenção do príncipe Albert, que argumentou que ele não deveria ser julgado por traição — pois ainda resultava em pena de morte —, mas apenas por ter se esforçado para "alarmar" sua futura vítima.

Apesar da misericórdia do colega, Bean não parece ter sido feliz no restante de sua vida. Em 19 de julho de 1882, ele foi descoberto na cama de sua casa em Camberwell, tendo cometido suicídio ao beber uma grande quantidade de ópio. Reportando sua morte, o *Lloyd's Weekly Newspaper* afirmou que ele estava vivendo em um asilo cinco anos antes, e que um bilhete foi encontrado perto de seu corpo, no qual ele se declarou um "estorvo" para sua esposa e, portanto, estava "muito feliz" em morrer.

Em 1849, mais uma vez em Green Park, Vitória foi alvejada por um irlandês chamado William Hamilton. Assim como Bean, no entanto, a arma de Hamilton não estava totalmente carregada, e ele foi condenado ao desterro penal por um período de sete anos. Como Oxford e Francis, ele parece ter aproveitado ao máximo a oportunidade de construir uma nova vida na Austrália.

A mesma sentença foi proferida a Robert Pate, oficial aposentado do Exército, que em 1850 emboscou a carruagem da rainha em Piccadilly e, segurando uma bengala com ponta de latão, bateu na cabeça dela com força suficiente para deixar uma marca em sua testa que supostamente permaneceu por uma década. Pate voltou para a Inglaterra em 1865 e morreu trinta anos depois.

Vitória teria que suportar mais duas tentativas de assassinato. Em 1872, um jovem irlandês chamado Arthur O'Connor apontou uma pistola para a rainha quando ela saiu de sua carruagem na área extrena do Palácio de Buckingham; ele esperava forçá-la a assinar um documento concordando em libertar vários prisioneiros irlandeses, mas foi rapidamente dominado pelo assistente da monarca, John Brown. Novamente, a pistola de O'Connor foi encontrada sem balas e ele também foi enviado para a Austrália. Incrivelmente, no ano seguinte, de seu novo lar, ele escreveu uma carta para sua vítima. Nela, O'Connor explicou que (além de seus objetivos políticos) esperava que, ao conhecê-lo, Vitória o nomeasse para substituir Alfred Lord Tennyson como poeta laureado. A carta nunca chegou ao destinatário pretendido.

Outro poeta frustrado, Roderick Maclean, foi responsável pela última tentativa de regicídio, quando atirou na carruagem real assim que ela deixou a plataforma na estação de Windsor, em 1882. Assim como aconteceu com Oxford na geração anterior, Maclean foi declarado inocente por motivo de insanidade e enviado para Broadmoor, onde morreu 39 anos depois. Por conta desse último insulto, a rainha escreveu ao primeiro-ministro exigindo uma mudança na lei; embora, nunca subestimando sua própria importância, ela também declarou que "valeu a pena levar um tiro" para descobrir "o quanto se pode ser amada".

A única outra tentativa de assassinato notável na Grã-Bretanha continental durante a era vitoriana foi quando Daniel M'Naghten assassinou o funcionário público Edward Drummond, secretário do então primeiro-ministro Sir Robert Peel, em 1843. No exterior, a tentativa do italiano Felice Orsini de assassinar o imperador francês Napoleão III em Paris, em 1858, por meio de uma bomba fabricada na Inglaterra e auxiliada por cúmplices ingleses, talvez se destaque pelas graves repercussões sentidas, após o evento, pelo governo britânico.

Leitura adicional | ST. AUBYN, G. *Queen Victoria: A Portrait*. Londres: Sinclair-Stevenson, 1991.
HIBBERT, C. *Queen Victoria: A Personal History*. Londres: HarperCollins, 2000.
MURPHY, P.T. *Shooting Victoria*. Londres: Head of Zeus, 2012.

CARTAS MARCADAS

OS ASSASSINATOS EM PHOENIX PARK

MWO

1882

Dois líderes políticos da Irlanda, associados ao governo britânico, foram assassinados em maio de 1882 no Phoenix Park, em Dublin. As suspeitas caíram sobre uma ala radical do movimento Feniano. O jornal The Times *publicou cartas que implicavam o envolvimento do nacionalista moderado Charles Stewart Panel, inimigo declarado do periódico. No entanto, Panel conseguiu provar que as cartas eram falsificações grosseiras.*

Vistos como um dos principais exemplos de assassinato político na época vitoriana, os assassinatos do Phoenix Park foram impiedosos e extremamente provocadores em suas consequências.

Enquanto passeava em Phoenix Park, Dublin, no início da noite de sábado, 6 de maio de 1882, Lord Frederick Cavendish e Thomas Henry Burke foram emboscados por uma gangue de homens, dois dos quais os atravessaram com facas de amputação usadas por cirurgiões. Cavendish era o recém-nomeado secretário-chefe da Irlanda — o representante do governo britânico em sua febril extremidade irlandesa —, cuja investidura ocorrera no Castelo de Dublin no mesmo dia. Agora, ele e Burke (o subsecretário permanente do Irish Office, e um homem muito ressentido pelos separatistas fenianos, que o consideravam um simpatizante da política governamental), foram "perfurados de maneira chocante", conforme relatam os primeiros relatórios. Ambos estavam mortos muito antes da ajuda chegar.

Logo se observou que os assassinos não esperaram a noite cair; isso sugeria um nível de zelo extremista que ultrapassava as aspirações moderadas dos advogados do Home Rule parlamentar, o mais antigo deles — Charles Stewart Parnell — reagiu às notícias do assassinato com raiva e consternação. Na verdade, os assassinos emergiram de um desdobramento radicalizado do movimento Feniano, três dúzias de pessoas fortes e desconectadas da política dominante, que se chamavam de Invencíveis e que, portanto, implodiram sob a pressão de uma investigação policial, com vários conspiradores fazendo delação premiada. Os condenados foram idealizados como mártires; os "traidores" — um termo relativo — que trouxeram a conspiração para baixo foram desprezados, e um deles, James Carey, foi assassinado por Patrick O'Donnell a bordo do *Melrose*, navegando entre a Cidade do Cabo e Natal, em julho de 1883.

O'Donnell seguiu os assassinos do Phoenix Park (Brady, Caffrey, Curley, Fagan e Kelly) até o cadafalso, mas o efeito cascata continuou. Em meados da década de 1880, com a administração liberal de Gladstone dividida por desacordos sobre o Projeto de Autonomia e insuficiente em número para conter de maneira confortável a oposição dos conservadores de Lord Salisbury, o Partido Parlamentar Irlandês de Parnell havia desenvolvido uma influência considerável. Em outros lugares, no entanto, os fenianos estavam impacientes pelo progresso, iniciando campanhas de bombardeio. Em certos setores, ainda se sugeria que a simpatia de Parnell estava mesmo com os fenianos; nesse caso, talvez ele fosse um mentiroso, enganando o eleitorado ao fingir ser mais moderado do que de fato era.

Em abril de 1886, um ambicioso jovem defensor da independência irlandesa, Edward Caulfield Houston, levou ao *The Times* uma prova documental do radicalismo clandestino de Parnell. Tratava-se de um esconderijo de cartas incriminatórias, detectáveis (mediante pagamento) na França. O jornal, que se opunha à Home Rule Bill, logo percebeu uma oportunidade de derrubar Parnell e reduzir a reputação de Gladstone; com isso, algo em torno de 2.500 libras foi pago a Houston, que, levando consigo um professor de filosofia moral como guia, partiu para Paris e se encontrou com o duvidoso vendedor da correspondência explosiva, Richard Pigott. A primeira carta a ser publicada (em abril de 1887) foi a mais prejudicial, com seu autor aparentemente admitindo que sua denúncia direta das táticas dos assassinos de Phoenix Park tinha sido apenas um estratagema, e que Burke, em particular, tinha "conseguido não mais do que seus méritos".

Parnell reagiu com calma à provocação, não permitindo que estragasse seu café da manhã, mas apontou no parlamento que a escrita não era dele, que a assinatura estava inclinada para o lado errado e que o ponto marcando a abreviatura de seu nome do meio em "Chas. S Parnell" (como dizia a letra) foi inexplicavelmente omitido, o que nunca foi seu hábito. O *The Times* sustentou a história contada, apesar dessas objeções muito convincentes. Um inquérito, conhecido como Comissão Parnell, iniciou uma investigação pesada e, por fim, o idoso Pigott, um ex-jornalista que há muito tempo ficou sem formas legais de ganhar a vida, admitiu ter falsificado toda a correspondência em posse do jornal. Depois disso, ele fugiu do país para a Espanha e, ao perceber que a polícia o estava perseguindo, deu um tiro na própria cabeça com um revólver.

Foi assim que os assassinatos de Phoenix Park continuaram a afetar questões de vida e morte por anos após o evento. O *The Times* fez um pedido de desculpas muito relutante a Parnell, cuja própria ruína, quando chegou, resultou de um relacionamento adúltero, e não de suas convicções políticas. W.T. Stead, do *Pall Mall Gazette*, "liderou os ataques", como Kingsmill coloca, quando a notícia do caso extraconjugal estourou; em contraste a isso, até mesmo Stead, cujo instinto pelo sensacionalismo nunca diminuiu, recusou a correspondência forjada que trouxe tantos problemas ao *The Times*.

Leitura adicional | COLE, J.A. *Prince of Spies: Henri le Caron*. Londres: Faber and Faber, 1984. KINGSMILL, H. "The Phoenix Park Murders and the Sequel of the Pigott Forgeries". In: PARRISH, J.M.; CROSSLAND, J.R. (org.). *The Fifty Most Amazing Crimes of the Last 100 Years*. Londres: Odhams Press Ltd., 1936.

BOMBA, BOMBA, BOMBA!
TERRORISMO

MWO

∞

Os casos mais frequentes de terrorismo no século XIX no Reino Unido envolviam os fenianos, um grupo radical separatista irlandês. A prática mais comum eram as explosões, como as que aconteceram na prisão em Clerckwell, no Palácio de Westminster Hall, na Torre de Londres ou na sede da Scotland Yard, a principal instituição antiterrorista da Grã-Bretanha.

O terrorismo começa na memória. Mesmo no final da década de 1840, os ecos dos anos conturbados do final do século XVIII persistiam: na França revolucionária, "terror" tinha sido um programa de violência e opressão patrocinado pelo Estado, e "terrorismo" era, portanto, sinônimo da brutalidade de um ramo do executivo radicalizado, ou o despotismo descuidado da participação das massas, ou um aparato estatal que se tornou desproporcional à liberdade dos cidadãos. Manifestações desse tipo de terrorismo deveriam ser evitadas por britânicos sensatos, e as primeiras tentativas de introduzir sistemas locais de policiamento quase sempre atraíam resistência. Uma carta pseudônima, enviada em março de 1840 para o *Reading Mercury*, reagiu à ideia de uma "Polícia Rural" nestes termos intransigentes: "É nosso dever opor-se com toda a firmeza a qualquer sistema de terrorismo de qualquer vertente que possa ocorrer, e seja qual for a sua forma". No ano seguinte, a realização do censo nacional inspirou considerável suspeita e oposição popular, sobretudo entre aqueles que se lembraram de que "Deus condenara Davi por numerar o povo". ("Um governo paterno deve sempre saber quantos filhos há para sustentar", rebateu o *Western Times*. "Além disso, há algumas diferenças entre nossa amada rainha Vitória e o rei Davi.")

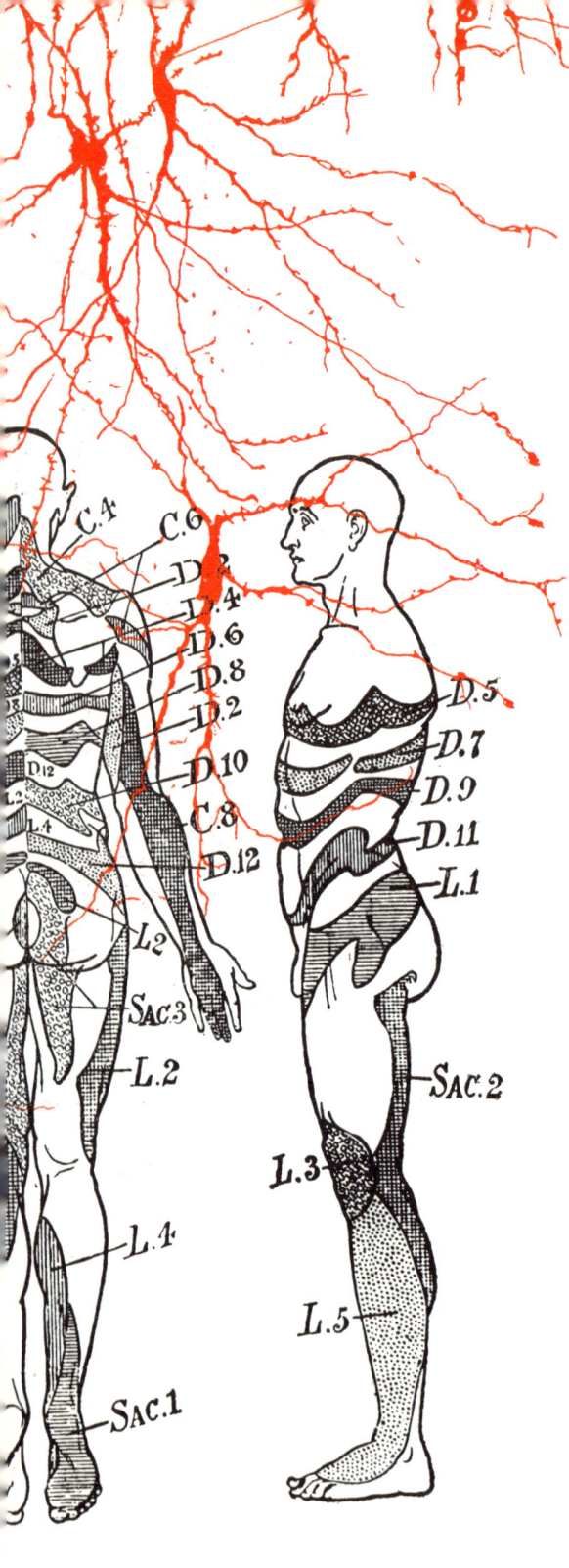

Com o passar do tempo, o terrorismo tornou-se cada vez mais identificado com a dissensão política do movimento separatista irlandês. Espetáculos como a explosão de Clerkenwell e os assassinatos do Phoenix Park tendiam a traçar as linhas de batalha; em 1883, tudo estava pronto para uma campanha de bombardeio, concentrando-se na capital e financiada em parte por simpáticos agitadores na América. Uma série de explosões, em 15 de março, teve como alvo o centro da elite social, econômica e política — Whitehall, até mesmo a própria Scotland Yard. Dois detetives sênior escaparam por pouco da morte (a mesa em que o inspetor Sweeney estava sentado há poucos minutos foi "destroçada em vários pedaços") e "curiosamente, uma série de documentos a respeito dessa conspiração" se perdeu. A resposta da Yard foi se preparar de modo formal para lidar com a nova ameaça: foi fundada a Especial Branch, com o único propósito de conhecer e deter atos terroristas, ou encontrar os perpetradores de quaisquer atos que ocorram. No Ministério do Interior, Robert Anderson, cuja história profissional incluiu um extenso trabalho antifeniano na própria Irlanda, foi a figura de proa dessa nova expressão de determinação, mas os terroristas foram igualmente resolutos, atacando as ferrovias e o sistema subterrâneo, o Carlton Club, e a London Bridge. Em janeiro de 1885, explosões ocorreram no Westminster Hall e na Torre de Londres, que era então uma guarnição militar em funcionamento. No entanto, o Yard obteve um sucesso considerável: a cooperação com as autoridades portuárias (em especial Liverpool) foi melhorada, e alguns planos — sobretudo um que tinha por finalidade interromper as celebrações do jubileu da rainha Vitória em 1887 — foram eliminados com segurança.

Quando os fenianos descansaram, a inteligência britânica, Special Branch, interessou-se por outros grupos com metodologias semelhantes. Anarquistas e socialistas começaram a encontrar suas vozes e, em 1898, Vladimir Bourtzeff e Klement Wierzbicki foram condenados à prisão após publicarem um panfleto no qual defendiam o assassinato do czar Nicolau II. O quadro de referência havia mudado: como Sir Basil Thomson observou em seu livro *The Story of Scotland Yard*, os objetivos dos terroristas da década de 1880 ansiavam pelos ideais políticos mais simples da geração anterior:

O movimento feniano [da década de 1860] foi considerado pelos irlandeses como um levante pela independência. O movimento dos anos 1880 pretendia colocar o povo britânico de joelhos e forçá-lo a implorar por misericórdia nas mãos da Irlanda.

Destruir o estado havia se tornado uma aspiração desejável, e atos de violência pública vieram junto, de mãos dadas. Ocasionalmente, lobos solitários surgiam, como Martial Bourdin, um francês que se explodiu fora do Observatório de Greenwich em 1894: Bourdin tinha conexões com clubes socialistas do West End (como o Autonomie Club), mas não ficou confirmado se ele estava no cerne de uma conspiração mais ampla. Em 1929, quando J.F. Moylan escreveu sua própria história da Scotland Yard, "agitadores indianos" e "sufragistas" puderam ser adicionados à lista de grupos terroristas dissidentes com os quais oficiais do Poder Especial tiveram que lidar.

A mudança semântica gradual no significado de terrorismo fez pouco para aplacar os temores oficiais sobre a desobediência civil do vizinho próximo do terrorismo. *Barnaby Rudge*, um dos primeiros romances de Charles Dickens, evocou os motins de Gordon do século anterior, e floreios ocasionais de violência localizada alinharam-se discretamente com o zeitgeist nacional e internacional volátil. Os assassinatos de Jack, o Estripador, em 1888, ocorreram em uma cidade cujas características socioeconômicas eram as de Paris em 1871, pouco antes da Comuna — como Philippe Marlière a descreve, "seu lado oeste é um playground para os ricos, o leste, uma favela superpovoada". A estranha idealização do Estripador às vezes o levou a ser escalado como um reformador social com sensibilidade terrorista, mas ninguém deveria dar a essa ideia mais consideração do que ela de fato merece.

Leitura adicional | THOMPSON, SIR B. *The Story of Scotland Yard*. New York: The Literary Guild, 1936.

PURO VENENO

CASOS VITORIANOS MACABROS · PARTE 09

ENO

POISON

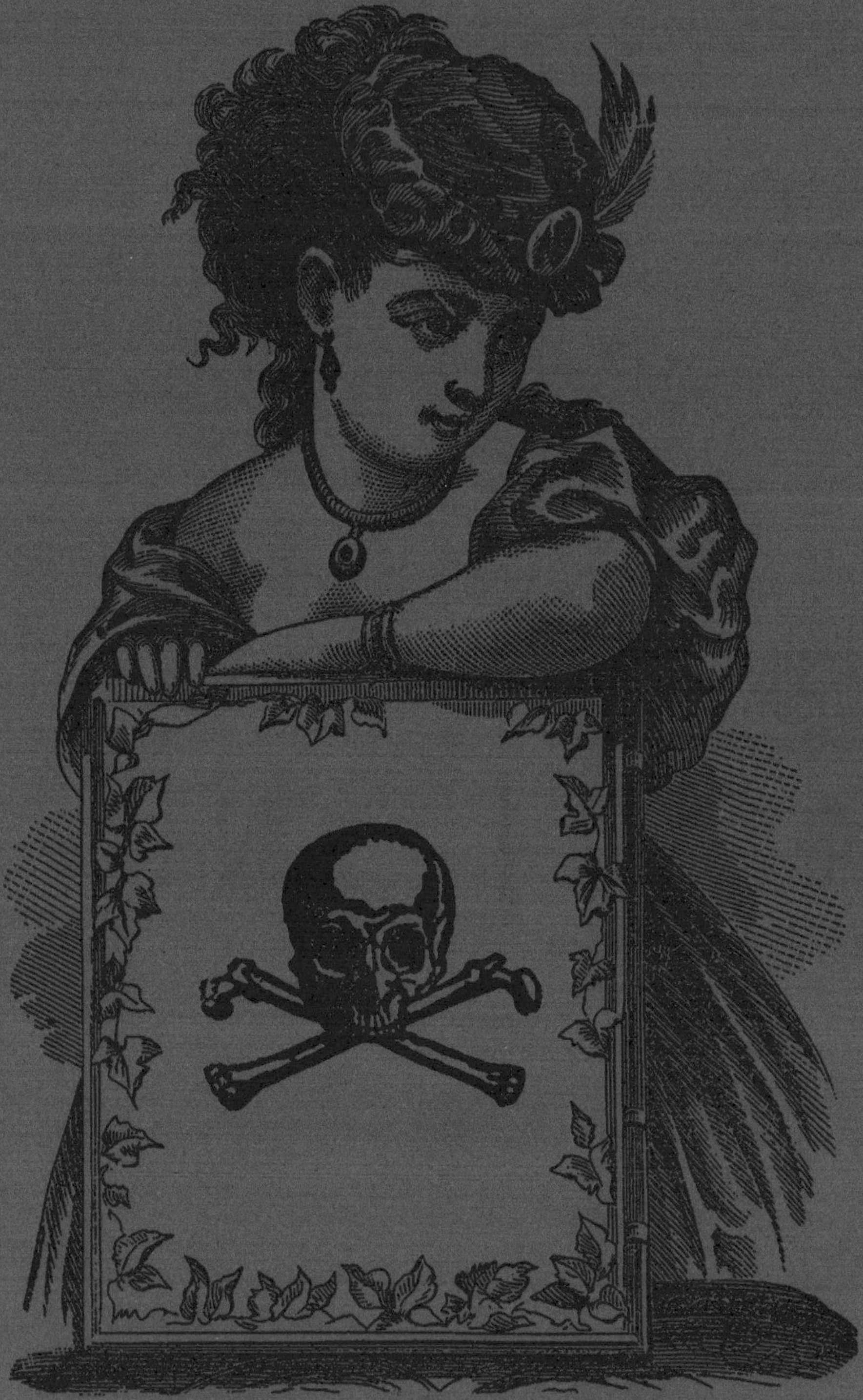

CRIMES VITORIANOS MACABROS · PARTE 09

Elas eram **venenosas** e mortais. Em uma época em que se podia comprar substâncias **letais** com muita facilidade, o arsênico, a **estricnina** e o ópio ganharam destaque juntamente de casos chocantes de **envenenamento**. Embora fosse o *modus operandi* preferido das **Lady Killers**, muitos homens também se utilizavam dessas armas **invisíveis**, nem sempre detectáveis pelos peritos do século XIX. Uma era em que um **chá** com **bolo** poderia **ser** uma despedida bem **macabra**.

THE POISON FIEND

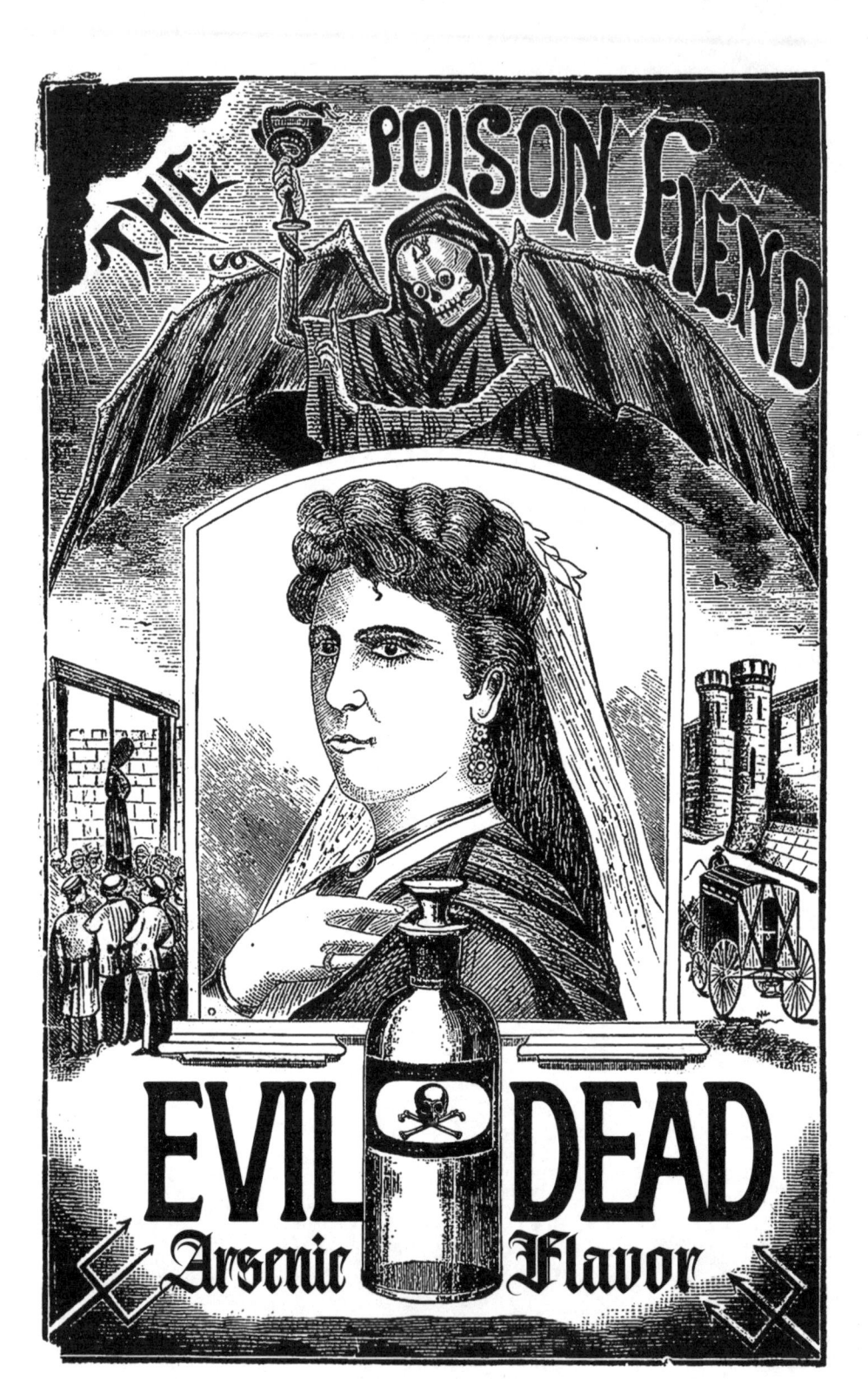

EVIL DEAD
Arsenic Flavor

MEU AMIGO ARSÊNICO
VENENO POP

De ingrediente de cerveja a bisavô do viagra, conheça um pouco da história do arsênico, um dos venenos preferidos pelos criminosos da época vitoriana.

TNB

Em sua forma natural, o arsênico é relativamente inofensivo e, de fato, ele está presente no corpo em pequenas quantidades. Combine dois átomos de arsênico com três de oxigênio, no entanto, e você terá criado o trióxido de arsênio, também conhecido como arsênico branco. O que você escolhe fazer com isso depende de sua própria consciência. Embora envenenadores com treinamento médico, como Thomas Neill Cream e William Palmer, muitas vezes preferissem a estricnina, o arsênico se tornou o método de primeiro recurso para muitos assassinos domésticos vitorianos devido à facilidade com que poderia ser obtido e aos seus efeitos potencialmente devastadores.

Na verdade, embora o arsênico fosse quase sempre prescrito como componente de remédios para uma ampla gama de doenças (ou como auxílio à virilidade), também era um ingrediente comum em todos os tipos de produtos domésticos, comestíveis e preparações sintéticas. O arsênico também podia ser encontrado nos papéis de paredes — o verde de Scheele era uma cor perigosa quando transpirava —, pendurado no teto em adesivos para atrair moscas, na preservação de roupas, como produtos para a pele e até mesmo como aditivo no preparo de doces.

Depois que uma quantidade letal de arsênico é absorvida pela corrente sanguínea, ele começa a atacar todos os órgãos, exceto o cérebro, que será afetado de maneira indireta. Ele se acumula em níveis particularmente elevados no fígado, rins, baço e coração, mas, na verdade, nenhuma parte do corpo está segura, já que o veneno começa a inibir os processos celulares que contribuem para manter os tecidos vivos.

Se ingerido, o arsênico gera um efeito poderoso e rápido no estômago e nos intestinos — talvez em meia hora, a vítima sentirá náuseas profundas e dores abdominais; é previsível o vômito, bem como a diarreia. O líquido sairá, a princípio, claro e aguado, mas logo poderá conter grandes quantidades de sangue fresco devido à hemorragia no cólon. Por esse motivo, a cólera e a colite infecciosa costumam ser diagnósticos iniciais equivocados em muitos casos de homicídio por arsênico.

Em quatro horas, outros efeitos começarão a surgir. Pode ocorrer perda de sensibilidade nas mãos e pés devido a danos nos nervos; inversamente, espasmos e cãibras involuntárias e dolorosas também podem ocorrer, devido não apenas ao comprometimento neural, mas também à interrupção da química natural do sangue — que estará tornando-se ácido. A vítima começará a respirar de forma rápida e insustentável na tentativa de corrigir esse problema, então descartará dióxido de carbono em excesso; isso não dará certo, e levará a pessoa rapidamente à exaustão. Se os outros efeitos do veneno não chegarem primeiro, esse esforço excessivo acabará causando insuficiência respiratória aguda e interrupção de qualquer respiração significativa.

Nesse ínterim, o controle da bexiga pode ser perdido, e a urina terá traços de sangue. O fígado e os rins também começarão a se deteriorar em instantes, mas a vítima terá preocupações mais urgentes. Uma dor de cabeça dolorosa se instalará, e o inchaço do cérebro poderá causar distúrbios visuais e tonturas (talvez acompanhados pelo início de convulsões incontroláveis ou mesmo perda de consciência). Tudo isso agrava as náuseas e os vômitos aos quais a vítima já estará sujeita.

O desequilíbrio de cálcio e potássio no sangue começará a afetar as funções do coração. A boa notícia, se houver alguma, é que, normalmente, a vítima estará em coma antes da chegada do ataque cardíaco.

Há muitas representações de morte por arsênico em casos vitorianos: ver, por exemplo, Florence Maybrick, Edith Carew, Christiana Edmunds e muitas outras. Um caso menos icônico — mas que levanta questões interessantes — ocorreu em junho de 1855, quando uma mulher de Darlington, chamada Jane Wooler, morreu após uma doença persistente. A suspeita recaiu sobre seu marido, o sr. Joseph Wooler, que, segundo foi revelado, tinha sido responsável pelos enemas aos quais Jane vinha recebendo durante seu declínio. Quando a presença de arsênico foi confirmada na urina, no estômago e em outros órgãos de sua falecida esposa, Wooler foi levado a julgamento. No entanto, por evidência de caráter, convenceu o júri de que ele não tinha motivos para desejar matar sua amada e, portanto, ele foi absolvido. A origem do arsênico no corpo da sra. Wooler permanece enigmática.

No final do século XIX, os perigos do arsênico já eram mais conhecidos. O aprimoramento das técnicas forenses facilitou a identificação do elemento, e seu apelo como veneno foi consequentemente diminuído. Ainda assim, havia tempo para mais um caso interessante, que ocorreria no final do reinado da rainha Vitória. Em 1900, os médicos do Manchester Royal Infirmary ficaram curiosos sobre um aumento no número de pessoas que bebiam a cerveja Lancashire e apresentavam paralisia parcial devido a danos nos nervos. Descobriu-se que erros de produção em uma refinaria de açúcar fizeram com que várias cervejarias locais fossem abastecidas com ingredientes contendo arsênico. Vários cervejeiros foram processados, assim como um taberneiro de Nantwich que continuou vendendo cerveja contaminada para seus clientes, mesmo sabendo dos problemas envolvendo a bebida. Ele foi multado em 2 libras. A refinaria de açúcar foi liquidada.

Leitura adicional | WHORTON, J.C. *The Arsenic Century*. Oxford: Oxford University Press, 2010.

CHEIRO RUIM

EUGÈNE MARIE CHANTRELLE

MWO

1834—1878

Para disfarçar a causa real da morte de sua esposa, Elizabeth — envenenamento por ópio, que ele havia comprado um mês antes —, Eugène Marie Chantrelle simulou um vazamento acidental de gás. Mas o testemunho da empregada da casa foi fundamental para que o assassino não escapasse de maneira tão volátil.

Um ex-estudante de medicina e veterano da Comuna de Paris de 1851, Eugène Marie Chantrelle emergiu na respeitável sociedade de Edimburgo em 1866, coordenando-se de maneira perfeita com as aspirações de sua comunidade anfitriã, fornecendo aulas de línguas altamente cotadas para debutantes. Os atribuídos a ele, mesmo em retrospecto, mal cobriam sua miríade de características: embora ele fosse conhecido por ser "bonito", "culto", "polido" e "afável", seu comportamento, na verdade, deixava muito a desejar. Em seus próprios dispositivos, ele também era "pervertido", "alcoólatra", "abusivo" e "imoral". No início de 1868, ele planejou engravidar uma de suas alunas, Elizabeth Cullen Dyer, de 16 anos; ela ficou tão comovida com a imagem arrojada de seu professor quanto ele ficou enojado com a perspectiva de ser forçado a suportar um casamento indesejado; mas, em agosto de 1868, eles se casaram. A união, que produziu quatro filhos, foi uma calamidade desde o início e, como disse um comentarista, "raramente foi contada uma história mais melancólica sobre a vida de um casal".

Entre outras formas de maus-tratos, Chantrelle quase sempre dizia a Elizabeth que, se tivesse uma desculpa para fazê-lo, ele seria capaz de envenená-la de uma maneira indetectável aos cientistas. Elizabeth procurou com insistência por alguma proteção da polícia;

uma vez ela fez perguntas hesitantes sobre a possibilidade de divórcio. Com mais frequência, ela apenas expressava suas preocupações à mãe, que tentava tranquilizá-la, mesmo quando Elizabeth via o fim se aproximando. Em outubro de 1877, Chantrelle, tendo contraído enormes dívidas por conta dos problemas com álcool e sexo, fez um seguro contra a morte acidental de Elizabeth; qualquer infortúnio que ocorresse no futuro valeria 1.000 libras. Em 27 de dezembro, Elizabeth, em profunda tristeza, disse à mãe: "Minha vida vai acabar logo depois deste seguro". Na verdade, ela teria menos de uma semana de vida.

Elizabeth passou o primeiro dia de 1878 em pleno desconforto, com vômitos, e retirou-se cedo para o quarto que não mais dividia com seu esposo. Na manhã seguinte, a criada dos Chantrelle, Mary Byrne, ouviu os gemidos de sua senhora enchendo a casa. Elizabeth estava jogada na beira da cama, e o seu vômito grudava nos cabelos, na camisola e nos lençóis. Mary foi buscar Chantrelle, que a mandou verificar as crianças, dizendo que tinha ouvido o bebê chorar. Quando ela voltou, viu-o se afastando do cano de gás perto da janela de Elizabeth, e quando começou a sentir o cheiro, ela desligou o fornecimento na fonte. Sem pressa, Chantrelle conseguiu agendar uma consulta médica, mas Elizabeth morreu na tarde de 2 de janeiro de 1878.

Chantrelle parecia ansioso para atribuir a morte de Elizabeth a uma chance de vazamento de gás, mas logo suspeitaram do envenenamento por narcótico. Não havia gás na sala quando Mary Byrne entrou pela primeira vez, e o cano de gás vazou apenas depois que Chantrelle foi deixada sozinha com ele. Os engenheiros descobriram que a ruptura do tubo não foi devido a um acidente ou ao desgaste geral. Além disso, embora os intestinos de Elizabeth se recusassem a revelar veneno quando submetidos à análise química, as manchas em sua roupa o fizeram: por algo que não poderia ser chamado de coincidência, fervilhavam em sua roupa vestígios de ópio, e Chantrelle havia comprado a substância de um químico local em 25 de novembro de 1877. Revistando a casa, a polícia encontrou um armário de remédios contendo uma variedade de substâncias tóxicas, mas o ópio que Chantrelle havia adquirido semanas antes não pôde ser contabilizado.

Dadas as evidências contra ele, Chantrelle foi condenado pelo assassinato de Elizabeth. Ele se recusou a admitir a responsabilidade, persistindo com histórias de desculpas que não se adequavam aos fatos. Um testemunho público — animado mais por sentimentos de repulsa contra a instituição cultural da pena de morte do que por sentimentos favoráveis ao próprio prisioneiro — não influenciou o ministro do Interior, e Chantrelle foi enforcado por William Marwood em 31 de maio de 1878.

Em 1908, um "espião policial" não identificado, cujas lembranças foram publicadas de forma bastante literária no *Aberdeen People's Journal*, alegou ter conhecido Chantrelle em novembro de 1876. Pelo visto, Chantrelle, percebendo que o "espião" precisava de ajuda para obter a propriedade de um tio idoso que se recusava a morrer, traçou um plano de assassinato envolvendo o uso de ópio e gás de carvão; como pagamento por seus esforços, ele propôs ficar com uma parte da herança. O "espião" recusou a oferta e, comparecendo ao tão divulgado julgamento de Chantrelle, em maio de 1878, percebeu — com uma mistura de horror e satisfação — que ele havia sido introduzido ao método homicida de Chantrelle tantos meses antes. O episódio é uma adição agradável à história de Chantrelle, mas não precisamos supor que seja verdade.

Leitura adicional | SMITH, A.D. (org.). *Trial of Eugène Marie Chantrelle*. Edimburgo: William Hodge and Company, 1928.
WHITTINGTON-EGAN, M. *Scottish Murder Stories*. Glasgow: Neil Wilson Publishing, 1999.

ASSASSINA OU VÍTIMA?

FLORENCE ELIZABETH MAYBRICK

KC

1862—1941

Florence Maybrick passou quinze anos de sua vida presa pelo assassinato de seu marido. Por pouco, não foi condenada à morte. Só que seu suposto crime nunca foi esclarecido por completo. James Maybrick, o morto, tinha o hábito de se automedicar com doses de arsênico, estricnina e outras substâncias perigosas.

Florence Chandler, Alabama, viveria para lamentar o dia em julho de 1881 em que, aos 19 anos, ela se casou com James Maybrick, de 42. Ele era um comerciante de algodão de sucesso em Liverpool e membro ativo da elite empresarial da cidade. Florence ainda não sabia que o marido era hipocondríaco crônico, que ingeria substâncias tóxicas e usava estricnina e arsênico como estimulantes, afrodisíacos, ou para afastar os sintomas de neurossífilis avançada. Em 1888, eles foram morar em Battlecrease House, Aigburth, perto de Liverpool, e ela soube que ele era adúltero (uma amante com quem teve cinco filhos). Pareciam felizes (no início) diante do grupo moderno ao qual pertenciam em Liverpool, e o casamento gerou dois filhos. Florence, no entanto, não conseguiu ser bem quista pelos irmãos de James, em especial Michael (conhecido como Stephen Adams, um músico de sucesso), e os criados não gostavam dela — em particular, a babá Alice Yapp.

Com isso, Florence ficou cada vez mais de lado e infeliz, acumulou grandes dívidas e se entregou a várias relações românticas, incluindo uma com Edwin, irmão de James, tudo enquanto mantinha a fachada da vida familiar respeitável. No entanto, em março de 1889, ela passou três dias em um hotel em Londres com um rico empresário local, Alfred Brierley. Foi imprudente e indiscreto, resultando em violenta discussão em que James agrediu Florence, que ficou de olho roxo; a perspectiva de divórcio, que arruinaria Florence financeira e socialmente, surgiu.

Em abril daquele ano, James Maybrick adoeceu — admitiu ter tomado forte dose de estricnina — e nos primeiros estágios da doença foi cuidado por Florence, que lhe forneceu o suco de carne Valentine, tônico comum dado a inválidos ao qual, ela testemunhou, James implorou que adicionasse um pouco do pó branco — arsênico. Ela admitiu que, contra seu bom-senso, fez o que ele pediu, mas insistiu que o conteúdo adulterado havia sido cuspido e não engolido. Longe do leito do doente, Florence escreveu para Brierley, informando-o da doença do marido; o bilhete foi interceptado por Alice Yapp, e a infidelidade de Florence exposta. Em 11 de maio, James Maybrick morreu após fortes dores e vômitos, sintomas associados a envenenamento.

Alimentada por fofocas, a suspeita logo caiu sobre Florence, e Michael Maybrick a colocou em prisão domiciliar antes de levar as crianças. Ele então alertou a polícia, que a prendeu em 14 de maio, acusada do assassinato. Uma busca na casa revelou grandes quantidades de arsênico e outras toxinas. A autópsia revelou um leve traço de arsênico no corpo de James, embora insuficiente para causar a morte. Hioscina, estricnina, ácido prússico e morfina também foram encontrados. O corpo de Maybrick foi enterrado e depois exumado, mas outros testes também falharam em indicar a causa da morte.

Florence Maybrick foi julgada pelo assassinato do marido no St. George's Hall, Liverpool, em 31 de julho de 1889, perante o juiz James Fitzjames Stephen, dois anos antes de seu atestado de loucura. O célebre advogado Sir Charles Russell conduziu a defesa, auxiliado pelo sr. Pickford, advogado local, que cinco anos antes estivera no julgamento das notórias "assassinas de moscas", Flanagan e Higgins. O caso Maybrick despertou a imaginação da imprensa; os jornais noticiaram cada palavra e nuance do julgamento, incitando indignação com a infidelidade de Florence (postura, dizia-se, compartilhada por aquela rígida defensora da santidade do casamento, a rainha Vitória). A mulher no banco dos réus — jovem, atraente, estrangeira e adúltera admitida — foi julgada não por assassinato, mas por imoralidade. Sua situação resumia a dicotomia bastante enraizada na sociedade vitoriana: um homem pode ter uma amante, desde que o arranjo permaneça discreto, mas a esposa deve estar acima de qualquer repreensão. Qualquer violação deste contrato era inaceitável, e a mulher que sucumbisse à tentação corria o risco de ser rotulada de prostituta.

A palavra médica se dividiu. Duas testemunhas especialistas, ambos analistas do Ministério do Interior, deram opiniões opostas: o dr. Thomas Stevenson afirmou que a morte, apesar das descobertas da autópsia, foi causada por arsênico, enquanto Sir Charles Tidy sugeriu que a culpa era da gastroenterite. Antes da Lei de Provas Criminais de 1898, os réus não tinham permissão para Declarações no julgamento, mas o juiz atendeu ao pedido de Florence para falar.

Foi considerado impróprio e não a ajudou. Se tivesse se sentado soluçando no banco dos réus, com o rosto fortemente velado e a cabeça baixa em contrição abjeta, ela poderia ter ganhado a pena dos jurados. Em vez, admitiu que havia comprado os adesivos para matar moscas, utilizando-os para uma limpeza de pele que necessitava da extração do arsênico, segundo a receita prescrita para ela nos EUA (produtos cosméticos contendo arsênico eram amplamente anunciados). O tribunal também soube que ela havia conversado com o médico da família expressando a preocupação com a ingestão de tantas substâncias potencialmente letais por seu marido. A conclusão levou dois dias — foi tendenciosa a favor da culpa e continha muitas inconsistências. Florence foi culpada de assassinato e condenada à morte. O veredicto polêmico deu origem a acirrado debate público, com rédea solta na imprensa, e numerosas petições de clemência, assinadas por milhares, foram apresentadas ao ministro do Interior. Depois de muito aperto de mão oficial, a sentença de Florence foi comutada para prisão perpétua sob a acusação de tentativa de assassinato do marido com arsênico — crime pelo qual nunca foi julgada. Ao longo dos quinze anos de detenção de Florence, sua mãe, a baronesa von Roques e muitos outros — em ambos os lados do Atlântico — continuaram a campanha por sua libertação, assim como lorde Russell, convencido de sua inocência pelo resto da vida.

Florence foi enfim libertada da Prisão de Aylesbury em 20 de janeiro de 1904 e, um mês depois, voltou para os EUA. Por um tempo, deu palestras de sua provação e escreveu um livro: *My Fifteen Lost Years*. Ela morreu pobre e reclusa em Connecticut, em 1941, na companhia de gatos em uma cabana caindo aos pedaços.

Em curiosa reviravolta do destino, James Maybrick voltou ao imaginário coletivo na década de 1990, reformulado como Jack, o Estripador, que se deu pela descoberta de um polêmico diário, alusivo e evasivo, na mesma medida. Numerosos ripperologistas se desentenderam enquanto as credenciais do documento eram exploradas, e a verdade nunca foi estabelecida, mas o fato de que a monografia mais recente sobre o caso Maybrick se abster de qualquer referência ao diário talvez mostre (de forma simplificada) como as coisas estão hoje.

Leitura adicional | BLAKE, V. *Crime Archive: Mrs Maybrick*. Londres: The National Archives, 2008.
FELDMAN, P.H. *Jack the Ripper: The Final Chapter*. Londres: Virgin Publishing, 1998.

O CRIME DA UVA

GEORGE HENRY LAMSON

MWO

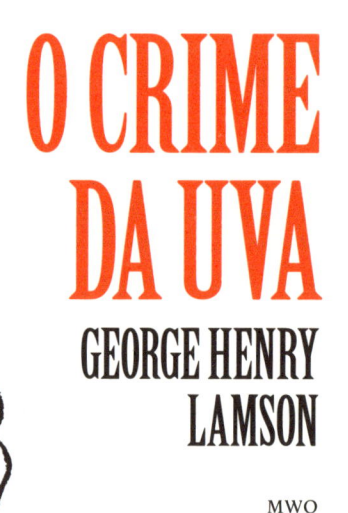

1852—1882

Se o seu cunhado Percy morresse antes dos 21 anos, a esposa do médico George Henry Lamson ganharia parte de uma herança. Como já havia acontecido antes, com a morte de Henry, outro irmão dela. Percy morreu envenenado por uma substância rara, a qual o doutor por acaso tinha acesso. A perícia desconfiou do bolo que George lhe serviu, com uvas passas fatais.

George Henry Lamson foi um assassino cuja estrela há muito minguou. Isso é lamentável, pois há muito o que recomendá-lo em sua área.

Lamson era médico de profissão e descobriu que era capaz de obter facilmente venenos de boticários, fazendo isso em agosto de 1881 em uma loja em Hampshire, e depois repetindo o feito na Lombard Street, no coração de Londres, em novembro. Em ambos os casos, suas credenciais facilitaram a transação, sem perguntas. Esse acesso irrestrito a substâncias tóxicas cabia muito bem com os planos que ele havia feito para sustentar sua conta bancária sobrecarregada.

Em Wimbledon, Percy John, o cunhado de Lamson em uma cadeira de rodas, estava ansioso para seu vigésimo aniversário. Ele estudava em regime interno e pelo visto era um jovem de temperamento alegre, a quem Lamson sempre esbanjara atenção, tanto pessoal quanto médica. Ele também era um pupilo da Chancelaria e esperava ter acesso à sua parte de um legado — uma parte que valia cerca de 3 mil libras — ao atingir a maioridade. Os irmãos de Percy (pelo menos, aqueles com menos de 21 anos) aguardavam seus próprios dividendos do mesmo fundo, embora, se algum deles morresse antes de atingir a idade adulta, providências já haviam sido tomadas para que a parte do falecido fosse dividida entre suas irmãs casadas. Isso já havia acontecido uma vez, em 1879, quando Herbert John morreu. A esposa de Lamson, Kate (nome de solteira, John, uma das irmãs casadas em questão), herdou quase 750 libras nessa ocasião, e ela entrou em um acordo com o marido, no qual seu dinheiro passou a ser dele.

Tudo o que restou para Lamson foi encontrar uma maneira de garantir que Percy partisse deste mundo antes de reivindicar seu dinheiro. Conseguiu isso em 3 de dezembro de 1881, ao visitar a escola, exibindo uma excêntrica amostra de prestidigitação com algumas cápsulas de gelatina e uma tigela de açúcar, e cortando um bolo Dundee em porções precisas, uma das quais Percy consumiu com gratidão. Dentro de quatro horas, e tendo experimentado sintomas gástricos excruciantes, o pobre Percy estava morto.

Vários médicos começaram a tentar determinar o que de fato havia acontecido. Thomas Bond e Edward Little não descobriram nenhuma causa orgânica de morte na anatomia; mas Thomas Stevenson pediu a ajuda de Auguste Dupré, um professor de química do Hospital Westminster, e juntos eles submeteram os restos mortais de Percy a uma bateria de testes químicos, por acaso encontrando aconitina, um alcaloide vegetal e irritante raramente usado em envenenamentos. Eles se satisfizeram com as propriedades mortais da toxina incomum coletando amostras do corpo de Percy e injetando-as em camundongos, que logo morreram da mesma forma que Percy; apenas para ter certeza, Stevenson também provou os resíduos de Percy, registrando que eles produziram "um formigamento ardente, um tipo de dormência difícil de definir" quando colocados na língua. Lamson, ainda em estado de luto, chegou à Scotland Yard em 8 de dezembro, tentando rejeitar com arrogância a suspeita que, àquela altura, apegava-se a ele — sem mais delongas, ele foi preso e enviado a julgamento. Depois de muita discussão sobre os fatos médicos, ele foi considerado culpado e executado em Newgate em 28 de abril de 1882.

Um dos advogados que defendeu Lamson foi Montagu Williams, que descreveu o caso em seu livro de memórias *Leaves of a Life*, de 1896. Ele notou a fidelidade da esposa de Lamson, Kate, que, todas as noites na conclusão do processo judicial, "pegava a mão do prisioneiro e a beijava com muito carinho". Após o julgamento, Williams percebeu que esse gesto continha muitos sentimentos ocultos. "Ela sabia muito bem que seu marido era culpado", escreveu ele. "Não pode haver dúvida de que seu outro irmão, Herbert, cuja morte rendeu a Lamson uma soma considerável de dinheiro, também foi assassinado por ele." H.L. Adam, editando a transcrição do julgamento para a série *Notable English Trials* nos anos anteriores a Primeira Guerra Mundial, pensava de outra forma, declarando Lamson inocente de causar a morte de Herbert, mas apenas segundo a palavra vacilante de Lamson.

Desvendar a cena da escola é, mesmo agora, um assunto complicado, mas a teoria da acusação era que o veneno estava contido em uma uva passa estrategicamente posicionada dentro do bolo, que o próprio Lamson cortou diante do professor de Percy e de vários outros. A confusão com o açucareiro e as cápsulas de gelatina foi um espetáculo à parte, realizado por Lamson antes de passar sem problemas para a próxima parte da operação e eliminar a existência de Percy sem piedade.

Após seu enforcamento, levou três anos para que o inventário de Lamson fosse resolvido. Ele deixou uma herança de 15 libras.

Leitura adicional | WILLIAMS, M. *Leaves of a Life*. Londres: Macmillan, 1896.
ADAM, H.L. (ed.). *Trial of George Henry Lamson*. Edimburgo: William Hodge and Company, 1912.

DOUTOR VENENO

THOMAS NEILL CREAM

1850—1892

Thomas Neill Cream se livrou de uma pena perpétua por envenenamento no Canadá e se mudou para a Inglaterra, onde adotou uma nova identidade. E começou um novo ciclo de assassinatos e chantagens que resultaram na sua execução, em 1892.

TNB

Em novembro de 1872, Thomas Neill Cream, escocês filho de um madeireiro, fez uma de suas primeiras intrusões no registro histórico ao se registrar como estudante de medicina no McGill College, no Canadá. Ele se formou em 1876 e manteve sua licença para exercer a profissão até 1881, quando foi condenado por assassinato em Chicago. Além do homicídio pelo qual foi considerado culpado, ele era suspeito de outros três.

Os fatos foram os seguintes: Cream foi condenado à prisão perpétua na Penitenciária do Estado de Illinois pelo assassinato de Daniel Stott, que morrera em casa em 14 de junho de 1881. A esposa de Stott, Julia, visitou Cream na esperança de obter um novo medicamento para a epilepsia de seu marido, mas, em vez disso, esposa e médico encontraram um plano alternativo, ele inseriu estricnina na medicação de Stott enquanto tomava Julia como sua amante. O relacionamento seria de curta duração, entretanto; após sua prisão, Julia logo concordou em testemunhar contra Cream a fim de evitar a prisão.

Percebe-se que sua decisão foi judiciosa, pois Cream havia começado a estabelecer um histórico nada invejável. Nos dois anos anteriores, além de ser bastante suspeito de oferecer abortos ilegais, ele esteve envolvido de várias maneiras nas investigações sobre as mortes de Kate Gardiner em Ontário em agosto de 1879, Mary Ann Faulkner em Chicago um ano depois e, ainda, Ellen Stack, também em Chicago, em dezembro de 1880; tem sido sugerido desde então que ele também pode ter sido responsável pela morte de Alice Montgomery, em Chicago, em abril de 1881. Ele ainda era conhecido por ter realizado um aborto malsucedido em sua esposa, Flora, com quem ele se casou, sob protesto, em setembro 1876; o procedimento pode ter contribuído para sua morte pouco menos de um ano depois. No caso de Stack, vemos o início de um padrão de comportamento que se tornaria típico de Cream, quando ele tentou chantagear um farmacêutico local sobre o qual estava ansioso para impor a responsabilidade pela morte da mulher.

Apesar de sua sentença de prisão perpétua, Cream foi libertado em 31 de julho de 1891. Em 1º de outubro do mesmo ano, ele partiu para a Inglaterra e, dando o nome de "dr. Neill", registrou-se no Anderton's Hotel em Londres, cidade onde ele não era totalmente desconhecido.

Cream havia passado por um treinamento de pós-graduação no Hospital St. Thomas, Lambeth, de 1876 a 1878, tendo deixado a América do Norte para a Grã-Bretanha logo após seu casamento coercitivo. Foi sugerido que Cream pode ter contraído sífilis neste período (livre como estava de suas responsabilidades conjugais) — com certeza, mais tarde, ele parecia mesmo obcecado pela doença e pelas prostitutas cujas atividades eras bem disseminadas. Durante o caso Stott, o advogado de Cream revelou o desejo de seu cliente de "se livrar das mulheres que estavam em uma condição na qual eram uma ameaça para a sociedade". Agora ele estava de volta à cidade e frequentando os locais mais famosos de Londres.

Em 6 de outubro de 1891, Cream conheceu duas mulheres em um salão de música. Três dias depois, agora morando em quartos alugados em Lambeth, ele escreveu a uma delas, combinando um encontro. As duas mulheres observavam a janela esperando a chegada dele, mas o viram falando com outra pessoa — Matilda Clover — enquanto se aproximava. Em 20 de outubro, Clover foi encontrada morta.

Uma semana antes, outra mulher — Ellen Donworth — morreu envenenada, e recebeu o veredicto de assassinato "por pessoa desconhecida" em seu inquérito. Mais uma vez, Cream não resistiu a se envolver. Em uma carta assinada por "A. O'Brien, detetive", ele alegou que tinha informações que poderiam resolver o caso — disponíveis pela soma de 300 mil libras. Sob o nome de W.H. Murray, ele também distribuiu um folheto no Metropole Hotel, em Westminster, alegando que o assassino de Donworth estava hospedado lá. Adotando mais nomes falsos, ele tentou chantagear várias pessoas pela morte de Clover, incluindo Lady Russell, que recebeu uma carta afirmando que seu marido — o Lord dele — tinha envenenado Clover com estricnina. No início, a morte de Clover foi (como sempre) considerada natural, mas a polícia agora sabia que alguém, em algum lugar, possuía um conhecimento suspeito e detalhado de seu verdadeiro destino. Uma autópsia confirmou que Clover havia de fato sido envenenada.

Em 2 de abril de 1892, depois de voltar de uma viagem ao Canadá, Cream conheceu outra mulher, Louisa Harris. Ele deu pílulas a ela, com certeza afirmando que eram para o tratamento da sífilis, mas Harris teve o bom senso de não as ingerir. Nove dias depois, ele deu uma garrafa de cerveja preta para Emma Marsh e Alice Shrivell em seu apartamento em Lambeth. Ambas morreram depois que ele saiu, devido à estricnina que ele havia adicionado às garrafas.

A polícia começou a vigiar Cream, que ainda usava o nome de "dr. Neill" — mesmo durante seu julgamento subsequente, Cream negaria que o dr. Cream e o dr. Neill eram a mesma pessoa. No entanto, assim que a notícia de sua condenação anterior chegou por meio de seus colegas em Chicago, a polícia estava confiante de que tinha o homem certo nas mãos. Sua prisão ocorreu pouco depois.

Cream foi julgado em Old Bailey em outubro de 1892 e, em 15 de novembro, enforcado na Prisão de Newgate. Embora seu julgamento oficialmente tivesse se preocupado apenas com a morte de Clover, sua provável culpabilidade nos casos de Donworth, Marsh e Shrivell também foi discutida, junto de seu encontro com a mais afortunada Louisa Harris.

Leitura adicional | TEIGNMOUTH SHORE, W. (org.). *Trial of Thomas Neill Cream*. Edimburgo: William Hodge and Company, 1923.
NASH, J.R. *Murder America*. Londres: Rowman and Littlefield, 1980.
MCLAREN, A. *A Prescription for Murder*. Chicago: University of Chicago Press, 1995.

UM OUTRO VENENO
THOMAS SMETHURST

MWO

c. 1807—1873

No período vitoriano, como você já deve ter percebido neste livro, as mortes por envenenamento eram corriqueiras. O doutor Thomas Smethurst, por exemplo, tornou-se suspeito de matar sua segunda esposa. Mas a acusação não sabia identificar qual veneno ele usara — se é que a vítima fora realmente envenenada. Como prêmio de consolação, prenderam Smethurst por apenas um ano. O crime? Bigamia.

Os nomes dos médicos assassinos da Grã-Bretanha vitoriana ficam na ponta da língua: William Palmer, Edward Pritchard, George Lamson, Thomas Neill Cream. Thomas Smethurst, no entanto, não combinava com o grupo, não se encaixando no estereótipo de profissional. Na época, mesmo publicações sérias se encontravam na berlinda de uma proposição ilógica, que confrontava a base empírica da prática científica. "O prisioneiro é culpado?", perguntou-se o *Medical Times and Gazette*, ao considerar o caso de Smethurst. "Acreditamos que ele seja. *Provaram* sua culpa? Com certeza não." A solução para este enigma não se tornou mais evidente ao longo dos anos.

Smethurst era um hidroterapeuta por inclinação — dificilmente o ramo mais rigoroso da medicina — que, desde 1828, esteve casado com Mary Durham. Ela era entre treze e 26 anos mais velha do que ele: nenhum dos dois havia contado com muita precisão. Em 1858, a sombra do escândalo pairava um pouco em torno deles, e foi até sugerido que certa vez eles envenenaram um homem e tentaram induzir a sua esposa a fazer um testamento em favor deles, com o objetivo de envenená-la mais tarde. Talvez isso fosse apenas fofoca, mas, quando encontraram Isabella Bankes, 42 anos, uma solteirona razoavelmente rica na câmara de eco das hospedarias de Notting Hill, foi como se a arte tivesse voltado para suas mãos. Smethurst namorou Isabella sem tentar esconder isso de sua esposa, e ainda fugiu e se casou com ela (um ato de bigamia) em Battersea, em 9 de dezembro.

Os recém-casados moraram em Richmond; em março de 1859, Isabella começou a sofrer de diarreia e enjoos. Smethurst chamou os médicos, que aos poucos começaram a suspeitar de uma ação criminosa, e a paciente acabou morrendo em 3 de maio. No dia anterior, como resultado da suspeita contra ele, Smethurst fora preso sob a acusação de tentativa de envenenamento; a morte de Isabella apenas converteu a acusação em assassinato.

Foi aí que os cientistas prepararam seus instrumentos para o trabalho. Alguns realizaram a autópsia, descobrindo que Isabella estava nos primeiros estágios da gravidez no momento de sua morte. Outros vasculharam seus órgãos e excrementos em busca de vestígios de veneno. O dr. Alfred Swaine Taylor, o médico mais importante do país no momento, pensou ter detectado arsênico em uma das fezes de Isabella; ele combinou com o conteúdo de um dos frascos médicos de Smethurst, rotulado como contendo clorato de potássio. Além disso, um pequeno traço de antimônio — um pouco abaixo de uma dose letal — foi encontrado em alguns dos órgãos de Isabella.

O julgamento começou em julho e retornou em agosto, já que o primeiro precisou ser abandonado quando um dos jurados adoeceu. A essa altura, as coisas pareciam estar a favor do réu. O dr. Taylor constatou — para seu horror — que a leitura de arsênico era um falso positivo causado por uma impureza no aparelho de teste; e houve desprezo pela ideia de que qualquer um morto por envenenamento por antimônio teria o fígado sem agentes tóxicos em testes. A defesa rebatia bem cada médico preparado para testemunhar pela acusação. O sargento Ballantine, à frente do caso contra Smethurst, foi forçado a concluir, que Isabella havia sido contaminada por "um ou outro veneno", como se a ausência de detalhamento nessa área pudesse ser perdoada ou esquecida. No entanto, para surpresa de todos, o júri deu o veredicto de culpado, e Smethurst foi condenado à morte.

A ansiedade expressa na segurança desse veredicto gerou um adiamento. Isabella sempre teve problemas com vômito, e sua gravidez coincidiu com a doença fatal, então talvez ela tivesse hiperêmese gravídica. Se as provas de Taylor fossem descartadas, como tudo indicava que deveriam, então não havia arsênico no caso, nem indicação de que Smethurst havia obtido antimônio. Muito mais provável era que os tratamentos dispépticos dos médicos locais, administrados de boa-fé à Isabella quando Smethurst buscou assistência, continham dose insuficiente de antimônio (na época, era muito comum). Por que o padrão de vômito de Isabella, por assim dizer, permaneceu o mesmo, independente de Smethurst estar com ela, em Richmond ou em Londres? Não sugeria que doses de qualquer coisa desagradável foram introduzidas na comida e, por isso, logo percebida a situação, ela precisava ser reparada.

O ministro do Interior contentou-se em acusar o recém-inocente Smethurst por bigamia com Isabella Bankes — uma campanha muito mais fácil, mas Smethurst, no entanto, tentou descarrilar, alegando que o casamento com Mary Durham tinha sido o errado porque ela era casada na época, e que sua união com Isabella era, portanto, virtuosa. Essa tática falhou, e Smethurst passou um ano simbólico na prisão de trabalhos forçados. Ele riu por último, no entanto, ao abrir um processo pelos bens de Isabella após a libertação e, para desgosto das autoridades, ganhou. Ele morreu, tendo se casado mais uma vez em 1873, e deixou a viúva, Ann, com menos de 100 libras, o que indicava que todas as vantagens que ganhou com o que quer que tenha acontecido com Isabella foram amplamente aproveitadas até que ele encarou a própria morte.

Leitura adicional | PARRY, L.A. *Trial of Dr Smethurst*. Edimburgo: William Hodge and Company, 1931.
BOWEN-ROWLANDS, E. *In the Light of the Law*. Londres: Grant Richards, 1931.

QUERIDO PAPAI TÓXICO

WILLIAM PALMER

MWO

1824—1856

O médico William Palmer passava mais tempo no jóquei clube do que no hospital. Suas dívidas crescentes o obrigaram a apostar em uma nova maneira de ganhar dinheiro: o assassinato. Palmer envenenou a sogra, a esposa e o irmão, para ficar com o dinheiro do seguro e de heranças. E há indícios de que teria envenenado um número muito maior de vítimas, incluindo seus filhos.

Um envenenador inglês de hábitos bem indulgentes, William Palmer preparou uma quantidade considerável de venenos em seus não exatamente 32 anos.

Quando as autoridades alcançaram Palmer — um médico, embora preguiçoso, de Rugeley em Staffordshire — já era tarde para vários parentes, conhecidos e rivais. Ele tinha um espírito travesso há muito tempo e só encontrou seu caminho para a medicina após vários falsos começos, todos viciados por sua incapacidade de controlar seu desejo de transgredir. Ele também tinha se interessado cada vez mais por corridas de cavalos, e a perda de enormes somas de dinheiro pouco ajudava a saciar sua sede de apostas.

Para reparar os danos autoinfligidos, Palmer começou a identificar formas de gerar renda, preferindo aquelas que não exigiam que ele abandonasse o hipódromo em favor da cirurgia. Três assassinatos se seguiram — os de sua sogra, sua esposa e seu irmão alcoólatra —, todos ocorridos entre 1849 e 1855, todos envenenados, e todos infelizes vítimas de circunstâncias naturais, segundo foi atestado por um colega médico complacente e confiável. Nos casos de sua esposa e irmão, Palmer havia feito arranjos para segurar suas vidas por valores excessivos, e nenhum durou mais do que alguns meses depois que a papelada estava pronta. A sogra, em contraste, era considerada boa para uma herança em vez de um dividendo de seguro, mas o princípio era o mesmo.

    Uma das peculiaridades da história de Palmer é que, segundo os rumores, ele não se animou apenas por ganhos financeiros imediatos. No livro mais recente sobre ele, *The Poisoner*, de Stephen Bates, o autor incentiva seus leitores a abandonar o sensacionalismo e, em particular, a contagem exagerada de corpos a que Palmer se tornou associado. No entanto, a fofoca é boa demais para ser ignorada por completo. Bates omite a menção a Jane Mumford, mas essa pessoa — de difícil identificação com exatidão nos registros civis da época — teria tido o filho ilegítimo de Palmer, que mais tarde morreu de forma misteriosa após ver o pai. Os filhos legítimos de Palmer não sobreviveram: alguns atribuíram isso ao apetite insaciável de seu pai pela morte, mas Bates aponta para as taxas de mortalidade infantil da época e a possibilidade de condições congênitas limitantes da vida. Talvez o mais intrigante seja que Palmer tenha incitado um rival amoroso,

George Abley, a uma morte infeliz por meio de envenenamento por álcool quando o desafiou para um desafio de bebidas. Palmer, dizem, "gostava da esposa rechonchuda de Abley". É possível ter uma visão moderada desse incidente também, mas qualquer uma das histórias populares com as quais Palmer foi associado na crescente de sua notoriedade sugeriria um instinto homicida operando fora dos limites convencionais de risco monetário e recompensa.

A ruína de Palmer veio em 1855, quando a morte de seu irmão Walter começou a provocar o ceticismo das seguradoras. Ele logo percebeu que estava amarrado a dívidas aqui e falsificações ainda não descobertas acolá, e que precisava de uma mudança de sorte. Por acaso, o homem com toda a sorte era um tal John Parsons Cook, cujos próprios hábitos de jogo o havia levado à beira da ruína, que se agarrava apenas em seu interesse pecuniário em um animal (felizmente) veloz e temível chamada Polarstar. Cook observou com prazer enquanto a Polarstar se recuperava no Shrewsbury Handicap e, como resultado, ele enxergou em torno de 2 mil libras na melhor das situações. Palmer, que contava com Cook entre seus conhecidos, levou o afortunado proprietário para tomar um drinque, e Cook passou a noite vomitando depois de beber um conhaque adulterado e água. Ele até pareceu suspeitar que Palmer o tivesse envenenado, mas ainda assim os dois homens foram juntos para Rugeley, onde Cook continuou a ter reações dolorosas à comida e à bebida ingeridas, e Palmer, enfim encontrando as portas abertas para sua experiência médica, supervisionou a dieta do homem doente. Em 21 de novembro de 1855, um pouco mais de uma semana após o triunfo da Polarstar, Cook estava morto, tendo sofrido espasmos tetânicos de uma espécie muito associada ao efeito tóxico da estricnina.

Assim que a morte ocorreu, Palmer tomou providências para enterrar o corpo; ele também fez o que pôde para se apossar do dinheiro inesperado de Cook que, embora fosse muito aquém de sua dívida bruta, pode ter mantido seus credores à distância por um tempo. Desta vez, no entanto, não houve saída, e a investigação determinou que, durante o período da doença de Cook, Palmer comprou estricnina duas vezes de um farmacêutico local e que ela não estava em lugar nenhum. Isso levou naturalmente à suposição de que Cook havia ingerido o veneno. A análise química dos restos mortais do falecido não o revelou, mas acreditava-se na deficiência do processo analítico, que ainda não estava refinado o suficiente — não adequado para o propósito. Palmer acabou condenado, já que todas as circunstâncias mostraram o que havia acontecido, e ele foi executado em Stafford em 14 de junho de 1856.

Leitura adicional | BATES, S. *The Poisoner*. Londres: Duckworth Overlook, 2015.
KNOTT, G.H., *Trial of William Palmer*. Edimburgo: William Hodge and Company, 1912.

NEIL R.A. BELL

é um dos estudiosos mais respeitados do caso de Jack, o Estripador. Colaborador de longa data de publicações especializadas, como Ripperologist e Casebook Examiner, além da BBC, escreveu diversos artigos sobre o caso e ficou em segundo lugar no Prêmio Jeremy Beadle pelos melhores artigos do ano na Ripperologist em 2009 e 2010.
Neil também colaborou com documentário *Jack the Ripper: The Definitive Story (2011)*, do Channel Five.

AGRADECIMENTOS

Temos a sorte de expressar nossa gratidão as seguintes pessoas pelo apoio e assistência na criação deste livro: Robert Anderson, Debra Arif, John Bennett, Nick Connell, Chris Jones, Nick McBride, Katja Nieder, Mark Stevens, Neil Storey, Linda Stratmann, Jo Vigor e Adam Wood. Quaisquer erros remanescentes são nossos, e não deles.

M.W. Oldridge, em nome de Neil R.A. Bell, Trevor N. Bond e Kate Clarke, março de 2016.